在面临经济下行的调整是更加全面的:第三季度我国GDP的增速是6.2%,第四季度可能还会下跌。在下行的压力中,经济发展速度比较缓慢,这是一个很重要的宏观经济数据。相比宏观角度,微观角度来看不良资产与特殊资产市场会更加复杂,即不良贷款市场、房地产市场、违约债市场与拍卖市场四个市场的数据。

第一,不良贷款市场。根据银保监会披露数据,前三季度共处置不良贷款约1.4万亿元,同比多处置1765亿元,不良贷款率比较高。而且,以包商银行、锦州银行为典型的城市商业银行、其他合作制银行等,均出现了不少风险。

第二,房地产市场。房地产企业的破产数量截至2019年11月是446家,但全国现在共有8万家房地产开发企业,每天倒下1.5家,可以预测未来受到宏观经济形势的影响,房地产商在今后几年的破产速度会有所加快。

第三,违约债市场。截至目前,我国债券市场规模超过90万亿元人民币,甚至超过日本位居全球第二。2018年、2019年我国债券违约的爆雷数量急剧增长,2019年共有164只发行债券违约,包括26家上市公司在内。大家比较关注的是北大方正、东旭等公司的严重债券违约现象,其中,北大方正资产规模超过3000亿元,但违约本息约20亿元;东旭违约债务总额达到1291亿元。债务违约现象打破了刚性兑付,是指一家公司特别是一家上市公司发行债券无法偿付债券本金和利息。

第四,拍卖市场。从另一个角度来观察整个破产业的情况,就是一个特别的市场,也是不良资产界比较关注的市场,即拍卖市场,尤其是司法拍卖市场。据悉,截至2019年3月全国法院通过网络查控系统冻结资金5087.6亿元,共进行网络拍卖110万次,成交量31万件,成交额6863亿元,为市场主体节省了大量的交易佣金,拍卖市场非常巨大。

整体来看,四大市场——不良贷款市场、房地产市场、违约债市场与拍卖市场不良资产量很大,但这四个市场并不能覆盖全部不良资产市场。目前,这几个主要市场都在加快增速,对于不良与特殊资产处置专业人士来说,是一个非常宏大的增长市场。此外,从国家层面来看,这个市场存在金融风险与系统性风险需要监管与控制。中央经济工作会议报告中很多举措是针对经济结构调整和经济发展过程中深层次存在的问题,需要我们建立更好、更健康的系统性金融风险防范机制。

序

近年来,破产法实施过程中有一个缺陷,即法律界、会计界、财务界参与比较多,但是企业界,特别是投资银行、商业银行、不良资产处置机构等作为整个破产法实施的重要主体参与较少。在政策制定、立法修订、法律实施中,尽管这些机构有所参与,但金融机构、债权人很少公开发言,甚至有人觉得金融机构与债权人是破产法实施的受害者,这种感觉不太正确。随着供给侧结构性改革,特别是市场化、法治化的推进,金融机构债权人、商业银行、不良资产处置机构要成为未来供给侧结构性改革、破产法实施的主要角色。

供给侧结构性改革实施 5 年以来,宏观经济形势与结构发生了较大的变化,我们的经济要高质量发展,但遇到较大的下行压力,在结构调整过程中,正经历严峻的挑战。刚刚结束的中央经济工作会议强调必须运用好科学、稳健的逆周期调整工具,首次提出要用系统论的方法优化经济治理方式,疏通货币政策的传导机制。现在的货币政策就是央行采取宽松的货币政策,货币发行较多,但发行下来商业银行贷不出去,没有好的投资项目,反而退回去。中央经济工作会议还特别提出,要有序处置“僵尸企业”。现在的供给侧结构性改革从 2015 年年底开始,采取“三去一降一补”政策,对于“僵尸企业”的处置不是一朝一夕的事,是长期战略性的任务。反之,我们现

Bankruptcy M&A

破产与并购

第1辑

主编　李曙光　郑志斌
Editor Li Shuguang & Zheng Zhibin

法律出版社
LAW PRESS·CHINA

对于我们特殊资产投资界人士来说，需要关注五个问题：一是处置不良资产面临的主要问题；二是不良资产处置队伍建设；三是房地产企业破产问题；四是债权与优先权市场问题；五是配套制度的完善。

第一个问题，不良资产处置面临的主要问题是什么？

首先，不良资产加快增速。这种增速与宏观经济形势密切相关，如最近民营经济发展的宏观环境、中美贸易战等对国内经济影响很大，还有国际经济形势也在下行压力中等。在上述因素的综合作用下，我们企业承受比较大的压力，投资者信心下降，催生出一定规模、持续增长的不良资产市场，这个问题只能通过加快发展、在发展中逐步解决。总之，对于中央的高质量发展理念，我们需要将理念与手段结合起来，共同扭转经济衰势。这些手段如货币政策、财政政策、经济结构与产业结构调整等，共同作用掣肘经济增速放缓。此外，现在是“三期叠加”时期，即增长速度换挡期、结构调整阵痛期、前期刺激政策消化期，中国经济体量很大，不良资产规模较大是常态现象，即便中国经济好，也会有庞大的不良资产。

其次，资产管理公司（Asset Management Corporation，AMC）在不良资产处置中扮演着关键的角色。20 世纪八九十年代大规模处置国有企业的不良资产，四大 AMC 应运而生，扮演着稳定器、救火队、金融风险防火墙的角色。据悉，到 2020 年传统金融机构持有的不良资产规模将达到 4.8 万亿元。这一轮的不良资产处置上，全国各地陆续成立了很多地方 AMC，为处置不良资产积累专业人才队伍。此外，还有 PC、专业秃鹫基金以及券商是很重要的一支力量。但是，现在可以说 AMC、基金，尤其是私募基金、券商面临很大调整，2019 年四大 AMC 做的不良资产量都不大，每家才 100 多亿元，这么大量的不良资产，应该处置更多。四大 AMC 资金投入较少，说明 AMC 在不良资产处置上信心不足、意愿下降，面临很多约束，包括市场约束、投资生态环境的约束、自身能力不足的约束等。

第二个问题，我们需要用专业的能力和判断参与到处置不良资产中，现在是否做好了专业储备与人才储备？

如今，对处置不良资产专家的要求非常高，不仅要求懂得宏观政治、经济和微观的不良资产业务，还要懂得法律、管理等很多方面，要求不良资产处理的专家队伍是综合性人才。与市场经济发达国家处置不良资产的专家只要处理专业问题不同，中国处置不良资产的专家需要对不良资产特别资产前期的识别、审查、尽职调查有很好的识别能力，在不良资产处置中有很强的把握能力、府院协调能力及融资、经营、营销的能力,还要有维稳的能力。对于我们这样的专业机构来说,这些要求太高了。目前,中国有上百家AMC机构,很多基金,数百家投行,如何进入这个领域?做什么?能做什么?怎么做?都是需要关注的问题。

第三个问题,房地产行业不良资产的处置。

房地产行业不良资产比较多,相当一批开发商因为各种原因陆续爆雷,而且还在加速中。房地产行业不良资产的处置非常复杂,从法律上说涉及很多法律关系,如投融资法律关系、合同法律关系、民间借贷法律关系、非法集资法律关系、非法吸收公众存款、建筑工程承包法律关系等,利益主体非常多,不仅有我们看到的房地产开发商和放贷的金融机构,还有购房者、住房消费者及后面的利益参与者。比如,拆迁户就是一个很重要的利益主体,地方政府、房地产开发商、建筑工程开发商均卷入其中,还有规划、环保、工商、税收、劳动、水电、消防等各种问题,是一个非常综合、复杂的领域,涉及如何处理各种法律关系。中央经济工作会议强调运用系统论,不良资产界应该高度重视,特别是房地产开发界,房地产困境企业不良资产处置过程中需要法律制度的支持。

第四个问题,债权与优先权市场的问题。

中国要尽快形成一个债权市场,包括普通债权市场、优先债权市场、违约债市场、债转股市场。高风险的债券在国外有着较为成熟的处理机制。在这几个市场中我特别关注优先权市场,但我国存在制度供给短缺的问题,谁都想有优先权,存在破产法、合同法、税收征管法、物权法、海商法等法律竞合问题。现在合同法、最高人民法院《关于建设工程价款优先受偿权问题的批复》等关于购房消费者建筑工程承包商优先权的规定,与破产法优先权是冲突的,2020年第十三届全国人大第三次会议将审议民法典草案,民法典中的债法将更加复杂。大家认为债法被合同法取代了,有合同之债,实际上还有侵权之债、婚姻家庭继承之债等,债与债的关系更加复杂,民法典颁布后,我们破产法学界要积极应对。为什么英美法系没有民法典,因为债的关系一直在变化中。如果不良资产不能处理债权市场的问题,特别是优先权市场的问题,投资人是不愿意进去的。很多不良资产的投资,就是如何看待这个企业的资产与权益,如果解决不了这个问题,钱就白扔了。

第五个问题,我们配套的政策支持。

不良资产梳理与处置需要地方政府与法院的支持,也需要一些政策支持,否则不良资产处置会“打水漂”。我们的税收政策，如土地增值税问题、重整企业股权变更问题、信用修复问题、失信名单复权问题，涉及市场监管、税收等部门，如果地方政府没有跟进，就是很大的问题。

最后，我们已经有的制度工具和下一步应该完善的制度工具如下：

第一，特别提醒不良资产界关注共益债市场。这两年在营商环境破产指标上，债权人保护方面有很多进步，其中最大的进展是建构了一个共益债市场。2019年世界营商环境报告中中国的排名又上升了11位，重要的是办理破产指标、债权人的回收率提高，这对于债权人特别是重整债权人是一个很重要的指标。我们在最高人民法院《关于适用〈中华人民共和国企业破产法〉若干问题的决定（三）》（以下简称《破产法司法解释三》）中增加了第2条，即管理人或者自行管理的债务人为债务人继续营业而借款，被视为共益债。结合《企业破产法》第42条、第43条规定，共益债具有优先性，由债务人财产随时清偿。换句话说，《破产法司法解释三》的出台与对《企业破产法》第42条的深入解读，换来了不良资产投资者一个很大的权利，即困境企业为了继续营业的借款，新晋的战略投资者在进入破产程序的企业中具有优先权，作为共益债的优先权，这在以前是没有的。共益债优先权是一个很清晰的信号，而且共益债范围正在扩大，这是一个非常重要的法律与制度变化，使战略投资者、不良资产投资者有一个很好的法律保护武器。这也是世界营商环境报告排名带来的积极变化，值得我们好好使用，希望这一条在《企业破产法》修改时把它放进去。专业的破产法庭增多，对于不良资产投资界来说，将有一个专门处理破产事务的司法机制和司法队伍对接。从AMC层面来看，2016年银监办发56号文《关于规范金融资产管理公司不良资产收购业务的通知》，明确禁止AMC作为银行不良资产出表通道或代持，2019年年初《关于加强地方资产管理公司监督管理有关工作的通知（征求意见稿）》再次提到不得设置任何显性或隐性回购条款，不得以任何形式帮助金融企业虚假出表掩盖不良。因为确实有拖延解决负债问题，现在商业银行不良率快速增加，有些金融机构就使用合约替换方法，有的时候是过桥贷款，一些AMC在处置不良资产时也普遍运用这个方式。不管怎么样，我认为不良资产处置意味着禁止显性和隐性回购行为，不良与特殊资产处置将有更高的信息披露要求，场内交易标准化产品的信息披露虽然做得不错，但是特殊资产是非标产品，信息披露比较弱，向标准化市场过度，更加安全也更加规范。而非标产品投资收益更大，但是风险也会更高。这也是制度性缺陷比较严重的领域。

第二,债转股工具。四大市场几乎所有的破产重整案中都会运用债转股,但债转股是不能滥用的,有风险累积问题。债转股比较复杂,涉及不良资产交易价格问题、国有资产流失问题、债权人身份转化问题,需要整合各种资源,而公司治理是一个很重要的手段。债转股不能滥用,如果所有的公司包括“僵尸企业”等都运用债转股方法,实质就是风险的递延,后面的环节更加麻烦。反过来说,这也侵害了很多债权人的利益。

第三,一些关键法律的修改与完善。近期,我国证券法需要修改,最近很快就要通过,破产法也启动了修改,与之相关的包括个人破产制度立法也在酝酿过程中。对此,有几个重大制度需要在破产法修订中解决。其一,共益债的范围究竟如何定义,以及DIP中新投资人作为共益债权人的清偿顺位问题。最高人民法院于2002年发布的《关于建设工程价款优先受偿权问题的批复》、《合同法》第286条和《破产法司法解释三》有着明显的矛盾,如最高人民法院2002年批复规定共益债排在担保债权之前,但在《破产法司法解释三》中,共益债排在担保债权之后。对于房地产开发商共益债,还有消费性购房者的权利保护,应如何进行清偿排序?我认为这些权利,无论如何都不能超越担保债权人权利,我支持司法解释三对担保权利绝对优先保护。我国《物权法》《合同法》都应该有所调整,使共益债法律地位更加清晰,使不良资产投资人有更加明确的预期。其二,关于AMC在破产中的地位,发改委等十三部委的《加快完善市场主体退出制度改革方案》、《全国法院民商事审判工作会议纪要》(以下简称《九民纪要》)中强调要请懂得企业经营管理专业的人参与到困境企业拯救过程中,市场中的专职企业拯救的专业人士,应纳入管理人的范围中。其三,在不良资产处置中,应广泛运用多种企业拯救方式,庭外重组的程序、预重整程序如何与重整程序衔接?如何发挥和解制度的效力?对此,破产法应该完善起来。当然不良资产处置过程中还有一系列问题,如府院联动问题、强裁机制使用等,这些问题不解决,不良资产与特殊资产投资会遇到很大法律障碍,会被其他因素所干扰。司法部门在企业重整中要尽量减少卷入商业判断中,应把企业拯救的方式与决策选择更多地留给市场,留给不良资产投资界。在制度推进上,发改委、最高人民法院十三部委推出的《加快完善市场主体退出制度改革方案》是非常重要的,很多改革点我们都需要落实。

2020年是一个有希望的年份,相应的改革方案、政策措施正在完善,预计会有更多运用系统论方式的政策制度出台。现在很多民营企业家因替困境企业担保,生产经营遇到困难。中央正大力推出营造环境支持民营企业改革的政策,提出在依法合规的前提下,支持资管产品和保险资金通过投资私募股权基金等方式积极参与民营企业纾困;鼓励民营企业转型升级优化重组;鼓励民营企业因地制宜聚焦主业加快转型升级;优化企业兼并重组市场环境,支持民营企业做优做强,支持民营企业参与国有企业改革;畅通市场化退出渠道,完善企业破产清算和重整等法律制度,提高注销登记便利度,进一步做好"僵尸企业"处置工作;鼓励通过债务重组等方式合力化解股票质押风险。这是不良资产界的一次历史机遇,在法律制度上我们需要相应跟进。

李曙光

2020年1月

目　录

【特殊的并购程序】

【破产并购案例】

【违约债券课题】

【破产并购新规】

【破产法与供给侧改革】

供给侧结构性改革与破产法的完善

李曙光[*]　张钦昱[**]

一、经济发展新常态与破产原因

（一）产能过剩与“僵尸企业”

我国27个大行业中21个产能严重过剩，既有钢铁、水泥、平板玻璃、有色、冶金等传统行业，又有风电行业、光伏产能等新兴产业，这些行业中的企业必然面临兼并重组或破产倒闭。此外，在我国调整产业结构和消费结构的背景下，一部分企业也面临着政策不支持、产业重叠以及在与诸如“互联网+”等企业竞争中被淘汰的命运。产能过剩这个结构性矛盾得不到解决，工业品价格就会持续下降，企业效益就不可能提升，经济增长也就难以持续。

产能过剩引发了“僵尸企业”大量滋生。何帆、朱鹤利用多种统计方法，得出截至2014年，中国上市公司中约有10%的“僵尸企业”（见图1）。2016年4月8日，《广东省人民政府关于全省国企出清重组“僵尸企业”促进国资结构优化的指导意见》指出，截至2015年年底，广东省国有“僵尸企业”共计3385家。

---

* 中国政法大学破产法与企业重组研究中心主任。

** 中国政法大学民商经济法学院副教授。

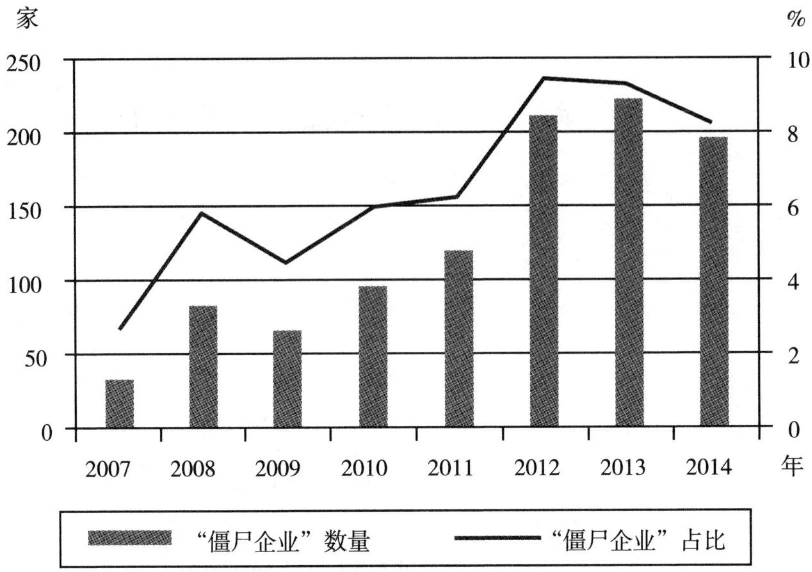

图1 上市公司中“僵尸企业”占比①

“僵尸企业”,是指已停产、半停产、连年亏损、资不抵债,主要靠政府补贴和银行续贷维持经营,按照破产法应该破产清算但又没有破产清算的企业。“僵尸企业”已经丧失了自我发展能力和市场活力,处于停产或半停产状态,连年亏损、资不抵债,甚至是难以为继、濒临倒闭,没有生存空间。“僵尸企业”之所以“僵”而不死,是因为它们依赖非市场因素生存,靠政府补贴、银行续贷等方式获得给养,优胜劣汰的市场机制奈何不了。

“僵尸企业”对于经济的负面影响巨大。首先,“僵尸企业”加剧产能过剩。“僵尸企业”的存在会打断去产能过程。在市场需求减少时,本该减少的产能却没有减少,自然成为多余产能。这部分多余产能并不是因经营需要而出现的,而是“僵尸企业”阻碍了行业去产能的过程。其次,“僵尸企业”挤占社会资源。2016年1月,我国新增人民币信贷达到2.51万亿元,创下单月最高纪录。而同期全国工业用电量和规模以上工业增加值出现下降,这意味着大量的信贷资金并未流入实体经济。“僵尸企业”“冻”住信贷资金是其中一个重要原因。“僵尸企业”像无底洞一样吸收银行的贷款,使银行难以将稀缺的资金投入新兴行业和

① 采用CHK方法Ⅱ、实际利润法Ⅱ测度出的“僵尸企业”占比。资料来源:何帆、朱鹤:《中国究竟有多少僵尸企业?》。

创新企业。而小微企业转向影子银行等融资渠道,又会显著加大融资成本和金融风险。最后,"僵尸企业"阻碍推陈出新。若企业不必依靠创新、加快生产效率、节约生产成本即能维持生存,这对于市场各参与主体显然是不公平竞争,进而引发其他企业的效仿。

(二)宏观经济形势与经济增速压力

增速回落是经济进入新常态的一个重要特征。近两年,我国呈现产业结构趋于优化,工业结构调整和转型升级加快,城乡居民收入差距缩小,节能降耗不断推进,创新创业不断增加,新技术、新产品和新商业模式加快形成的趋势。尽管如此,经济下行压力加大仍是我国经济运行面临的最突出问题。一方面,主要经济指标呈现连续下滑态势。GDP 增速连续下滑,目前已经降至 2008 年国际金融危机以来的最低点。投资和消费目前都已经降至 21 世纪初的水平,外贸发展波动加大,虽然顺差较大,有利于经济增长,但出口绝对量间或下降;居民收入增速稳中趋落,政府财政收入增速回落至零附近,工业企业利润时隔两年再次下降,传统制造企业经营困难、外迁甚至破产倒闭现象不断出现。另一方面,经济下行状态尚无明显改观。国家统计局制造业 PMI 均连续半年左右在 50 附近徘徊,表明经济景气程度和企业对未来一个时期的预期不够乐观,经济下行压力近期难以根本缓解。

在当前全球经济和国内经济形势下,国民经济不可能通过短期刺激实现"V形"反弹,可能会经历一个"L 形"增长阶段。在我国经济增长速度放缓但并未出现断崖式的急速下滑的新形势下,应允许一部分企业因竞争失败而退出市场。市场经济以自由竞争为重要特征。竞争的结果必然是优胜劣汰,进而推动社会发展进步。破产便是淘汰竞争失败者的一种方式,乃是市场经济社会发展到一定阶段必然出现的法律现象(见图 2、图 3)。市场竞争失败是企业破产的一般原因,是市场优胜劣汰的一般机制。在我国经济历经高速发展后的回落期,应允许部分企业因无法适应市场、经营不善或者产能过剩退出市场,以优化市场资源配置,促进社会信用的流转。

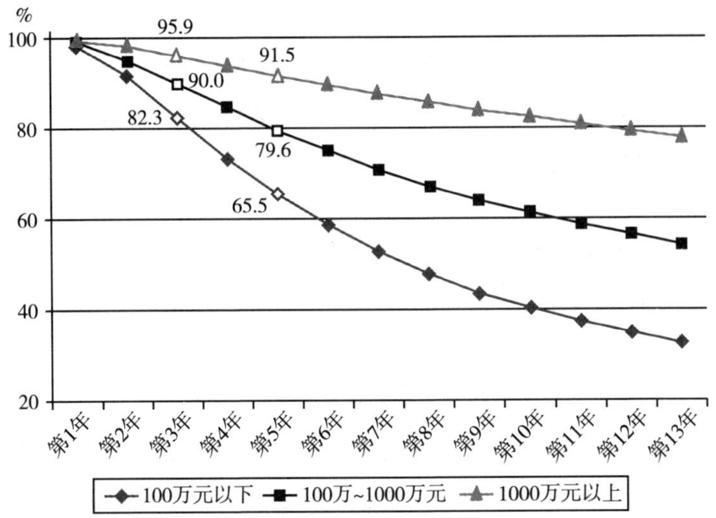

图2　不同规模企业存活率曲线①

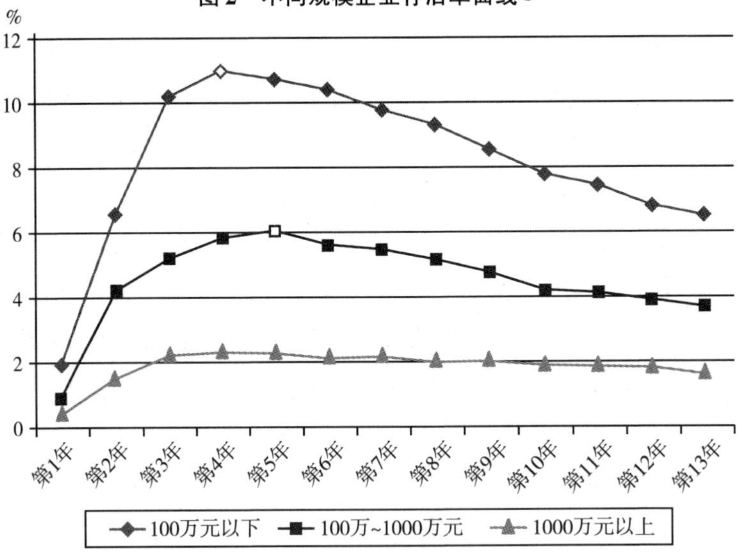

图3　不同规模企业当期死亡率②

① 资料来源:国家工商行政管理总局网站。通过分析企业规模发现,企业规模越大,存活率越高,而且当期死亡率也会越低、趋势越平稳。企业规模越大,存活率越高。企业存活率与注册规模成正比的态势。大规模企业由于其抗风险能力比小规模企业强,其生存曲线较为平稳;并且由于行业进入政策、规模经济、技术等的壁垒、进入市场较谨慎等原因,较大规模的企业存活率比规模小的企业高。

② 资料来源:国家工商行政管理总局网站。企业规模越大,当期死亡率越低、趋势越平稳。从不同规模企业当期死亡率看,企业规模越大当期死亡率越低,其中注册资本100万元以下企业第4年当期死亡率最高,随后呈逐年下滑趋势;注册资本100万~1000万元和1000万元以上企业当期死亡率最高点并不明显,说明死亡率较为平稳,并且随着企业成立时间的增加,当期死亡率维持在相对较低的平稳状态。

（三）“影子银行”与刚性兑付

我国现有的金融体系贷款环节烦琐，银行的间接金融垄断与IPO直接融资不畅是我国当前金融领域的显著问题。实体经济钱荒、中小企业融资渠道不畅，催生民间金融借贷市场，“影子银行”、高利贷和法外集资问题层出不穷。如今的民间借贷逐渐脱离“地缘、血缘、亲缘”关系，大量的社会融资中介如担保公司、投资咨询公司参与其中担当起了掮客角色。这些机构，一方面，向公众承诺较高利率吸收资金；另一方面，以注册资金和吸收款项承办高利转贷，一旦发生经营风险资金无法回收，这些中介公司往往只能采取暴力催债甚至被迫破产。中介机构造成的民间融资风险呈现多米诺骨牌效应，不但扰乱正常的金融秩序，冲击信用体系，还会波及所有的融资参与者，影响实体经济，直接拖累企业陷入债务危机。

诸多民间借贷模式类似于“庞氏骗局”，借贷资金仅仅停留在借贷市场空转，容易引发非法集资案件，更容易导致资金链断裂。民间借贷网络一旦形成，就会如同一个黑洞一样吸引更多资金向这里聚集。许多投资者一旦卷入“利滚利”的游戏便难以退出，一旦某个环节出现问题，整个资金链条便会发生断裂，导致企业关停、业主逃逸事件频发，而一系列企业接连破产以及接踵而来的众多群体性事件，也增加了地方政府的维稳压力。

信托和银行各种理财产品的蓬勃发展活跃了我国的资本市场，但发展无序的金融衍生品市场却将本来风险较高的金融工具包装成低风险甚至无风险的理财产品，即使产品本身出现问题，刚性兑付亦成为行业惯例。所谓“刚性兑付”，就是金融产品到期后，发行机构必须分配给投资者本金以及收益，当金融产品出现不能如期兑付或兑付困难时，发行机构需要兜底处理。事实上，我国并没有哪项法律条文规定信托公司或银行进行刚性兑付，刚性兑付只是信托和银行理财产品的一个不成文的规定。

由于刚性兑付的存在，本该由交易利害关系人、富裕的投资人所承担的信托和银行理财产品的高收益，竟可以不承担风险。金融衍生品市场蓬勃发展的光鲜表面，深层次却是一种显失公平的“成本转嫁”，一些成本往往通过种种渠道，转移到其他人，将少数人所应承担的个别风险变成由多数普通人埋单，演变成系统性风险。在一向缺乏风险教育和风险意识的金融市场，人为地扭曲风险定价的原则,将可能为更大的危机埋下伏笔。一旦投资人大笔提现,“以新换旧”的运作模式将会拆穿,偶发的刚性兑付危机极易演变成行业甚至体系性危机,波及实体经济,产生体系性破产风险。

(四)信用缺失与信用危机

市场经济离开信用难以为继。一个诚实的市场,将会让为客户提供公允价值的公司兴旺,并免于同欺诈者的竞争。破产法正是通过淘汰生产成本高、资源利用率低的企业,成功扼制濒死企业继续浪费社会财富,强迫其将丧失活力的社会资源释放,成功地将有限的社会资源按照使用最节约、产生效益最大的原则分别配置到社会经济各部门的社会资源配置规则。同时,破产法也将债权人的损失控制在合理的商业风险之内,维系市场经济的良性循环与发展。现代的市场交易已形成相互连续的锁链,及时防止资质较差的企业与其他市场主体发生交易,就可以防止其债务恶性膨胀。

因监管失效、处罚不力和救济渠道欠缺等因素而产生的吊销、注销等行政手段与破产程序衔接不畅,大量企业该退不退的怪异现象,对信用经济的良性运转构成极大威胁。受困企业被支持体“消极”干预而存活,不良债务如“滚雪球”般累积。市场经济“新陈代谢”的紊乱导致稀缺养分被诸如恶性肿瘤般的劣质企业挤占,有机体的能量被不断吞噬,产生“劣币驱逐良币”的后果。有学者切中肯綮的评价:很多处于“僵尸状态”的企业占据大量的信贷资源,好像企业用了银行的糖做成了冰棍,还在不断的融化,这对金融债权、其他贸易伙伴的债权或劳动债权,均会造成潜在的损失。只有尽快将没有拯救可能的企业“快刀斩乱麻”地切除,盘活企业占据的优良资产并复归于债权人,债权人才可能将复归资本再次注入鲜活的市场经济中,完成市场经济信用的良性循环。债务人也有机会从头再来,在破产法机制的保障下重铸信用,成为增进社会财富的信用节点。

此外,拥有良好信用秩序的社会,可以顺畅地整合物质资本和人力资本,提高资本运行效能,削减社会运行的摩擦力和离心力,像一种资本一样,创造出更好的社会资本。破产法在制度层面宣示企业退出市场的信用性,维护了社会的信用品质,提升了社会的共识和认同,增加了社会资本。破产清算程序中的政府援助等软预算约束措施,破坏了破产法通过市场手段和透明规则为债权人提供合理损益预期的机制。企业的生产重心不再聚焦于科技创新、节约成本和提高社会生产率以创造更多财富,而是关心如何利用软预算约束逃避风险或通过“寻租”得到潜在施援机构的宠爱。美国学者克里森斯与比特斯对保加利亚盛行的软预算约束综合征的分析也表明,预算约束越软,促进经济增长的适应能力、竞争能力和生存效率就越低。

二、供给侧结构性改革与破产法功效

《人民日报》在《七问供给侧结构性改革》一文中指出,供给侧结构性改革是指从提高供给质量出发,用改革的办法推进结构调整,矫正要素配置扭曲,扩大有效供给,提高供给结构对需求变化的适应性和灵活性,提高全要素生产率,更好满足广大人民群众的需要,促进经济社会持续健康发展。供给侧结构性改革由凯恩斯主义秉持的投资、需求和出口的需求端“三驾马车”,转而侧重供给端侧的改革,致力于解决中长期经济问题。供给侧主要包括劳动力、资本、技术和制度这四大要素。

制度要素是供给侧结构性改革必不可少的一环,是各项改革的根基、前提与制度性保障。一国经济能够历经多年的持续高速增长,其背后的原因究竟是什么?许多的学者都进行过解释。一些思想家看到了更加深刻的原因。马克斯·韦伯讲到,理性的法律制度是资本主义萌芽的前提和基础。诺思讲,这个世界之所以分为穷国和富国,主要在于制度的质量。科斯认为,保护产权和保护合约,是经济发展,经济增长的前提。哈耶克讲自发秩序是经济增长的秩序。这个自发秩序就是指普通法的支持和私人商业的自由。因此,可以说经济增长背后的真正力量,实际上是法律制度。

在斩钉截铁处置“僵尸企业”、坚定不移减少过剩产能、充分贯彻供给侧结构性改革过程中,应当充分发挥破产法中流砥柱的作用,合理运用破产法推动此次重大的结构性改革。

(一)破产法是市场经济改革的基本法

历史经验表明,在一些经济转型国家,破产法成为经济改革、避免经济危机及社会动荡的基本法。如一些计划经济向市场经济转轨的国家,俄罗斯、波兰、捷克、罗马尼亚、越南等,这些国家的经济改革都是以修改和制定破产法为开端的。破产法在其经济改革的过程中扮演了主角,成为转型经济国家改革的"宪法"。这些国家的破产法制度完善与否,也已成为衡量其市场经济成熟程度的重要标志。近10年来,随着信息网络技术的发展,许多市场经济国家从工业或后工业社会迈向信息社会,由"旧经济"过渡到"新经济",经济竞争日益国际化。从这个意义上说,市场经济国家也在经历一次"经济转型"。在其新经济兴起和市场成熟化过程中,破产法也成为其经济改革的一个利器和避免经济危机及社会动荡的基本法。近年来,德国、日本、韩国、泰国、阿根廷等国,纷纷修改其破产法。即便连破产法最为先进的美国也在适应其国内和国内的新形势,提出新的《破产法修正案》。

(二)破产法是市场经济运行的保障法

市场经济所需要的法律结构由三部分构成:市场准入法、市场运行法和市场退出法。市场准入法通过对市场主体资质的规范保证参与市场竞争的主体的基本信用形式;市场运行法界定市场竞争的行为规则;市场退出法就是破产法,解决的是市场主体遭遇竞争失败的时候如何以对整个经济伤害最小的方式退出市场或者实现重生的问题。这三个层次的法律制度构建起一个市场经济的信用平台。

破产在经济上的本质是债务人对一个或多个(通常是多个)债权人不能清偿的状态,是正常的市场信用出现问题的状态,破产法律制度正是通过对这一问题的处理,恢复受到破坏的信用体系,维护经济的有效运行。破产法是市场中债权人债务人之间的一种游戏规则。它明晰了在产权移转、关联交易和日常经营活动中,哪些是禁止性行为,哪些是限制性行为,哪些是合理、规范的行为。在市场经济中,债权人和债务人往往是自私自利的,他们总是期望自身利益的最大化,因此在借贷和还贷、到期和延迟、担保和非担保等商业行为中,他们经常玩"猫捉老鼠"或"老鼠戏猫"的游戏。即便发生不能清偿到期债务的结果,他们也总是希望抢先一步,先于对手得到最优于自己的利益。而破产法则对债权人、债务人利益追求自身利益最大化的冲动提供了一种预防、禁止和限制性的规定,同时也提供了一种程序化和公平清偿的制度化安排。

(三)破产法是市场经济信用的维护法

破产法是一台净化器,过滤污浊的雾霭。破产法能去粗取精,淘汰痼疾,促进整个社会有机体的健康活力。“历史经验也证明,没有行之有效的破产法,市场经济共同体就会发生脑血栓、心肌梗死等恶劣后果。”破产法为激烈商业竞争中的债权人债务人提供一种稳定的预期。它实际上告诉债权人债务人什么是市场竞争的底线,帮助债权人和债务人预测其行为结果,对其市场行为的成本和收益作合理的预期,把市场的不确定性和风险减到最低限度。破产法提供了这么一种框架。债权人对其收回债权的可能,债务人对其偿还债务的能力,相关利益方如雇员对其利益减损的可能都有一个稳定的预期。没有破产法的保障,所有破产当事人都不可能进行正常、可靠、反复的商业交易和行为。

三、我国破产法的实施困境及原因

(一)破产法的实施困境

1. 适用破产程序的企业数量低位徘徊

2006 年全国人大常委会审议通过了《企业破产法》,自 2007 年 6 月 1 日开始实施。但在新破产法实施过程中的一个突出问题是,全国破产案件受理数量不但没有增加,反而连续下降,这种情况阻碍了破产法的贯彻实施,使破产制度未能发挥其应有的社会调整作用。对比新旧破产法颁布前后的破产案件结案数量,新《企业破产法》颁布后全国各级法院审理的各类破产案件结案数量呈明显下滑趋势,由《企业破产法》实施前的 4000 余件,变为 2014 年的 2059 件(见图 4)。

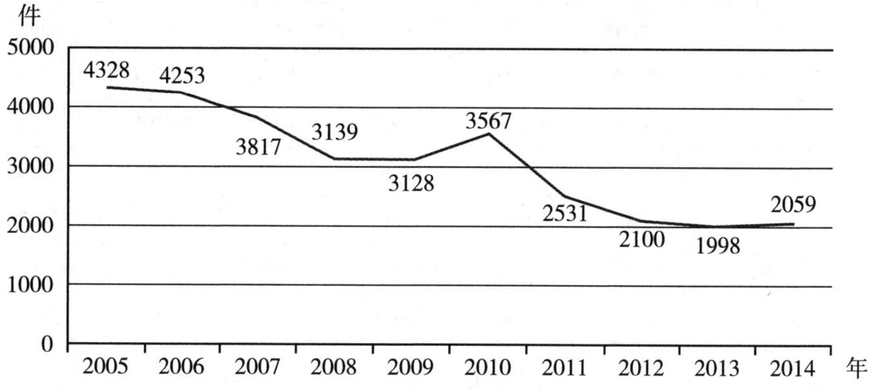

图 4　全国破产案件结案数量(2005 ~ 2014 年)

我国适用破产程序的企业数量较少,不足美国的 6%(见表 1),西欧全部国家的1%左右(见表2)。同时,我国2014年每千家公司进入破产程序的数量仅为0.11家,显著低于西欧平均70家的数量。

表1 美国公司破产案件数量(2012年第一季度至2016年第一季度)①

季度	2016年第一季度	2015年第一季度	2014年第一季度	2013年第一季度	2012年第一季度
公司破产数量(件)	9208	7438	9146	11,630	15,890

表2 西欧国家公司破产数据(2008~2013年)②

年份	2013	2012	2011	2010	2009	2008
奥地利	5747	6266	6194	6657	7076	6500
比利时	11,740	10,587	10,224	9620	9382	8476
丹麦	4993	5456	5468	6460	5710	3709
芬兰	3131	2956	2944	2870	3275	2612
法国	60,787	48,340	49,506	51,060	53,547	49,723
德国	26,120	28,720	30,120	32,100	32,930	29,580
希腊	392	415	445	355	355	359
爱尔兰	1365	1684	1638	1525	1406	773
意大利	14,272	12,311	10,844	10,923	8354	6498
卢森堡	1016	1033	961	918	698	590
荷兰	9456	7373	6176	7340	8040	4635
挪威	4564	3814	4355	4480	5013	3637
葡萄牙	9300	8605	6077	5144	4450	3267
西班牙	8934	7799	5910	4770	4984	2528
瑞典	8015	7737	7299	7510	7892	6298
瑞士	6495	6841	6661	6255	5215	4222
英国	16,013	17,748	18,467	17,690	19,908	16,268
合计	192,340	177,685	173,219	175,677	178,235	149,675

① Bankruptcy Data, Quarterly Report of Business Bankruptcy Filings, New Generation Research, Inc..

② Creditreform, Corporate Insolvencies in Europe(2013/2014).

2. 非司法程序退出市场的企业占比巨大

企业退出市场的方式有行政上的注销、吊销与司法上的破产两大类。注销、吊销成本较低,无须经过债权申报、债权人会议、破产宣告、变价和分配等烦琐程序。而作为妥善了结债权债务关系、债权人利益得以充分保障、实现市场经济信用并由法院为公信力背书的破产程序,即便经过2006年的全面修改,被适用的概率也较低。如2014年,全国企业注销数量为505,866家,而全国法院一共审结的破产案件为2059件(见图5)。[①] 适用破产程序的企业占所有退出市场企业的比例不足0.4%,意味着有99.96%退出市场的企业均能够做到资产大于负债,这是令人难以想象的。可以肯定地说,大部分资不抵债的企业在退出市场时,本该适用的破产程序因为种种原因并未启动。

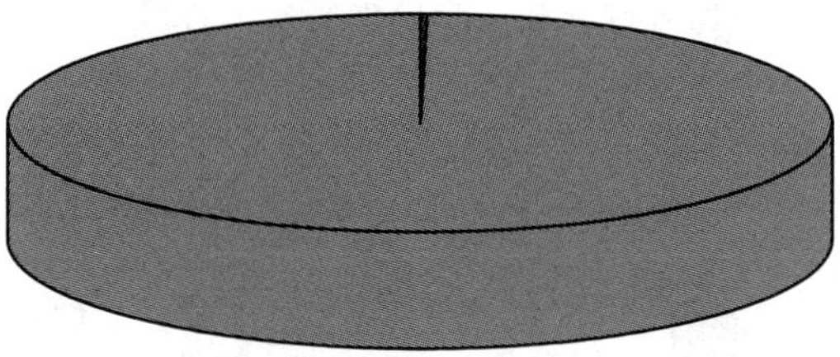

图5 企业退出市场方式的数量对比(2014年)

特别要指出的是工商行政管理部门吊销企业营业执照的数量。吊销营业执照是工商行政管理机关根据有关法律法规的规定,对有严重违法违规行为的企业依法做出的一种最严厉的行政处罚,吊销营业执照就意味着企业法人资格被强行剥夺,其民事主体资格、经营资格随之消亡,企业不得继续从事市场经营活动。全国通过吊销方式退出市场的企业数量每年为20万~40万家,总体呈下降趋势。同时,以吊销方式退出市场的企业数量占全部企业数量的比例亦呈下降趋势,且下降趋势较为明显。从2008年的4.8%下降至2014年的1.2%(见图6)。

① 资料来源:国家工商行政管理总局网站和最高人民法院工作报告。

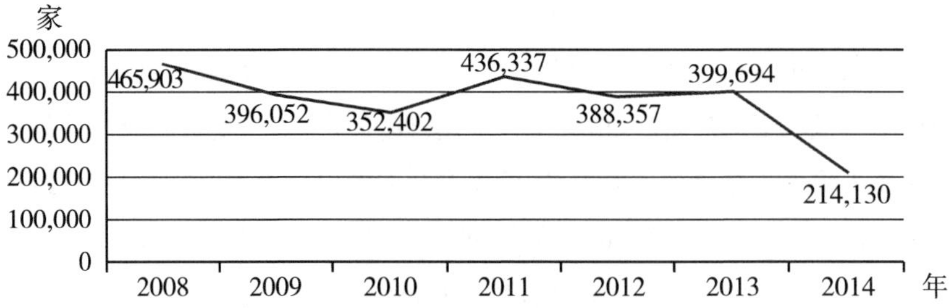

图6　全国被吊销营业执照的企业数量

吊销营业执照后的企业仍须进行清算,并在向工商行政管理部门进行注销登记后方能退出市场,但是仍然有一些企业因为种种因素而未能向工商行政管理部门申请注销登记。2014年吊销后又注销的企业数量仅占全部企业吊销数量的11.03%(见图7)。这说明有相当多的企业在吊销后并未经过清算程序,即退出市场。债权人等利益相关者的利益难以得到充分保障。

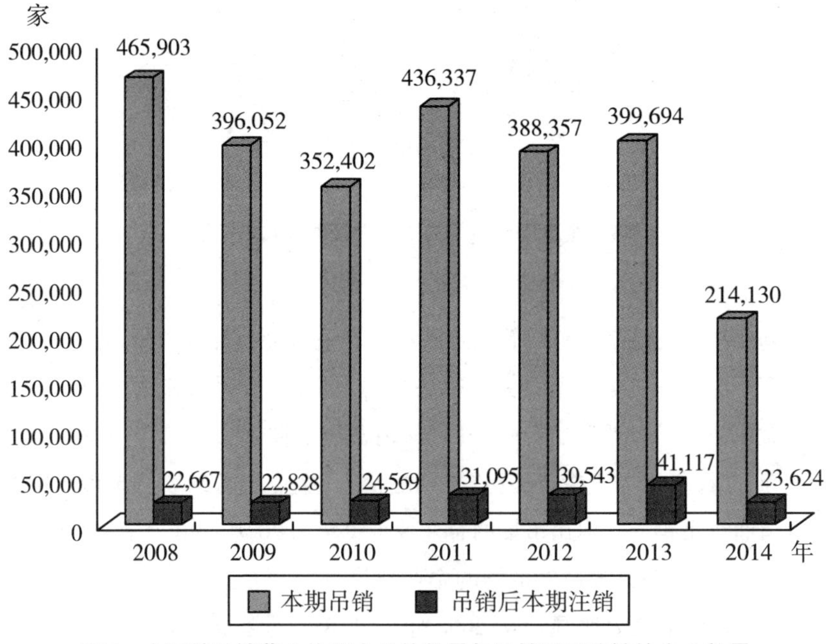

图7　全国被吊销营业执照企业的数量与吊销后又注销的企业数量

(二)破产法实施困境的原因

1.法律依据的不完善

早在1986年,全国人大常委会就制定了《企业破产法(试行)》,对国有企业的破产作了规定。1991 年全国人大修订《民事诉讼法》,在第 19 章专章规定了“企业法人破产还债程序”。随着社会主义市场经济体制的逐步确立和国有企业改革的不断深化,要求我国尽快出台一部统一适用于所有企业的破产法。

全国人大常委会从 1994 年开始组织起草破产法。但由于社会保障制度、国企改革等方面改革不配套,企业破产法草案始终没有进入立法程序。第十届全国人大常委会将企业破产法列入五年立法规划,2003 年 8 月组成新的起草组,再次启动起草工作。多次召开立法座谈会,认真听取各方意见,形成了较成熟的草案。2004 年 6 月 21 日第十届全国人大常委会召开全体会议,首次审议了企业破产法草案。2006 年 8 月 27 日第十届全国人大常委会第二十三次会议审议通过了《企业破产法》,于 2007 年 6 月 1 日起施行。《企业破产法》立足于中国国情和实践经验,注意解决现实问题;统一适用于各类企业法人;建立优胜劣汰和陷入困境企业的挽救制度;公平保护破产案件各方当事人的利益;注重平衡担保债权与职工债权之间的关系;维护破产法律制度的统一。

2007 年至 2013 年,最高人民法院先后发布了《关于审理企业破产案件指定管理人的规定》《关于审理企业破产案件确定管理人报酬的规定》《关于适用〈中华人民共和国企业破产法〉若干问题的规定(一)》《关于适用〈中华人民共和国企业破产法〉若干问题的规定(二)》《关于适用〈中华人民共和国企业破产法〉若干问题的规定(三)》等一系列司法解释文件,与《企业破产法》一起构成了我国现行破产法的立法体系。

但是,《企业破产法》经过 10 多年的理论与实践检验,尚有以下问题需要检讨。

首先,欠缺个人破产制度。我国的《企业破产法》只是“半部破产法”,尚不存在个人破产制度。社会经济主体不仅包括企业,更包括亿万自然人(个人)。企业与个人共同织就了庞大的经济社会网络,无论是有组织的企业,还是独立的个人,都有各类各样的债权债务关系,在自身的债务超过一定限度内,都需要用一定的措施来解决负债过高或流动性短缺的问题。西方发达国家早期商业繁荣的一个重要的原因是个人破产法的出现和发展,正是因为在现实商业活动中有了个人破产,才带动了西方早期和后期成熟市场经济的出现。先有个人破产,后有企业破产,企业破产不过是个人破产的放大和延伸。只有建构个人债权债务责任意识,才能建构企业债权债务的责任意识,进而建构个人信用、企业信用然后扩展为全社会信用的责任体系,这是现代破产法的宗旨和目的之一。

我国与西方国家破产法的起源与立法背景有所差异。我国是社会主义公有制国家,个体意识和个人财产的保护较西方私有制国家有较大不同,这也造成了我国在破产立法起草和修改过程中,一直将个人破产制度排斥纳入。但是,破产法的适用范围应当是所有的企业与个人。若没有个人破产制度,破产法便不是完整的破产法。不仅债权人的债权难以有效偿付,而且债务人自身也会由于缺乏债务清理机制而陷入债务泥沼不能自拔。近年来,常见的“跑路”“自杀潮”便是这一问题的极端后果,对我国经济社会的健康运行影响深远。

其次,未对经营性事业单位的破产作出规定。所谓“事业单位”,是指在教育、医疗、科研、文娱、体育以及农业技术服务等领域为社会公众提供公共服务的机构和组织的总称。我国现有的事业单位绝大多数都是政府在传统计划经济时期投资设立的,是传统计划经济的产物,其资产也构成国有资产的一个重要组成部分。中国现有的事业单位定义为非企业法人,分为以下三类:一是行政类事业单位机关法人,即直接承担政府行政职能、为政府提供服务的事业单位,主要从事监管、资质认证、质检、鉴证及机关后勤服务等方面的事务,如中国证券监督管理委员会、原中国保险业监督管理委员会;二是公益类事业单位,社会团体法人,即承担公共事业发展职能、为社会提供服务的事业单位;三是生产经营类事业单位,事业单位法人,即从事非商事业,具有固定社员或独立财产的组织,承担中介沟通职能、为市场和企业服务的事业单位,主要从事科教文卫等社会事业和与公共基础设施建设、公用事业服务相关的事务,如公立医院、大学科研机构、博物馆、影剧院、各种职业培训中心等。以上三类事业单位中,显然只有第三类,即从事生产经营类的事业单位,才可能出现破产事由。因此,对事业单位破产的讨论应局限于生产经营类的事业单位在可能出现资不抵债时的应对与处置。

从总体上看,我国事业单位提供了大量的就业机会,并为政府和企业减轻了巨大的社会负担,对中国经济和社会发展做出了重大贡献,尤其是在推动社会事业发展和扩大公益服务供给方面起到了十分重要的作用。但时至今日,在传统计划经济体制下形成的事业单位已是问题丛生,弊病重重,难以适应目前中国市场经济的需要,严重制约了经济和社会的协调发展。具体表现在事业单位盘子过大,占用了大量的国有资产,同时尚需由国家财政通过巨额拨款加以养护。这在很大程度上造成政府财政负担过重,以至于无力发展那些真正具有社会公益性的社会事业，当然也导致了国家进行产业结构调整和基础设施建设的资金匮乏，间接影响了产业结构的优化升级及国民经济的可持续发展。

再次，对仲裁与破产程序的关系规定缺位。《企业破产法》对仲裁采取了一贯友好的立场。根据《企业破产法》第20条的规定，当债务人破产申请被法院受理后，已经开始的未决诉讼或仲裁应当中止，待法院指定的管理人接管债务人财产后，该诉讼或仲裁恢复进行。《企业破产法》对破产之前的未决诉讼或仲裁的影响只是“暂停”的效果，待管理人就位后，由管理人负责处理破产受理之前的未决仲裁。

《企业破产法》并未对进入破产程序后当事人能否提起仲裁程序进行规定。我国《企业破产法》第21条规定：“人民法院受理破产申请后，有关债务人的民事诉讼，只能向受理破产申请的人民法院提起”。该条款调整的是破产受理后的诉讼只能向破产受理法院提起，即通常所说的集中管辖。立法者在此仅用了“诉讼”一词，而没有使用与第20条相同的“诉讼或者仲裁”这一术语。对于破产债务人破产之前的签订有仲裁协议的合同争议在破产后，可否提起仲裁，破产法对此问题未做规定。

最后，与劳动法相关制度衔接不畅。在我国历来的破产立法与政策中，一直把劳动者权益的保护放在第一位，先解决人的问题。那么当企业申请被法院受理后，诸如尚未到期的劳动合同的处置问题是适用《劳动合同法》还是《企业破产法》，就变得棘手起来。

2. 地方政府的实施偏差

2016年6月1日是《企业破产法》实施9年的纪念日。这部历经重重磨难才破茧而出的法律，其实施现状并不令人满意，其中一个重要原因是地方政府对于《企业破产法》的认识存在偏差，职能出现错位。在现行破产立法较为粗糙和不完善的现实背景下，地方政府容易以行政思维的惯性处置困境企业的破产问题，将本该贯彻市场在资源配置中起决定性作用的破产企业纾困和清算程序行政化。

破产法应作为规制政府处置破产企业的善治之法。作为关于信用的基础性法律，完善的破产法有助于社会信用的提高。破产法从制度上提出了治恶机制，如破产责任，如反欺诈交易。从商业习俗上，破产法的作用，是降低经济生活中的交易成本，让市场经济更有序，它有利于提高市场的公平与效率，有助于稳定人们的预期。

3. 司法处置的内外困境

在处理破产案件时,司法机制面临内部和外部的双重困境。

(1)内部困境

第一,破产案件考核机制的不科学。破产案件复杂,涉及相关利益方众多,但在现行法官绩效考核系统中,法官投入的审判时间较多,而绩效考核却并未相应增加,花费多而受益少。这势必导致法官对于破产案件的抵触情绪。法官不愿意受理,甚至拒绝审理破产案件。

第二,审理破产案件法官的不专业。我们尚缺乏胜任裁判破产案件的专业破产法官。破产案件涉及法律关系众多,利益盘根复杂,需要法官掌握公司企业法、金融法、物权法、房地产法等多学科知识并融会贯通。在破产重整案件中,称职的破产法官还应既具有专业的破产法律知识和理念,又具有基本的破产重整商业判断能力。因此,破产案件对法官的专业素养要求极高。而我国法院法官的轮岗机制,以及由于破产案件较少而导致的缺乏专设的审理破产案件的破产法官,使法院在处理复杂破产案件时,难免捉襟见肘。相比于美国破产法官的14年任期,我国法官的流动性大,专职审理破产案件的法官寥寥。

(2)外部困境

第一,法院处置破产案件时的不独立。在“稳定压倒一切”的思维下,一些地方政府因认为法院受理破产案件可能带来社会的不稳定而“让”地方法院不受理,这直接造成了通过司法程序退出市场的企业数量远远少于行政手段的吊销和注销。地方政府害怕破产,缘于地方政府畸形的政绩观:现在有些地方政府的官员直接在经营城市、经营企业、经营整个地区,书记扮演董事长角色,市长扮演总经理角色,全员投入、全官参与,直接干预企业经营和经济活动,混淆了政府与市场的边界,而且每一任地方官员都力图为政时政绩优良,对“破产”一词避之不及,而无论亏损严重企业的真实状态,反正烂摊子还有下届政府处理,他们认为破产是对其执政能力检验的不祥之兆。他们要求当地的律师等法律服务人员直至法院去帮助应当破产的企业通过其他途径解决债权债务问题,而不是正常地去法院走破产程序。

由于财政权和人事任免权受制于地方政府,法院受到地方政府较多的牵制,独立性不强,审判难以完全独立。这导致法院需要协调国资、工商行政管理、劳动保障、税务和土地管理等政府部门以及党委、政法委、公安、检察院等机构,权威性不足。法院应当处于主导整个破产程序的核心地位,是破产程序中异议的裁判者,是各方利益博弈的平衡者。破产案件对法官的特殊要求是不仅会开庭,还应会开会;不仅是裁判,还应会谈判;不仅是办案,还应会办事。法院在破产程序中作用的发挥,依赖于专业性较强的法官和独立审判的保障。

第二,法院处置破产案件时受到金融机构的牵制。银行、证券、保险、信托等金融机构对于一个地方企业的发展、经济的繁荣具有至关重要的作用。持有破产企业债权的主体主要是银行等金融机构。一旦企业进入破产清算程序,债权人持有的破产债权的偿付率极低,这将导致银行等金融机构并不愿意甚至阻挠企业进入破产程序。由于担忧融资渠道的不畅,法院在受理及审理破产案件时,不得不考虑到金融机构的切身利益,对公平、公正地处置破产案件顾虑重重。

第三,破产管理人选任机制的错位。我国破产法规定裁定受理破产申请案件的同时,应由法院而不是债权人会议或债权人委员会指定管理人。这样的破产管理人制度不利于培育活跃的破产市场和市场中介人及其组织。市场中介以及执业者的缺乏反过来又会阻碍我国破产实践的市场化和效率。当代破产实践的趋势是让专业破产组织和执业者用市场化的方法帮助债权人及时控制并营救困境企业。而我国当前的破产管理人制度设计没有为市场中介组织及时介入困境企业提供充分的空间和手段。这将导致只有在企业经营陷入清算的困境时才不得不申请破产,法院摇号选出的管理人若发现待接手的企业往往没有剩下多少有价值的财产而消极怠工,以至于被有幸选中的管理人往往并不因为被选中而感到"幸运"的一个主要原因。

4. 破产机制的非市场化运行

我国目前破产程序的运作存在过多的非市场化因素,需要完善。比如,高素质破产执业共同体的缺乏。高素质的破产执业共同体既是企业破产市场化的产物,也是现代破产法理念的内在要求。企业申请破产不再是一种耻辱的标记,而是一种商业策略。即企业把申请破产作为一种解决困境实现转机的策略。重整制度的设计就是围绕着这一理念展开的。现代重整实践中产生了转机管理团队,这种团队以执业共同体的形式发展成国际化的组织。转机管理组织(Turnaround Management Association,TMA)在不同的国家和地区建立分支机构,其分支机构遍布美洲、欧洲和亚洲。从广义上讲,破产法执业共同体应该包括法官、律师、会计师等围绕破产理论和实务组成的具有共同理念和专门知识的执业共同体。我国目前尚缺乏这种制度支持,法官甚至可能和其他执业人士,尤其是律师对立。

此外,我国目前各级工商行政管理部门作为公司等企业的注册登记和注销、吊销管理部门,没有能力也没有动力管理企业破产案件并监督注销或吊销的企业是否逃避破产。法院负责审理破产案件,但也没有能力和动力对破产案件进行系统的管理。至于未来的个人破产案件的数据管理和分析,工商行政管理部门和法院更缺乏能力和动力。此外,破产法是一个实践性非常强的部门法,牵涉的面和部门很广,需要一个统一机构,追踪督促其实施,负责实施中操作规程的制定,并在总结经验教训的基础上为立法的修改提供建议,有助于推动破产法立法质量的不断完善。

5. 破产成本与收益匹配的状态

破产程序的成本包括直接成本和间接成本。前者如律师、会计师等中介人员的服务费用。例如,美国重整的法律服务费用和管理费用平均占债务人财产价值的3% ~25%。后者是指那些常被忽略的时间成本、机会成本等隐性成本,如破产程序使生产资料不能及时流通产生的延误成本和破产程序结果的不确定性成本。例如,一项研究表明执行《美国破产法》第11章的平均时间超过17个月。破产程序的收益表现在企业资产能够及时从闲置状态或没有效率的状态流向能够发挥其最大用处的部门,提高了生产效率和资源配置效率。如果重整能够成功,雇员专用资本的节约、债权人债权和股东股权的全部实现,以及重整后公司的价值的提升,都是破产程序的巨大收益的直接体现。

作为债权债务的解决方式之一,与清算相比,破产和解最大的优点本应是效率和灵活性,但遗憾的是,破产和解的制度设计并没有体现出这些优点。中国破产案件的审理周期较长。虽然考虑到破产案件个案情况差别大、涉及矛盾多、各项清算事务处置周期长,很难以"一刀切"的形式对案件审限做出硬性规定,我国《企业破产法》并没有明确的破产案件审理期限的规定,但法条中明文出现的审理破产清算案件的期限最长就达到202天。实践中,破产程序在各地法院普遍耗时较长。比如,江西省高级人民法院对2007~2012年已经审结的共529件破产案件的统计来看,破产案件的审理期限有312件超过1年。[①] 浙江省各级人民

① 参见刘洪芳等:《完善企业破产制度促进市场经济健康发展——江西省高院关于破产申请情况的调研报告》,载《人民法院报》2013年11月7日,第8版。

法院在2008～2012年审理时间在一年以上的企业破产案件占审结案件总量的比例分别为66%、40%、58%、48%、54%。[①] 破产程序每延长一天，破产财产的有形损耗甚至流失的风险就会增加一分。在经济利益的驱动下，许多企业与债权人不愿意通过司法途径进入破产程序。此外，对比新旧破产法实施前后的破产案件审限，并未出现明显变化。比如，北京市朝阳区人民法院，2000～2007年破产案件立案共32件，平均审理周期782天。[②] 2008～2010年破产案件立案共45件，平均审理周期890天。[③] 这其中固然有破产和解案件的适用为人忽视有关，但破产和解制度本身设计的不合理难辞其咎。

此外，诸多破产管理人的选任非市场化运作，薪酬与案件规模、金额及复杂程度不成比例，破产管理人的抵触情绪较大，拒绝履行职责的事件屡见不鲜。

6. 文化传统与商业习惯的影响

虽然破产法在我国早已制定实施，但我国传统观念认为“破产”是件不吉利的事情，人们会尽可能通过其他途径而非破产程序解决债权债务问题。

不少社会公众包括政府官员和企业家等对破产制度的功能仍认识不足，没有真正理解破产法在市场经济中的重要社会调整作用，没有认识到破产法解决债务人丧失清偿能力情况下的债务清偿问题是在保障商品经济正常秩序的信用商品交换关系和维持社会的经济公平与正义，没有认识到健全的企业退出机制对市场经济的重要作用。毕竟，经营失败且无法挽救的企业犹如社会之恶性肿瘤，对其破产切除手术越犹豫拖延，向健康企业传染的范围就越大，不仅会将其他企业拖破产，使更多的职工失业，企业财产也会消耗流失殆尽，使社会问题更加难以解决，为社会危机更危险的爆发积蓄能量，只有及时对其破产清算才能保证市场经济优胜劣汰竞争基本规律的实现。否则，便是对法制观念的破坏，是对市场经济秩序的人为破坏。

此外，在旧破产法实施过程中采取的政策性破产做法，也给人们对破产法的正确理解与实施造成一定误导，形成了对破产案件受理与审理程序的错误观念

---

① 参见浙江省高级人民法院民事审判第二庭：《2013年浙江法院企业破产审判报告》，载李曙光、郑志斌主编：《公司重整法律评论》（第4卷），法律出版社2015年版。

② 参见北京市朝阳区人民法院民四庭：《规范管理，完善制度，推进破产案件常规化审理》，载王欣新、尹正友主编：《破产法论坛》（第7辑），法律出版社2012年版，第84页。

③ 参见周荆、唐旭超：《论破产案件的审限管理》，载王欣新、尹正友主编：《破产法论坛》（第7辑），法律出版社2012年版，第93页。

和思维定式,形成了一套错误的操作惯例,对当事人特别是债权人提出的破产申请采取消极态度,得不到政府明确表态同意或支持的破产申请案件,法院往往多方推诿,不愿受理。

四、我国破产法的完善

《中华人民共和国国民经济和社会发展第十三个五年规划纲要》在第一篇“指导思想、主要目标和发展理念”第五章“发展主线”中指出,“着力推进供给侧结构性改革……必须用改革的办法推进结构调整,加大重点领域关键环节市场化改革力度,调整各类扭曲的政策和制度安排,完善公平竞争、优胜劣汰的市场环境和机制……”在该纲要第五篇“优化现代产业体系”第二十二章“实施制造强国战略”中指出,“综合运用市场机制、经济手段、法治办法和必要的行政手段,加大政策引导力度,实现市场出清……坚决淘汰落后产能……通过兼并重组、债务重组、破产清算、盘活资产,加快钢铁、煤炭等行业过剩产能退出,分类有序、积极稳妥处置退出企业,妥善做好人员安置等工作。”

《2016年国务院政府工作报告》亦将“加强供给侧结构性改革,增强持续增长动力”作为2016年的重点工作,其指出,“着力化解过剩产能和降本增效。重点抓好钢铁、煤炭等困难行业去产能,坚持市场倒逼、企业主体、地方组织、中央支持,运用经济、法律、技术、环保、质量、安全等手段,严格控制新增产能,坚决淘汰落后产能,有序退出过剩产能。采取兼并重组、债务重组或破产清算等措施,积极稳妥处置‘僵尸企业’”。

无论是处置“僵尸企业”、降低企业成本、化解库存、提升有效供给,还是防范和化解金融风险,解决的根本办法都得依靠制度改革,推陈出新。鉴于《企业破产法》在实践中存在诸多弊端,建议在以下四个维度对破产法进行改进完善。

(一)立法层面

1.短期政策建议

(1)引入庭外重组机制

庭外重组,是指陷入困境但有复兴可能的企业与其债权人之间以协议的方式,对企业进行债务调整和资产重构,以实现企业复兴和债务清偿的一种法庭外拯救手段。庭外重组可以适用债务减免、债转股、贷款、增资及并购等各种方式，无须经过较为固化的法庭程序，不存在绝对的法定要求，充分尊重当事人的意思自治，能够激发当事人的动力，而且更加灵活、快捷、费用低廉，可以避免公开的调查和外部监督，保护企业的声誉，有利于债务人和债权人在相关市场上维护市场信用，保护企业资产的价值，因此可以大大减少解决债务问题的总成本。

鉴于我国破产重整与破产和解的程序冗余，耗时较长，成本较大，《企业破产法》应当精简冗长繁复、难以充分实现债权人意志的程序设计，考虑借鉴庭外重组机制。庭外重组机制对我国破产法的良好实施将有特别的借鉴意义。我国的中小企业占到企业总数的94.15%，成为促进经济增长的生力军。但相较于大型国有企业，中小企业的抵抗风险能力较弱。中国目前破产案件的申请主体也以中小企业为主。比如，2012年浙江省人民法院新收的143件企业破产案件中，债务人企业为中小企业的比例占90%以上。①

中小企业往往债权债务关系简单，涉及的债务总额不是很高，企业可供处置的财产较少，甚至存在大量无产可破的案件。若经过烦琐而复杂的破产程序，不仅债权人不能及时受偿，其受偿份额也所剩无几。而庭外重组机制的灵活性可以快速、有效和友好的解决争议，实现债权人与债务人共赢。此外，中小企业一般禁不起旷日持久的、成本昂贵的普通程序拖延，迫切需要快速审理以使破产人和债权人之间的债权债务关系早日得到了结。将庭外重组机制引入破产程序，将显著增加破产程序对于当事人的吸引力，增加企业破产的效率，减少中小企业的破产成本，将债务人的更多财产分配给债权人，同时给法院减负。

仅就纠纷解决量的比例而言，庭外重组机制在功能和效益、效果上早已远远超过了诉讼，其充分发挥了当事人的自主性和功利主义的合理性，采用常识化的运作程式，争取做出接近情理的裁决，为债权人快速受偿提供了成本低、收益高的制度选择，体现了简便、灵活的特点。

（2）建立预重整机制

预重整机制，是指债务人向法院提出破产申请前，预先与其他利害关系人协商、决定重整计划之内容以及各利害关系人权益的保护，在取得一定比例的利害关系人同意后，再向法院提出重整申请。此时，因为重整计划的内容已经取得利

① 参见徐建新：《破产案件简化审理程序探究》，人民法院出版社2015年版，第3页、第10页。

害关系人的同意,故法院原则上应该采取较为宽松的标准认可重整计划,以期迅速进行重整程序。

预重整在美国已是一项相对成熟的制度,其具有低成本与高效率的优势。首先,预重整能够降低整体管理费用,预重整模式一般很快就能结案,并且可以避免相关的诉讼。其次,破产前成立的债权人委员会可以继续担任破产程序提起后的债权人委员会角色,从而节约了时间成本和业务适应成本。最后,债权人在提起重整程序前必须就预重整计划进行谈判、起草并通过计划。这样申请重整后法院需要做的工作大大减少,成功的预重整案件必然比传统重整案件花费的时间少,而且成本也低(见图8)。

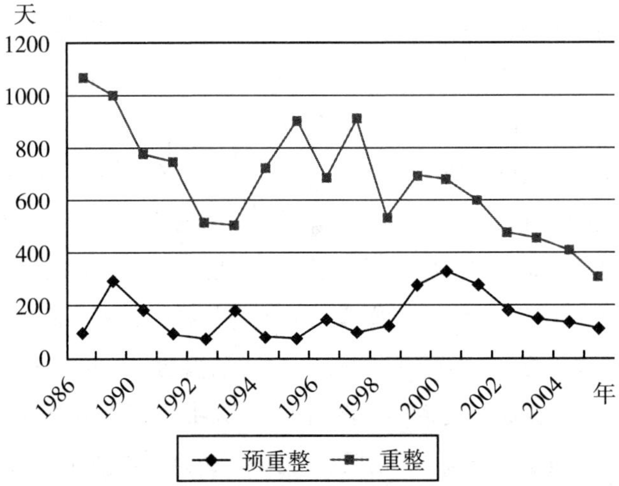

图8 美国预重整与重整持续时间的平均值比较①

我国公司在重整过程中,各种直接成本非常高,法律中规定的有:诉讼费用,包括重整受理费用、职权调查费用、公告费、送达费、法院召集重整协议表决费用、证据保全费用、财产保全费用、鉴定费用、勘验费用;管理人执行职务费用、报酬和聘用工作人员的费用、管理人执行职务所需的其他费用、管理人报酬、监督人报酬以及聘用工作人员费用。而间接成本则更具有不确定性,有时甚至可能超过直接成本。在我国,若法院审查认为困境公司的重整申请符合法律规定,则裁定企业重整,并予以公告,然而法院对于此裁定花费的时间并无限制性规定,在这段时间里,债务人很有可能错失了商业机会,缺少效率,而且在整个程序中,

① Bankruptcy Research Database.

双方掌握的信息往往是不对称的，与和解程序和清算程序相比，重整相对复杂，过程时间也很长，因此成本增加。

应当借鉴预重整制度，解决繁复的案件，以快速高效低成本地拯救困境企业。破产法应该有明确的制度承认，支持预重整的存在，肯定预重整的法律效力。立法的目的要保证鼓励当事人采用申请前谈判机制，维护当事人在法庭外就重整计划达成的同意与确认，尤其是已经得到多数债权人支持的重整计划，同时又要利用预重整的规定，制约少数不同意在重整谈判中通过计划的债权人，约束少数人通过重整计划。只有这样，才能够给双方当事人一个对于未来的合理预期，即谈判后会有一个预重整程序认可并通过庭外谈判的成果，以期降低成本与风险。具体而言，破产法应在重整程序中，肯定申请前各方当事人谈判之效力，即加入肯定预重整效力的内容。

(3)厘清破产财产分配顺位

我国《企业破产法》吸收了各国破产法对担保债权特别保护的国际经验，在第109条规定："对破产人的特定财产享有担保权的权利人，对该特定财产享有优先受偿的权利"，确立了担保债权其优先受偿的地位，但在我国优先权问题仍然是一个法律规定不清晰、法律之间互相冲突打架的问题。如《企业破产法》对担保债权与破产费用及共益债权的关系就没有特别清楚的界定。按照破产法原理，即便是在债务人无担保财产，不足以清偿破产费用的情况下，也不得从担保财产中清偿与其无关的费用。但司法实践中却并非如此。

又如，破产法与其他法律涉及优先权问题的规范竞合问题，如我国海商法中的船舶优先权并未纳入我国破产法中，虽然船舶优先权制度的设计目的在于保护特定海事债权人的利益，但司法实务中却经常出现特定海事债权人无法实现船舶优先权的情形，包括船舶优先权消灭的情形与数个特定海事担保债权无法同时得到清偿的情形。还有建筑工程价款优先权，我国《合同法》第286条和最高人民法院《关于建设工程价款优先受偿权问题的批复》创设了该制度，我国破产法中并没有明确规定建筑工程价款优先权，故在企业破产程序中，建设工程合同债权性质属于一般合同债权性质还是优先债权性质，除了与担保债权之外，与其他优先债权是什么关系都值得细细厘定。

因此，破产法应对各类优先债权进行细化，越细越有可操作性，同时也应当将所有种类的破产优先权均纳入一部破产法中，避免过多优先债权种类的存在减损普通债权人的合法权益。

(4)明晰破产与仲裁的关系

随着过去几十年国际贸易特别是跨国投资的发展,仲裁因其独到的优势如保密性强、可在多个国家或地区得以承认并执行,被商界所推崇。同时,在金融危机阴影未退、全球经济前景不明的大背景下,企业投资失败后的破产清算与重整程序也变得越来越重要起来。总体而言,仲裁程序基于当事人事先在合同中达成的书面仲裁协议或当事人在争议发生后达成书面仲裁协议而解决当事人之间争议的程序,其存在的基础在于当事人之间的合意。正常的仲裁协议包括当事人选定的仲裁机构及地点,所适用的程序规则及实体规则。基于当事人对仲裁机构的信任与对当事人意思自治的尊重,法院对仲裁的监督仅限于程序方面是否存在错误。

与仲裁的意思自治原则相反,破产清算程序则注重在债务人财产不足以清偿全部对外债权的情况下,在破产法院主导或监督下,在所有债权人之间按照优先顺序有序清偿。同时,各国破产法大都制定了破产程序中涉及债务人的所有争议均集中到破产法院管辖审理的制度,意在提高破产程序的效率。从某种意义上讲,破产程序涉及利益主体众多,破产法院会更多关注公共利益的实现。在破产程序中,如遇有破产债务人与某债权人之间存在未决之仲裁协议时,两种程序之间的冲突与协调就更为突出。正如美国联邦法院第二巡回区沃克(Walker)法官在美国航运公司破产案中所论:“破产与仲裁犹如地球之南北两极,破产势不可挡地走向集中,而仲裁不遗余力走向分散”。破产法院对仲裁程序的不信任由纽约州西蒙(Simon)法官所述可见一斑:“仲裁员仅仅是自治之个体,受订约当事人所托来解决仅对他们而言重要的事项。他们没有公共责任,也不应当来处理当一方不能履约时涉及被保险人及第三方索赔人利用的事项。处理这类争议只能交由管理人,为公共之利益,当然在法院监督之下。”

最高人民法院法官在《当前审理企业破产案件需要注意的几个问题》一文中指出,企业破产法规定的法定专属管辖不能排除仲裁条款的效力,在约定仲裁条款有效的情况下,应由当事人依照民事诉讼法的规定通过仲裁方式解决纠纷。但依据相关仲裁法理论,通说认为合同中的仲裁协议条款独立于合同存在,不因主合同被认定无效或解除而被认定无效或被解除,属于单独的合同。同时,《企业破产法》第18条规定破产管理人有权选择解除或履行债务人破产前签订的合同,对于前述独立的仲裁合同,管理人当有权选择解除或履行仲裁协议。因此,在债务人进入破产程序后,应由管理人选择承认或拒绝仲裁程序。

(5)完善《劳动合同法》实施中的问题

在企业破产程序中,应当从以下几个方面处置企业职工的问题,完善我国《企业破产法》相关规定。

首先,秉持《企业破产法》规定的在分配程序中担保债权优先于职工债权的规定。对于担保债权和职工债权的清偿顺序问题,《企业破产法》采取了"新老划断"的办法,规定在新法公布以前出现的破产,职工债权优先于担保债权,破产人无担保财产不足清偿职工工资的,要从有担保的财产中清偿。在新《企业破产法》公布后,将优先清偿担保债权,职工工资和其他福利从未担保财产中清偿。这一独创性规定,和中国国情密切相连,主要是考虑三方面的因素:第一,《企业破产法》与《担保法》的关系,按照《担保法》的规定,担保抵押资产并不纳入破产清偿顺位中,而是独立于破产财产之外的资产;第二,市场经济转型过程中,法律制度安排必须具有处理中国特色问题的智慧,对于复杂的职工债权问题的处理,既要考虑中国的现实情况,又要把它纳入市场经济法律的整体框架来考虑,职工的社会保障问题在今后应更多地靠完善社会保障制度来解决;第三,金融机构与债权人风险的考虑,如果担保债权不能依法实现的话,对金融机构等债权人将是一个巨大的打击,金融机构与债权人自身也有可能破产,那涉及的人群会更大。《企业破产法》的规定既考虑了中国的历史遗留问题的解决,又考虑了与国际惯例接轨。

其次,应由破产管理人决定破产企业的职工劳动合同的效力。关于企业破产后劳动合同的效力,有三种主要观点。第一种观点认为,劳动合同应于企业被宣告破产时终止。原因在于我国《劳动合同法》第 44 条第 4 项规定,"用人单位被依法宣告破产的",劳动合同终止。第二种观点认为,自管理人通知解除劳动合同之日终止。原因在于,依据我国《企业破产法》第 18 条的规定,破产管理人享有待履行合同的挑拣履行权,因此,管理人接管破产企业后,应由其决定职工的劳动合同是继续有效抑或解除。第三种观点认为,劳动合同自人民法院裁定受理破产申请之日终止。理由是:根据《企业破产法》第 44 条、第 46 条、第 48 条的规定,只有在人民法院受理破产申请时破产企业所欠的职工权益才能成为破产债权,而且未到期的债权此时应视为到期,故劳动合同应于该基准日终止,才能固定职工的劳动权益。考虑到在企业进入破产程序后,《企业破产法》对于破产程序的规定优先于《劳动合同法》的适用,以及由于破产申请受理前发生的劳动债权属于优先的破产债权,破产申请受理后发生的劳动债权,无论劳动合同是否终止,都属于"为债务人继续营业而应支付的劳动报酬和社会保险费用",作为共益债务优先受偿,并不因劳动合同未终止就变成破产债权。因此,上述第一种和第三种观点均存在缺陷,应采纳第二种观点,即由破产管理人决定破产企业的职工劳动合同的效力。

最后,应通过社会保障等多渠道保障职工权益。公司法、劳动法等法律对劳动关系的保障上是有倾斜的,而破产法也已经考虑到对劳动者的保护,如职工债权在破产财产的分配程序中能够得到优先受偿。因此,不宜再通过破产法对职工给予更多补偿。应通过社会保障法和社会保险法等强化对职工权益的保障,妥善运用中央下拨的1000亿元专项奖补资金,重点用于职工分流安置。

2. 长期政策建议

长期政策建议主要指应扩大破产法的适用范围。在当时社会条件下,《企业破产法》仅仅将企业纳入调整对象,成为"半部破产法"。当前,应当将所有市场主体均纳入破产法的适用范围,亦即建立个人破产制度与科教文卫等单位的破产制度。

(1)建立个人破产制度

个人破产制度是指作为债务人的自然人不能清偿其到期债务时,由法院依法宣告其破产,并对其财产进行清算和分配或者进行债务调整,对其债务进行豁免以及确定当事人在破产过程中权利义务关系的法律规范。

《企业破产法》没有涵盖个人破产内容,不是一部完整的破产法。在新的全球金融与经济环境下,中国市场经济进入关键阶段,加快建立个人破产制度(自然人破产、消费者破产)具有重要性与必要性。

第一,个人破产是公司企业破产的基础。西方发达国家早期商业繁荣的一个重要的原因是个人破产制度的出现和发展,先有个人破产,后有企业破产,公司企业破产不过是个人破产的放大和延伸。个人信用、企业信用、商业信用、社会信用是一个信用链,是现代破产法规制的宗旨和目标。

第二,从各国破产法立法来看,个人破产制度也是所有市场经济国家破产法的重要内容,美国的个人破产又称为消费者破产,在《美国破产法》第7章、第13

章等章节中。英国、澳大利亚、德国、法国、日本的破产法中,个人破产制度都是其重要内容。从实践来看,发达国家个人破产案件的数量在整个破产案件数量比例上占了绝大部分。据美国破产协会2014年1月6日公布的统计,在2013年,美国申请破产的企业和个人总数为107万件,个人破产约为103万件。在2010年,美国个人破产的申请数曾达到150多万件。

第三,我国实施个人破产已初步具备条件。近年来,我国的金融体制正加速改革,住房、汽车以及家庭消费品信用贷款在快速发展,个人信用记录制度也在迅速建立,这为个人破产制度的实施提供了基础条件。央行公布的支付体系运行总体情况报告显示,截至2015年第三季度末,全国银行卡在用发卡数量52.52亿张,同比增长10.66%,环比增长4.37%,全国人均持有银行卡3.85张,人均持有信用卡0.30张。报告显示,信用卡坏账风险依然存在。截至第三季度末,信用卡逾期半年未偿信贷总额384.33亿元,占信用卡应偿信贷余额的1.32%。第三季度,全国银行机构共处理电子支付业务271.38亿笔,金额553.07万亿元。其中,网上支付业务82.12亿笔,金额432.81万亿元。近年来,个人消费信贷急剧增长,意味着中国人长期信奉的量入为出的消费观念已被打破。中国已迈入负债消费时代,房奴、车奴及卡奴相继出现,“负翁”正一跃成为这个时代的消费主力。

第四,我国市场经济体制已经确立,社会更加开放,个人自由度更大,私人财富和私有财产也在增多,如果没有与这些新现象相匹配的法律制度,特别是个人破产制度,那么市场经济将会成为无源之水。2015年有70多万家中国企业办理吊销与注销手续,通过工商行政部门而不通过法院破产程序退出市场,这其中有许多个人独资企业与合伙企业。

个人破产既可以适用破产清算程序,又可以适用破产重整程序。个人清算程序,也称直接破产,即法律程序把债务人财产变卖作价,公平清偿给债权人。在留下基本生活物品之后,消费者一次清算完毕,全部财产清偿给债权人,从此债务一笔勾销了结。在破产清算程序中,申请人到法院呈递申请,由管理人接管破产财产,债务人有权保留一定的财产作为基本生活保障。申请人需要递交的破产申请文件包括:申请表,联系方式等;已知债权人名单;全部资产、负债明细表;所有合同明细表,含房产租约,对个人债务人而言,未申报的债务将得不到豁免;债务人财产状况陈述书;收入支出情况明细表;财产抵押情况明细表。

个人债务的重整程序,是指债务人申请通过分期付款的方式偿还债务,目的是尽可能多的偿还债权人。个人债务重整的重心在还款计划,债务人与债权人制定详细的还债计划,这个计划也要债权人同意,一般是在一定年限内必须偿还。个人债务的重整程序的申请要件包括:债务人必须是个人,债务人必须有固定收入,个人债务人债务数额不得超过一定限额,债务人必须出于诚信,债务人必须制定出一个合理可行的债务重整计划,只能由债务人主动向法院提出申请,不能由债权人申请。

当债务人的破产申请被法院受理后,即产生自动中止的效力。在法院提起或继续进行的有关债务清偿的诉讼、强制执行在清算申请提出前法院已作出的付款判决、通过非司法方式以任何手段获得债务人财产或使债务人支付任何现有债务以及对债务人的债务进行的抵销,均需要暂停。个人破产程序最终使债务人的债务被豁免。债务豁免,是指在清算分配程序完结以后,债务人对剩余的负债不必再清偿的一种制度。消费者破产,取得债务豁免是破产的主要目的,甚至是唯一目的。债务豁免的范围包括破产宣告前产生的债务。需要指出的是,法院有权拒绝对欺诈性地转让或藏匿财产的债务人给予债务豁免。个人收入的纳税与侵权责任赔偿则为不可豁免的债务。

(2)建立经营性事业单位的破产制度

在市场经济下行期,众多经营性事业单位也面临着沉浮与兴衰。比如,有些学校则因债务缠身、入不敷出,出现了严重财务危机,继而倒闭破产,只得无奈地退出了市场。部分学校倒闭破产的出现,是经济与社会发展的一个缩影,也是教育发展过程中的一种自然的现象,在某些情形下,更可能是市场经济条件下优胜劣汰的一条重要的教育与法律途径。因此,有必要对经营性事业单位的破产作出规制。

对于现在大量存在的、属于生产经营类但公益性较弱的事业单位,如经营类文化事业单位,应坚决地将其推向市场,使其转变为自主经营、自负盈亏的企业,让其在市场中与其他主体进行公平竞争,利用市场机制提高其效率并实现资源的优化配置,同时也能达到减轻国家财政负担的目的。对于公益性很强的事业单位,如医院、学校、科研机构等,应保留一定数量,由国家财政拨款进行养护,但要剥离其现有的盈利业务,限定其不得进行盈利活动,使该类机构真正致力于为社会大众提供公共服务,同时亦可有效防止国有资产的流失。而对于那些既有公益性又存在盈利空间的领域,如公共医疗单位,应该允许其中一部分进行股份制改革,把其彻底推向市场。

因此，应在对不同事业单位进行分类改革的基础上，对于充分或部分市场化的单位建立相应的优胜劣汰制度，促使占用较多国家资源、享受财政扶持，却未能充分有效地提供相应服务和积极公正履行应尽职责的单位停止运转。

（二）执法层面

1. 设立破产管理局

建议借鉴英美等国及我国香港特别行政区等管理破产事务的经验，在我国设立破产管理局，推动破产法的实施与修改，管理破产方面的行政事务。破产管理局作为“破产程序的看门人”，为促进破产体系的完整和效率，保护所有股东、债务人、债权人和公众利益而努力。

破产管理局的宗旨、目标、策略和预期效果应包括以下三个方面（见图9）：

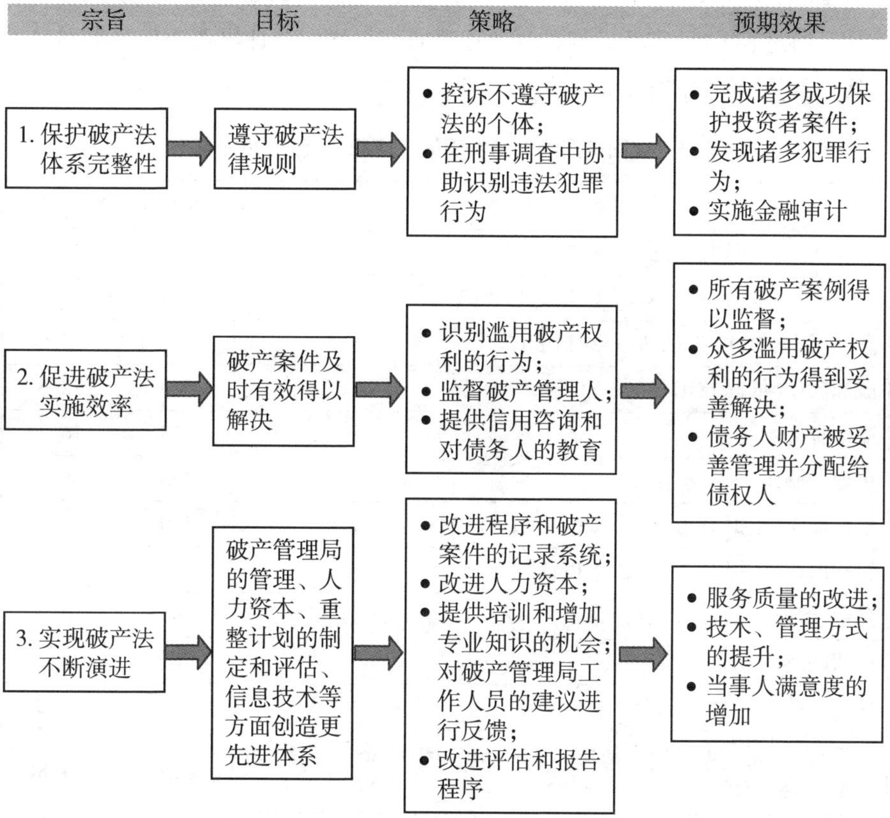

图9　破产管理局的宗旨、目标、策略和预期效果

首先,保护破产法体系的完整性,促使公众遵守破产法律和规则。为了达到上述宗旨和目标,破产管理局可以对不遵守破产法的个体提出控诉,并在刑事调查中协助识别违法犯罪行为。

其次,提高破产法体系的效率,使破产案件得以及时有效的解决。为了达到上述宗旨和目标,破产管理局可以监督破产管理人并提供信用查询服务等。

最后,实现破产法实施的不断演进,使破产程序在信息披露、管理、破产方案制定、财产评估等方面与时俱进。为了达到上述宗旨和目标,破产管理局可以改进破产案件的记录系统、提供培训等。

破产管理局在破产理论研究和实践中发挥重要作用。比如,各国类似的机构均整理统计出各国的破产案件申请数量、列明破产案件的多种程序、刊登破产法改进报告、为社会公众提供破产案件查询服务。此外,破产管理局还成功履行了其他职责。如2012年,美国破产管理局就发现了2120起较为严重的破产犯罪案件。通过表3可以看出,美国破产管理局不仅详细统计出各个犯罪类别对应的案件数量,而且审查较为细致。

表3 美国破产管理局发现的破产犯罪行为(2012年)

犯罪行为类型	数量(起)	比例(%)
税收欺诈(依据26 U.S.C. § 7201)	796	37.5
不实陈述[依据18 U.S.C. § 152(2)和(3)]	686	32.4
藏匿[依据18 U.S.C. § 152(1)和(7)]	530	25.0
破产欺诈(依据18 U.S.C. § 157)	480	22.6
盗窃身份	353	16.7
房地产欺诈	133	6.3
电汇欺诈(依据18 U.S.C. § § 1341和1343)	110	5.2
银行欺诈(依据18 U.S.C. §1344)	99	4.7
隐藏、销毁、拒绝交出文件[依据18 U.S.C. § 152(8)和(9)]	99	4.7
虚假陈述	89	4.2
伪造文件	46	2.2
违反《萨班斯—奥克斯利法案》(Sarbanes-Oxley Act)(依据18 U.S.C. § 1519)	39	1.8
侵占、挪用(依据18 U.S.C. § 153)	35	1.7

续表

犯罪行为类型	数量(起)	比例(%)
在申请破产程序后接收财产[依据 18 U.S.C. § 152(5)]	31	1.5
违反州法	30	1.4
同谋(依据 18 U.S.C. § 371)	23	1.1
申请破产的准备人不遵守破产法(依据 18 U.S.C. § 156)	22	1.0
联邦欺诈	20	<1
洗钱(依据 18 U.S.C. § § 1956 和 1957)	19	<1
连续申请破产	19	<1
投资者欺诈	17	<1
公司欺诈	16	<1
虚假债权[依据 18 U.S.C. § 152(4)]	16	<1
信用卡欺诈	15	<1
刑事蔑视(依据 18 U.S.C. § 402)	14	<1
专业人士欺诈	12	<1
空壳欺诈	11	<1
保险欺诈	8	<1
贿赂[依据 18 U.S.C. § 152(6)]	7	<1
健康保险欺诈	6	<1
滥用法庭印章(依据 18 U.S.C. § § 505 和 506)	6	<1
妨碍司法	5	<1
董事的利益冲突(依据 18 U.S.C. § 154)	4	<1
威胁适用暴力	4	<1
违禁药品	2	<1
违反移民规定	2	<1
结构性	2	<1
对债权人、债务人滥用确认的滥用	1	<1
虐待儿童	1	<1
网络欺诈	1	<1
拒绝支付员工福利计划	1	<1
恐怖主义	1	<1

关于建立破产管理局,可以借鉴美国经验,作为司法部代管的国家局或内设局,负责破产法的实施与破产事务的管理,代表政府推动社会信用的强化和管理。具体而言,应该赋予破产管理局以下职权。

第一,收集破产法实施现状与问题,为精准实施破产法献计献策。破产管理局作为全国性破产管理人的自律组织,有途径追踪债务人财产的分配情况,了解各种债权的清偿情况,分析整理破产法的表现和效用,有能力推动立法领域和司法实践的发展。破产管理局应当开通破产重整及清算案件的信息平台,为债务人的信息披露与债权人的权益保护提供充分渠道。

第二,考察董事、监事和高级管理人员履行信义义务情况,发现和认定他们违反破产法的事实,追索董事、监事和高级管理人员的责任,并将追索的数额在债权人之间公平分配。

第三,作为破产管理人的监督者与管理人,破产管理局可以监督检查破产管理人在破产程序中履行职责的情况,防止破产管理人滥用职权,以确保破产管理人完全按照法律规定清偿适格权利人,提升破产程序的效率。

第四,与国际性破产组织交流,促进中国破产法的国际化发展。各国破产法的发展越来越体现统一化、国际化的演变趋势。为了保护我国债权人在域外的合法权益以及为我国债务人在面对域外债权人追索债权时能够得到充分应对,应当确保破产管理局与联合国国际贸易法委员会(United Nations Commission on International Trade Law, UNCITRAL)、国际破产协会(INSOL International, INSOL)、世界银行(World Bank)和国际货币基金组织(International Monetary Fund,IMF)等机构保持密切联系,共同促进破产法的实施与完善。

2. 建立工商行政部门与法院的联动处置机制

适用破产程序的企业数量与因注销、吊销而退出市场的企业数量的巨大落差,说明有众多企业为了逃避债务不经破产清算程序便退出市场。依据相关法律法规,企业可以根据章程规定主动选择终止,也可由工商局吊销营业执照而终止。终止的企业失去营业能力,但仍具有法律人格。终止的企业必须由清算组根据公司法进行清算之后才能到工商局申请注销。如果经过清算程序后尚有剩余财产,则把剩余财产分配给股东,然后清算组到工商局申请注销;如果清算组发现企业财产不足以清偿全部债务,则公司法上的清算程序转化为破产清算程序,按照破产法的规定对债权人进行清偿。问题是,实践中相当一部分企业为了逃避债务不经过清算程序就退出市场。2008年我国市场上退出的企业达到最高峰,但近年来破产案件数量却在原本极低的基数基础上再次下降。可以假定有相当一部分企业本应该适用破产法退出市场却选择了逃避:不经破产清算就直接注销,或者甚至被吊销后不经注销就退出市场。由于未经过债务人财产的处置与分配,债权人的利益难以得到有效保护。

为了实现债权人利益的全方位保护,工商行政部门应与法院建立企业破产联动处置机制。目前,企业申请注销是由企业自行到报纸刊发注销公告,工商部门凭企业提交的注销广告认定企业履行了公告程序。因各类报刊繁多,纸质媒体读者减少等原因,许多公告的相关人难以获知公告,起不到公告的作用,刊发广告也增加了企业负担,并且企业清算程序缺少监督,难以充分保护债权人利益。更为重要的是企业被吊销营业执照时,诸多企业未经清算便直接丧失主体资格而退出市场,这往往使债权人的贷款难以有合法程序实现清盘和分配。因此,有必要联合工商行政管理部门与法院,将企业营业执照的吊销和注销程序同企业的清算程序进行关联。

具体的步骤应设计如下:工商行政部门应将未经过破产程序而被注销和吊销的企业名单,连同对该企业的行政处罚决定书或解散企业通知书一并及时提交给法院,从而启动企业的解散程序,由法院主持实施对该企业的特别清算程序。特别清算程序的特点是,法院和债权人直接加入并监督整个清算程序,清算组的清算权限受到限制。在清算过程中,如果清算组的清算方案不能被债权人接受,或不能被法院批准,则应终止特别清算程序,进入破产程序。同时,法院在执行破产企业的财产时,也可以向工商行政管理部门索要破产企业的相关信息。

(三)司法层面

除了要阻遏地方政府在法院受理破产案件的干预批准权外,应在法院体制与内部考核机制上进行改革,以改变法院在破产案件中作用权威式微的状况,还应建立一支专业化的破产案件审理队伍。在现行司法框架下,法院受制于地方政府与专业能力,债权人也不能及时接管困境企业和实施重组,只能追究企业违约责任,这是我们破产司法体系的重大缺陷。可以借鉴美国的专门破产法院与破产法官制度,使破产法院独立于地方政府的利益,独立而专业地受理、审理涉及跨地跨界商业贸易与债权债务关系的破产案件。

1. 建构专门的金融与破产法庭

法院一直被视为法律实施和实现正义的最后一道屏障,但是,一些地方政府在处理一些简单的民商事利益纠纷时,往往把难题包袱丢给法院。地方政府官员在经济活动中非常活跃,但对"破产"一词却唯恐避之不及,认为辖下企业出现破产情形,是对其执政能力的挑战和仕途的不祥之兆。于是,当企业特别是上市企业出现破产可能时,往往极尽所能促其重整,以保政绩。这种心态,加剧了政府在企业重整过程中的行为变异。地方政府不仅直接为企业寻找"婆家",还亲力亲为充当管理人,直接越过法定的重整程序,主导一切,甚至忘了政府与法院的不同分工,直接要求法院专题汇报。法院作用的式微,导致了地方法院在受理破产案件时,不得不要求有政府批准等为前提的附加条件,这就加剧了破产案件的减少,鼓励了市场失败者继续赖债、逃债的行为,也使破产法与法院法官的权威大为削弱。

美国专门的破产法院体系,因具有独立性、专业性和体系完备性及受到有效监督的特点,使其处于主导整个破产程序的核心地位,作为破产程序中异议的裁判者,各方利益博弈的平衡者能有效遏制"假破产、真逃债"现象,承担起扫除市场经济"信用垃圾"的职责。美国专门的破产法院体系可以为我国所借鉴。

首先,破产法院具有独立性。美国联邦法院的经费是由联邦司法系统内的联邦司法会议在征求法院同意后,做出预算报告,也就是告知国会下一财政年度要用多少钱。国会审批预算报告后,法院即可在每年10月1日新的财政年度开始时得到经费。与联邦法院相反,美国各州法院的经费由各州拨备。由于州法院的财政受制于各州,州法院有时不得不与州政府妥协,受到州政府的掣肘。破产法院的法官虽然与一般的联邦法院法官任命程序有所不同,但是其仍然不受州议会或者州政府的干涉。破产法官由破产法院所在区法院的上级法院,即巡回法院进行任命。而对破产法官的免职则必须经过巡回区审判委员会的多数法官同意且必须经过严格的程序后才能生效。

其次,破产法官具有专业性。破产法院审理了如安然破产、克莱斯勒破产、通用破产案等在美国轰动一时的案例,在美国破产法学界和理论界具有很高的声望。由于破产法理论与实践水乳交融,破产法官曾多次参与甚至主导破产立法,也用判例法影响了破产法的发展走向。因此,破产法官洋洋洒洒数十页的判决书往往成为破产实践者领会破产法律精髓的绝佳工具。破产法官的任期是14

年，在这段时间里，破产法官会一直审理与破产法相关的案件，而不是依据民事法律、行政法律和刑事法律等进行审判。由于长时间专注研究一部法律，破产法官必然对破产法律有着深刻的认识；由于长时间集中审判破产案件，破产法官必然对破产程序了然于胸；由于破产法院将优秀的法官聚集在一起，他们必然可以碰撞出思维的火花，也可以对疑难案件共同探讨，妥善处理。

再次，破产法院的体系具备完备性。经过100多年的发展，破产法院在美国所有区均已建立，并且法官数量众多。每个破产法院至少有1个破产法官，最多会有22个破产法官（美国加利福尼亚州中心法院）。此外，破产法官队伍庞大，已占有相当大的比例，美国加利福尼亚州东区法院破产法官和其他法官的比例甚至达到了1∶1，最少的比例也有1∶6（路易斯安那州东区法院）。平均而言，美国全国的破产法官与非破产法官的比例也基本上达到了1∶2的程度（见表4）。

表4　美国破产法院、破产法官与区法院、其他区法院法官的分布与数量

单位：人

美国各州法院		破产法官人数	其他法官人数	美国各州法院		破产法官人数	其他法官人数
亚拉巴马州	北区法院	5	7	内布拉斯加州区法院		2	3
	中区法院	2	3	内华达州法院区法院		3	7
	南区法院	2	3	新罕布什尔州区法院		1	3
阿拉斯加州区法院		2	3	新泽西州区法院		8	17
亚利桑那州区法院		7	12	新墨西哥州区法院		2	6
阿肯色州东区和西区法院		3	8	纽约州	北区法院	2	5
加利福尼亚州	北区法院	9	14		南区法院	9	28
	东区法院	6	6		东区法院	6	15
	中心法院	21	27		西区法院	3	4
	南区法院	4	13	北卡罗来纳州	东区法院	2	4
科罗拉多州区法院		5	7		中区法院	2	4
康涅狄格州区法院		3	8		西区法院	2	4
特拉华州区法院		1	4	北达科他州区法院		1	2

续表

美国各州法院		破产法官人数	其他法官人数
哥伦比亚特区法院		1	15
佛罗里达州	北区法院	1	4
	中区法院	8	15
	南区法院	5	17
佐治亚州	北区法院	8	11
	中区法院	3	4
	南区法院	2	3
夏威夷州区法院		1	3
爱达荷州区法院		2	2
伊利诺伊州	北区法院	10	22
	中心法院	3	4
	南区法院	1	4
印第安纳州	北区法院	3	5
	南区法院	4	5
艾奥瓦州	北区法院	2	2
	南区法院	2	3
堪萨斯州区法院		4	5
肯塔基州	东区法院	2	5
	西区法院	3	5
路易斯安那州	东区法院	2	12
	中区法院	1	3
	西区法院	3	7
缅因州区法院		2	3
马里兰州区法院		4	10
俄亥俄州	北区法院	8	11
	南区法院	7	8
俄克拉荷马州	北区法院	2	3
	东区法院	1	1
	西区法院	3	7
俄勒冈州区法院		5	6
宾夕法尼亚州	东区法院	5	22
	中区法院	2	6
	西区法院	4	10
波多黎各法院		2	7
罗得岛州区法院		1	3
南卡罗来纳州区法院		2	10
南达科他州区法院		2	3
田纳西州	东区法院	3	5
	中区法院	3	4
	西区法院	4	5
得克萨斯州	北区法院	6	12
	东区法院	2	7
	南区法院	6	19
	西区法院	4	13
犹他州区法院		3	5
佛蒙特州区法院		1	2
弗吉尼亚州	东区法院	5	11
	西区法院	3	4

续表

美国各州法院		破产法官人数	其他法官人数	美国各州法院		破产法官人数	其他法官人数
马萨诸塞州区法院		5	13	华盛顿州	东区法院	2	4
密歇根州	东区法院	4	15		西区法院	5	7
	西区法院	3	4	西弗吉尼亚州	北区法院	1	3
明尼苏达州区法院		4	7		南区法院	1	5
密西西比州	北区法院	1	3	威斯康星州	东区法院	4	5
	南区法院	2	6		西区法院	2	2
密苏里州	东区法院	3	6	怀俄明州区法院		1	3
	西区法院	3	7	合计		316	666
蒙大拿州区法院		1	3				

最后,破产法官的任免和破产法院的判决均受到了完备的监督。破产法官由破产法院所属的区巡回法院进行任命,要对候选人的学术背景、工作经历、发表文章、参与过的案例以及兴趣爱好等经过面试和背景调查等多重考察;当破产法官严重渎职或者违反职业道德的情况下,巡回法院也可以及时地解除破产法官的职务。因此,破产法官的履职和解除职权受到了有效的法律监督。此外,美国区法院可以对破产法院的判决进行上诉审理,而区法院的上诉则由巡回法院负责。通过层层上诉审判的监督,破产法院的判决被置于法律监督的框架之下。

关于我国破产法庭的创建,《法院组织法》允许设立专门的法院,这为破产法院的设立找到了法律依据,而海事法院和曾经的铁路法院已有实例。现阶段,可以先从建立地方专职破产法庭入手,如破产法庭在深圳等地已有试点。未来建议在巡回法院和部分省市高院设立破产与金融审判庭,专司破产与金融案件。这能够极大克服地方保护主义,剥离地方政府对破产案件的不当干预,最大限度实现破产案件的公正审理。

2. 将选任管理人的权利交由债权人会议

我国目前管理人是由法院来委任并受法院监督。管理人被认为是一个法定的机构,管理人不代表哪个特定方的利益,而是代表破产案件、破产程序中所有参与者的利益,既代表债权人的利益,又代表债务人的利益,还代表雇员和政府的利益,甚至还代表法院的利益。

由法院决定管理人的人选存在以下弊端:第一,这种做法大大增加了法院的工作量。不同的破产案件可能对破产管理人有不同的能力要求,如果由法院来为破产的债务人企业和它的债权人选择管理人,就要求法院对债务人企业的状况和债权人的利益要求有充分的了解,而法院根本没有能力做到这一点。第二,法院难于选出最适当的管理人。出于减少法院工作量的考虑,有一种建议是法院建立管理人名单,从中挑选管理人或者采用轮换或抽签的方法选择。但这种做法根本不能选出最称职的管理人。而债权人出于对自己利益的关切,会力争选出最能够保护自己利益的管理人。第三,法院无法对管理人实施有效的监督。法院承担大量的司法工作,不可能对管理人管理债务人财产的日常行为进行监督。第四,由法院选择管理人会破坏法院在破产案件审理中的独立性,也将会导致管理人身份的失位和管理人责任的虚化。

正是由于上述弊端的存在,大多数国家的破产法(无论是英美法系还是大陆法系)都规定,管理人由债权人会议选任并受其监督,而其职责也由债权人会议委托授权而来。法院在管理人任命上的权力应该是消极的。一般情况下,法院只能直接裁定认可债权人的任命,除非债权人会议决定选任的管理人不具备担任管理人应有的法定条件,法院一般不能拒绝任命其为管理人。只有当破产案件的利害关系人对管理人的提出异议,法院才能对是否任命这一人选作出裁定。

管理人的人选应当由债权人会议决定,理由如下:第一,保护债权人利益是破产法的基本立法宗旨。当一个债务人发生破产事实时,债权人的利益最易受到侵害。破产程序中其他相关利益方的利益都有一些相应的法律规范在保护,如雇员的利益有劳动法、社会保障法等作为保障,因此,破产法应更注重保护债权人利益。而且债权人往往又是分散没有组织的,债权的数额又各有大小,债权人的权利利益不一,如果没有专业的富有经验的管理人来代表他们的利益的话,所谓在破产程序中实现债权人利益最大化是不现实的。第二,管理人作为债权人利益的代表,应由债权人会议选出。管理人主要是代表债权人的利益而负责管理、变卖和分配破产财产和处理破产事务的人,他是破产法"债权人利益充分保护"原则的主要体现者。在破产程序中管理人不是所有人利益的代表,而仅仅是债权人利益的总代表。不能把管理人的角色与法官混淆起来,管理人不是一个中立的第三方,管理人应更加倾向于债权人的利益以维持在破产清算等过程中债权人债务人利益博弈的一种平衡关系,实现破产过程中的债权人利益的最大化。因此,管理人应由债权人会议来选任。第三,债权人会议有动力也有能力选择管理人。在债务人进入破产程序后,债权人的利益与债务人财产的管理、经营、分配状况息息相关,甚至可以说此时的债务人财产就是债权人的财产,债权人最有动力也最有能力选择最有资格、最有能力管理债务人财产的管理人。由债权人会议选择管理人是一种效率更高的做法。

关于管理人的选任,应注意以下几点:第一,在指定管理人过程中,应该更多地征求债权人的意见,法院应该倾向于债权人的选择。第二,设计选择机制时,应该考虑管理人和债权人的竞争性,以市场化的形式。也就是说,当债权人选拔管理人时,这个管理人必须是有竞争性的。目前实施的抓阄做法并不是最好的选择,应当考虑一些竞争性的机制,或是市场化的设计。第三,管理人的资质应该设立一个门槛,由破产管理局负责。

此外,需要挖掘一批懂得困境企业拯救技术的专家担当专业的管理人。相关国资管理部门与地方政府应在金融机构、国有企业汇集一批专家型企业家,更应以开放心态引进民企与战略投资企业家介入“僵尸企业”的拯救与处置中来。这些专家应品行笃正,熟悉管理,了解市场,懂法律,能融资,会协调;既有创意思想,又是谈判高手,还是降成本提效益的实干家。应放手让他们以市场化方式担任管理人,处理“僵尸企业”事务。在英美等发达国家,大型企业的重整重组,就有首席重组官(Chief Restructuring Officer,CRO)这种角色,在通用公司、雷曼兄弟公司等大型企业重整案件中,甚至底特律城市破产案中,首席重组官发挥了不可替代的作用。专门处置破产事务的企业风险管控与危机管理专业机构的大量涌现,更是催生了西方发达国家处置拯救重建困境企业这一成熟行业。我国20世纪90年代的去产能过程中,也涌现了一批这样的企业家与专业人士,应重视发挥这些专业人士的作用。

(四)营商环境层面

破产法是市场经济中的重要法律制度,它使市场体制能够妥善处置没有效率的企业并重新配置失去清偿能力的债务人的资产。破产法的经济功能之一,就是降低社会成本并提高社会的竞争力。这种资产的重新配置,不仅包括实物资产,如机器和厂房,还包括人力资产,即雇员。所以,这种重新配置的效率,直接依赖于市场的完备程度。只有完备的市场,才能降低重新配置的成本,实现破产的社会效率。没有完备的市场,破产法不但不能实现其经济目标,反而可能适得其反,造成资源的浪费并引发一系列的社会问题。

在市场营商环境方面,可以对破产法做如下完善。首先,法律应当尊重市场的选择,尽量给予当事人更多的自治空间,为当事人的谈判创造条件,如解决信息不对称问题。只有当谈判成本高昂,如出现双方垄断等违法行为时,法律才需要进行干预。其次,法律应给当事人提供更多的选择方法。不同企业面临的约束条件不同,使用的破产方法不同,法律允许并提供不同的破产方法,既可以降低交易成本,又降低了不确定性成本。再次,尽快完善市场经济法律制度,降低破产实施的制度成本。当务之急是健全以物权法为核心的财产法律制度。最后,我国应该努力培育一个完备的破产债权交易市场。市场化破产方法是否能够得到有效的实施,依赖于市场的完备程度,市场越完备,破产效率越高,越能够保证公平。如果能够创造一个信息完备的市场,则无论是请求权的交易,还是破产财产的拍卖或整体出售,都能够保证请求权以最优的价格得以实现。这不仅最大限度地维护了破产企业各利益方的权益,而且真正把破产企业的资源配置纳入到整个市场经济的资源配置范围之内,实现了市场经济大市场的统一,这才是破产法作为市场经济宪法的真正意义。

依法推动市场化出清的法治原则与制度完善

杨临萍[*]　郁　琳[**]

2015年中央经济工作会议明确提出要推进供给侧结构性改革,抓好去产能、去库存、去杠杆、降成本、补短板五大任务。《企业破产法》作为规范市场主体退出、挽救危困企业,推动市场竞争优胜劣汰、完善资源优化配置的法律制度,对于化解过剩产能、调整产业结构、促进经济转型升级、维护经济秩序和谐稳定具有重要作用。面对中央经济工作会议提出的依法为实施市场化破产程序创造条件,加快破产清算案件审理,尽可能多兼并重组、少破产清算,做好职工安置工作的总体要求,人民法院准确适用破产法、依法处理好破产案件,公正公平地保护破产企业相关利害关系人的利益,是法院为供给侧结构性改革、加快市场出清提供司法保障的重要任务。

一、近年来人民法院审理破产案件的情况

自2007年《企业破产法》实施以来,全国法院受理和审理的破产案件情况大致可以分为两个阶段:第一个阶

* 最高人民法院审判委员会委员,民二庭庭长。

** 最高人民法院民二庭法官,法学博士。

段是从2007～2012年,基于新《企业破产法》刚开始实施,存在一个从政策性破产向新《企业破产法》下的市场化转型的过渡期,各地法院受理和审理的破产案件数量呈现逐年下降的局面。第二个阶段是从2013年以来,破产案件的受理数量出现上升拐点,出现这一态势变化的原因,既与宏观经济下行压力加大,经济增速、结构、动力出现新变化有关,也与破产制度保障功能逐步为市场所认识相关,还与人民法院采取系列举措、探索破产审判方式改革试点等工作,推动破产制度的适用密切相关。总体来看,人民法院受理和审理的破产案件有以下几个基本特点:

一是破产案件总体数量少、区域分布不平衡。虽然近两年来法院受理的破产案件数量开始缓慢回升,但与全国每年70万～80万家已吊销、注销营业执照的企业数量相比,仍有大量符合破产条件的企业没有通过破产程序依法退出市场,破产制度应有的优化资源配置、化解债务风险、维护市场运行秩序的积极功能没有得到充分发挥。此外,破产案件区域分布呈现不平衡的特点,反映出破产法的适用不平衡,案件数量多的地区大多是法院、政府等部门重视破产法的功能作用,并为破产法实施建立了配套制度和政策,从而极大地推动了破产法的适用,对当地的经济发展、产业结构调整起到重要作用。

二是破产案件审理涉及事务繁杂、审理周期长。由于破产程序是对破产企业全部债权债务关系的清理和清偿,涉及财产追收、债权确认、资产评估、变价、职工安置等诸多程序和事务,尤其破产重整案件还涉及投资人引入以及相关主体间的谈判等,另外,破产案件的处理还需要与工商、税务、劳动、银监等行政部门沟通协调,因此,破产案件审理过程中需要协调处理的事务较多、审理期限也普遍较长。全国法院已审结破产案件的审理周期大部分都在1年以上,有的案件8年仍未结案,极端案件的审理周期长达10多年。

三是破产企业性质地域特点明显,充分反映了经济发展形势。从破产企业的所有权性质来看,黑龙江、辽宁、吉林等省传统老工业基地,受国企改革进程的影响,国有企业和集体企业破产的案件数量较多,而在江苏、浙江等省民营经济发达的地区,破产企业则以民营企业居多,以南京法院2015年新收案件为例,中小型企业占比达90%。另外,破产企业的总体规模也与地方经济发展水平相关,上海、广东、江苏等省经济较为发达地区,受理的大型企业破产案件也相应较多,其中不乏大型上市公司、证券公司、央企、集团关联企业等。从破产企业的行业特点来看,国有企业主要集中在高耗能、高污染、低产能的行业领域,反映出国有企业体制改革的深化转型;钢贸、机械制造、船舶、建筑、纺织、房地产等产能相对过剩、资金杠杆较高的行业中,破产企业也较为集中;此外,部分地区还出现了福利企业、民营学校、金融企业、第三方支付平台破产的案件,破产企业所在行业呈现出多样化态势。

四是程序适用多以破产清算为主、债权清偿率低。在案件审理中,大部分破产企业适用的是破产清算程序,但也有向重整、和解多样化适用发展的趋势,反映出社会各界对破产程序功能认识的发展和深化。在债权的清偿率方面,各地法院普遍重视职工民生权益的保障,通过各种手段提高职工职权清偿率;相比之下,普通债权的清偿率较低,有的地方甚至出现下降趋势。

二、当前推动破产法实施应当遵循的原则

推动《企业破产法》的实施,加快市场出清,是服务供给侧结构性改革、妥善化解过剩产能的重大部署。为充分发挥破产法淘汰落后产能、优化资源配置、促进经济转型升级、维护市场秩序方面的法律功能,人民法院将遵循企业破产案件审判规律,坚持第八次全国法院民事商事审判工作会议确立的“六个原则”的基础上,依法妥善处理好各类破产案件,为市场出清提供司法保障。

(一)依法受理破产案件,实行差异化处置

要实现破产法在化解过剩产能、加快市场出清方面的重要作用,前提就是要将符合破产条件、具备破产原因的企业依法纳入破产程序中,尽快地通过破产程序实现企业资源的重新整合。人民法院在对破产申请进行审查时,要正确理解和适用破产法及司法解释规定的破产受理条件,明确区分不同主体申请破产所应提交的材料及其举证责任,明确破产申请条件与受理条件的区别,不能另设条件变相提高破产申请和受理的门槛。上级法院要依法加强对下级法院受理破产申请的监督,对于下级法院经责令仍不作出是否受理裁定的,上一级法院可以径行做出裁定,确保当事人申请权利的行使。探索推行破产案件的网上预约立案程序,做好立案登记与破产案件审查环节的衔接,畅通相关主体申请破产的渠道。

要进一步认识到破产法规定下的破产清算、破产重整、破产和解程序,都是对社会资源的优化配置,都具有化解过剩产能、调整经济结构的功能。既要重视发挥重整、和解程序在挽救企业、实现多方主体利益共赢方面的特殊作用,积极引导和鼓励那些符合产业政策调整目标、有挽救价值的企业,通过重整、和解程序化解债务危机、压缩合并过剩产能、优化生产要素配置;也要避免不具有挽救希望和价值企业滥用破产再生型程序,不当耗费社会资源、造成新的产能过剩。对于那些劳动密集型、资源消耗型、环境污染型等落后产能的企业,在符合破产清算条件的前提下,应及时启动破产清算程序,促其快速、有序退出市场。

(二)依法保护产权,保障相关主体合法权益的实现

保护产权是完善我国基本经济制度、促进社会经济发展的内在要求。我国现行《物权法》《合同法》《担保法》等法律制度对各类产权的确认和保护,构建起企业产权关系的基础。破产程序作为对企业债权债务关系集中清理、以实现债权人之间公平清偿的制度安排,重要的内容之一就是要明确界定各类主体的权利和权益,并在此基础上按照破产法规定的清偿顺序保障各方权益的实现。因此,一方面,企业产权关系直接涉及破产制度的建立基础及其运行的可能性;另一方面,破产程序的运行则体现了破产法对各类产权的确认、保护和实现。破产法上对产权的认定与保护,以及对权利实现顺序的安排,为市场交易主体提供了企业破产情况下,相关损失如何分配的明确预期,对于市场主体合理分配风险、提升效率提供了指引。

在破产法实施过程中贯彻产权保护原则,就是要明确破产法作为实现权利、公平清偿债务为目的法律规范,相关主体的权利界定应当以破产法之外的物权法、合同法、公司法等规则为基础。破产案件审理中,要尊重非破产法规则对各类产权、权利的划分,并结合破产法的特殊规定,依法厘清企业产权关系。尤其是涉及多次改制的国有企业,存在股权不清的情况下,要依法确定权属,化解新旧股东矛盾;对于职工持股、债转股等情形,要明确区分股权与债权、优先权与普通债权等不同权利性质及其清偿顺序。依法确定债务人财产范围,对于未纳入企业控制的债务人财产要积极追收,最大限度增加债权人可分配财产;对于不属于债务人财产范围的其他财产,要保障该财产权利主体依法行使破产法上的取回权、别除权等,实现其财产权利。在通过产权转让处置破产企业财产、进行重组兼并时,应遵循评估、拍卖等法律规定,避免资产价值不当贬损;涉及国有企业产权转让的,应依法办理相关手续;依法规制关联交易,防止不当利益输送损害债务人和债权人利益,依法确保破产程序各方主体权益的实现。对于职工合法权益的保护,要上升到个人生存权以及人身权的角度予以重视,根据破产企业特点尽可能做好职工分流,通过政府设立的维稳基金或鼓励第三方垫款等方式,妥善解决破产企业职工的安置问题。

(三)尊重契约自由,审慎行使司法强裁权

契约自由是构建市场经济基础、提升市场经济活力、增加社会财富的重要保障。破产程序对企业债权债务关系的清理,建立在对各类合同及条款效力、权利义务关系的认定基础上,同时破产法本身通常不具有自行创设权利、确定责任的功能,债权、担保权以及责任承担仍应遵守非破产法上的规范。因此,在破产案件审理过程中,要以契约严守的司法规则实现保障契约自由,要尊重并依法认定企业破产前签订的各类合同及条款效力,以及涉及企业兼并重组合同性文件的效力。当事人订立的合同,只要是依法成立,不损害国家利益、社会公共利益和他人合法权利,就应当信守。同时,也要正确认识和把握契约自由与契约正义之间的辩证关系,契约正义是契约自由的补充及其弊端的矫正器,要坚持依法维护契约正义。应当认识到,破产是每一个与企业进行交易的市场主体都可能面临的风险,因此对于将破产作为合同解除附加条件,或者以合同约定改变法定清偿顺序等规避破产风险的合同及条款,因违反破产法公平清偿原则,其效力应当予以否定。对于在破产临界期通过合同安排转移企业财产、进行个别清偿的行为,应根据破产法上的无效制度、撤销权制度予以矫正。

尊重契约自由另一方面的重要表现,是对当事人意思自治的维护。破产程序在一定程度上是法院监督下的债权人自治程序,其理论基础及合理性来源于企业财产不足以清偿全部债务而陷入困境时,债权人成为企业剩余财产的所有者并因此成为企业新的控制人。因此,破产程序中要依法保障债权人自治机制的运行,进一步完善债权人会议制度,确保债权人依法通过债权人会议组织行使权利。尊重债权人会议针对债务人财产管理和处置、破产费用、重整计划等重大事项依法作出的决议。对于债权人会议或部分表决组表决未通过,破产法规定可由法院裁定批准的事项,如重整计划等,法院作为破产程序的审理者和监督

者,要妥善运用司法强制力来限制当事人意思自治的有效性,必须要在保证持反对意见债权人的合法清偿利益,不侵害其合法受偿权的前提下,审慎行使强制批准权。在破产法律对于涉及利益冲突、债权人重大利益事项缺乏规定的情况下,要充分发挥债权人自治机制予以协调和解决。

(四)坚持平等保护,依法实现各方主体利益平衡

不同权利主体的平等保护,既是宪法原则的具体体现,也是民商事法律基本原则之一。现行《企业破产法》不再区分所有制性质,而是统一适用于所有企业法人,因此无论何种所有制类型的企业在具备破产原因时,都应按照破产法的规定清理债权债务关系,在税收优惠、职工安置费用来源、财政支持等方面的措施,应当统一适用于进入破产程序的企业。在引入投资主体推动企业重整过程中,应依法保障不同所有制主体参与重整的权利,充分激发非公经济的活力与创造力。公平对待破产程序中各方利益主体,妥善协调不同主体之间的利益冲突,依法实现各方主体利益平衡。

要坚持债权平等的原则,依法保障债权人公平受偿的机会。人民法院受理破产申请后,债务人的债务人或者财产持有人,应当向管理人清偿债务或者交付财产;关于债务人财产的保全措施应当解除,执行措施应当中止,禁止出于地方保护或部门保护主义下的抢先执行等个别清偿行为。准确理解和适用破产法上的绝对优先原则和公平对待原则,依法界定优先权、普通债权、劣后债权的范围和清偿顺位,坚持同样性质的权利应同等对待,确保同类债权人的受偿比例相同。禁止债务人与个别债权人通过合同形式事先或事后规避债权平等原则的适用,但对于债务人与全体债权人自愿达成的、有利于破产财产增值的债权调整协议,约定顺序在先的债权人自愿放弃其顺位利益的,可适当予以认可。

(五)坚持权利、义务、责任相统一,促进相关主体依法履行职责

权利、义务、责任三位一体的统一,是保护当事人权利、维护社会秩序、市场环境的基本要求。破产程序涉及诸多利益主体诉求和财产事务处理,为了确保程序顺利进行,实现公平有序的债务清偿,破产法必然包含了对债务人及其高管、债权人、管理人等程序参与主体权利、义务和责任的一体规范。在推动破产法实施过程中,依法保障管理人、债权人会议等主体行使法定职责的同时,也要

加强监督，完善破产民事、行政、刑事责任体系，落实相关法律责任。

要加强对管理人地位的正确认识，为管理人依法履职创造条件、提供便利。有关部门要对管理人查询企业信息、开展债权甄别、解除财产查封、冻结和扣押等依法履职行为予以配合，确保管理人对外履职的独立性与有效性。推动建立管理人执业保障体制，合理确定管理人报酬，充分鼓励发挥管理人参与破产程序的积极性。要加强法院、债权人会议对管理人的监督，督促其依法履行职责，对于管理人没有依法勤勉尽责、忠实执行职务，给债务人、债权人、第三人造成损失的，应依法承担赔偿责任。

要进一步完善债权人会议和债权人委员会制度，利用现代信息技术探索多样化的债权人会议召开方式，为其依法行使权利提供便利。依法合理区分债权人会议与债权人委员会之间的职责分工，明确债权人委员会的职权主要在于监督债权人会议决议的执行，关于财产管理方案、变价方案、分配方案以及表决重整计划、和解协议等关键性职权，债权人会议不得通过委托交由债权人委员会行使。准确认定债权尚未确定的债权人表决等问题，充分发挥债权人会议和债权人委员会在保障债权人整体利益、推动破产程序有序进行方面的重要作用。

在确保债务人通过破产程序依法获得债务减免、实现企业挽救的同时，要加强对利用破产程序逃避债务、损害债权人整体利益的行为依法追究责任。破产案件受理后，要依法督促债务人相关人员向管理人移交材料，保障破产程序的顺利进行。对于债务人的有关人员不履行法定义务，其行为导致无法清算或造成损失的，相关权利人可依法追究其相应的民事责任。人民法院发现涉及企业破产犯罪线索的，应当及时提供给有关机关。

（六）倡导诚实守信，树立对破产制度的正确认知

诚实信用原则被称为民商法上的帝王条款，其所倡导的诚实守信亦是社会主义核心价值观的重要内容。推动破产法的实施，鼓励出现破产原因的债务人通过破产程序清理债权债务关系，保障债权人利益公平受偿，而不是借由“跑路”“失联”逃避债务，既反映了“欠债还钱”这一最传统朴素的道德观念，也是对诚实守信、诚信原则的基本体现。当前，在加强对破产制度功能的宣传过程中，要将通过破产程序实现企业挽救、资源优化配置、维护市场经济秩序与倡导诚实守信结合起来，一方面要鼓励因各种原因陷入经营困境的企业，尽早进入破产程

序,化解债务危机,采取有效手段实现重整企业的信用修复,解决重整企业融资难题,促进早日实现企业复兴;另一方面也要充分运用破产法上的无效行为、撤销权制度对逃避债务、偏颇性清偿等损害债权人整体利益的行为予以否定,依法落实破产责任制度,为市场主体行为提供规范引导,树立社会对破产制度功能的全面正确认知。要进一步完善征信系统,在市场退出等制度安排中,形成对守信企业予以必要鼓励、对不守信企业予以惩罚的规则,确保财务信息的清晰和准确,推进债务的公平清偿和对困境企业的挽救。

(七)坚持程序公正与实体公正相统一,依法推进破产程序公正高效运行

程序公正与实体公正共同构成司法公正的重要内容。破产法是实体法与程序法的混合体,既包含有关于破产法适用主体、破产财产、破产无效行为及撤销权、取回权、破产债权、破产费用等实体性规范,也包括破产案件管辖、破产申请的审查与受理、管理人、债权申报、债权人会议、重整及和解程序、破产程序终结等程序性规范。破产法适用过程中,既要准确理解和适用破产法上的实体规则,促进实质公正的实现,更要贯彻破产法上的程序保障原则,确保破产程序的严密性、合法性以及正当性,并赋予各方当事人在其权益受损失时的救济途径。要正确认识破产程序的非对抗性特点,其要解决的并不是个别权利义务的争议,而是债务人财产如何分配、债权人利益如何实现的问题,因此,破产程序具有"一裁终局"、不可逆转的特点。但是,对于破产程序中的大量衍生诉讼,由于大多涉及当事人权利义务的确认,因此,应当通过普通民事诉讼程序进行审理,适用包括二审终审在内的民事诉讼规则,依法保障当事人的诉权。在破产案件审理过程中,要充分利用企业破产重整信息平台,通过对审判流程、管理人工作流程以及相关文书的公开,提升破产程序的透明度;并通过对债务人相关信息的公开,吸引投资主体,增加重整成功概率。探索破产案件繁简分流、简易案件快速审理机制,缩短破产案件审理周期,提高破产程序运行效率。进一步完善破产审查、重整程序等有关阶段的听证制度,增加相关主体的复议权利,切实维护持反对意见者的合法权益。正确掌握关联企业实体合并破产的适用条件,对于不构成高度混同的关联企业破产案件,可以探索通过程序合并原则予以处理,确保实体公正与程序公正的统一,推动破产程序公正、高效的运行。

（八）确保正当法律程序，正确处理破产程序中的民刑交叉、民行交叉问题

破产程序中涉及的有关事实尤其是债务人有关人员的行为有时会涉及刑事犯罪问题，或者涉及行政管理或行政诉讼问题。同时，刑事诉讼、行政诉讼或行政管理中有时也会牵连破产程序及其衍生诉讼的审理。因此，在处理破产案件时就涉及民刑交叉、民行交叉的正当法律程序问题。在处理时应当注意以下问题：

第一，要注意区分破产案件涉及债务人有关人员行为的法律事实与刑事诉讼所涉法律事实是否相同。破产程序是在企业经营发生困境情况下，对债权债务进行清理的程序，由于企业经营不规范以及治理结构的缺陷，陷入困境的企业股东或实际控制人、高管等人员有时会涉嫌非法集资、抽逃注册资本、挪用资金、票据欺诈等刑事犯罪，基于破产程序的非诉讼性特征，在破产程序中发现上述犯罪线索的，应当将掌握的犯罪线索材料移送给公安、检察等机关。

第二，要注意区分破产衍生诉讼案件与刑事诉讼涉及相同法律事实下的不同处理。如果有关衍生诉讼与刑事诉讼所涉事实完全相同，而且案件事实在根本上也属于刑事案件，那么在立案阶段就应不予受理相关衍生诉讼案件。受理后在审判中发现的，应当裁定驳回起诉。另外，如果衍生诉讼案件与刑事诉讼所涉事实完全相同，并且同时存在民事责任和刑事责任的，衍生诉讼案件审判应当尊重已经启动的刑事附带民事诉讼程序。未启动附带民事诉讼程序的，衍生诉讼案件可以与刑事案件分别审理。如果衍生诉讼案件与刑事诉讼涉及的法律事实部分相关时，判断衍生诉讼案件是否继续审理的标准应当是《民事诉讼法》第150条第1款第5项“本案必须以另一案的审理结果为依据”的规定。实践中要切实防止以涉及刑事案件为由对相关衍生诉讼案件甚至破产程序一律中止或拖延审理的做法。

第三，要妥善处理相关衍生诉讼案件和行政诉讼等交叉的问题。（1）要遵循基础法律关系先行处理的思路。商事审判在调查案件事实、认定合同效力等方面与行政管理、行政诉讼相互牵连的，应当先解决基础法律关系问题。在一些复杂案件的审判中，必要时可以研究探索商事审判或行政审判等对部分问题依法先行裁判或处理。（2）要正确理解行政机关批准、登记行为与合同效力的关系。

法律、行政法规明确规定行政机关批准或登记后合同才生效的,在行政机关批准或登记前,应认定合同未生效。(3)要准确识别行政行为合法性与民事证据合法性问题。行政机关实施行政行为中作出的批准文件、权利凭证等行政文书,商事审判中可将其作为证据并按照民事诉讼证据的规定进行审查,但商事审判无权对作出行政文书的行政行为进行合法性审查。商事审判中法院发现行政机关明显超越职权作出行政文书或者有相反证据足以推翻行政文书记载内容的,应否定其作为证据的合法性,不予采信。

三、具体法律制度的修改与完善

(一)细化执行转破产工作流程

人民法院(依职权)将执行程序转入破产程序制度,是解决破产案件受理难以及相关执行程序终结难的有力措施和可行途径。最高人民法院《关于适用〈中华人民共和国民事诉讼法〉的解释》(以下简称《民事诉讼法司法解释》)第513~515条中确立了执行程序转入破产程序的原则。总的精神是:执行程序中,法院发现债务人企业符合我国《企业破产法》第2条第1款规定的破产条件,执行法院经有关当事人同意后应当及时将债务人企业移送破产程序,通过破产程序来化解当事人间的纠纷。同时,《民事诉讼法司法解释》第516条进一步明确,如果当事人不同意移送破产或者被执行人住所地法院不受理破产案件的,普通债权的清偿应按照财产保全和执行中查封、扣押、冻结财产的先后顺序清偿。该条规定改变了以往参与分配制度对现行破产法律制度的弱化影响,促使在被执行人符合破产条件的情况下,后顺位债权人能够有动力提起破产程序,从而更好地协调执行程序与破产程序之间的关系。

上述司法解释规定的出台,为执行程序转入破产程序确立了总体原则和精神,但具体转化和衔接的工作流程还需进一步细化,对适用主体、移送案件应当适用的破产程序类型、移送条件、应当移送的材料、当事人救济途径、审查的内容、程序和期限等做出明确规定。其中,移送条件作为实施细则中最重要的内容,应当注意与破产法及其司法解释的衔接,明确应当移送的情形,既要克服因地方保护主义等因素不愿移送的问题,也要防止随意将移送破产作为执行结案的另类手段之倾向。特别是《民事诉讼法司法解释》规定执行案件的移送应经申请执行人或被执行人同意,为了避免执行不能案件因当事人的原因无法移送,导致上述条文目的落空,是否允许将特定情形下的默示视为当事人同意的形式之一,值得研究。另外,《民事诉讼法司法解释》第514条规定,被移送法院如果不予受理的,应当将相关案件材料退回执行法院。结合第513条的规定,如果执行法院移送的条件是被执行人已经符合我国《企业破产法》第2条第1款规定的情形,即满足破产程序开始的条件,则被移送法院认定不予受理的情形就应该做出明确限制和规定,对于符合条件的破产案件应当依法及时受理,切实避免在破产案件上相互推诿的现象。

当前,在适用上述规则时还需注意:执行法院及其上级法院要充分利用已有的执行信息平台和信息资源,及时发现、整合对分散在不同法院的针对同一企业的多起执行案件信息,通过合法合理方式尽力创造集中管辖、集中执行等有利条件,促进符合条件的被执行人及时、顺畅转入破产。执行法院在移送破产的同时,必须中止普通执行程序。破产法院受理破产案件后,所有针对债务人企业的执行程序或保全措施均应中止或解除。

(二)建立个人破产制度

破产法的适用范围是破产立法不能回避的首要问题之一。根据我国现行《企业破产法》的规定,破产法原则上仅适用于企业法人,同时,我国《企业破产法》第135条规定,其他法律规定的企业法人以外的组织申请清算,只要是属于破产清算的,也可以参照适用《企业破产法》规定的程序。考虑到破产作为一种经济现象,是商品经济条件下市场竞争的必然产物,应当允许所有不能清偿债务的自然人、法人甚至遗产均可通过破产程序实现救济,并保障债权人的公平清偿。因此,在一般破产主义已成为现代破产立法趋势的情况下,应当适当增加我国破产法适用主体,尽快建立个人破产等制度,回应现实需要,实现破产法适用上的"人人平等"。

个人能否被宣告破产体现了法律对于个人破产能力是否认可,其与权利能力和行为能力一样,是法律赋予个人的一种资格。在我国,个人破产制度的建立具有极为迫切的现实意义。在市场经济条件下,自然人越来越多地参与市场活动,市场主体的竞争、股票期货市场交易、银行按揭贷款等因素常常使个人陷入债务危机,无力清偿到期债务。此外,近年来,中小民营企业由于治理结构不规范,股东或实际控制人的个人财产与公司企业财产往往出现混同或者交叉担保现象,资金链断裂引发企业陷入支付不能困境后,股东等实际控制人也因此背负巨额债务,个人破产制度的缺位,不但影响了股东等实际控制人申请破产的积极性,也不利于帮助中小民营企业主早日从创业失败的困境中东山再起,由此带来的企业主逃避债务损害债权人利益、资本外流等现象,极大扰乱市场经济秩序、扩大了人们对投资创业失败的畏惧观念,不利于鼓励投资者参与投资、创业,发挥人力资本的作用。因此,建立个人破产制度、统一破产法的适用,是社会主义市场经济进一步发展的需要,对于平衡保护债权人和债务人的利益,弥补民事诉讼个人财产执行制度的不足,完善市场经济法律体系,进一步扩大对外开放,实现"大众创业、万众创新",激发个人投资创业积极性具有重要意义。

在我国建立个人破产制度,首先,要考虑的是适用范围的问题,即是否要区分商人与非商人或经营者与消费者。目前,从国外立法情况来看,多数国家对此不再严格区分,而是将个人破产制度适用于所有自然人,如日本;但通常对破产财产状态与破产原因有严格的要求,例如,在德国法上,对于个体经营者,仅在财产状况清晰、债权债务关系简单时,方可适用个人破产程序。① 未来我国进行立法选择时,可以考虑:一方面,应对个体工商户或个人独资企业主适用个人破产制度适当加以限制,对较为复杂的债务、规模较大、债权人人数较多的案件,仍应适用通常的企业破产程序;另一方面,对于消费者因过度负债而申请破产时,可以考虑根据具体的破产原因(消费借款、自用住宅借款、信用卡借款等)进行区分,分别设计不同规则。其次,破产免责制度作为个人破产制度的重要内容之一,是随着破产法开始注重保护债务人利益后逐渐出现,但也成为担心债务人借此"逃债"的主要根源,因此,设立个人破产制度需要确立有效的机制,防止该制度被债务人滥用,损害债权人的利益,进而破坏信用交易。参酌国外立法例,法律在赋予债务人免责可能性的同时,也对剩余债务的免除进行了严格的限制,申

---

① 德国《破产法》第304条第1款规定:"债务人为不从事或不曾从事独立经济活动的自然人的,以本章中未作出另外的规定为限,适用破产程序的一般规定。债务人曾经从事独立经济活动的,以其财务状况明晰并且以该债务人不存在因劳动关系所生的债务为限,适用本款第1句。"第2款规定:"只在破产申请提出时,债务人的债权人人数少于20的情形,方为本条第1款第2句规定的财产状况明晰。"美国《破产法》中的清算程序被规定在第7章,该章适用于所有的"人",根据该法第101条第41款规定,这里的"人"包括自然人、合伙和公司等法人。也就是说,该章既适用于企业破产也适用于个人破产。参见许德风:《论个人破产免责制度》,载《中外法学》2011年第4期。

请个人破产需要充分地披露个人财产、收入状况，个人破产制度并不必然带来剩余债务的免除，以避免债务人借破产逃债的可能性。此外，个人破产制度还包括对自由财产的界定，以保障债务人今后的基本生活需要；继续完善个人信用制度，确立失权和复权制度等。

（三）建立破产案件的简易审理机制

破产案件作为非诉性的债权债务清理程序，在保障债权人获得公平清偿、实现对债务人挽救的同时，破产程序能否获得高效的运行亦是破产法追求的重要目标，反映了破产制度降低其自身运转成本，提升程序效益，实现程序公正与效率的统一，更好维护相关主体利益的内在要求。目前，我国所有破产案件不论债权人数量、债务人财产多少，在债权申报期限、第一次债权人会议召开时间、债权人会议表决方式、送达方式等方面均适用统一的破产程序规定，在一定程度上忽略了破产案件如同普通民商事案件一样，具有复杂和简单之分，不同债权数额的债权人对程序的需求亦不相同的客观事实。尤其是随着我国民营经济的崛起，中小微民营企业特别是小型企业的退市问题已提到议事议程上来，这些企业往往涉及的债务总额不是很高，企业可供处理的财产较少，债权债务关系相对简单，案件处理难度不大，如果仍按照一般的普通破产程序处理，会造成破产程序审理周期的冗长，不但浪费司法资源，也导致债权人利益不能得到及时实现，消减了债权人申请破产的积极性。此外，随着破产立法的不断完善，破产制度适用主体的进一步增加，如个人破产等，也需要丰富破产程序的类型和内容，以更好地适应不同主体的需要。因此，构建简易破产程序既可有效贯彻多元化纠纷解决原理和程序繁简分流的要求，又可有效应对破产程序的司法总体需求和《企业破产法》适用范围的扩容需求，[①]对于提升破产程序效率、更好实现相关主体的利益、优化司法资源配置、完善我国破产法律制度具有重要意义。

从国外立法情况看，设立破产案件的简易审理程序已是其他国家地区的普遍做法，如德国、英国、日本、瑞士、美国等国的破产制度中，均对破产简易审理程序作出了规定。英国简易破产程序的主要特点包括适用范围、期限等，英国新破

---

① 参见徐阳光、殷华：《论简易破产程序的现实需求与制度设计》，载《第六届中国破产法论坛文集》。

产法大大缩短了破产案件的审理期间,以更方便的程序处理破产财产,提高了效率,以前企业破产案件的审理期间大约为3年,现在通常为1年,甚至更短,尤其是官方管理人负责的案件。① 德国《破产法》第九部分消费者破产程序和其他小额程序的第3章对简易破产程序作了专门规定,其主要内容包括破产申请程序的接受、简化一般程序、简化财产分配制度等。此外,在我国的司法实践中,一些法院在审理破产案件中已经开始实行简易程序,对简易破产案件的快速审理机制作出有益探索。如1993年11月10日,深圳市第一届人大常委会第19次会议通过《深圳经济特区企业破产条例》,该条例借鉴国外通行破产立法例,于1994年起施行。其作为我国关于简易破产程序的第一部地方性法规,虽然该条例在2012年被深圳人大所废止,但后十几年时间里,深圳法院依据该条例对符合条件的一些小额破产案件进行了审理,积累了不少经验,取得了较好的社会效益。温州市中级人民法院出台《关于试行简化破产案件审理程序的会议纪要》《关于执行程序和破产程序衔接的会议纪要》等文件,努力探索建立高效便捷的破产清算等市场退出机制。2013年浙江省高级人民法院发布的《关于企业破产案件简易审若干问题的纪要》,对破产简易程序作出了规定,体现出实务中对建立简易案件快速审理机制的共识,同时,管理人和法官队伍的日趋专业与成熟,也为实施简易破产程序提供了重要保障。

首先,破产简易程序是相对于破产案件的普通审理程序而言,是效率原则的最直接体现,但是公正与公平原则作为破产程序的首要目标是破产简易程序建立的基础,破产简易程序如果丧失了起码的司法公正性,其效率目标也无从实现。其次,破产简易程序的构建需要具备科学性、合理性和经济性,其中程序的合理性是贯穿始终的基本要求,也是效率目标的根本保障。② 在具体制度设计上,需从适用范围、审判组织、具体程序简化等方面予以考虑。从适用范围来看,哪些类型的案件可以适用简易破产程序,需要进行充分论证,如果仅仅将破产简易程序看作对普通破产程序的简化,那么法院审理的简单、小额破产案件以及复杂、疑难破产案件中的某些简单的程序性事项都可以列为简化的内容,在案件类型上也应当包括破产清算、重整以及和解案件。从审判组织和程序机构分析,需

---

① 参见王欣新:《德国和英国的破产立法之三》,载王欣新:《破产法理论与实务疑难问题研究》,中国法制出版社2011年版。

② 参见徐建新主编:《破产案件简化审理程序探究》,人民法院出版社2015年版。

要明确哪一层级的法院可以适用简易程序,能否适用独任制进行审理以及对审限管理、内部考核进行相应调整。针对普通破产案件法院采用合议制,而对于相对简单的破产案件可以考虑采用审判员独任制。此外管理人的指定和报酬也需要根据程序的繁简程度进行调整,债权人会议(债权人委员会)的设置也应与破产简易程序相适应,对于简单的破产案件,可以不设债权人委员会,引导债权人会议更好地发挥作用。从具体程序的简化方面来看,债权申报期限、通知期限的合理缩短,公告方式的便利化,分配次数、费用减免等问题均值得进一步研究。

(四)规范关联企业合并破产程序

传统的商事法律是围绕自然人股东及单一企业形态发展起来的,所有权比较明确,其法律关系也比较简单。随着社会经济的发展,企业的功能不再由单一的企业个体来实现,而是越来越多地由多个不同形态的企业组成的企业联合体来共同实现,关联企业及关联企业之间的关联交易已成为一种重要的经济现象,并且日趋复杂化和国际化。关联企业的出现,打破了既有商事法律建立的平衡和秩序,动摇了规范企业行为的传统法律框架和风险配置机制,而关联企业滥用控制权、滥用股东有限责任,损害外部债权人和少数股东利益的现象频频发生。对关联企业的调整也成为包括公司法、破产法等在内的诸法律部门共同的任务。近年来,随着企业破产案件日益增多,破产程序中如何处理破产企业的关联企业,公平保护破产债权人,有效化解社会矛盾,也成为摆在实务界和理论界人士面前重要的课题。

基于企业法人财产的独立性原则,企业破产是依法对一个独立的企业法人的资产、债权债务进行清理,并以该企业法人的责任财产公平清偿给该企业法人的所有债权人的特殊程序,因此,根据目前《企业破产法》的立法理念及相关司法解释的规定,破产程序通常只单一适用于单独的企业。但是关联企业之间由于资产混同、账目不清、相互保证、人员混同、经济利益一体化现象较为普遍,可见,多数关联企业的破产比一般企业破产复杂得多,如果适用传统单独破产原则,关联企业需要分别进入破产程序,分别聘请管理人,需要对关联企业之间的混合资产归属作出划分,也需要对关联企业间债权交叉保证等事项作效力与受偿余额等问题的认定,这必然造成效率低下,案件久拖不决,破产成本巨大。特别是当涉及大型企业集团的破产案件时,多数公司仅仅是作为壳公司存在,其并没有实际经营业务而且相互之间存在资金调配、资产混同等非正常的交易行为,如仍坚持单独破产原则,需要对众多公司逐一进行破产清算,显然有违破产法律制度追求的公平和效率原则。美国处理关联企业破产案件的过程中,通过程序规则和经典案例加上美国第二巡回上诉法院在20世纪70年代曾做出一系列的裁决,最终使实质合并成为处理集团公司破产的一个重要方法,即由美国法官根据衡平法则创造出的一种公平分配破产财产的救济措施——实质合并原则。实质合并原则也称实体合并原则,是将已破产之多数关联企业的资产与债务合并计算,并且去除掉关联企业间彼此之债权和担保关系,完成前述"合并"后,即将合并后之破产财团,依债权额比例分配予该集团之所有债权人,并不细加追究该债权是哪一家从属公司所引起的。

目前,我国企业破产实践中已经有了相当案件的审判利用实体合并规则对关联企业破产案件进行处理,但由于一直以来缺乏统一的制度规定,导致各地法院对适用关联企业合并破产的条件把握和具体做法存在差异,有将破产申请裁定与合并破产裁定一并作出的;也有关联企业分别进入破产程序,再裁定合并破产的。笔者认为,适用实质合并原则处理关联企业破产案件。首先,应正确把握实质合并原则的适用条件。实质合并原则是对法人人格独立原则的突破,因此应建立在关联企业之间的法人人格高度混同的基础之上,其中账户、资产与业务及人员的混同均是判断法人人格是否高度混同的考量因素,因为关联企业间如果账户混合不清,就很难为各子公司编制独立的财务报表,以致将它们的财务、财产状况分开非常困难,且费用巨大,对集团整体债权人非常不利。其次,在认定关联企业之间是否存在混同时,应当有生效的法律文书作出事实认定,如果是由破产受理法院以裁定合并破产的方式作出认定,如果利害关系人提出异议的,应当赋予其救济的权利,通过诉讼的方式予以解决。在目前缺乏统一制度规定的情况下,应当充分发挥债权人会议的自治功能,通过债权人会议等利害关系人表决的方式确定是否应当适用实质合并规则,以充分保护当事人的知情权和决策权,防止实质合并规则的滥用,损害债权人等相关主体的合法利益。下一步,应尽快对关联企业实质合并破产的管辖、申请主体、举证责任、公告与听证程序、管理人的确定等事项作出明确具体的规定,以统一司法实践。

(五)完善破产重整制度

重整制度是指对可能或已经发生破产原因但有再生希望的企业,在法院的主持下，由利害关系人协商通过或依法强制通过重整计划，进行企业的经营重组、债务清理等活动，以挽救企业、避免破产，使企业获得更生的法律制度。重整制度体现了国家公权力通过司法程序对经济活动的适度干预，以达到维护社会整体利益的目的。重整制度综合利用各类法律规范协调解决破产所面临的社会问题，使其被公认为是目前预防企业破产最为积极、有效的法律制度。自从我国《企业破产法》明确规定重整制度以来，包括上市公司在内的许多企业已经通过重整制度解决了债务危机，实现了企业的挽救。但由于我国立法引入重整制度的时间较短，破产法的相关规定过于原则，还不够完备，因此需要进一步完善重整制度的规定，加强可操作性。

一是重整制度的适用范围和条件问题。根据我国破产法的现有规定，重整制度适用于所有企业法人。但由于重整程序通常历时较长，程序比较复杂，社会成本也较高，因此实践中，重整制度通常适用于股份有限公司、金融机构以及规模较大、对国计民生有重要影响的大型有限公司。从国外的立法规定看，除了美国、法国等少数国家和地区对重整对象规定较为宽泛外，大多数国家和地区都对重整制度适用范围进行了一定限制，以避免滥用重整程序带来的资源浪费。在重整制度的适用条件上，我国破产法主要是从破产原因即债务清偿的角度作出规定，同时也要求适用重整制度的企业主体应当具有挽救价值。挽救价值或希望作为一种经济上的考量，除了要考虑债务人企业所处的行业领域是否符合国家产业结构的调整政策、是否仍具有发展前景外，更多的是要考虑企业的营运价值，即企业在持续经营状态下的价值是否高于清算状态下的价值。正如1977年美国国会关于破产法修订委员会报告指出："企业重整的前提是被用于其所有设计的工业生产的资产，其价值远高于同样的资产被零散出售时的价值。"此外，企业是否应当适用重整制度还需要考虑投入与产出的比例以及利害关系人的意愿。前者是重整制度作为一种市场化救济方式的内在要求，后者则是基于债权人、债务人以及出资人等利益主体对于自身权益的关注和维护。因此，法院作为司法机构，要根据债务人企业的实际情况和各方当事人的意愿，在组织各方当事人充分论证的基础上，对有重整或和解可能的，应依法受理重整或和解的申请；但是对于当事人申请重整，但因企业经营规模较小、虽有挽救必要但重整成本明显高于重整收益的困难企业，有关权利人不同意重整的，可以引导当事人通过和解方式挽救企业。

二是重整中利害关系人知情权与信息披露的问题。在重整制度中保障利害关系人的知情权,建立完善的信息披露制度,是保证重整程序成功、维护债权人利益的重要内容。美国破产法对利害关系人的知情权与信息披露制度十分重视,对于首次信息披露义务的履行、法院的质询权、相关利害关系人申请听证的权利等内容作出了详细规定。联合国国际贸易法委员会制定的《破产立法指南》也规定了重整计划草案应当附带的信息,以供各国在立法时参考适用。我国《企业破产法》仅规定了提出重整申请时应提交的材料,未对重整程序中债务人、管理人等应如何向债权人进行信息披露做出规定。对此,可以借鉴国外立法经验及《破产立法指南》的指导性意见,对我国重整程序中信息披露的义务主体、应予披露信息的具体内容、披露的时间节点、相关主体的申请听证权利、判断披露是否全面、充分、准确的标准、法律责任等问题作出明确规定。

三是法院对重整计划的批准问题。根据破产法的规定,法院对重整计划的批准包括正常批准和强制批准两种情况,对于前者法律未规定具体的审批条件,而对后者的审批条件作出了相应规定。强制批准体现了司法强制力对当事人意志的约束,要使这种强制力具有合法性与合理性,需要严格规定其适用的公正条件以及异议者的权利救济渠道。各国对重整计划草案的批准确立了一系列的原则与制度,主要是最大利益原则、绝对优先原则和公平对待原则。这三个原则随着重整计划草案对利害关系人权益调整情况的不同、利害关系人对重整计划草案的分组表决结果不同,而适用于不同的情况,以达到公正保护债权人等利害关系人利益的目的。三个原则在司法实践中如何运用,是值得研究的问题。通常在全部表决组均通过重整计划草案时,绝对优先原则不再适用,而是需要运用最大利益原则和公平对待原则判断持少数意见的反对者的基本利益是否受到损害;在只有部分表决组通过重整计划草案的情况下,则需要运用全部三个原则进行判断,其中对未通过重整计划草案的表决组应适用绝对优先原则,以保障法律规定的权利优先和债务清偿顺序得到实现。此外,法院可以强制批准的前提是部分表决组通过了重整计划草案,如果均未通过的,法院无权强制批准通过。①

四是重整程序中债务人自行管理制度的完善问题。破产法规定在重整期

---

① 参见王欣新:《重整制度理论与实务新论》,载王欣新、尹正友主编:《破产法论坛》(第8辑),法律出版社2013年版。

间，经债务人申请，人民法院批准，债务人可以在管理人的监督下自行管理财产和经营事务。债务人自行管理是美国破产法首创的重整管理方式，它能够最大限度调动债务人的积极性，发挥债务人对企业与经营情况熟悉的优势，减缓重整程序对债务人持续经营的冲击，增加重整的可能性。我国破产法对于债务人自行管理制度规定过于原则，对其具体适用条件以及在此模式下管理人与债务人之间的职责划分，没有作出具体规定，无法满足实践中统一法律适用的需要。就其适用条件来看，参考各国的立法例，不宜将债务人的经营事务作为唯一考量条件，而是需要结合债务人有无违法行为和责任、破产程序的启动主体、是否会对债权人利益造成不利影响，以及债务人自行管理是否会延误重整程序、增加重整程序的成本等因素综合进行考虑。对于债务人自行管理模式下其与管理人职责的划分，破产法虽然笼统规定管理人职责由债务人行使，但是从避免利益冲突、维护债权人整体利益的角度出发，管理人的职责不宜一概由债务人行使，管理人除了应对债务人进行监督之外，还应继续承担对债务人财产状况调查、审查权利主张、行使撤销权、组织召开关系人会议、代表债务人参加诉讼等重整事务性职责。

（六）完善破产管理人制度

我国企业破产法创设的管理人制度，是我国企业破产法走向规范化、市场化、国际化的一项重大制度改革与创新。但是，在管理人制度的实施中也出现一些新的问题需要进一步研究解决。

一是管理人指定制度的完善。根据破产法及司法解释的规定，管理人的指定有三种方式，即随机指定、竞争指定和推荐指定，随机指定是管理人指定的主要方式，但该方式难以满足个案处理对管理人能力的特殊实际需要，可能出现管理人不能胜任该破产案件工作的问题，对基本上无产可破或无报酬可支付案件的管理人也难以指定，此外，目前管理人的指定范围和随机指定方式也难以体现重整案件对管理人的特殊需求。对此，要考虑在管理人的指定方法上有所调整，适当扩大以竞争方式指定管理人的案件范围，适当给予债权人在指定管理人方面以一定的参与权，对重整案件的管理人可在目前法律允许的框架下在人员结构方面进行适当调整，此外，我国必须尽快设立无产可破案件费用基金，以解决破产费用和管理人报酬的支付来源问题。

二是管理人的考核与培训。在司法实践中,并非所有中介机构或其成员都具有承担管理人工作的实际能力,各机构在专业人员的数量、素质、知识结构、承办相关案件的实务经验等方面均存在差异,而且不同地区破产案件和中介机构的数量也有不同,不加区别都让其担任管理人不仅必然会影响破产案件的管理效率与质量,而且可能会因案源不足导致恶性竞争,难以建立起培育专业化、高水平管理人队伍的长效社会机制。为解决上述问题,根据现有的实践,应当继续推行管理人的分级分类管理和定期绩效考核制度,实行对管理人名册的动态管理,解决管理人激励不足问题,提升管理人履职积极性。探索推动联合管理人模式,降低破产管理成本,解决管理人知识结构单一的问题。

三是建立管理人自律组织,推动管理人队伍职业化建设。很多国家或地区都设有破产管理人的自治组织,如法国、英国的管理人行业协会等。目前,在我国尚没有设立统一的管理人行业协会,但是具有担任管理人资格的律师、注册会计师已分别设立有全国性的行业协会,考虑到管理人业务的特殊性与独立性,有必要设立跨专业领域的独立管理人行业协会,这对于推动管理人执业团体开展业务培训、提升整体执业水平以及保障其自身权益具有重要意义。目前,各地法院应当协调相关部门建立管理人协会,通过协会开展破产基金管理、业务培训、搭建交流平台等自律活动,不断提升管理人队伍执业水平与素质。

(七)完善和细化法律责任制度

破产法律责任是破产主体及其相关人员在破产过程中不履行破产法上的义务或者违反破产法上的强制性规范所应承担的不利后果。破产法律责任制度作为保障破产法贯彻实施,保护债权人利益并给予债务人救济的制度设计,具有维护经济安全与秩序、实现救济平衡各方利益、预防违法犯罪行为等重要作用。我国《企业破产法》设专章规定了较为全面的法律责任体系,包括破产企业高管人员的法律责任、债务人等妨碍破产程序行为的法律责任、管理人的赔偿责任以及构成犯罪时刑事责任追究的规定。应该说,我国现有《企业破产法》中关于法律责任的规定较之以前的《企业破产法(试行)》有了较大改进,但是现行的法律责任制度规定仍然较为原则,有待细化和完善,尤其是关于破产企业高管人员的法律责任方面。《企业破产法》第125条规定,企业董事、监事或者高级管理人员违反忠实义务、勤勉义务,致使所在企业破产的,依法承担民事责任。上述责任从性质上看,应属于企业高管人员违反忠实、勤勉义务导致企业破产而应承担的损害赔偿责任,其以高管人员违反义务的行为与企业破产之间存在因果为基础,属于破产程序开始后对高管人员之前行为的事后评价和判断。其所依据的忠实和勤勉义务内容和标准,在《企业破产法》上并无明确规定,其是否与《公司法》第147条和第148条规定的企业董事、监事或者高级管理人员的忠实、勤勉义务为同一内容,值得研究。《公司法》中有关高管人员勤勉义务和忠实义务的规定源于英美法有关董事义务的理论,勤勉义务要求公司董事在履行职责时,应该善意地为公司的最大利益、并应以一个合理谨慎的人在类似情形所应表现的谨慎、勤奋和技能履行职责;忠实义务要求董事管理公司时,应毫无保留地代表全体股东为公司最大利益努力工作,当董事的自身利益与公司整体利益发生冲突时,公司的整体利益优先。上述义务理论以及我国公司法上的相关规定,尤其是有关勤勉义务的规定,更多是概括性的标准,对于勤勉义务的具体内容以及违反义务的行为表现没有具体表述,需要结合具体情形予以判断。因此,在适用公司法上有关高管人员的忠实、勤勉义务标准和内容来判定破产法上的责任时,更重要的是将其与导致企业破产这一后果结合起来。但是如果企业一旦进入破产程序,再来事后判断高管人员的哪些行为对破产有直接影响,无疑是比较困难的,且由于上述规定的模糊性,也增加了适用上的不确定性。更为重要的是,公司法有关勤勉、忠实义务的判断标准更多是基于公司正常经营的情况下,其追求的目标是公司和股东利益的最大化;而在企业破产或临近破产期间,高管人员行为所涉及的利益关系人,除了公司本身和股东外,还包括债权人等更为广泛的利益主体,其应尽量采取措施防止企业财务的进一步恶化。因为,公司的有限责任以及董事责任保险制度使股东以及高管人员在企业破产时的损失获得了隔离和保护,促使他们更愿意采取高风险的经营策略来摆脱破产,从而将债权人的利益置于危险中。因此,现有理论普遍认为,企业临近破产或者破产不可避免的情况下,公司高管人员应当承担一些特殊的义务,以保护债权人和其他利益关系人的合法利益,并为及时采取挽救企业的行动提供动力,以最大限度地降低企业所经历的财务困境的影响。但应当注意的是,如果这类义务规定的过于严苛,则会削弱高管人员拯救企业的积极性,从而给市场上的经营行为和创业活动带来威胁和潜在的困难。从已有的立法例来看,比较妥当的做法是将规范的重点放在企业出现困境后高管人员的作为或不作为义务上,而不是过多的规定造成困境的原因。

根据联合国贸易法委员会《破产法立法指南》第四部分规定:临近破产期间董事的义务中指导性规范,该义务主要是要适当顾忌债权人和其他利害关系人的利益,并且采取合理的步骤:(1)避免破产;(2)破产不可避免的,尽量缩小破产的范围。合理的步骤可包括:(1)评审公司目前的财务状况,确保保持适当的账目并对其内容不断加以更新;独立地了解公司目前和正在发展中的财务状况;定期举行董事会以对情况进行监测;寻求专业咨询意见,包括破产或法律方面的咨询意见;与审计员进行讨论;召集股东会议;变更管理做法,以顾及债权人和其他利益关系人的利益;保护公司的资产,以便实现价值最大化,并避免关键资产的损失;考虑企业的结构和职能,审查企业生存下去的可能性并减少支出;除非有正当的商业理由,否则不使公司对可能会被撤销的那些类型的交易持有承诺;在适宜继续经营的情况下继续进行经营,以便作为经营中企业实现价值最大化;与债权人进行谈判或启动其他非正式程序,如自愿重组谈判。(2)启动或请求启动正式的重整或清算程序。另外,有些国内法规定董事有义务在公司事实上破产之日以后一段明确规定的时间内申请启动破产程序,其中包括重整或清算,该段时间通常很短,如3个星期。未履行这类义务可能导致对公司及其债权人因此而遭受的任何损失全部或部分承担个人责任,在某些情况下,如果公司继续经营还可能承担刑事责任。此外,我国企业破产法对于破产程序启动后关于高管人员义务的规定,更多是集中在配合管理人协助其履行职务方面,但是在高管人员仍对公司企业日常事务的管理有所参与的情况下,尤其是在重整程序中,《企业破产法》对此时高管人员的具体义务履行要求亦缺乏相应的规定,有待进一步完善。

(八)完善跨国界破产的国内立法规定

随着经济全球化的发展,经济活动的跨国性不断加强,与跨国投资及贸易活动快速发展相联系的是跨国破产案件日益增多。跨国破产是指含有涉外因素的破产,其中涉外因素主要包括:债权人全部或部分位于国外;债务人的财产位于国外;债务人位于国外。由于涉外因素的存在,使跨国破产通常不止对一国的经济利益和司法主权产生影响,而是会引起所涉各国在此问题上的激烈冲突,从而需要适用国际司法冲突规范来解决一系列的问题,如管辖权、法律适用,以及国内破产程序的域外效力等。如何解决跨国破产中的法律冲突与矛盾,尤其是如何在保护本国利益与促进国际合作之间取得平衡,促进各国在跨国破产领域开展合作,进而推进国际投资健康有序的发展,已成为国际社会和各国关注的重要问题。联合国贸易法委员会1997年颁布的《跨国界破产示范法》(以下简称《示范法》)、欧盟理事会2000年制定的《破产程序条例》(以下简称《欧盟条例》)反映了国际社会及各国探索跨国破产合作与协调途径的努力,也给各国涉外破产立法改革提供的富有价值的参考。我国企业破产法顺应跨国破产国际合作的发展趋势,首次在破产法中明确规定我国破产程序具有域外效力,并开始有条件地承认国外破产裁决,填补了我国有关跨国破产的立法空白,也为跨国破产制度的进一步发展完善奠定了基础。但是,上述规定仍然属于原则性规定,对于外国破产代表及债权人的地位与待遇、承认外国破产判决的条件及方式、承认后可予以的救济、法院所能采取的保护我国债权人利益的具体措施等方面缺乏细致规定,不能满足指导实践的需要,也与我国在世界经济中的地位不相匹配,因此有必要借鉴国际跨国破产立法改革的经验,对我国的跨国破产制度予以完善。

首先,关于开展跨国破产国际合作的范围方面,由于我国尚未建立个人破产制度,因此有关自然人破产的问题目前需要排除在跨国破产国际合作之外,着重建立企业法人破产的国际合作制度。此外,考虑到银行等金融机构对一国经济的重要性及其破产对其他领域的负面影响,一国金融监管部门通常会广泛的介入银行破产程序;保险公司和证券机构的破产同样可能对社会稳定造成负面影响,往往涉及广泛而不特定的小额债权人等,因此可以借鉴国际通行做法,将其也排除在跨国破产法的适用范围之外。结合我国《企业破产法》第134条有关金融机构破产的法律框架,可在有关金融机构破产的制度中对涉及的国际因素予以考量和规定。其次,可以借鉴《欧盟条例》中法院地法及其例外情形的规定,一方面,把法院地法作为法律适用的一般原则,对于破产程序启动时就已存在的权利和债权的有效性,以及有关破产程序启动、进行、终结的程序性问题,均适用的法律应由程序启动国的冲突法规则确定;另一方面,需要考虑特殊情形,允许就物权的效力和范围适用物之所在地法,允许在破产撤销权上适用支配该交易行为的该国法律等。再次,确立承认条件并据此对国外程序承认与否进行评估,可以参照《示范法》借鉴国外主要程序与非主要程序的概念,在坚持"法律上互惠"的同时,进一步明确规定承认外国破产程序的审查标准,并对外国程序获得承认后可给予的救济措施予以明确规定。最后,针对同一债务人的平行破产程序间的合作与协调,《示范法》和《欧盟条例》都允许针对同一债务人启动不同的破产程序,因此为了促进程序间的合作与协调,有必要规定相应的协调与合作机制。跨国公司集团破产的实践表明,法院间的合作与协调对于成功处理跨国破产意义重大,英美法国家之间已频繁使用跨国界协议这一国际私法协商模式来处理跨国破产问题,而大陆法系表现出保守倾向。对此,我国应在允许平行破产程序存在并确立本国程序优先的同时,进行一定限度的国际合作,将混同原则确立为破产财产分配的基本原则,并可以扩大对管理人的授权,允许其与外国破产代表进行合作。①

四、结　束　语

正如联合国国际贸易法委员会在《破产立法指南》中提到的,"社会在不断的变革之中,因此,破产法不可能一成不变,而是需要定期对其重新评估,这样才能确保破产法满足当前的需要。为应对预计发生的社会变革,必须在了解国际最佳做法的基础上作出判断,然后考虑是否可以将这些做法移植到本国的破产制度中,同时考虑破产制度的现实情况以及现有的人力物力资源。"②我国企业破产法已经建立起基本的制度原则和框架,然而破产法能否取得良好的实施效果,实现其应有的制度功能,还需要依靠于司法能力和从业人员素质的提高、市场化破产理念的培育、配套制度的完善,以及在保证法律制度稳定运行的基础上,不断完善和改进破产法的相关制度规定,以满足社会经济发展的需要。

① 参见解正山:《跨国破产立法及适用研究——美国及欧洲的视角》,法律出版社2011年版。
② 参见《破产立法指南》第一部分第一章C节,第19段。

【不良资产投资】

不良资产市场化处置机制研究

刘向民[*]　武　卓[**]　牟田田[***]

随着我国经济进入下行周期,增长速度逐步放缓,企业债务率高以及金融机构不良资产(又称为不良贷款或不良债权)增加过快等问题逐渐浮出水面。间接金融为主的金融体制决定了我国的不良资产问题,首先表现为银行不良贷款率的大幅攀升。截至2015年年底,全国银行业不良贷款突破万亿元大关,达到1.27万亿元,不良贷款率大幅攀升至1.67%。面对严峻的形势,如何有效处置不良资产、维护金融体系稳定已成为当下最紧迫的任务之一。同时,我们也要清醒地认识到,不良资产的产生是市场多因素共同作用的结果,要客观分析目前的经济大环境、金融大趋势、经济周期性变化,做到因地制宜,加快建立更加市场化、多元化、法治化的不良资产处置机制,并以此为基础持续开展不良资产处置工作,解决问题、甩掉包袱,最终实现资产回收最大化。同时,要将不良资产的处置与产业结构调整和企业重组相结合,为"去产能、去杠杆、去库存、降成本、补短板"以及优化中国经济结构、推动供给侧结构性改革提供重要支持。

---

* 中国人民银行条法司司长。
** 中国人民银行条法司干部。
*** 中国人民银行条法司干部。

一、传统不良资产处置方式及存在的问题

(一)传统处置方式

近年来,以银行为主的债权人开始在不良资产处置领域探索使用新工具、新技术,但整体而言,仍主要依赖于传统的处置方式,具体包括:

1. 集中清收。这是我国处置不良资产最常见也是最传统的方式,对存量不良资产风险化解的平均贡献率达80%以上。在这种方式下,处置不良资产的任务主要集中在银行的资产保全部、法律部或者部门下设的资产清收组,各省级分行、支行负责清收的部门和业务人员,一般采取电话或上门催收、诉讼或者申请强制执行公证债权文书等方式。

2. 内部分账经营。银行内部成立不良资产管理中心或者授信管理中心,划拨出全行不良资产进行分账经营,实行不良资产内部剥离。这种方式作为银行内部经营管理手段的调整,只是加强了对不良资产的统一管理,并未减轻银行的不良资产压力,具体处置仍需借助司法追偿或者市场化的方式予以消化。

3. 批量转让。按照《金融企业不良资产批量转让管理办法》(财金〔2012〕6号)的规定,批量转让是指金融企业对一定规模的不良资产(10户/项以上)进行组包,定向转让给资产管理公司的行为。对于银行而言,批量转让是一种大规模、高效率的不良资产处置方式,但目前仅允许资产管理公司作为批量转让的受让人,其他主体无法参与其中。按照原中国银监会《关于地方资产管理公司开展金融企业不良资产批量收购处置业务资质认可条件等有关问题的通知》(银监发〔2013〕45号)的规定,除四大资产管理公司外,允许各省设立或授权一家地方资产管理公司,参与本省范围内金融企业不良资产批量收购和处置业务。

4. 招标拍卖。银行、资产管理公司等债权人可以通过拍卖中介以公开竞价的形式,将持有的不良资产通过招标、拍卖的方式公开对外转让;或者作为招标人发布招标文件,邀请投标人进行投标,按照既定的评标标准选择交易对象,实现打包出售。

5. 坏账核销。对于损失类贷款或通过诉讼等法律途径仍然无法回收的不良资产,银行可以采用呆账准备金、坏账准备金、拨备前利润或自有资本冲减、核销不良资产。

除上述方式外，部分银行采取发放新增贷款、借新还旧的方式掩盖不良资产真实水平。此外，还有些银行通过“暗箱操作”或“抽屉协议”，以“转让+回购”或风险兜底的方式处置不良资产，但其实质上是一种账面技术处理手段，仅能使报表上的不良资产率在短期内下降，规避有关银行资产质量监管指标，不能真正解决问题，所有风险仍由银行承担最终兜底责任。按照《关于规范金融机构同业业务的通知》（银发〔2014〕127号）第5条“卖出回购方不得将业务项下的金融资产从资产负债表转出”以及《关于规范金融资产管理公司不良资产收购业务的通知》（银监办发〔2016〕56号）第1条第1项“不得与转让方在转让合同等正式法律文件之外签订或达成影响资产和风险真实完全转移的改变交易结构、风险承担主体及相关权益转移过程等的协议或约定，不得设置任何显性或隐性的回购条款”的规定，这种方式属于被明确禁止的违规行为，不能算作真正的处置工具。

（二）存在的问题

整体而言，受制于市场经济发展阶段和法治发展水平、金融管理体制、资本市场发展程度以及思维模式的限制，我国不良资产处置领域存在以下问题：

1. 市场化不足，竞争不充分。我国的市场体系起步较晚，与发达国家市场体系相比仍然存在不发达、规模小、流动性较差、金融工具不足、交易手段和品种缺乏问题，资产证券化等在国外行之有效的处置工具难以推广，通过公开市场处置不良资产的水平仍然较低。目前国家仍控制资产管理公司的牌照数量，限定批量转让条件等，实质上限制了民间资本的进入，其参与不良资产处置的广度和深度明显不足。对国外投资者进入仍有“国有资产流失”的疑虑，各地在实践中对国外投资者参与不良资产处置设定了一些限制。市场化和竞争不足导致难以形成有效的价格发现机制，加上获取企业资料和数据难度大、准确性低，成本、收益、法律风险等要素难以进行准确的量化，导致不良资产估值定价难度大。

2. 道德风险和逆向选择。经济环境的不确定性、信息不对称、委托人和代理人利益不一致、激励与约束机制不完善等，易引发道德风险和逆向选择。从债务人企业方面看，容易把不良资产处置当作“免费的午餐”，等着政府进行兜底或解决问题，缺乏还款积极性，还有部分企业主选择了“跑路”、资产转移等做法千方百计逃废债务，进一步恶化社会信用环境，加大了不良资产处置难度。从债权人方面看，银行和资产管理公司的内设部门和工作人员，出于利己动机，可能会片面追求完成考核指标,在具体处置工作中没有最大限度维护本单位利益,有时盲目强调加快资产处置速度或通过暗箱操作贱卖资产,有时则出于逃避责任的原因拖延处置进度或采取各种方式掩盖问题。

3.法律体系建设滞后。不良资产处置方面的法律法规和监管标准滞后于现实需要,呈现出零星、分散的特征,多为就事论事,应时性强,缺乏顶层设计和有操作性的法律支撑,完善性、规范性不足:一是处置不良资产的规定多为监管部门发布的规章和规范性文件,法律层级较低,除《金融资产管理公司条例》外,无更高层级的专门法律或行政法规。而《金融资产管理公司条例》出台已近16年,对不良资产市场化处置手段等缺少明确规定,不能适应新形势的需要;二是《企业破产法》的规定比较原则或对重要事项缺乏规定,个人破产制度的缺乏导致实践中民营企业与其控制人无法通过个人破产制度解决个人及家庭所负连带债务问题,个人债务与企业债务混同,影响了《企业破产法》的实施,也违背了公司“有限责任”的原则;三是受限于《贷款通则》的规定,银行仍未完全享有处置不良资产的自主权;四是对银行是否可以开展债转股仍有待《商业银行法》进一步明确;五是资产证券化方面存在法律障碍,证券所涉及的发起人地位、资产真实出售的认定、债务追偿、投资者的税收等均没有法律来规范,仍停留在监管部门制定的资产证券化试点管理办法上;六是原中国银监会《关于中国银行业实施新监管标准的指导意见》(银监发〔2011〕44号)要求银行的拨备覆盖率(贷款损失准备占不良贷款的比例)不低于150%,远高于大多数国家拨备覆盖率不超过100%的标准(发达国家银行业的拨备覆盖率中线在80%左右)。对于银行而言,如果处置不良资产,需首先大幅增加贷款损失准备,在利润增长缓慢的背景下,部分银行可能会为减少拨备支出而掩盖真实的不良率。

4.司法保障不足。最高人民法院牵头制定的《关于审理涉及金融资产管理公司收购、管理、处置国有银行不良贷款形成的资产的案件适用法律若干问题的规定》等司法解释,多因“临时应急”的需要制定,体系性不足,对部分问题的规定仍属空白。在具体案件审理过程中,司法流程长、执行难、“胜诉不胜钱”的现象时有发生,导致银行难以及时核销不良贷款。此外,对于投资者通过合法程序购买的不良资产,仍存在被法院认定为无效的风险。尤其是,作为市场经济“宪法”的《企业破产法》,其实施效果差强人意。一方面,由于债权人、债务人、地方政府及法院内部考核机制等原因,破产程序启动困难;另一方面,破产案件协调难度大、审理周期长,破产重整与和解程序较少使用,《企业破产法》未能在企业退出、清理债务、处置不良资产方面发挥应有的作用。

5. 地方保护主义。地方政府不愿让"僵尸企业"进入破产程序,而是采取拖延观望的态度,长期用财政资金输血、提供优惠政策或政府信用背书的方式维持其"僵而不死"的状态。部分地方政府害怕税基流失,阻止外地企业兼并重组本地困境企业。在已有的企业债转股案例中,部分地方政府不但不履行剥离非经营性业务、分流人员的承诺,反而暗中助长一些企业私卖股权和转移企业资产的行为。

6. 税收负担较重。按照现行税收政策,不良资产处置过程中的流转行为,可能涉及缴纳所得税、营业税、印花税等多个税种。如果对不良资产进行多次分拆、组合和流转,累加的税负将大大提高处置的成本、降低回收率。在企业重组中,重组方既要承受原企业债务,维持职工就业,又面临名目繁多的各类税费,甚至还要就重整收益缴纳所得税,同时还要保证税收交在原地,负担沉重。而且我国目前的会计制度对于处置不良资产时的账务处理、报表合并、损益确认等方面都缺乏统一的会计准则,这些都可能导致相关业务经济价值大大缩水,无法对市场主体产生足够吸引力。

二、国际经验借鉴

(一)美国

常规情况下,美国不良资产处置完全按照市场化方式进行,政府不进行干预,其发达的多层次资本市场也为金融机构通过公开市场处置不良资产提供了广阔平台。处置进程由金融机构自主决定,由私人投资者竞价购买并最终通过市场出售,剥离过程和处置过程定价都是由市场决定。美国金融机构处置不良资产的主要做法有:一是将不良资产作为具有经营价值的资产进行管理,科学评估不良资产价值,根据不良资产的特性、机构经营战略和市场形势变化,加强有效运营,充分挖掘不良资产潜在价值,提升不良资产回报率。二是根据自身经营管理情况,创立各具特色的不良资产管理模式。例如,纽约梅隆银行在风险管理部下设立了不良资产处置部门,专门负责不良资产的经营管理。JP 摩根设立了特殊资产部,根据不良资产的风险状况和发展趋势,既可以通过敏感性分析、压力测试等识别不良资产潜在风险,提出改善债务结构和企业经营状况、维护客户关系的建议,也可以直接处置不良资产。三是通过标准问卷调查、现场访问等方式对不良资产早期识别,由风险处置专家来判定资产是否存在重大风险,对资产进行分类,提前介入管理,形成多部门分工合作的工作机制。四是根据触发事件情况,组成优势互补的项目处置团队联合会诊,及时作出正确的风险预判,对有重组价值和条件的债务企业提供适当救助,采取诸如重组、兼并或扩大融资等措施矫正不良资产,避免资产质量进一步恶化,最大限度保全资产。五是注重创新不良资产处置方式,运用结构化交易、①资产置换、差额风险代理、②资产证券化等工具。六是重视运用历史数据和数学模型对债务人的经营状况、发展前景和偿债能力进行预测分析,建立了不良资产历史数据库和分析诊断模型。

但是,在金融危机、债务危机或集中去杠杆的特殊时期,大量出现的不良资产会对金融稳定和经济复苏造成严重威胁,仅凭市场的力量可能无力化解。此时美国政府会改变不干预政策,除了通过立法为不良资产处置提供相应的法律规则和工具,综合利用财政政策、货币政策和税收政策提供良好的宏观经济环境外,还通过提供政府信用支持或资金支持等非常规方式,推动不良资产处置,其做法有:

1. 成立资产重组信托公司。20世纪80年代初期及中期,为了解决储蓄贷款机构的信用危机,有效处置银行业不良资产,美国通过了《金融机构改革、复兴和实施法》,成立了资产重组信托公司(Resolution Trust Corporation,RTC),由其负责统一接管问题储蓄贷款机构并集中处置相应的不良资产。除美国政府注资外,RTC的资金还来源于发行债券和对外借款,包括在监管机构的批准下,向美国财政部借款。RTC除具有公司的一般权利之外,还有一些特殊的权利(力),如发放贷款、发行证券、出面组织联邦储蓄协会、组建过渡性银行等。但在具体处置方式上,RTC仍然遵循市场化原则,采用公开拍卖、资产管理合同和股本合资等方式处置不良资产,尤其是创造性的采用证券化方式处置不良资产,开创了不良资产证券化的先河。1989~1995年的6年间,RTC先后对美国40多个州的747家问题储蓄贷款机构进行接管,处置不良资产总值达4206亿美元。

---

① 结构化交易,是指将多类别的财产和交易方式进行组合所构成的交易。

② 差额风险代理,是指不良资产持有人向代理其处置不良资产的主体支付一定金额的基本代理费用,再根据回收资金的金额按比例支付剩余的代理费用。

2. 金融救援计划。2008 年 8 月美国次贷危机后,美国国会通过《经济紧急稳定法案》,建立不良资产救助计划,授权美国政府在两年内分步使用 7000 亿美元购买金融机构不良资产,并允许财政部向符合条件的不良资产提供担保。后又随着市场形势的变化,将救助的重心由购买不良资产转为向金融机构注资,并要求接受援助的金融机构对管理层和公司治理进行调整。奥巴马上台后,以修复金融系统、促进实体经济复苏为目标,又实施了总额高达 1.5 万亿美元的新一轮综合金融援助计划,建立"金融稳定信托基金"帮助金融机构处置不良资产,并由财政部联合美联储、联邦存款公司和私营机构建立"公私联合投资基金",为金融机构的不良资产提供融资。总计 2.2 万亿美元的金融救援计划有效缓解了市场恐慌心理和金融机构的流动性问题,避免了金融机构倒闭造成的系统性风险和社会成本,有力地支持了金融机构开展自救和不良资产处置。例如,在美国政府的援助下,花旗集团拆分为花旗公司和花旗控股两家公司,形成了相当于"好银行"和"坏银行"的管理模式,前者负责花旗在全球范围内的优质商业银行业务,后者负责管理 8200 多亿美元拟退出资产及不良资产。花旗控股谨慎退出了总量 5000 多亿美元的地方客户融资、证券经纪及资产管理业务,并逐步处置了总计 3200 多亿美元不良资产。随着美国经济复苏并实现反弹以及不良资产处置进程的推进,金融救援计划最终取得了良好的效果,不仅收回了用于处置不良资产和救助问题机构的财政成本,还获得了盈利。

(二)欧盟国家

欧盟国家尤其是西欧国家的市场化水平较高,常规情况下的不良资产处置均遵循市场化原则,由金融机构自主通过直接清收、打包拍卖、坏账核销、不良资产证券化等方式进行处置。其中,不良资产证券化是欧盟国家处置不良资产的重要工具。与美国"表外证券化为主"的方式不同,欧盟国家主要采用"表内证券化模式",基础资产仍然留在发起人的资产负债表内,投资者不仅对基础资产具有优先受偿权,对发起人也具有追索权。

受次贷危机影响,欧盟国家金融机构损失惨重,累积了数量巨大的不良资产。为化解金融风险,这些国家的政府也开始主动介入不良资产的处置中去。德国采取的措施包括设立坏账银行、政府注入资金实施资本重组、不良贷款组合出售、成立特殊机构集中处置等。英国的措施包括延缓还款、政府注资或担保、设立坏账银行和银行国有化、资产组合出售等。西班牙起初尝试由银行业自主成立一家特别控股公司,银行将全部房地产资产剥离到这家公司,政府不注入资金,也不颁发银行牌照。但是,由于不良资产规模太大,西班牙后期也建立了“坏账银行”来吸收银行业不良资产。意大利政府考虑简化程序放贷,还考虑将允许银行以贷款损失冲抵税项的期限由5年缩为1年,以及成立“坏账银行”。

(三)日本

20世纪90年代前,日本处于高速发展阶段,不良资产问题并不突出,主要由金融机构通过自主清收的方式处理。但20世纪90年代初日本房地产泡沫破灭后,日本银行业产生了大量不良资产。早期日本政府不愿主动介入其中,缺乏“大动手术”的决心和统一协调解决的规划,而是采取零敲碎打的渐进式处置方式,如由162家民间金融机构出资设立共同债权收购公司、东京共同银行、债权重组托管银行等,专门收购和处置不良资产,结果反而导致继续处置不良资产所要支付的成本更加高昂。至2002年年底,日本银行业的不良贷款率高达8.4%。在总结经验教训后,日本政府开始主动采取措施,通过注入财政资金解决金融业不良资产问题。为此,日本政府建立“不良债权清理回收机构”,授予其以信托方式回收金融机构不良资产的资格,按市场原则参与不良资产交易,建立迅速便捷的拍卖手续,或者开展不良资产证券化,同时该机构还在内部设立企业再生部,专门负责企业的债务重组。通过以上措施,至2015年年底,日本银行业的不良贷款率已降至1.64%。

(四)韩国

1997年亚洲金融危机前,韩国的不良资产问题并不突出,主要由金融机构自行处置。金融危机爆发后,韩国于1998年授权韩国资产管理公社成立不良贷款管理基金,以市场价收购和经营处置金融机构的不良资产,支援困境企业的复苏,并以此构建不良资产交易市场。韩国资产管理公社对不良资产的管理分三个步骤:一是对不良资产分类估价,由资产管理专家按资产的特性、种类及规模进行细分;二是对资产进行风险管理,通过资产综合调查从法律和宏观经济角度对资产进行风险分析和管理;三是确立不良资产处置策略。在具体处置方式上,韩国资产管理公社采用了买断或发行资产担保债券、向境内外投资机构出售、法院或公社拍卖抵押房地产、单项资产竞标出售、资产打包出售以及催收等。此外,韩国资产管理公社从 1999 年开始发行资产支持证券来处置不良资产,2000 年 7 月完成第一笔资产证券化,成为亚洲市场上不良资产证券化的先驱者,有力地促进了韩国资产证券化业务的发展。金融危机后的常规时期,韩国继续坚持以市场为导向处置不良资产,继续使用危机时期建立的市场规则和处置工具,吸引外资参与,充分运用社会中介机构的力量等。

(五)小结

综上所述,尽管上述各国政治、经济、法律制度各不相同,但都充分认可市场机制在不良资产处置中的核心作用,运用市场化思维创新处置方式和手段。在常规情况下,政府“不越位”,不干预金融机构自主处置不良资产的权利。然而,在金融危机或债务危机时期,从维护金融稳定和促进经济复苏的角度出发,政府也“不缺位”,及时采取措施防范系统性风险,通过财政资金注入或牵头成立“坏账银行”,帮助金融机构快速高效处置不良资产,为企业重组再生创造有利环境。当然,危机时期政府的介入也要“不越位”,适当干预主要是加强高效处置不良资产的体制机制环境建设,包括构建债务重组的正面激励(如加强对金融机构处置不良资产的监管要求、税收减免、对银行或资产管理公司注资等)和负面威慑(如对无前景的企业进行破产清算),具体的处置行为仍需遵守市场规则,避免道德风险和逆向选择。此外,危机时期制定的法律规则以及创新的处置工具,也有助于完善常规时期不良资产处置的政策法律环境,丰富处置工具类型。

三、运用金融工具创新不良资产处置方式

市场经济背景下,处置不良资产属于市场化行为,只要不良资产处置的市场机制运作充分,正常时期应能发挥不良资产处置的主渠道作用。特殊时期则需要政府助力,以更好地发挥市场机制作用,克服短期市场失灵。市场化行为需要市场化工具,除了传统的处置方式和工具外,金融工具的运用至关重要,不仅有助于金融机构脱困,也能为其他市场主体带来新的商机,发展出一个新的市场。

(一)构建多元化不良资产交易市场

如何合理估值定价是处置不良资产的核心要素。不良资产的回收价值实际

上是一个概率分布空间,其能否实现最大化,关键在于不良资产处置市场化程度的高低。市场有利于实现不良资产价值、抑制机会主义和降低交易费用。市场化程度越高,不良资产回收价值最大化的可能性就越大。因此,应该从制度上进行创新,促进建立公开、透明、多元化的不良资产交易市场,引入多种形式的专业资产管理和投资活动。而且,从中长期看,构建多元化市场,还会刺激信用调查、咨询、评估、保理、法律服务等中介机构的发展,进一步促进市场中介事务的专业化分工,为我国相关市场的发展带来外溢效应。

首先,一个高效率、多层次的不良资产交易市场,有助于整合资产、债权人、债务人、处置主体、投资主体的各类资源,实现信息最大化,化解因信息不对称造成的不确定性,有助于形成有效的价格发现机制。因此,要逐步发展与不良资产交易和价值转换相关的市场体系,为不良资产的流动、出售、转让、重组、并购和置换提供市场手段,为不良资产交易和投资活动中开发和运用新工具和新模式提供有利的市场环境。不良资产交易市场体系具体涉及资本市场、产权市场、债券市场、招投标市场、拍卖市场和抵押品市场,以及信托、租赁、法律、会计、评估和评级行业,既有一级市场,也包括二级市场。

其次,在交易场所的选择上,要充分发挥现有的区域性产权交易所或金融资产交易所的作用。区域性交易所由于在本地开展业务,了解本地不良资产情况,对不良资产受让方资质和风险承受能力的调查也更为方便。此外,区域性交易所已有配套的交易规则、成熟的交易系统以及丰富的实践操作经验,在不良资产的评估和交易的操作流程等方面具有明显的优势。以区域性交易所的网络、渠道为基础,可在交易所内搭建专门的不良资产交易平台,通过挂牌交易、公开循价的方式,采取拍卖、租赁、转让、置换、重组等多种形式与手段处置不良资产。

最后,要丰富可交易的产品种类。市场参与主体可以通过对不良资产进行重新组合实现处置手段的多样化。买方对于收购的不良资产可以通过自有手段进行清收,也可以分包或打包后通过二级市场直接转让,或在专业服务机构的协助下,按照投资者风险偏好和资金实力对不良资产进行分包、分层、切割等灵活组合,提供多样化的证券化产品,发行高收益债券或信托产品。发展证券化和结构化产品,要正确定位,明确产品的高风险特征,明确合格投资者要求,不面向大众,同时加强信息披露要求和监管惩戒幅度。通过适度的证券化提高不良资产处置的市场化水平,提升处置速度和资金回收效率。

(二)吸引各类投资主体

不同的市场主体,因其掌握的信息、估值方法、投资经验等方面存在差异,对不良资产的风险偏好也不相同。成熟的不良资产处置市场,应当最大限度提高交易自由度,吸引不同类型和风险偏好的投资主体进入市场,并在其中找到不同的投资或产品组合,提高不良资产交易市场的活跃度。因此,应当取消限制市场主体准入的规定,逐步实现市场主体的多元化,在不良资产交易市场上建立新的交易合作关系和市场化的竞争格局,实现各类主体在公开、平等的条件下开展业务。

首先,在混业经营的背景下,银行、证券、保险、信托、资产管理公司等金融机构,可以结合其资金、信息、渠道和经验优势,通过深化相互间的合作关系,深度挖掘具备战略投资价值和风险投资价值的不良资产,以财务顾问的方式寻找不良资产的潜在投资人,为企业提供债务重组和债转股服务,为投资人提供咨询和搭桥贷款服务。在有效防控风险的前提下,也可以通过自有资金投资该领域,优化资产配置。

其次,要吸引民间资本进入。民间资本对进入不良资产处置领域的热情较高,在现有法律和政策框架下已经开展了相关业务,取得一定的成绩和经验。民间资本收购不良资产后,可充分发挥其经营机制灵活、市场嗅觉敏锐的优势,显著提升不良资产的处置效率和资金回收率。因此,要鼓励民间资本进入不良资产交易市场,消除与所有制有关的歧视性政策,切实保障债权人和不良资产购买方的合法权益,打消民间资本的后顾之忧。需强调的是,对于有实力的个人投资者,也可考虑在与其风险承受力相匹配的前提下,为其提供投资不良资产的合法渠道和投资产品,同时要加强监管,防止金融风险向低风险承受力的个人转移。

最后,引入国外投资者。发达国家经济起步较早,经历过多次完整的经济周期,在处理不良资产方面具有丰富的经验。尤其是那些长期深耕不良资产领域的知名投资银行、投资基金等专业投资机构,可以为不良资产的投资者提供符合各自偏好的差异化服务,也可以丰富投资者层次,引入国外资金搞活国内市场。更重要的是,国内市场参与者在与国外同行的合作中也能够引进其在处置不良资产方面的丰富经验,借鉴其先进技术和管理机制,如金融工具、风险控制体系、估值手段等。需说明的是,要以理性和开放的态度看待国外投资者正当的投资收益,只要其投资和交易行为符合法律规定,就应对其合法收益予以认可和保护,不能朝令夕改或设置各种各样的“玻璃墙”,这也是市场经济和我国对外开放的必然要求。至于国外投资者的进入方式,在初期可考虑采用中外合资的方式,将国外投资者在资金、技术方面的优势与国内投资者的本地化优势相结合。据了解,2016年1月22日,东方资产管理公司与国际著名投资公司KKR宣布达成合作意向,双方通过建立合资企业的方式投资中国市场的不良资产。

(三)以市场化方式实现“债转股”

债权转股权,即通常所说的债转股,是指债权人以其依法享有的对在中国境内设立的有限责任公司或者股份有限公司的债权,转为公司股权,增加公司注册资本的行为。与一般的债务重组相比,债转股将原有的借贷关系变成了股权关系,是一种根本性的变化。如果适用得当,债转股可以在一定程度上恢复困境企业的盈利能力和财务健康状况,有利于实体经济的可持续发展,化解未来金融体系积累的风险。因此,用债转股的方式去杠杆受到了决策层和市场的关注。2016年3月16日李克强总理在回答中外记者的提问时提出要“通过市场化债转股的方式来逐步降低企业的杠杆率”。需说明的是,债转股成功与否的关键是挑选合适的企业,应由债权人按照商业原则自主决定是否债转股,只有重组价值明显大于清算价值的企业才可以债转股,对于僵尸企业应直接进行清算。

实际上,“债转股”在中国并不是新概念,20世纪末亚洲金融危机后中国政府为了处置巨额的银行不良资产和某些国有企业全负债经营的问题,曾成立了四大资产管理公司,剥离了银行的不良资产,对一些企业实行了债转股。四大资产管理公司共接收银行不良资产13,939亿元,资金来源为资产管理公司向对口商业银行发行的金融债券5200亿元(财政提供担保)和央行再贷款5739亿元。其中,国务院批准原国家经贸委推荐规模内债转股企业580户、债转股金额4050亿元。在当时的历史背景下,这些措施迅速改善了国有银行和国有企业的经营状况,对部分国有企业的脱困确实发挥了不小的作用,为一些企业的后续发展包括改制上市创造了条件。但不可否认的是,由于当时的债转股在国有企业与国有银行之间进行,最终都体现为财政的损失,银行对于债转股的企业,一是不参与经营管理,二是银行股权退出时没有按企业市价转换,因而留下了债转股是减轻债务负担的印象,是一个不需回报的“免费午餐”。但是,在今天的市场经济条件下,再以“免费午餐”形式推行债转股将是对债权人利益的巨大损害,也是对改革多年好不容易形成的基本市场规则的一种破坏。

目前,我国企业和商业银行的股权结构已多元化,成为更加完全的市场主体,在此情况下,不能将债转股作为一种包治百病的药方,而是应坚持市场化方向,通过正确使用这一市场工具换来一个健康的发展机制,优化中国的经济结构,坚决要避免债转股成为逃废债的盛宴和寻租设租的新工具。

首先,要减少道德风险。债转股不仅仅能降低困境企业杠杆率和偿债压力,更重要的是对其运营治理结构和管理层进行“严厉或痛苦”的调整。债权人将债权转化为股权或者是为了优化企业的股权结构改善企业经营,以减缓当期的利息收入换取未来企业价值的提升,或者是为了获取企业重组中的更大话语权,最大限度地减少财务损失。债转股无论是哪种情况,对于被处置企业而言都不是“免费午餐”,都是以出让控制权为代价换取重生或平稳的市场退出。企业知道进入债转股程序需放弃经营权和重组主导权,就不会形成争当债转股企业的局面。

其次,要坚持公平交易的原则,要充分尊重债权人、投资人(股东)的自主意愿,转股企业的选择、转股价格的确定、资产评估、债权收购等都应发挥市场的力量,切忌拉郎配和指标分配,改变过去风险国家全包的方式,由各市场主体共同承担最终的风险和损失。

最后,要坚持“有的放矢”,对于有市场发展前景只是短期有流动性问题或因为行业周期暂时陷于困境的企业,如果国家需要控制的,可以通过国有资产控股平台进行资本重组,不需要财政采取负债措施为这些企业注资。对于国家不需要控制的困境企业,应由债权持有人基于市场原则决定其是否有继续存续的价值,并在此基础上决定是进行债转股,还是启动破产清算程序。在整个过程中,政府应尽量减少对商业安排的干预,工作重点是为上述各市场主体创造正常博弈的规则体系,完善重组的体制机制环境。加强在法院主持下的司法重整程序,由专业化的机构(如破产管理人和资产管理机构)参与其中,由市场主体对债转股中的核心问题(如转股价格、退出等)进行充分协商后自主作出决定。

除此之外,要为“债转股”建立明确的退出机制。银行不擅长经营企业,同时与企业关系过于紧密会导致各种利益冲突和道德风险,影响银行主业的健康开展。另外,股东在企业清偿顺序中排位最后,银行长期持股事实上加大了其经营风险。因此,国际上一般不允许银行长期持有非金融企业股权。在我国,《商业银行法》第43条也禁止银行投资企业,除非报国务院批准。银行还面临《商业银行资本管理办法(试行)》第68条"因政策性原因并经国务院特别批准的对工商企业股权投资的风险权重为400%"和"对工商企业其它股权投资的风险权重[①]为1250%"规定的约束。因此,银行实施"债转股"应定位于"阶段性持股",在事前明确相应的持股期限和退出条件,待企业经营状况转好后,银行可选择由企业回购股权、对外转让股权、择机上市变现等渠道处置所持股权。如企业经营持续恶化,则应采取果断措施,对企业进行破产清算。

(四)探索不良资产证券化

"如果有一个稳定的现金流,就将它证券化。"从美国华尔街传出的这句名言早已流传于世界各地金融市场。不良资产证券化,是指发起人将其不良资产转让给一个特殊目的载体(Special Purpose Vehicle,SPV),由该SPV以不良资产池为抵押,以资产池未来产生的现金流作为偿付来源而发行资产支持证券的过程。从国际经验来看,资产证券化作为一种配置市场资源的手段,一方面为银行等债权人提供了处置不良资产的新工具,另一方面也为各类投资者提供了更加丰富的投资产品。不良资产的持有人可以按照资产账面价值、担保方式、地域分布、行业类别、风险状况等分类标准,挑选一部分资产单独或与其他资产组成不同资产池,委托或者出售给特殊目的机构,该机构再以这些资产为支持,发行较高收益债券。实践证明,通过资产证券化的方式能够拓宽处置不良资产的渠道,加快不良资产处置的速度,有利于提高金融机构的资产质量。

2006年到2008年,我国曾有过4单不良资产证券化业务,发行金额总计约134亿元,发起人包括信达、东方和建设银行,4个项目均提前完成优先级的兑付,但是2008年美国次贷危机后此项业务被叫停。随着近年来不良资产大幅增加,市场对于重启不良资产证券化呼声很高。鉴于我国资本市场经过近些年的发展与实践,在资产证券化方面已经积累了一定经验,相关的法律制度也在不断完善,近期监管部门已经挑选了少数管理水平比较高的大型金融机构开展试点,

---

① 风险权重是一种衡量投资组合总体风险大小的方法,通过估算不同种类投资的风险大小,给每种投资一个权重值,表示它在多种投资方式中的重要性和安全性,资产风险权重越小,其安全性越高。

积极探索不良资产转让模式,以满足不同行业、不同区域银行的不同需求,为规模化开展工作积累经验。

但是,美国的次贷危机也表明,如果相应的信息披露和风险防控措施缺位,过度开展不良资产证券化可能带来巨大的系统性金融危险,甚至威胁到整个金融体系的稳定。由于不良资产证券化的基础资产是已经逾期的债权(贷款),资产池现金流主要来源于回收款。与正常类信贷资产证券化产品相比,不良资产风险要素更多,其价值与未来现金流和折现率有关,但不良资产的未来现金流不确定性较大,折现率的预估也存在较大困难。鉴于此,在整个政策框架的设计上,要高度重视风险防控:一是相关产品的设计要简单透明,不能搞多层证券化,不能搞再证券化。二是要坚持投资者的适当性原则,不能卖给个人投资者,只能向机构投资者出售。三是要加强市场创新与监管相协调,以及监管部门之间的协调。四是要完善制度建设,建立一个动态、标准、透明的信息披露机制及评价机制。2016 年 4 月 19 日银行间交易商协会发布《不良贷款资产支持证券信息披露指引(试行)》,目的是通过行业自律的方式,规范不良贷产证券化中的信息披露行为。五是要加强对发行人、评级机构等中介机构的规范管理,督促中介机构切实履行责任。六是要进一步完善风险自留制度,发行人销售的资产证券化产品应自留一部分,以防止资产证券化过程中发行人的道德风险。

(五)鼓励建立专项投资基金

从国际经验来看,投资者通过建立专项投资基金的方式进入不良资产处置领域,是比较普遍和有效的做法。对于银行、资产管理公司、信托公司等金融机构而言,如果主动进入不良资产处置领域,应通过设立独立的投资机构运作,以实现与金融机构自身的“破产隔离”。此外,由于独立法人的投资公司会消耗金融机构过多的资本,更合适的做法是由金融机构结合其“大资管”业务,通过下设投资机构发起设立股权投资基金,运用社会资金对困境企业进行股权投资同时归还金融机构贷款,既可以缓解企业的当期财务负担,又可以使金融机构和投资基金对困境企业的治理结构、经营管理进行优化,整合内部产能及各类资源,提升企业的发展能力和市场价值。当企业情况转好后,金融机构可以通过股权回购、盈利分红、股权转让、企业重组上市等实现获利平稳退出。

至于民间资本和国外投资者,也要鼓励其通过组建专项投资基金等专业机构,结合自身情况和目标投资不良资产。例如,那些致力于资产增值的区域性或行业性投资基金,在诉讼清收、盘活、重组和处置等方面具备特有的专业能力,且对不良资产的背景、参与人的背景更为熟悉,更倾向于购买、处置特定地区、特定产业及特定领域的资产;部分实业类投资基金,可以通过收购不良资产并综合运用债转股、可转债、发行新股等金融工具的方式,对那些具有发展前景的困境企业进行投资入股或并购重组,更换管理层对企业经营管理进行大刀阔斧的改革,以最大化企业的市场价值和投资的退出收益。

(六)引入专业重组机构

从经济发达国家的经验看,对陷入存在债务危机的困境企业进行有效重组,可以帮助其恢复盈利能力,从而在一定程度上化解不良资产。而如何进行重组并实现企业再生是一项专业性很高的管理艺术,往往只有专业的重组机构才具备这样的能力,目前国际上比较知名的重组机构有艾睿铂(Alix Partners)和奥迈(Alvarez & Marsal)等。与专项投资基金不同的是,这些重组机构并不针对不良资产进行财务性投资,不谋求通过处置不良资产获得收益,而是致力于对有价值的困境企业进行重组管理,通过提供法律、会计和金融方面的"一站式"服务,最大可能帮助企业"起死回生"。

重组机构介入困境企业重组过程后,首先需对企业陷入困境的原因、财务情况及经营问题等进行详细分析,在基础上制定重组方案,对困境企业的股权结构、治理机制、发展战略、组织设计、工作流程、财务融资以及项目管理等进行重大变革。为保证重组方案的顺利推进,重组机构可以担任咨询顾问的角色,为困境企业的股东和管理层提供决策建议和咨询服务,帮助其开展工作。在必要的情况下,重组机构可以要求获得对企业的控制权、经营管理权和重大决策权,将企业的管理层置于其领导之下,主导整个重组过程。为帮助困境企业获得必要的现金流,重组机构既可以利用自有资金投资困境企业,也可以利用多年积累的商业网络和资源,引入外部专项投资基金或其他投资主体为企业"输血",最大可能帮助有价值的困境企业"起死回生"。对于重组成功的企业,重组机构在完成历史使命后应及时退出;对于重组失败的企业,重组机构也要尽早作出判断,及时启动破产清算程序让其退出市场。

四、配套制度改进

实现不良资产的市场化处置,是一项影响广泛的系统工程,与政府、金融机构、企业、职工等各利益相关方的关系均很密切,涉及复杂的法律关系和利益分配,因此在创新不良资产处置方式和金融工具运用的同时,也需要对相关的制度和政策予以完善,提供必要法律和政策环境。

(一)完善相关立法

市场经济是法治经济,不良资产处置是处理和化解特定债权债务关系的过程,涉及社会资源的流动、组合和重新配置,是一项法律性很强的经济活动,需要有健全的立法和司法体系提供支撑。

在立法方面,要尽快对与不良资产处置相关的《商业银行法》《企业破产法》《金融资产管理公司条例》等法律法规以及相关金融监管标准进行梳理、修订和完善,取消那些不利于不良资产顺利处置的法律和政策,为不良资产批量处置、债转股、资产证券化、破产退出以及与不良资产处置相关的投资融资等提供明确、可预期的规则,提高对市场主体合法权益的保障水平,提升其对不良资产交易市场的信心和投资热情。例如,要结合实践情况充实完善《企业破产法》的规定,借鉴个人破产制度。要尽快废止《贷款通则》,取消对商业银行自主处置不良资产的限制性规定,赋予其更大的自主权和灵活度。关于《商业银行法》第 43 条限制银行投资的规定,短期可以通过国务院授权方式解决这一问题,长期应加快立法。伴随着不良资产证券化的重启,相应的立法工作也应跟上。要将银行拨备覆盖率纳入宏观审慎监管框架,设定合理目标区间(90% ~150%),根据宏观经济形势变化和银行业转型发展的需要进行逆周期调控。在当前经济环境下,建议适度下调 150% 的拨备覆盖率,释放银行盈利和信贷空间。此外,对于企业重组中的贷款减免要建立相应的免责机制,只要金融机构对企业存续价值进行了专业准确评估,并据此在合理范围内减免企业贷款以利于其进行重组,则不应追究金融机构相关工作人员的责任。

(二)设立专业破产审判庭

在司法方面,一是由于破产案件与金融债权、不良资产处置的高度关联性和专业性,建议在各直辖市、省会城市和副省级城市的中级人民法院设立专业破产审判庭,各高级人民法院对下级人民法院的相关审判工作进行监督指导(据了解,最高人民院正在积极推动相关工作)。加强破产审判队伍专业化建设,同时取消将破产案件作为普通案件考核的方法,探索建立单独绩效考核标准。二是由最高人民法院在充分总结相关案件审判历史经验和各方合理建议的基础上,在综合平衡考虑法律规定与政策精神的前提下,对已有的司法解释进行梳理、修订、整合,通过发布新的司法解释的方式,对涉及不良资产处置案件的具体法律适用问题予以明确,以便各级法院在审理案件中有法可依,统一案件的审判尺度。三是人民法院要根据市场化的要求建立破产重整企业的识别机制,对困境企业分类评估、分别处置,通过破产重整、破产和解和破产清算等方式,对能救治的企业进行重整、和解,对不能救治的企业及时进行破产清算。四是要充分发挥重整在《企业破产法》实施中的制度价值,企业是否适用重整,由债权人决定,对于无重整价值的企业应坚决清算。在制定重整计划草案时,应当发挥市场在资源配置中的决定作用,由债务人、债权人、管理人进行充分协商后,争取各类债权人表决组均通过重整计划后报人民法院批准。根据我国《企业破产法》第92条的规定,经人民法院裁定批准的重整计划,对债务人和全体债权人均有约束力,即使债务人或个别债权人仍有不同意见,也必须执行重整计划的规定,这实际上是对债务人和债权人的一种威慑,避免重整程序久拖不决。五是在《企业破产法》中增加预重整的相关规定,以提高重整效率,增加重整成功的可能性。

此外,各类市场参与主体也应当积极加强与法院和金融监管部门的信息沟通与交流,建立一个长期稳定的法院、金融监管部门、市场参与主体之间关于不良资产转让纠纷的交流机制和平台,及时沟通、掌握涉及不良资产处置、诉讼的法律规范和相关信息,为实现不良资产处置价值最大化提供良好的外部法律环境。

(三)建立国有企业"财务硬约束"

要从根本上解决金融机构不良资产问题,一方面要通过市场化方式提高不良资产处置效率,另一方面更要采取切实措施防止再度出现大规模不良资产。我国金融机构的不良资产,很大一部分是由于国有企业无法按期还款形成的。目前,部分国有企业改革仍未到位,造成所有权实质性缺位,"财务软约束"特征明显,导致其对资金价格不敏感,部分低效企业占用大量信贷资源,杠杆率攀高,还款压力沉重。当经济下行时则面临巨额亏损,甚至连利息也无法支付,风险传导至金融机构,就形成了大规模的不良资产。由此可见,预算约束的软硬程度往往决定了国有企业偿还贷款的可能性,与金融机构不良资产成正相关。因此,要继续推进国有企业改革,建立起"财务硬约束",强化财务纪律。随着企业整体负债率的下降和盈利水平的提高,企业的还款能力才有保证,违约率和金融机构不良资产才有可能下降。

(四)优化相关税收政策

目前,对于四大资产管理公司,财政部、国家税务总局《关于中国信达资产管理股份有限公司等4家金融资产管理公司有关税收政策问题的通知》(财税〔2013〕56号)已明确四大资产管理公司可以在处置不良资产过程中执行有关税收优惠政策,如免征相应的增值税、营业税、契税、印花税、房产税、土地增值税等。为鼓励更多的主体进入不良资产处置,实现"放水养鱼"的目的,可以考虑将上述税收优惠政策的适用范围扩大,使所有不良资产处置参与主体均能享受到税收优惠政策,站在同一个起跑线上,提高市场交易的自由度和活跃度。

(五)充分发挥专业服务机构的作用

为解决不良资产处置过程中信息不对称所造成的各种问题,要充分发挥投资银行、会计师、财务及交易顾问、律师、行业专家及评估机构等专业服务机构的优势,帮助识别资产风险、评估资产价值、设计处置方案、搭建产品架构、扩大销售渠道、协调沟通模式和方法,降低金融信息不对称风险,提升资源配置效率,形成市场有效报价,促进交易价格的合理化透明化,提高不良资产的市场流动性。

首先,从会计师事务所方面看,由于众多中小民营企业历史财务数据存在较多瑕疵,错综复杂的关联交易使商业背景很难查实。通过会计师事务所的参与,可以更专业地梳理财务信息,减少因信息不对称所造成的偏见或错误的判断,有利于强化卖方内部尽职的风险管理,同时更便于买卖双方对目标资产高效和合理的谈判和协商。而且,会计师事务所也可以担任财务及交易顾问一职,独立、公正地通过对目标资产的全面了解,综合法律和评估报告的意见和特定的处置方案,公允地反映目标资产的价值,解决博弈各方信息不对称问题。

其次,从律师事务所方面看,不良资产自身的法律瑕疵和交易主体众多而引起的复杂纠纷及各方博弈造成了不良资产处置过程中的壁垒,拥有专业经验的律师能更有针对性地处理相关法律问题,提前进行相关风险预判。近年来,律师逐渐从单纯提供诉讼服务转变为不良资产相关产品的共同研发者,从产品设计、交易架构的设立、发行规则及后期管理处置等多方面、多阶段提供专业的法律支持和服务。

再次,从投资银行方面看,其不仅在不良资产的处置过程中扮演着投资者的角色,更是汇聚各类投资主体及资金的重要平台,通过运用在产品架构设计、不良资产组包方式等方面的技巧,可以满足不同偏好投资人的现金流量需求,并通过资源的优化配置来提升不良资产的价值。

最后,从资产评估机构方面看,由于不良资产处置回收情况复杂,资产评估机构作为独立专业的服务机构,其对特定类型不良资产具有专业的见解,通过全面识别特定处置方案与资产内在价值的关系,可以公允地反映资产的可变现或回收价值。

(六)借力"互联网+"提高处置效率

近年来,随着"互联网+"向各传统行业的深度渗透,金融信息化、互联网金融、大数据等理念和技术的深入人心,也推动了不良资产交易模式的创新发展。与传统方式相比,"互联网+不良资产"的优势主要体现在以下几点:一是解决委托方、清收方等参与者的信息不对称、沟通成本高的问题;二是利用互联网布局全国资源,打破地域限制,优化资源配置;三是通过大数据、云计算等技术,实现信息的高效查询和匹配。目前,"互联网+不良资产"主要的商业模式主要有:一是交易平台类,金融机构可以自主建设专业性不良资产网络交易平台或与第三方网络平台进行合作,通过互联网对拟处置不良资产进行信息披露,并在此基础上提供相应的信息交换和交易撮合服务;二是数据服务类,数据服务机构可以整合催收相关的数据资源,如个人资产、债务、诉讼、执行、黑名单以及相关的企业信息等,为不良资产投资机构和处置团队提供"一站式"数据查询服务,帮助用户找到债务人新增或隐匿的财产;三是撮合催收类,通过大数据和云计算技术,整合信贷企业(包括银行、P2P、小贷公司、消费金融公司等)和清收服务企业(包括专业清收服务公司、有清收服务业务的律师事务所等),并为这些企业提供相应的产品与服务；四是众筹投资类，通过线上众筹、分红，线下购置、处置来运作不良资产，即平台从投资人手中众筹资金，以一定的折扣购买某一个不良资产，再对资产进行灵活处置，众筹用户和平台分享处置收益。

当然，通过"互联网+"的方式处置不良资产，仍处于探索阶段，尚未形成成熟的商业模式，无论是在技术上还是用户体验上仍处于较为初级的阶段，存在网络平台权威性和专业性不足、目标客户和业务属性不清晰、非标业务线上化难度较大、风险评估难等问题，部分业务的合法性存在瑕疵，网络平台的不良资产交易撮合服务还不能很好地满足市场需求。但长远看，"互联网+"在拓宽不良资产处置渠道、创新处置模式上具有十分积极的意义，互联网与不良资产的深度融合未来也必然会带动相关行业不断成熟，大大提高不良资产处置效率。

五、近期重点工作

综上所述，建立完善的不良资产市场化处置机制，涉及多领域、多层次的制度改进，涉及面广、关系复杂，是一项系统性工程，不可能一蹴而就，需做好顶层设计并整体推进。在做好长期制度建设的同时，近期也应根据不良资产处置的现实需要，选择重点领域进行突破，具体包括：

一是放开市场准入限制，构建多元化市场体系。要取消与所有制有关的歧视性政策，不仅允许银行、证券、保险、信托、资产管理公司等金融机构进入，也要吸引民间资本和国外投资者进入不良资产处置领域；要放开对资产管理公司的牌照管制，消除关于银行批量转让不良资产和资产管理公司对外转让不良资产方面的不合理限制，发展与不良资产交易和价值转换相关的市场体系；要允许各类市场主体建立专项投资基金，结合自身情况投资不良资产；要引入专业重组机构，充分发挥专业能力，优化困境企业治理结构和经营管理，提高重组成功率并实现企业再生。

二是加强金融工具创新。要通过正确使用"债转股"的方式来逐步降低企业的杠杆率，优化企业的股权结构，改善企业经营管理，实现企业未来价值的提升，但银行实施"债转股"应定位于"阶段性持股"并建立明确的退出机制；要积极探索不良资产证券化，帮助金融机构拓宽不良资产处置渠道，提升处置速度，满足不同类型投资者的需求，但要高度重视风险防控，建立相应的信息披露机制及评价机制。

三是加快建立配套制度。要完善相关立法,扫除不良资产处置的法律障碍,加强宏观审慎逆周期调控,适度下调拨备覆盖率,对企业重组中的贷款减免与核销要建立相应的赋权和免责机制;要大力加强专业破产审判庭建设,修订完善相关司法解释,借鉴地方成熟经验建立破产案件行政司法联动机制,形成政府法院工作合力;要扩大处置不良资产税收优惠政策的适用主体范围,使各类市场主体均能享受到税收优惠政策,提高市场交易的自由度和活跃度。

不良债权市场与对冲基金在美国破产重整程序的角色①

[美]爱德华·阿特曼* 著 戴 玥** 译

导 言

本文将主要以美国为蓝本,围绕不良债权市场和违约债权市场的发展,探讨评估其范畴、重要性以及市场参与者。笔者也将对自己以及其他学者著述的观点进行总结,这些学术见解有助于人们更好地理解上述债权市场的运作规律以及它们在金融体系中扮演的角色。最后,我们从破产重整的相关申请和结果中管窥到一些趋势,希望能帮助阐明一些当下被美国破产协会(American

---

① 本文发表于 *ABI Law Review* 第22卷,2014年出版。本文的翻译和出版已获得作者和期刊方的书面授权。

* 爱德华·阿特曼(Edward I. Altman)系纽约大学斯特恩商学院(NYU Stern School of Business)马克思·海涅金融讲席教授(Max L. Heine Professor of Finance)。本文是为《美国破产协会法律评论》(*ABI Law Review*)的"破产中的对冲基金"(Hedge Funds in Bankruptcy)主题研讨会而准备的文章,该研讨会于2013年10月4日在圣约翰大学法学院(St. John's University School of Law)举办。作者在此感谢Brenda Kuehne、Apoorva Mehra、Chirag Choksey以及Lourdes Tanglao这几位纽约大学所罗门研究中心(NYU Salomon Center)的同事,他们为这份文稿提供了慷慨的帮助,还要感谢新世代研究所(New Generation Research)的Kerry Mastrorianni提供的数据支持。

** 中国政法大学民商经济法学院经济法学专业硕士研究生。

Bankruptcy Institute,ABI)以及破产学界教授所热议的话题。关于这项研究的背景,值得说明的是,由于最初受到富特希尔集团(The Foothills Group)的委托,笔者得以筹备1990~1992年的不良债权市场的白皮书,这激发了笔者对债权市场的持续关注。① 这些研究为阿特曼违约债券和银行贷款指数(Altman Defaulted Bond and Bank Loan Indexes)——现在被叫作阿特曼-德迅纽约大学所罗门中心违约债券和违约银行贷款指数(Altman-Kuehne NYU Salomon Center Defaulted Bond and Defaulted Bank Loan Index)的出现提供了原始的分析支持,而如今该指数已经成为评估证券市场表现的一个知名且备受重视的基准。② 在表1、表2中呈现了这一指数随着时间推移的规模。根据我们的推测,迄今为止至少有超过200家金融机构投入了4000亿~4500亿美元研究不良债权市场,这些研究不仅局限于美国,还有相当一部分投入在欧洲及其他市场中。有趣的是,当企业出现危机甚至当该企业债务违约之时,公司债券往往更具流动性,并且伴随着更大的成交量。③

表1 1987~2012年阿特曼—德讯违约债券指数(Altman-Kuehne Defaulted Bond Index)的规模

年份	发行新债的数量(个)	企业数量(家)	面值(10亿美元)	市值(10亿美元)	市值与面值的比率
1987	53	18	5.7	4.2	0.74
1988	91	34	5.2	2.7	0.52
1989	111	35	8.7	3.4	0.39
1990	173	68	18.7	5.1	0.27

---

① See Edward I. Altman, *Investing in Distressed Securities: The Anatomy of Defaulted Debt and Equities*, Foothill Group, Inc., Los Angeles(1990)[作为Edward I. Altman, Distressed Securities(Probus. Press ed., 1991)该书的基础性文献]; Edward I. Altman, *The Market for Distressed Securities and Bank Loans*, 1-13 Altman-Foothill Report II, Foothill, Los Angeles(1992).

② See Edward I. Altman, *The Market for Distressed Securities and Bank Loans*, 1-13 Altman-Foothill Report II, Foothill, Los Angeles(1992).

③ See Nils Friewald, Rainer Jankowitsch & Marti G. Subrahmanyam, "Illiquidity or Credit Deterioration: A Study of Liquidity in the U. S. Corporate Bond Market During Financial Crises", 105 *J. Fin. Econ.* 17, 29(2012)(探讨在企业出现危机时流动性的重要性); Rainer Jankowitsch, Florian Nagler & Marti Subrahmanyam, *The Determinantsof Recovery Rates in the U. S. Corporate Bond Market*, 18 N. Y. U. Stem Sch. of Bus. & Vienna Univ. of Econ. & Bus., Working Paper, available at http://people.stern.nyu.edu/msubrahm/papers/Recovery.pdf(主要探究在公司债务违约之日成交量的增长情况).

续表

年份	发行新债的数量(个)	企业数量(家)	面值(10亿美元)	市值(10亿美元)	市值与面值的比率
1991	207	80	19.6	6.1	0.31
1992	231	90	21.7	11.1	0.51
1993	151	77	11.8	5.8	0.49
1994	93	35	6.3	3.3	0.52
1995	50	27	5.0	2.3	0.46
1996	39	28	5.3	2.4	0.45
1997	37	26	5.9	2.7	0.46
1998	36	30	5.5	1.4	0.25
1999	83	60	16.3	4.1	0.25
2000	129	72	27.8	4.3	0.15
2001	202	86	56.2	11.8	0.21
2002	166	113	61.6	10.4	0.17
2003	128	63	36.9	17.7	0.48
2004	104	54	32.1	16.9	0.53
2005	98	35	29.9	17.5	0.59
2006	85	36	31.2	23.3	0.75
2007	48	17	13.8	6.3	0.46
2008	77	28	29.6	4.5	0.15
2009	91	34	45.5	15.1	0.33
2010	53	16	26.4	8.3	0.31
2011	57	19	18.0	6.1	0.34
2012	62	21	14.6	5.2	0.36

资料来源:纽约大学所罗门研究中心(NYU Salomon Center)。

表2 1995～2012年阿特曼—德讯银行贷款指数(Altman-Kuehne Defaulted Bank Loan Index)的规模

年份	金融机构数量(家)	企业数量(家)	票面价值(10亿美元)	市值(10亿美元)	市值与面值的比率
1995	17	14	2.9	2.0	0.69
1996	23	22	4.2	3.3	0.79
1997	18	15	3.4	2.4	0.71
1998	15	13	3.0	1.9	0.63
1999	45	23	12.9	6.8	0.53
2000	100	39	26.9	13.6	0.51
2001	141	56	44.7	23.8	0.53
2002	64	51	37.7	17.4	0.46
2003	76	43	39.0	23.9	0.61
2004	45	26	22.9	18.2	0.80
2005	41	21	18.7	16.2	0.86
2006	27	23	11.2	10.0	0.89
2007	31	13	13.0	10.4	0.79
2008	71	31	27.5	10.7	0.39
2009	67	27	57.6	34.1	0.59
2010	20	12	11.3	5.9	0.52
2011	28	15	9.1	4.7	0.52
2012	34	21	10.5	5.8	0.55

资料来源:纽约大学所罗门研究中心(NYU Salomon Center)。

值得一提的是,在1995年这个私人交易资产流动性增强以及贸易扩张的年份,我们也将研究视域扩展到不良银行贷款这一领域。贷款受到了投资者集中而审慎的审查,这使我们运用更精致的估值方法分析在此之前实质上属于"购买并长期持有的资产"(buy and hold assets)。① 在20世纪90年代中期,那些评级

① See *The Economic Outlook*: *Hearing Before the Joint Economic Committee*, 110th Cong. 6(2007)(statement of Ben S. Bernanke, Chairman, Bd. of Governors of Fed. Res. Sys.)(该文章重点研究投资者提高对于抵押贷款质量的审查这一议题).

机构也开始为大型的商业贷款进行评级，这在时间上与银团贷款（syndicated loan）的"井喷式"成长以及随之被证券化为贷款抵押债券（CLOs）是一致的。[①] 正如下文所探讨的，不良债权的投资者不仅在深度以及流动性方面都扮演着贷款市场重要的角色，还对20世纪80年代后期以来的债券市场发挥着重要作用。

一、重要的机构投资者

在回答机构投资者（如对冲基金）在破产程序中的作用和角色这一问题时，我们不妨通过回顾过去20多年来美国《破产法典》第11章（以下简称"第11章"）破产重整程序以及重整后程序的发展演变，并援引一些投资者及其他主体在该历程中所实现的有影响力的增长、拓展的领域以及特别的诉讼。[②]

图1和表3显示了1989～2013年（截至11月15日）有关美国《破产法典》第11章申请中破产债务大于1亿美元统计数字的变化情况。每年的统计数字加总累计达到了将近3万亿美元（撇开雷曼兄弟也有2.4万亿美元），这就需要债权人、债务人及其顾问投入大量的努力，以实现重组并摆脱现有破产程序确保持续经营。[③] 笔者认为，要促使如此庞大的违约债务实现合理、高效地重组，需要破产法教授加上重组专家的合力，而后者需要投资银行家、转机管理咨询师以及机构投资者（买方）和证券经纪人（卖方）在数量上实现协同增长。在接下来的论述中，笔者也将回过头来继续深入探讨按照时间序列统计的有关该法典第11章破产申请趋势的相关问题。

---

① See Edward I. Altman & Heather Suggitt, "Default Rates in the Syndicated Bank Loan Market: A Mortality Analysis", 24 *J. Banking & Fin.* 229, 234 (2000)（探讨了始于1995年的迅速增加的关于大型贷款评级的现象）.

② See Wei Jiang, Kai Li & Wei Wang, "Hedge Funds and Chapter 11", 67 *J. Fin.* 513, 556 (2012)（主要讨论对冲基金对于第11章重组程序的影响）.

③ See Edward I. Altman, "Avoiding Chapter 22: Why Post-Emergence Liquidity, Profitabilityand Leverage Make All the Difference", Navigating in Today's Environment: The Directors' and Officers' Guide to Restructuring, 62 – 63 (John W. Butler, Jr., ed., 2010)（其持续经营的脱困企业相较于而后提起破产申请的企业而言有显著更强的金融地位）; Edward I. Altman, "Revisiting the Recidivism-Chapter 22 Phenomenon in the U. S. Bankruptcy System", *Brook. J. Corp. Fin. & Law* (forthcoming 2014).

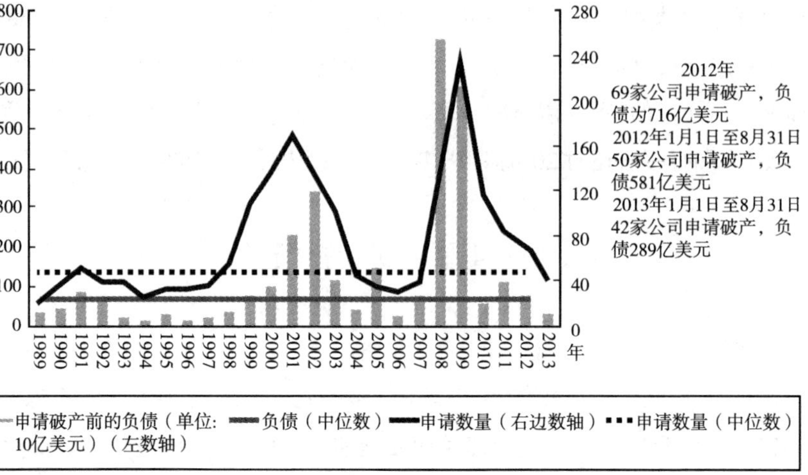

图1　1989～2013年8月31日第11章破产申请的总量及公司债务*总额

*不低于1亿美元的债务来源:纽约大学所罗门研究中心破产申请数据库(NYU Salomon Center Bankruptcy Filings Database)。

表3　第11章破产申请统计数据*

年份	申请数量(家)	诉前债务(百万美元)	申请数量≥10亿美元	≥10亿美元/总申请量(%)
1989	22	33,539	10	45
1990	35	41,115	10	29
1991	51	81,158	11	22
1992	37	64,224	14	38
1993	37	17,701	4	11
1994	24	8396	1	4
1995	32	27,153	7	22
1996	32	11,687	0	0
1997	36	18,866	5	14
1998	56	32,038	6	11
1999	109	70,957	19	17
2000	136	98,896	23	17
2001	169	228,604	38	22

续表

年份	申请数量（家）	诉前债务（百万美元）	申请数量≥10亿美元	≥10亿美元/总申请量(%)
2002	135	336,612	41	30
2003	102	115,172	26	25
2004	44	39,550	11	25
2005	35	142,625	11	31
2006	32	22,322	4	13
2007	38	72,646	8	21
2008	145	724,010	24	17
2009	234	603,992	50	21
2010	114	56,981	14	12
2011	84	109,119	7	8
2012	69	71,613	14	20
2013(8/31)	42	28,908	9	21
1989~2012年申请量的平均值	75		15	20
1989~2012年申请量的中位数	48		11	19
1998~2012年申请量的中位数	102		14	
1989~2012年债务量平均值		126,207		
1989~2012年债务量中位数		67,591		

*不低于1亿美元的债务来源：纽约大学所罗门研究中心破产申请数据库(NYU Salomon Center Bankruptcy Filings Database)。

与债务人相对的原始债权人，以及不良债权中的投资者和审理破产案件的法官，再加上债务人及其顾问，需要共同负担由重整方案(Plan of Reorganization, POR)所商定的各项义务。① 重整方案中涉及的相关各方，需要持续而明确地遵照市场对于债务人的债务评估，据此作出出售或保留其权益的决定，并且他们能够从市场价格中核算债务人资产的潜在价值。不良资产证券的价格同样也为重整方案(POR)的商定确立了基准。② 与1990年以前的实践相比较，这些市场评

① See 11 U.S.C. § 1129(a)(2012)(解决在接受重整方案过程中所需的必要步骤和人员的问题).

② See Richard D. Thomas, "Comment, Tipping the Scales in Chapter11: How Distressed Debt InvestorsDecrease Debtor Leverage and the Efficacy of Business Reorganization", 27 *Emory Bankr. Dev. J.* 213, 218(2010)(阐明不良资产证券在破产重整程序中起到了杠杆的作用).

估有助于价格发现机制的运行,在企业重组的进程中,这也为债务提供一个更具流动性的市场。① 价格发现机制以及增强的透明度不仅仅对于破产程序中的主要利益相关者十分重要,它们更能促进市场效率、为证券的未来价格走向提供标尺,当然也为债务人自身提供参照。诚然,阿特曼(Altman)、甘地(Gande)和桑德尔斯(Saunders)3位学者的研究表明银行贷款价格能够较公司债券价格更早地发出企业将要违约的警示,促使债权人在一步贬值之前将其持有的债权套现,这也激发了企业在债权市场出现颓势之前重组的努力和转机策略的制定。② 他们的研究还进一步表明,债权证券在违约之际的价格是未来追偿水平以及重整价值的有效指示器。③

另外,经管债务人(debtor-in-possession,DIP)融资主要由银行和原始投资者提供,在很多情况下也由机构投资者提供。经管债务人融资(DIP financing)和退出融资(exit financing)(包括债权和股权融资)的核心要素,展现了美国《破产法典》第11章重整程序的独特面向,有助于确保债务人在破产过程中以及破产程序后都能继续经营。④ 在多数情形之下,重整程序中的所有参与方无一不会关心破产实体的长期生存能力,哪怕是债务价值评估中处于对立的双方。⑤

---

① Ibid.,219(1991年后的国会修正案中限制法院在破产纠纷中的干预程度以增强债权的流动性).

② See Edward I. Altman, Amar Gande & Anthony Saunders,"Bank Debt Versus Bond Debt: Evidence From Secondary Market Prices",42 *J. Money, Credit & Banking* 755,756-57(2010).

③ See Edward I. Altman & Allan C. Eberhart,"Do Seniority Provisions Protect Bondholders' Investments?",20 *J. Portfolio Mgmt.* 67,75(1994)["我们发现附有优先条款的债券较次级债券能在危机中获得显著更高的收益(或者更少的损失),这为债券在发行时价格即具有有效市场价格提供了间接证据"].

④ See Sandeep Dahiya, et al.,"Debtor-in-Possession Financing and Bankruptcy Resolution: Empirical Evidence",69 *J. Fin. Econ.* 259,261(2003)(阐明有特色的经管债务人能够保证企业融资决策适用第11章重整程序).

⑤ 我十分清楚有些主要的参与方在重整程序中是利益敌对方,我认为更为常见的情况是,这家企业需要经历第二次甚至第三次不良资产重组。除非对于利害关系人而言,这期间的数次申请的问题最好留到下一次聆讯时再讨论。See Altman, Kant and Rattanaruengyot, 2009, in their discussion of "Avoiding Chapter 22", and the proceedings of a forthcoming Symposium on this issue at the Zaretsky Roundtable on "Avoiding Chapter 22 - Predicting Success in Chapter 11" at the Brooklyn Law School, November 19,2013. 关于第22章、第23章乃至44个案件的更新数据可以从笔者处获取,这些数据也被用于Zaratsky圆桌研讨会上讨论。诚然,自1984年始,在许多涉及第11章的申请中至少就有272个多次申请的案例。

图2展示了从1990～2013年(从时间序列上看个别年份数据有遗漏)笔者对于违约和不良债权市场规模的估计。"违约债权"(Defaulted Debts)属于经公开注册和交易的债务,而"不良债权"(Distressed Debts)作为一种债券,其收益率至少高于同期美国国债以及我们所估计的私人(贷款,抵押贷款,交易)不良(而非违约)债券1000个基点(basis points,bps)。该数据不仅包括公债和私债,还区分面值和市值。就笔者所知,我们(纽约大学所罗门中心,the NYU Salomon Center)是唯一一家提供该项统计分析数据的机构。从2000年开始,这些债务每年总计就达到了将近1万亿美元(面值),而这一数据更是从2008年开始超过1万亿美元。就市值来看,过去的12年间,统计数据表明不良债权和违约债权的总和从5000亿美元逐年攀升至将近1万亿美元。

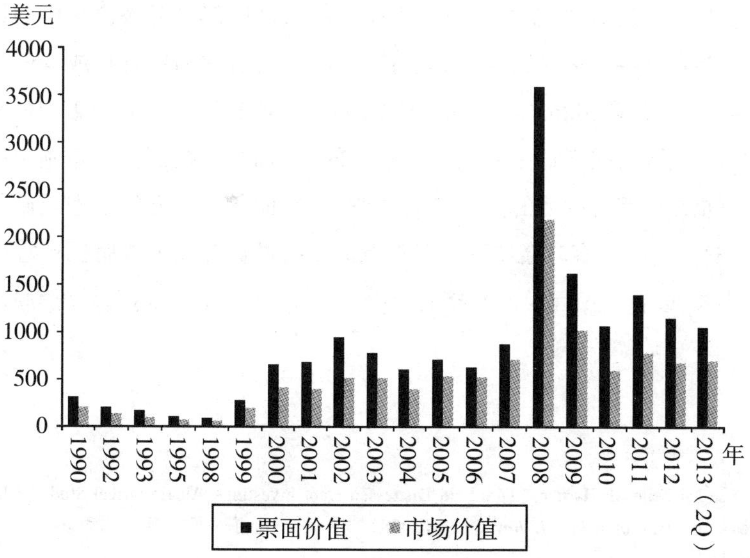

图2 1990～2013年第二季度美国违约债务和不良债权市场规模

资料来源:爱德华·阿特曼(Edward I. Altman)教授的估测和纽约大学所罗门研究中心(NYU Salomon Center)。

加上我们上文所估计的被管理的不良债权的规模,这些数据形成了需求和供给两端的动态变化,这对于任何一个可行的金融市场来说都是至关重要的。而这些动态变化为一批特殊类型的投资者的产生提供了激励,通过投资者对不良债权的投资吸引资本,如前文所述,为原始投资者提供一条将问题资产套现的路径,使其能将破产申请之前一年乃至更长时间的问题资产延续至破产程序整个过程。[①] 关于破产重组程序的耗费周期笔者将在下文仅做简短介绍。这种流动性对于那些既不拥有资源和专长,也不能在重整决议作出之时保留其主张的投资者来说极为关键。[②] 对于被评为非投资级的公司(non-investment grade firms)吸纳资本同样关键的是,拥有在违约情形下评估剩余价值的能力,这些公司往往通过所谓的垃圾债券和贷款,或者是杠杆融资市场进行融资,而后者的规模大概超过了2万亿美元。[③]

不良债权投资以及在许多情形下的对困境公司(Distressed Companies)的股权投资,通常可以被划分为以下三类:(1)被动型(Passive);(2)主动非控制型(Active-Non-Control);(3)主动控制型(Active-Control)。被动型投资通常指尚未达到能够在破产程序中起到直接影响的不良证券交易。[④] 主动非控制型投资是指通过投资者的活动,能够在破产程序之前及之后都能对破产程序的结果产生影响。当然这些投资者通常是大的债权人,他们通常利用直接或者间接手段充当债权人会议(Creditors Committee)的成员,抑或利用各种途径影响债权和证券的估值来达到对破产程序施加影响的目的。[⑤] 而主动控制型策略则指投资者通过持有重组后摆脱困境的企业的大量股份,对债务人一方的管理层施加直接影响。[⑥] 这种情况下有时会使得持有不良债权的投资者成为首席执行官(CEO)或者董事长,或者仅仅因为他所持有该公司巨大份额股份而获得该摆脱困境的

---

① See Michelle M. Harner, "Trends in Distressed Debt Investing: An Empirical Study of Investors' Objectives", 16 *Am. Bankr. Inst. L. Rev.* 69, 98 (2008) (论述投资者寻求投资机会的同时也有助于问题公司的发展).

② See Michelle M. Harner, "The Corporate Governance and Public Policy Implications of Activist Distressed Debt Investing", 77 *Fordham L. Rev.* 703, 716 (2008) (探讨持有不良债券的投资者放弃将其债券持有至到期).

③ See Charles Mead &Sridhar Natarajan, "Junk Debt Exceeds $2 Trillion in Central Bank Repression", *Bloomberg News* (Aug. 25, 2013, 9:26 AM), http://www.bloomberg.com/news/2013-08-26/leveraged-debt-exceeds-2-trillion-in-repression-credit-markets.html (探讨美联储政策中关于刺激高风险的投资,从而得以允许存在问题的公司进入到资本市场这一议题).

④ See Michelle M. Harner, "The Corporate Governance and Public Policy Implications of Activist Distressed Debt Investing", 77 *Fordham L. Rev.* 716 (探讨投资者长期投资中不以控制公司而以盈利为目的的投资策略).

⑤ Ibid., 717 (阐明债权人或股东是如何对管理层的决议施加影响的).

⑥ Ibid. (描述投资者对公司不良债权的持有达到控制地位).

公司的控制权。① 主动控制型策略在很多情况下也被不良债权投资者形象地称为“为自己提供贷款”(loan to own)。②

二、文献综述

在这一部分,笔者将对现有文献中关于不良债权投资中积极控制型投资者的角色和作用简要介绍。这些文献能够进一步支撑不良债权投资者在公司治理和重整程序中的角色地位。

Hotchkiss 和 Mooradian 将 1980～1993 年公开发行债务违约的总共 288 家公司作为样本,考察了“秃鹫投资者”(vulture investors)在公司治理和重整中的作用。③ 他们从其中 172 家(占样本的 60%)公司中找到了证据,证明这些投资者凭借长时间持有超过 1/3 的剩余债券以及(抑或)为重组公司注入新的资本,以实现其对重组条款的重大影响。④ 这两位作者因而得出以下结论:相较于这些积极控制型(Active-Control)投资者未参与到公司管理中的情形,“秃鹫投资者”(vulture investor)通过担任公司 CEO 或董事长或者控制目标公司更能实现重组后公司治理和运作水平的提高(相较于违约前的水平)。⑤ 就笔者的观察和经验而言,也倾向于支持这两位作者的结论。

Harner 的研究结论认为,该法典第 11 章案例中关于不良债权投资者产生的具体影响难以评价。⑥ 尽管对于困境公司的投资大多是未受监管的,并且通常也并不

---

① See Edith S. Hotchkiss &Robert M. Mooradian,“Vulture Investors and the Market for Control of Distressed Firms”,43 *J. Fin. Econ.* 401,403(1997)(考察“秃鹫投资者”如何在公司中获得权利并顺利成为 CEO 或者董事长的).

② See Daniel Keating,“*RadLax Revisited*: A Routine Case of Statutory Interpretationor a Sub Rosa Preservationof Bankruptcy Law's Great Compromise?”,20 *Am. Bankr. Inst. L. Rev.* 465,504 *n.* 218(2012)(将“为自己提供贷款”的出借人定义为购买担保债权意图获取担保物的投资者).

③ See Edith S. Hotchkiss &Robert M. Mooradian,“Vulture Investors and the Market for Control of Distressed Firms”,43 *J. Fin. Econ.* 402.

④ Ibid.

⑤ See Ibid.,at 403. *See also* Edith S. Hotchkiss,“Testimony Before the ABI Chapter 11 Reform Commission,” 17th Annual LSTA Conference(Oct. 17,2012).

⑥ See Michelle M. Harner,“The Corporate Governance and Public Policy Implications of Activist Distressed Debt Investing”,77 *Fordham L. Rev.* 70.

公开,但是如上述研究所言明的,投资者往往能够带来积极影响。① 然而,有些学者,如Harvey Miller,认为不良债权投资者往往是短期利益导向的,并且他们总是为了实现对整个程序的控制不惜牺牲债务人甚至其他债权人的利益。② 另外,以Hotchkiss、Mooradian、Goldschmid和Kamensky为代表的学者提出以下主张:由于债务人一方努力要将企业变成持续经营的主体,这些投资者不仅能为企业增添价值甚至可能成为该企业的唯一融资来源。③ 上述的所有研究都一直认同不良债权投资者的存在及其对于困境企业重组程序的关键作用将会随着现有的信贷政策一直持续下去,如笔者所述,尽管对于许多有限合伙投资人来说存在一些周期性的波动,但合法可行的对冲以及私募股票基金这一资产类别还是广受投资者青睐的。④

在实证研究方面,Altman、Harner以及Altman & Kuehne记录了不良债权投资者的投资动向和表现。⑤ 实证数据凸显了投资者的目标、策略及结果,提升了

---

① See Michelle M. Harner,"The Corporate Governance and Public Policy Implications of Activist Distressed Debt Investing",77 *Fordham L. Rev.* 70. ,*at* 84 –85(论述研究中绝大多数公司都受到不良债投资者的积极影响);Edith S. Hotchkiss & Robert M. Mooradian,"Vulture Investors and the Market for Control of Distressed Firms",43 *J. Fin. Econ.* 429(论述在重组后公司治理状况的提升).

② See Harvey R. Miller,"Chapter 11 Reorganization Casesand the Delaware Myth",55 *Vand. L. Rev.* 1987,2016(2002)(文章中有这样的论述:"不良债投资者可能会为了实现其迅捷而大量的投资回报而牺牲公司的长远发展").

③ See Edith S. Hotchkiss &Robert M. Mooradian,"Vulture Investors and the Market for Control of Distressed Firms",43 *J. Fin. Econ.* 427("总体而言,截面分析的结果更有力地证明了秃鹫投资者通过管理重组后企业为其增加了价值")("Overall,the cross-sectional analysis adds to the evidence that vultures add value through their activity in management of the restructured firm");Paul Goldschmid,"More Phoenix Than Vulture: The Case for Distressed Investor Presence in the Bankruptcy Reorganization Process",2005 *Colum. Bus. L. Rev.* 191,211(描述了公司债务人如何更多地在重整过程中寻求不良债权基金);Daniel B. Kamensky,"Furtheringthe Goals of Chapter 11: Consideringthe Positive Role of Hedge Funds in the Reorganization Process",22 *Am. Bankr. Inst. L. Rev.* 235,237(2014)(论述不良债权投资者提升了第11章程序的效率同时也提高了磋商的活跃度及结果,而后者对于企业价值最大化是至关重要的).

④ See Edith S. Hotchkiss &Robert M. Mooradian,"Vulture Investors and the Market for Control of Distressed Firms",43 *J. Fin. Econ.*;Paul Goldschmid,"More Phoenix Than Vulture: The Case for Distressed Investor Presence in the Bankruptcy Reorganization Process",2005 *Colum. Bus. L. Rev.* 191,211;Daniel B. Kamensky,"Furtheringthe Goals of Chapter 11: Consideringthe Positive Role of Hedge Funds in the Reorganization Process",22 Am. Bankr. Inst. L. Rev. 235,237(2014).

⑤ See Edward I. Altman, *Distressed Securities*, *Analyzing and Evaluating Market Potential and Investment Risk* (Beard Books ed., Probus Publ'g 1999 (1991)); Michelle M. Harner,"The Corporate Governance and Public Policy Implications of Activist Distressed Debt Investing",77 *Fordham L. Rev.* 85; Edward I. Altman & Brenda J. Kuehne,"The Investment Performance and Market Dynamics of Defaulted Bonds and Bank Loans: 2013 Review and 2014 Outlook",*New York University Ann. Rep.* (March 3,2014).

资产类别的透明度。① 需要注意的是,如笔者在之前的研究所表明的那样,这种策略并非是一种新现象了。②

更新的研究来源于江伟(Jiang Wei——音译)、王伟(Wang Wei——音译)、李凯(Li Kai——音译)3 位学者,他们的研究探讨了该法典第 11 章程序中的对冲基金的出现及其对破产结果的影响。③ 该研究将 1996 ~ 2007 年关于第 11 章的 474 个综合案例作为样本,分析其中涉及对冲基金(Hedge Funds,HFs)的情况。从近 90% 的样本中都明显存在 HFs 涉足的迹象,能充分得出这样的一般结论:HFs 已然成为不良债市场中最活跃的投资者。④ 这 3 位学者也更新了其早期关于破产的研究数据,同时更进一步洞见 HFs 正在成为第 11 章程序中的一股新兴力量。⑤

近年来,与该法典第 11 章有关的案例中对于债权人与债务人双方影响力的讨论颇为生动,同时也颇具争议。在 2005 年破产法典修正案出台前,以 Miller 和 Weisman 为代表的许多学者担心债权人过度控制的情况,认为这会对有关第 11 章案例的重整结果造成不利影响。⑥ 以 Baird 和 Rasmussen 为代表的其他学者则认为债权人起到了积极作用,⑦然而学者 Skeel 同样早在明显倾向于债权人一方的 2005 年《破产法典》修订之前指出,在破产重整中展现支配地位的主体已经从过去的债务人转换到了债权人。⑧

Harner、Griffin 和 Ivey-Crickenberger 这 3 位学者在《美国破产法协会法律评

---

① See Edward I. Altman, *Distressed Securities, Analyzing and Evaluating Market Potential and Investment Risk*(Beard Books ed., Probus Publ'g 1999(1991)); Michelle M. Harner, "The Corporate Governance and Public Policy Implications of Activist Distressed Debt Investing", 77 *Fordham L. Rev.*; Edward I. Altman & Brenda J. Kuehne, "The Investment Performance and Market Dynamics of Defaulted Bonds and Bank Loans: 2013 Review and 2014 Outlook", *New York University Ann. Rep.* (March 3, 2014).

② See Edward I. Altman, *Distressed Securities, Analyzing and Evaluating Market Potential and Investment Risk*(Beard Books ed., Probus Publ'g 1999(1991)).

③ See Wei Jiang, Kai Li &Wei Wang, "Hedge Funds and Chapter 11", 67 *J. Fin.* 513(考察了对冲基金本身的作用及其在第 11 章的角色和其对破产结果的影响).

④ Ibid., at 513 – 14.

⑤ Ibid., at 514.

⑥ See Harvey R. Miller & Shai Y. Waisman, "Is Chapter 11 Bankrupt?", 47 *B. C. L. Rev.* 129, 170(主张债权人的过度控制是不可取的,因为这会阻碍债务人选择重组的进程).

⑦ See Douglas G. Baird & Robert K. Rasmussen, "The Prime Directive", 75 *U. Cin. L. Rev.* 921, 942(2007)(阐明"债权人能够采取对于所有投资者都有利的行动").

⑧ See David A. Skeel, Jr., "Creditors' Ball: The 'New' New CorporateGovernance in Chapter 11", 152 *U. Pa. L. Rev.* 917, 918(2003)(描述第 11 章"有特色的债权人导向的角色配置").

论》(*ABI Law Review*)本期特刊中发表了文章,该文章是关于破产程序中基金(对冲基金,私募股权及其他)的作用这一话题最新的实证研究成果。① 这篇文章分析了基金活跃涉足的案例(占整体490个案例的26%)与并不涉及基金的案例(占整体的74%)。② 与其对这篇重要的论文的观点进行归纳,笔者推荐读者阅读他们在这个话题上所著的兄弟篇。③ 然而,作者提起大家注意的是,由于所选择的投入基金的案例存在的内生性问题,难以对于基金涉足的因果关系这一问题得出结论。④ 尽管如此,作者的确提出了以下建议:"涉足第11章案例中基金的价值很有可能取决于你的咨询对象以及他们在债务人的资产结构中处于何种地位。"⑤关于是否能得出基金在第11章中起到重要作用的结论,答案显然是肯定的。⑥ 然而,对于这种影响是正面的还是反面的,两位作者并没有得出确切的结论。⑦

如前文所述,美国破产程序中一大独特之处便是第11章后段的债务人及其所有者履行重整计划。通常来说,新的股份所有者便是旧的债权人,这是基于债转股或是注入新的股权融资实现的,后者则为债务人提供可资竞争的、关键的、新的流动性。⑧ 艾伦·艾伯哈特(Allan C. Eberhart)、爱德华·奥特曼(Edward I. Altman)和里纳·爱格沃(Rena Aggarwal)3位学者最先研究重整后的期间内新增股权的表现。⑨

笔者选取了1980~1993年退出第11章程序的131家公司,并对其股票在长达200日内的收益情况进行分析。研究发现这131家公司的资产组合在收益率上呈现出显著超额回报迹象,平均收益率超出正常的股票指数达到28%之多。⑩

① See Michelle M. Harner, Jamie Marincic Griffin & Jennifer Ivey-Crickenberger, "Activist Investors, DistressedCompanies, and Value Uncertainty", 22 *Am. Bankr. Inst. L. Rev.* 167(2014).

② Ibid., at 191.

③ Ibid.

④ Ibid., at 185 n. 98.

⑤ Ibid., at 167.

⑥ Ibid., at 193(论述道:"数据明显揭示出基金能够对困境公司的重组发挥重大影响").

⑦ Ibid.

⑧ See Allan C. Eberhart, Edward I. Altman & Reena Aggarwal, "The Equity Performance of Firms Emerging from Bankruptcy", 54 *J. Fin.* 1855, 1857(1999)(探讨债权人如何通过获得公司股份作为其债权的对价).

⑨ Ibid.

⑩ Ibid., at 1864(从研究的案例中显示,平均累计超额回报"数值大,重要且为正值").

该研究结果确实能够激励不良债权投资者为公司提供所需资本,以退出第 11 章重整程序。我们将这种可观的正回报归因于以下事实,即这些企业的表现要远远超出市场预期。[①] 尽管这样的超额回报并不能在我们研究阶段的各个时期持续得以体现,我们还是花了几年时间观察这些具有持续非凡表现的公司。比如,沃尔玛(K-mart)、[②]利安德巴塞尔工业公司(Lyondell)、[③]德尔福公司(Delphi Corporation)[④]以及通用汽车公司(GM)。[⑤]

三、破产趋势

美国破产法协会在过去几个月的审理过程中涌现出许多议题和讨论,大多聚焦于 2005 年新修订的《破产法典》(New Bankruptcy Code)的影响以及不同股东、债务人和债权人在第 11 章程序中各自的地位。有许多问题对于笔者而言也是尤为重要的,如破产案件数量和规模的趋势、重整程序的耗时及其实施结果是否成功、预重整这类申请的角色定位,以及不同债权人和所有者从破产程序中得以受偿的比例。尽管我们会从那些体现趋势的数据中做出相关评论,但本节主要旨在为对破产行业的分析和论证提供综合全面的数据支撑,以期对重整程序未来变化做出分析和预判。

---

① See Allan C. Eberhart, Edward I. Altman & Reena Aggarwal, "The Equity Performance of Firms Emerging from Bankruptcy", 54 *J. Fin.*, at 1867(表明高回报"反映了在退出第 11 章程序时,关于股票内在价值的信息并不能完全在股价上得到体现").

② See Edward I. Altman & Edith Hotchkiss, Corporate Financial Distress and Bankruptcy 79(3d ed. 2006)(指出沃尔玛普通股股价在 2003 年 5 月退出第 11 章程序时低于 14 美元,但在 2004 年年末飙升到了 100 美元每股).

③ See Nathan Vardi, Len Blavatnik's Lyondell Basell Trade is Becoming Legendary, Forbes Magazine(Jan. 14, 2013), http://www.forbes.com/sites/nathanvardi/2013/01/14/len-blavatniks-lyondellbasell-trade-is-becoming-legendary/(指出利安德巴塞尔公司自退出破产程序始,一个交易员见证了该公司高达 243% 的投资回报).

④ See David Sedgwick, "How Delphi Automotive Beat the Odds in Vast Corporate Turnaround", *CrainN's Detroit Business*(Aug. 6, 2012), http://www.crainsdetroit.com/article/20120806/FREE/120809919/how-delphi-automotive-beat-the-odds-in-vast-corporate-turnaround(指出德尔福公司自从退出第 11 章破产程序便开始实现公司强劲的转机).

⑤ Jerry Hirsch, "GM's Profit in 2010 Highlights Big Turnaround", *Los Angeles Times*(Feb. 25, 2011), http://articles.latimes.com/2011/feb/25/business/la-fi-autos-gm-profit-20110211(通用汽车公司从在破产和衰退中恢复过来,终于在 2010 年呈现了令人瞩目的转机,实现 6 年内首次盈利).

笔者截取了 1981～2013 年这段时期作为分析上述问题的素材,然而在许多数据点(data points)上,我们难以避免地将焦点仅聚集于公众公司。但是不管该公司是否为公众公司也不论案件的发生时间,在 1989～2013 年更近的时期里关于第 11 章的申请,对于其中破产债务大于 1 亿美元的,我们也将统计其数量和规模。[①] 因而,对于由私募公司发起的融资合并(LBO)的案件也同样囊括其中。此外,我们利用了新世代研究(New Generation Research)庞大的数据库资源,该数据库收纳了自 1978～2013 年(实际上始于 1981 年)关于第 11 章的 3460 个案例。在其中有 1760 个关于公众公司的案例的资产(而非负债)不低于 1 亿美元;701 个案例中公司资产超过 5 亿美元(见图 3)。上述的这些样本涵盖了自 1978 年《破产法典》肇始以来到 2005 年最新一次《破产法典》修订各个时期的数据。

前文的图 1 和表 3 不仅表明了 1989～2013 年有关第 11 章申请的数量,同时也呈现了破产申请时的债务总额。上述所有申请都是债务总额超过 1 亿美元的,超出 10 亿美元的也不乏其例。1989～2012 年,平均每年债务总额超过 1 亿美元的破产申请数量为 75 件,中位数为 48 件。尤其值得我们关注的是,以 1999～2003 年和 2008～2010 年这两段经济极度不景气的情况为例,在这些时间段里,平均每年都有超过 100 件上述的大额破产申请发生,同时几乎每年都会有债务超过 1000 亿美元的公司出现。最近 14 年中关于第 11 章案例,每年平均的债务量为 1260 亿美元,中位数为 676 亿美元。在样本所涵盖的时间范围内,总计有超过 1.75 万亿美元的债务得以重组或清算。登记在册的平均每年有 15 个申请债务量大于 10 亿美元;债务总额超过 1 亿美元的申请占据第 11 章总和的 20% 之多,每年中位数为 11 件。

---

① 在我们所使用的纽约大学所罗门研究中心的关于第 11 章案件的数据库中,通常只分析破产债务不低于 1 亿美元的大额案件。

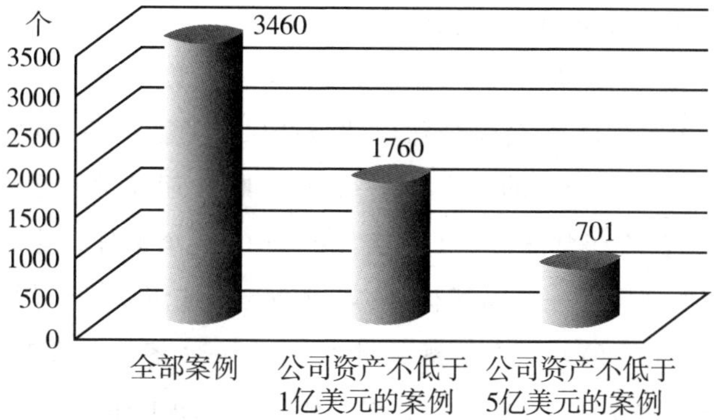

图 3 1981 ~ 2013 年 6 月 30 日第 11 章申请样本特征

资料来源:新世代研究中心,波士顿集团;由纽约大学所罗门研究中心(NYU Salomon Center)的爱德华·阿特曼(Edward I. Altman)教授汇编而成。

就趋势而言,经历了 2008 ~ 2009 年这一破产案件剧增的年份,其后 2010 ~ 2013 年案件量降低的这一事实并不值得惊讶。2010 ~ 2013 年每年的案件量分别降至 114 件、84 件、69 件和 64 件,尽管如此,过去 4 年每年的案件数量和债务额仍比 1989 ~ 2012 年这段时期相应的中位数大(其中案件量中位数为 48 件,债务额为 676 亿美元),这两个指标也分别可以图 1 横轴中体现出来。过去 3 年间那些债务不低于 10 亿美元的最大型的破产案件,虽稍稍低于该平均数,但大多都超过了中位数的水平。因而,上述的数字并不能支撑某些批评者的观点。这些反对意见断言第 11 章的机制并不能永续,甚至只是昙花一现,并最终因为 2010 年起需要对这些重新融资的实体注入大量的流动性,抑或是由于 2008 年起盛行的庭外廉价交易(out-of-court distressed exchange)而最终消亡。① 而差不多半数的廉价交易只是暂时避免了破产申请,这并非咄咄怪事,因为重组并不会影响公司的运营问题。诚然,如我们所阐明的,进行廉价交易的企业中将近有 44% 其后又经历了《破产法典》第 7 章或者第 11 章的破产申请,而这仅经过几年时间而已。②

① 1984 ~ 2012 年大约 60% 的不良债权交换的案件都发生在最近的 5 年内。See Edward I. Altman & Brenda J. Kuehne, "Default & Returns in the High-yield Bond Anddistressed Debt Markets: 2013 in Review," *NYU Salomon Center Special Rep.* (Feb. 2014).

② See Edward I. Altman & Brenda Karlin, "The Re-Emergence of Distressed Exchanges in Corporate Restructurings", *J. Credit Risk* 43, 43 55 (2009).

最新的数据结果则能证明这一论断。[①]

为了研究第11章申请中的一系列重要特征和趋势,我们仔细地检视了新世代研究中心关于第11章公众公司申请破产保护的数据库,该数据库摘取了1981～2013年(直到5月)的有效数据。在这一期间,我们观察了大大小小的共3460个案件以及资产总量大于1亿美元的共1760个案件。我们会详尽地指出:对于我们所使用的一些衡量标准,如成功与否或者是破产周期,在最近的两年(2011～2013年)甚至在更远的过去,存在一些案例并没有完成第11章程序并发表任何确定的陈述。然而,尽管在重整程序中存在许多“无法获知的结果”,我们仍将尝试着调整方法以期分析最近这关键的几年以及自2006年以来的数据。

从表4至表6中我们可以看出,在第11章所有的申请中大概有20%要么是被驳回(7.3%),要么是案件结果不详(12.9%)。因而,我们剔除掉上述20%的申请,对剩下的2746个申请进行分析,剩余80%中的每一个第11章重整申请的确切结果我们都能够得以获知。我们也能观察到其中有318个申请具有预重整或者是预制定的特征。在过去5年中(除了2011年),预重整(prepackaged)加上预制定(prearranged)(统称“预重整”,Prepacks)的案件总和占所有申请比例超过了11.6%这一年均值。确实,在所有能获知确切结果的申请中,除了2011年,预重整的案件的比例多达20%。[②] 在另外一个信贷情况良好的期间,即1992～1997年这段时期,同样不难发现,预重整出现比例较平均值更高。这样,我们现在可以开始讨论第11章申请的实施成败及其程序所耗费的周期了。

---

① See Edward I. Altman & Brenda J. Kuehne, “Default & Returns in the High-yield Bond Anddistressed Debt Markets:2013 in Review”, *NYU Salomon Center Special Rep.* (Feb. 2014).

② 当大多数申请结果不详的问题得到解决时,比如,结果被“获知”,这些申请预包装案件的比例也会随之下降。

表 4　1978～2013 年第 11 章公众公司破产申请(破产结果和破产周期)

年份	总计	被驳回		结果不详		净申请		所有申请结果				
								预重整案件	破产周期中位数(年)*	破产周期平均数(年)		
	件数(件)	件数(件)	占比(%)	件数(件)	占比(%)	件数(件)	占比(%)	[占比(%)]**	全部案件	全部案件	预重整案件	非预重整案件
1978	1	—	—	1	100	—	—	—	—	—	—	—
1981	5	—	—	1	20.00	4	80.00	—	4.14	4.39	—	4.39
1982	6	—	—	—	—	6	100	—	4.57	4.87	—	4.87
1983	4	—	—	—	—	4	100	1(25.0)	2.78	3.78	2.69	4.15
1984	10	1	10.00	1	10.00	8	80.00	—	2.18	3.14	—	3.14
1985	25	—	—	4	16.00	21	84.00	—	2.02	2.37	—	2.37
1986	26	1	3.85	2	7.69	23	88.46	1(4.3)	1.68	1.96	0.25	2.03
1987	23	—	—	4	17.39	19	82.61	—	1.62	2.26	—	2.26
1988	36	—	—	2	5.56	34	94.44	1(2.9)	1.44	1.64	0.12	1.69
1989	67	1	1.49	11	16.42	55	82.09	2(3.6)	1.44	2.66	0.56	2.76
1990	84	4	4.76	19	22.62	61	72.62	2(3.3)	1.69	2.13	0.25	2.21

续表

年份	总计	被驳回		结果不详		净申请		所有申请结果				
									破产周期中位数(年)	破产周期平均数(年)		
	件数(件)	件数(件)	占比(%)	件数(件)	占比(%)	件数(件)	占比(%)	预重整案件[占比(%)]	全部案件	全部案件	预重整案件	非预重整案件
1991	110	3	2.73	11	10.00	96	87.27	7(7.3)	1.45	1.97	0.25	2.14
1992	79	3	3.80	5	6.33	71	89.87	12(16.9)	1.05	1.35	0.35	1.58
1993	70	3	4.29	1	1.43	66	94.29	18(27.3)	1.11	1.18	0.20	1.61
1994	56	1	1.79	2	3.57	53	94.64	12(22.6)	1.07	1.33	0.17	1.70
1995	68	7	10.29	1	1.47	60	88.24	6(10.0)	1.32	1.51	0.14	1.70
1996	64	6	9.38	—	—	58	90.63	11(19.0)	0.94	1.23	0.24	1.49
1997	65	6	9.23	2	3.08	57	87.69	9(15.8)	1.00	1.45	0.37	1.70
1998	109	13	11.93	2	1.83	94	86.24	12(12.8)	0.96	1.52	0.35	1.76
1999	150	13	8.67	4	2.67	133	88.67	11(8.3)	1.03	1.30	0.38	1.40
2000	231	24	10.39	10	4.33	197	85.28	16(8.1)	1.21	1.51	0.54	1.61
2001	383	38	9.92	17	4.44	328	85.64	11(3.4)	1.18	1.49	0.36	1.54

续表

年份	总计	被驳回		结果不详		净申请		所有申请结果				
									破产周期中位数(年)	破产周期平均数(年)		
	件数(件)	件数(件)	占比(%)	件数(件)	占比(%)	件数(件)	占比(%)	预重整案件[占比(%)]	全部案件	全部案件	预重整案件	非预重整案件
2002	292	24	8.22	19	6.51	249	85.27	28(11.2)	0.99	1.25	0.34	1.38
2003	209	14	6.70	17	8.13	178	85.17	10(5.6)	0.98	1.22	0.84	1.24
2004	113	9	7.96	10	8.85	94	83.19	14(14.9)	0.87	1.17	0.34	1.34
2005	99	12	12.12	2	2.02	85	85.86	6(7.1)	0.99	1.14	0.26	1.21
2006	77	4	5.19	7	9.09	66	85.71	9(13.6)	0.78(0.86)	0.94	0.35	1.06
2007	99	9	9.09	12	12.12	78	78.79	4(5.1)	0.98(1.05)	1.10	0.11	1.17
2008	237	23	9.70	55	23.21	159	67.09	16(10.1)	0.99(1.23)	1.11	0.31	1.24
2009	255	12	4.71	46	18.04	197	77.25	41(20.8)	0.75(0.95)	0.93	0.35	1.11
2010	122	9	7.38	21	17.21	92	75.41	27(29.3)	0.56(0.77)	0.68	0.23	0.92
2011	117	9	7.69	47	40.17	61	52.14	8(13.1)	0.91(1.54)	0.86	0.23	0.98
2012	119	5	4.20	75	63.03	39	32.77	13(33.3)	0.51(—)	0.51	0.19	0.71
2013	49	—	—	36	73.47	13	26.53	10(76.9)	0.12(—)	0.16	0.13	0.34
总计	3460	254	7.34	447	12.92	2746	79.36	318(11.6)	1.02(1.04)	1.38	0.34	1.53

* 括号中年份(2006~2011 年)的中位数是经我们对结果不详一类案件周期估计后调整的结果。而破产平均周期是未经调整的。

* * 预重整包括预重整和预制定的第 11 章重整申请。

表 5　1978～2013 年第 11 章公众公司破产申请（破产结果和破产周期）（实施结果为成功）

年份	净申请		脱困及重整		被收购		脱困及重整＋被收购（重整成功）						
	件数（件）	占比（%）	件数（件）	占比（%）	件数（件）	占比（%）	件数（件）	占比（%）	预重整数量［占净申请的比例（%）］**	破产周期中位数（年）*	破产周期平均数（年）		
										总体	总体	预重整案件	非预重整案件
1978	—	—	—	—	—	—	—	—	—	—	—	—	—
1981	4	80.00	4	100	—	—	4	100	—	4.14	4.39	—	4.39
1982	6	100	6	100	—	—	6	100	—	4.57	4.87	—	4.87
1983	4	100	4	100	—	—	4	100	1(25.0)	2.78	3.78	2.69	4.15
1984	8	80.00	8	100	—	—	8	100	—	2.18	3.14	—	3.14
1985	21	84.00	16	76.19	1	4.76	17	80.95	—	2.02	2.37	—	2.37
1986	23	88.46	20	86.96	3	13.04	23	100	1(4.3)	1.68	1.96	0.25	2.03
1987	19	82.61	14	73.68	2	10.53	16	84.21	—	1.58	1.77	—	1.77
1988	34	94.44	22	64.71	6	17.65	28	82.35	1(2.9)	1.43	1.52	0.12	1.57
1989	55	82.09	33	60.00	6	10.91	39	70.91	2(3.6)	1.37	2.64	0.56	2.75
1990	61	72.62	41	67.21	3	4.92	44	72.13	2(3.3)	1.50	1.84	0.25	1.91

续表

年份	净申请		脱困及重整		被收购		脱困及重整＋被收购（重整成功）						
	件数（件）	占比（%）	件数（件）	占比（%）	件数（件）	占比（%）	件数（件）	占比（%）	预重整数量［占净申请的比例（%）］	破产周期中位数（年）	破产周期平均数（年）		
										总体	总体	预重整案件	非预重整案件
1991	96	87.27	70	72.92	2	2.08	72	75.00	7（7.3）	1.32	1.63	0.25	1.77
1992	71	89.87	53	74.65	4	5.63	57	80.28	12（16.9）	1.05	1.29	0.35	1.54
1993	66	94.29	51	77.27	3	4.55	54	81.82	17（25.8）	1.11	1.20	0.20	1.66
1994	53	94.64	39	73.58	6	11.32	45	84.91	12（22.6）	0.96	1.14	0.17	1.50
1995	60	88.24	40	66.67	5	8.33	45	75.00	6（10.0）	1.32	1.44	0.14	1.64
1996	58	90.63	37	63.79	7	12.07	44	75.86	11（19.0）	0.80	1.02	0.24	1.28
1997	57	87.69	37	64.91	6	10.53	43	75.44	9（15.8）	0.97	1.23	0.37	1.46
1998	94	86.24	50	53.19	7	7.45	57	60.64	12（12.8）	0.84	1.15	0.35	1.36
1999	133	88.67	67	50.38	14	10.53	81	60.90	11（8.3）	0.91	1.12	0.38	1.23
2000	197	85.28	96	48.73	18	9.14	114	57.87	13（6.6）	1.09	1.32	0.55	1.41
2001	328	85.64	131	39.94	36	10.98	167	50.91	11（3.4）	1.04	1.40	0.36	1.47
2002	249	85.27	121	48.59	43	17.27	164	65.86	27（10.8）	0.80	1.09	0.34	1.24

续表

年份	净申请		脱困及重整		被收购		脱困及重整 + 被收购(重整成功)						
	件数(件)	占比(%)	件数(件)	占比(%)	件数(件)	占比(%)	件数(件)	占比(%)	预重整数量[占净申请的比例(%)]	破产周期中位数(年)	破产周期平均数(年)		
										总体	总体	预重整案件	非预重整案件
2003	178	85.17	95	53.37	24	13.48	119	66.85	10(5.6)	0.96	1.16	0.84	1.19
2004	94	83.19	50	53.19	16	17.02	66	70.21	14(14.9)	0.82	1.07	0.34	1.28
2005	85	85.86	48	56.47	16	18.82	64	75.29	6(7.1)	0.99	1.15	0.26	1.24
2006	66	85.71	29	43.94	5	7.58	34	51.52	9(13.6)	0.49(0.79)	0.67	0.35	0.78
2007	78	78.79	24	30.77	6	7.69	30	38.46	4(5.1)	0.63(1.07)	0.84	0.11	0.95
2008	159	67.09	70	44.03	8	5.03	78	49.06	16(10.1)	0.92(1.78)	1.03	0.31	1.22
2009	197	77.25	112	56.85	15	7.61	127	64.47	39(19.8)	0.69(0.98)	0.83	0.34	1.04
2010	92	75.41	52	56.52	4	4.35	56	60.87	26(28.3)	0.40(0.74)	0.60	0.23	0.93
2011	61	52.14	31	50.82	5	8.20	36	59.02	8(13.1)	0.66(0.95)	0.80	0.23	0.97
2012	39	32.77	19	48.72	2	5.13	21	53.85	13(33.3)	0.33(—)	0.37	0.19	0.65
2013	13	26.53	11	84.62	1	0.08	12	92.31	10(76.9)	0.12(—)	0.16	0.13	0.34
总计	2746	79.36	1501	54.66	274	9.98	1775	64.64	310(11.3)	0.95(0.97)	1.27	0.34	1.45

* 括号中年份(2006 ~ 2011 年)的中位数是经我们对结果不详一类案件周期估计后调整的结果。而破产平均周期是未经调整的。

* * 预重整包括预重整和预调整的第 11 章重整申请。

表 6　1978～2013 年第 11 章公众公司破产申请（破产结果和破产周期）（实施结果不成功）

年份	净申请		基于第 11 章进行清算		转换到第 7 章程序		转换 + 清算（不成功案例）						
										破产周期中位数（年）*	破产周期平均数（年）		
	件数（件）	占比（%）	件数（件）	占比（%）	件数（件）	占比（%）	件数（件）	占比（%）	预重整数量［占净申请的比例（%）］**	总体	总体	预重整案件	非预重整案件
1978	—	—	—	—	—	—	—	—	—	—	—	—	—
1981	4	80.00	—	—	—	—	—	—	—	—	—	—	—
1982	6	100	—	—	—	—	—	—	—	—	—	—	—
1983	4	100	—	—	—	—	—	—	—	—	—	—	—
1984	8	80.00	—	—	—	—	—	—	—	—	—	—	—
1985	21	84.00	—	—	4	19.05	4	19.05	—	—	—	—	—
1986	23	88.46	—	—	—	—	—	—	—	—	—	—	—
1987	19	82.61	1	5.26	2	10.53	3	15.79	—	10.00	10.00	—	10.00
1988	34	94.44	1	2.94	5	14.71	6	17.65	—	5.08	5.08	—	5.08
1989	55	82.09	7	12.73	9	16.36	16	29.09	—	2.40	2.77	—	2.77
1990	61	72.62	6	9.84	11	18.03	17	27.87	—	2.09	4.75	—	4.75
1991	96	87.27	11	11.46	13	13.54	24	25.00	—	2.51	4.49	—	4.49

续表

年份	净申请		基于第11章进行清算		转换到第7章程序		转换+清算(不成功案例)						
	件数(件)	占比(%)	件数(件)	占比(%)	件数(件)	占比(%)	件数(件)	占比(%)	预重整数量[占净申请的比例(%)]	破产周期中位数(年)	破产周期平均数(年)		
										总体	总体	预重整案件	非预重整案件
1992	71	89.87	6	8.45	8	11.27	14	19.72	—	1.20	1.88	—	1.88
1993	66	94.29	5	7.58	7	10.61	12	18.18	1(1.5)	0.75	0.99	0.12	1.20
1994	53	94.64	5	9.43	3	5.66	8	15.09	—	3.27	3.06	—	3.06
1995	60	88.24	6	10.00	9	15.00	15	25.00	—	1.28	2.03	—	2.03
1996	58	90.63	8	13.79	6	10.34	14	24.14	—	1.74	2.36	—	2.36
1997	57	87.69	4	7.02	10	17.54	14	24.56	—	3.22	3.81	—	3.81
1998	94	86.24	14	14.89	23	24.47	37	39.36	—	2.15	3.05	—	3.05
1999	133	88.67	33	24.81	19	14.29	52	39.10	—	1.19	1.75	—	1.75
2000	197	85.28	42	21.32	41	20.81	83	42.13	3(1.5)	1.93	2.05	0.31	2.09
2001	328	85.64	85	25.91	76	23.17	161	49.09	—	1.41	1.67	—	1.67
2002	249	85.27	55	22.09	30	12.05	85	34.14	1(0.4)	1.29	1.71	0.26	1.74
2003	178	85.17	38	21.35	21	11.80	59	33.15	—	1.00	1.39	—	1.39

续表

年份	净申请		基于第11章进行清算		转换到第7章程序		转换+清算(不成功案例)						
									预重整数量[占净申请的比例(%)]	破产周期中位数(年)	破产周期平均数(年)		
	件数(件)	占比(%)	件数(件)	占比(%)	件数(件)	占比(%)	件数(件)	占比(%)		总体	总体	预重整案件	非预重整案件
2004	94	83.19	18	19.15	10	10.64	28	29.79	—	1.33	1.52	—	1.52
2005	85	85.86	14	16.47	7	8.24	21	24.71	—	1.13	1.11	—	1.11
2006	66	85.71	20	30.30	12	18.18	32	48.48	—	0.94(1.27)	1.41	—	1.41
2007	78	78.79	27	34.62	21	26.92	48	61.54	—	1.15(1.31)	1.37	—	1.37
2008	159	67.09	40	25.16	41	25.79	81	50.94	—	1.09(1.93)	1.28	—	1.28
2009	197	77.25	49	24.87	21	10.66	70	35.53	2(1.0)	0.94(1.78)	1.21	0.50	1.24
2010	92	75.41	21	22.83	15	16.30	36	39.13	1(1.1)	0.87(1.30)	0.91	—	0.91
2011	61	52.14	14	22.95	11	18.03	25	40.98	—	0.99(—)	1.01	—	1.01
2012	39	32.77	13	33.33	5	12.82	18	46.15	—	0.71(—)	0.75	—	0.75
2013	13	26.53	—	—	1	7.69	1	7.69	—	—	—	—	—
总计	2746	79.36	543	19.77	441	16.06	974	35.46	8(2.9)	1.21(1.26)	1.74	0.34	1.75

* 括号中年份(2006~2011年)的中位数是经我们对结果不详一类案件周期估计后调整的结果。而破产平均周期是未经调整的。

* * 预重整包括预重整和预调整的第11章重整申请。

资料来源:新世代研究中心,波士顿集团;由纽约大学所罗门研究中心(NYU Salomon Center)的爱德华·阿特曼(Edward I. Altman)教授汇编而成。

四、论美国《破产法典》第11章实施成败

对第11章重整申请结果的成败进行定性确实有些困难。以下面的情况为例,如我们屡次提到的情况,通过第11章重整程序成为持续经营主体后不久(如5年后),摆脱困境的公司往往直接寻求退出并重新申请破产,而这在很大程度上反映了第11章实施的不成功之处。[①] 就这项研究来说,我们首先将以下两种情形界定为成功实施的第11章:一是帮助实现摆脱公司困境成为持续经营实体;二是促使对大多数或全部资产的收购。[②] 从表4至表6中我们可以发现,在2746个净申请中,共有1775个(64.6%)是摆脱公司困境的(1501个)或获得资产的(272个),从这些案例看则算得上是成功实施的第11章。而以下占到净申请总量的35.8%的共984个申请相对而言就只能界定为“不成功”:其中有441(16.1%)个申请被转换到第7章清算程序中去,以及543个申请(19.8%)经过第11章进行清算。在318个预重整的案例中仅有8例属于不成功的第11章实施,并且从2010年开始并没有任何这样的案例出现。[③] 对成功和不成功的第11章实施进行分类总结详见图4。

· 成功的重整程序
  —走出重整程序
  —在重整程序中被收购
· 失败的重整程序
  —转换成清算程序
  —在重整程序中被肢解
· 针对二次、三次重整企业的调整

图4　第11章重整成功与失败情形

---

① 提出第11章申请的最新数据表明,提出2次(第22章)、3次(第33章)甚至4次(第44章)申请的案例并不在少数(从1984年到2013年年末大概有272个)。笔者将在修正的“成功实施”的统计数据中继续探讨这一因素。

② 后者包括363项交易,如2009年的克莱斯勒汽车公司收购案。

③ 在8个不成功实施的第11章预重整的案例中就有3个产生于2000年。

针对数次申请的问题对第 11 章重整"成功率"进行修正,我们可以将前文中所定义的第 11 章重整实施成功分为以下两类:公司摆脱破产困境成为持续经营实体;取得债务人手中资产。相对地,无论是经过第 7 章还是第 11 章进行清算,我们都将其界定为"不成功"的第 11 章实施结果。然而,在前文的论述都提及,当一个摆脱困境的公司需要重新提起破产申请(数次申请的问题),我们能够断言原来的第 11 章实施得并不十分成功。为了更进一步说明数次申请的情况,我们可为这些案例将第 11 章成功率修正为 65%。

从 1981 年到 2013 年 5 月,一共在公众公司中出现了大概 260 个关于《破产法典》第 22 章、第 33 章和第 44 章的案例。如果我们将这 260 个数次申请的案例放进第 11 章不成功实施的情形中去,并将成功的案例相应减去,我们可以发现第 11 章成功比率降至 55.2%。尽管有大多数第 11 章净申请最终取得了成功实施的结果,但是该结果并不显著,在笔者看来,这需要仰仗于各方合力对企业未来数次申请的可能性进行更审慎的评估。图 5 显示了第 11 章申请中所有存在确切结果的比例,并且所有的申请企业的资产都大于 1 亿美元或 5 亿美元。经过对数次申请进行调整后的成功率,将随着资产额度的提高而增加,但是同样也因为

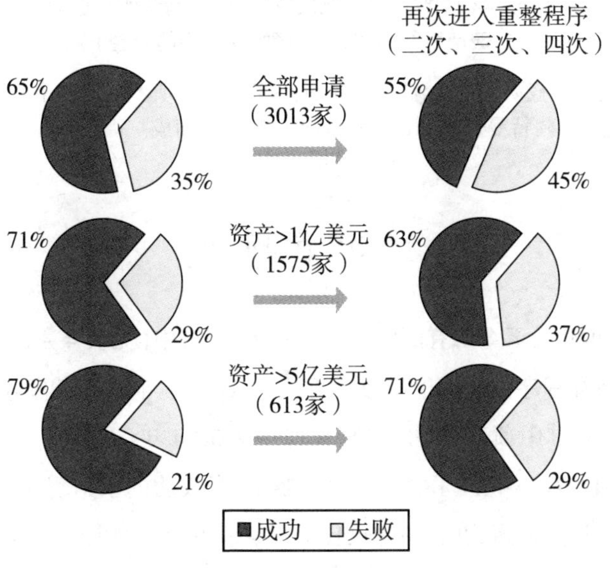

图 5　第 11 章重整实施之成败对比(基于所有已知破产结果的统计)

资料来源:新世代研究中心,波士顿集团;由纽约大学所罗门研究中心(NYU Salomon Center)的爱德华·阿特曼(Edward I. Altman)教授汇编而成。

对第22章以及其他章节进行调整而经历成功率的显著降低。综合而言,在经历过各种调整之后的最庞杂的第11章申请的实施成功率从79%降低至71%。研究还表明在2005年新《破产法典》出台之后第11章成功率也出现了下降(见图6)。

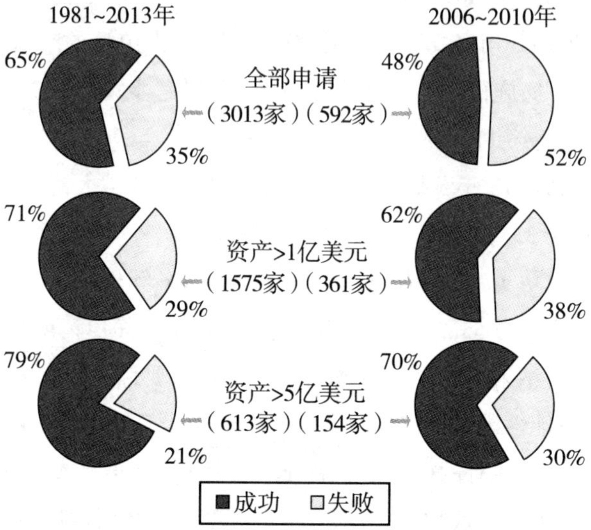

图6 第11章重整实施之成败对比(基于所有已知破产结果的统计,未经数次申请的调整)

资料来源:新世代研究中心,波士顿集团;由纽约大学所罗门研究中心(NYU Salomon Center)的爱德华·阿特曼(Edward I. Altman)教授汇编而成。

五、破产周期

从1981年开始至今所有的"净申请"(2746个)中(见表4~表6)可以发现,用于重整或清算程序的周期中位数大约是1年(1.02年)。而平均周期也有1.38年(16.6个月),其中预重整程序平均只需耗费0.34年(4个月),至于非预重整程序则平均须耗费一年半(18.4个月)。第11章成功的申请程序所需周期不仅较不成功的申请短许多,并且同时也较所有申请短。举例来说,成功实施的第11章申请所耗周期的中位数是0.95年,而没有得到成功实施的申请则是1.21年;至于平均周期的数值则分别为1.27年和1.71年。上述数据即可清晰表明第11章成功实施所耗费的周期比不成功的要短,显而易见的是,预重整和预制定程序的周期也相对短许多。然而，存在这样一种情况，即便我们根据最近几年（尤其是从2009年开始）的许多事实进行调整，也仍无从知晓某些第11章的实施结果。

乍看之下，表4～表6似乎给我们这样的暗示：从2009年到如今（大概除了2011年之外），包括第11章在内的破产申请周期存在明显降低的趋势。然而显而易见的是，一旦这些公司仍然通过破产重整完成其程序，该周期的平均值和中位数都将上升，而且可能幅度巨大。从现在的统计数字来看，对于那些实现破产结果的企业，其周期的中位数大约是1年，尽管在2006年、2009年、2010年以及2012年到2013年12月这些时期的中位数为半年，在2008年、2009年和2011年这一数字也稍低于1年。然而，相较于2006年高达85.7%的比例，完成破产重整的案件比例（占所有结果已知的净申请）在26.5%（2013年）到32.8%（2012年）之间徘徊，遗留下了许多待完成的重整案件。

尽管我们无法对那些“结果不详”的破产案件的平均周期进行估计，但是我们可以通过对特定年份的未知结果数目减半，如24（将2011年的48除2），然后加上我们从可获知的结果中得到的中位数（0.91年），得出其中位数的估计值。据此可以得出2001年结果不详的破产程序周期的中位数为1.54年。另举一例说明，我们将2010年的观察数据（21/2）加上已知结果的中位数（0.65年）得到结果不详的破产案件周期为0.77年。对于2006～2011年的调整情况都已在括号中插入。运用2006～2011年所估测的数值（由于现有观测数据的缺乏，我们尚且无法了解2012年和2013年的情况），我们可以修正以前的结论由此得到一个基于所有破产程序周期中位数，这一结果为1.04年。当我们最终得以评估2012～2013年的重整情况时，整体的中位数会增加，但是很有可能并不会超过1.06年（12.7个月）。

对2005年（2006～2013年）新《破产法典》出台之后的趋势进行分析时，我们确实观察到除了2008年和2011年这两个年份，破产周期存在小范围的缩短迹象。这在大家的预料之中，因为新《破产法典》确立了以下这项规则：债务人享有提出重整方案的特权，而这一方案必须在18个月的期限内得到不同组别债权人的批准。与上述原因一致，我们同样无法对2012～2013年的结果进行全面的评估。

与1981～2012这一时期的数据相比，第11章申请得以成功实施的比例的中位数似乎在2010～2012年稍有下降。例如，得到成功实施的占所有结果已知的申请的比例在2010年、2011年和2012年分别为60.9%、59.0%和53.9%，而这一比例在2006~2008年仅为51.5%、38.5%和49.1%,相较而言,1978~2013年整个时期的比例平均为65.0%。假设成功与不成功的比例与现在统计的平均数保持一致,一旦结果不详的案例变得可获知,结果成功的比例可能会较表4~表6所表明的数据稍有降低。

六、基于更广泛的第11章申请样本的结果

上述的调查结果是基于第11章申请中公众公司的3460个案例得出的。正如前文所述,这其中有1760家(大约50%)公司的资产超过1亿美元以及701家(大约20%)公司资产超过5亿美元。接下来我们将会观察对于不同的公司资产规模,上述申请结果是否会因为第11章申请样本的扩容而发生变化。我们对于大型企业与小型企业的以下几个问题提出了几点预期和假设:案件被驳回的情形;申请结果是否会为人所知;破产重整的实施结果是否会成功;破产申请中程序所耗费周期。

表7~表9列明了1981~2013年资产大于1亿美元的公司破产申请结果。尽管我们在很大程度上也认同,对于一家破产企业来说,总债务水平是一个更有意义的衡量指标。但是在许多情况下,总资产也不失为一个合理的评估尺度,更重要的是,这一指标被新世代研究中心(New Generation Research)用于对破产数据进行分类。如前文所言,从《1938年破产法案》(the Bankruptcy Act of 1938)开始,大约有近半数公众公司的破产申请案件中其公司的资产超过1亿美元。

表 7　1981～2013 年第 11 章公众公司破产申请（破产结果及破产周期）

所有资产大于 1 亿美元的公众公司的申请

年份	总计	被驳回		结果不详		净申请		所有结果*				
	件数（件）	件数（件）	占比（%）	件数（件）	占比（%）	件数（件）	占比（%）	预重整数量［占净申请的比例（%）］**	重整周期的中位数（年）*	重整周期的平均数（年）		
									总体	总体	预重整	非预重整
1981	2	—	—	—	—	2	100.00	—	4.88	4.88	—	4.88
1982	5	—	—	—	—	5	100.00	—	6.18	5.25	—	5.25
1983	2	—	—	—	—	2	100.00	1(50.0)	2.78	2.78	2.69	2.87
1984	3	—	—	—	—	3	100.00	—	2.97	5.29	—	5.29
1985	5	—	—	—	—	5	100.00	—	3.14	3.21	—	3.21
1986	10	—	—	—	—	10	100.00	1(10.0)	2.08	2.45	0.25	2.70
1987	10	—	—	1	10.00	9	90.00	—	1.65	2.00	—	2.00
1988	14	—	—	—	—	14	100.00	—	1.89	1.97	—	1.97
1989	25	—	—	3	12.00	22	88.00	2(9.1)	2.03	2.53	0.56	2.73
1990	39	—	—	3	7.69	36	92.31	1(2.8)	1.98	2.14	0.33	2.20
1991	67	—	—	3	4.48	64	95.52	6(9.4)	1.33	2.02	0.25	2.21
1992	47	1	2.13	—	—	46	97.87	11(23.9)	0.82	1.14	0.37	1.40

续表

年份	总计	被驳回		结果不详		净申请		所有结果				
	件数（件）	件数（件）	占比（%）	件数（件）	占比（%）	件数（件）	占比（%）	预重整数量［占净申请的比例（%）］	重整周期的中位数（年）	重整周期的平均数（年）		
									总体	总体	预重整	非预重整
1993	42	—	—	—	—	42	100.00	17(40.5)	0.86	0.92	0.20	1.45
1994	22	—	—	—	—	22	100.00	9(40.9)	0.78	1.29	0.19	2.11
1995	31	2	6.45	—	—	29	93.55	5(17.2)	1.32	1.52	0.15	1.81
1996	30	2	6.67	—	—	28	93.33	9(32.1)	0.68	1.26	0.23	1.84
1997	30	2	6.67	—	—	28	93.33	8(28.6)	0.91	1.54	0.39	2.08
1998	48	3	6.25	—	—	45	93.75	12(26.7)	0.91	1.53	0.35	2.01
1999	80	2	2.50	2	2.50	76	95.00	11(14.5)	1.02	1.22	0.38	1.39
2000	124	7	5.65	—	—	117	94.35	15(12.8)	1.25	1.62	0.56	1.77
2001	171	14	8.19	6	3.51	151	88.30	10(6.6)	1.22	1.64	0.38	1.74
2002	140	3	2.14	1	0.71	136	97.14	26(19.1)	0.80	1.12	0.29	1.33
2003	91	3	3.30	1	1.10	87	95.60	8(9.2)	0.97	1.27	0.99	1.31
2004	57	2	3.51	2	3.51	53	92.98	14(26.4)	0.85	1.21	0.34	1.56
2005	46	2	4.35	2	4.35	42	91.30	5(11.9)	1.08	1.16	0.24	1.29

续表

年份	总计	被驳回		结果不详		净申请		所有结果				
	件数（件）	件数（件）	占比（%）	件数（件）	占比（%）	件数（件）	占比（%）	预重整数量［占净申请的比例（%）］	重整周期的中位数（年）	重整周期的平均数（年）		
									总体	总体	预重整	非预重整
2006	34	—	—	1	2.94	33	97.06	8（24.2）	0.86（0.86）	0.98	0.36	1.19
2007	43	—	—	6	13.95	37	86.05	4（10.8）	1.15（1.31）	1.24	0.11	1.40
2008	152	11	7.24	38	25.00	103	67.76	14（13.6）	1.04（1.27）	1.17	0.31	1.34
2009	164	6	3.66	24	14.63	134	81.71	35（26.1）	0.85（1.05）	0.98	0.37	1.21
2010	68	1	1.47	13	19.12	54	79.41	25（46.3）	0.39（0.61）	0.60	0.23	0.92
2011	61	2	3.28	24	39.34	35	57.38	7（20.0）	0.83（1.32）	0.80	0.23	0.96
2012	67	1	1.49	38	56.72	28	41.79	11（39.3）	0.46（—）	0.51	0.18	0.78
2013	30	—	—	17	56.67	13	43.33	10（76.9）	0.12（—）	0.16	0.13	0.34
总计	1760	64	3.64	185	10.51	1511	85.85	285（18.9）	1.03（1.05）	1.39	0.35	1.64

* 括号中年份（2006～2011 年）的中位数是经我们对结果不详一类案件周期估计后调整的结果。而破产平均周期是未经调整的。

* * 预重整包括预重整和预调整的第 11 章重整申请。

表 8　1981～2013 年第 11 章公众公司破产申请（破产结果及破产周期）

所有资产大于 1 亿美元的公众公司的申请：成功的实施结果

年份	净申请		脱困及重整		被收购		脱困及重整 + 被收购（重整成功）						
	件数（件）	占比（%）	件数（件）	占比（%）	件数（件）	占比（%）	件数（件）	占比（%）	预重整数量［占净申请的比例（%）］**	破产周期中位数（年）*	破产周期平均数（年）		
										总体	总体	预重整	非预重整
1981	2	100.00	2	100.00	—	—	2	100.00	—	4.88	4.88	—	4.88
1982	5	100.00	5	100.00	—	—	5	100.00	—	6.18	5.25	—	5.25
1983	2	100.00	2	100.00	—	—	2	100.00	1(50.0)	2.78	2.78	2.69	2.87
1984	3	100.00	3	100.00	—	—	3	100.00	—	2.97	5.29	—	5.29
1985	5	100.00	5	100.00	—	—	5	100.00	—	3.14	3.21	—	3.21
1986	10	100.00	9	90.00	1	10.00	10	100.00	1(10.0)	2.08	2.45	0.25	2.70
1987	9	90.00	7	77.78	2	22.22	9	100.00	—	1.65	2.00	—	2.00
1988	14	100.00	8	57.14	5	35.71	13	92.86	—	1.89	1.97	—	1.97
1989	22	88.00	15	68.18	1	4.55	16	72.73	2(9.1)	1.71	2.40	0.56	2.66
1990	36	92.31	27	75.00	3	8.33	30	83.33	1(2.8)	1.98	2.13	0.33	2.20
1991	64	95.52	55	85.94	—	—	55	85.94	6(9.4)	1.31	1.66	0.25	1.83

续表

年份	净申请		脱困及重整		被收购		脱困及重整+被收购(重整成功)						
	件数(件)	占比(%)	件数(件)	占比(%)	件数(件)	占比(%)	件数(件)	占比(%)	预重整数量[占净申请的比例(%)]	破产周期中位数(年)	破产周期平均数(年)		
										总体	总体	预重整	非预重整
1992	46	97.87	38	82.61	3	6.52	41	89.13	11(23.9)	0.78	1.15	0.37	1.43
1993	42	100.00	36	85.71	3	7.14	39	92.86	17(40.5)	0.93	0.92	0.20	1.48
1994	22	100.00	15	68.18	3	13.64	18	81.82	9(40.9)	0.49	1.11	0.19	2.02
1995	29	93.55	23	79.31	4	13.79	27	93.10	5(17.2)	1.32	1.48	0.15	1.78
1996	28	93.33	16	57.14	4	14.29	20	71.43	9(32.1)	0.42	0.79	0.23	1.25
1997	28	93.33	20	71.43	2	7.14	22	78.57	8(28.6)	0.68	1.08	0.39	1.48
1998	45	93.75	30	66.67	5	11.11	35	77.78	12(26.7)	0.85	1.21	0.35	1.66
1999	76	95.00	40	52.63	12	15.79	52	68.42	11(14.5)	0.80	1.08	0.38	1.27
2000	117	94.35	60	51.28	13	11.11	73	62.39	12(10.3)	1.18	1.39	0.58	1.55
2001	151	88.30	64	42.38	18	11.92	82	54.30	10(6.6)	1.10	1.53	0.38	1.69
2002	136	97.14	79	58.09	24	17.65	103	75.74	25(18.4)	0.65	0.98	0.29	1.20
2003	87	95.60	53	60.92	7	8.05	60	68.97	8(9.2)	0.83	1.13	0.99	1.16

续表

年份	净申请		脱困及重整		被收购		脱困及重整 + 被收购(重整成功)						
	件数(件)	占比(%)	件数(件)	占比(%)	件数(件)	占比(%)	件数(件)	占比(%)	预重整数量[占净申请的比例(%)]	破产周期中位数(年)	破产周期平均数(年)		
										总体	总体	预重整	非预重整
2004	53	92.98	35	66.04	7	13.21	42	79.25	14(26.4)	0.76	1.09	0.34	1.46
2005	42	91.30	29	69.05	7	16.67	36	85.71	5(11.9)	0.99	1.15	0.24	1.29
2006	33	97.06	19	57.58	2	6.06	21	63.64	8(24.2)	0.45(0.46)	0.64	0.36	0.81
2007	37	86.05	11	29.73	—	—	11	29.73	4(10.8)	0.48(1.35)	0.72	0.11	1.07
2008	103	67.76	55	53.40	3	2.91	58	56.31	14(13.6)	0.99(1.65)	1.05	0.31	1.29
2009	134	81.71	84	62.69	7	5.22	91	67.91	34(25.4)	0.70(0.96)	0.84	0.35	1.13
2010	54	79.41	39	72.22	3	5.56	42	77.78	24(44.4)	0.35(0.45)	0.53	0.23	0.93
2011	35	57.38	22	62.86	3	8.57	25	71.43	7(20.0)	0.62(1.83)	0.70	0.23	0.89
2012	28	41.79	16	57.14	—	—	16	57.14	11(39.3)	0.23(—)	0.36	0.18	0.74
2013	13	43.33	11	84.62	1	7.69	12	92.31	10(76.9)	0.12(—)	0.16	0.13	0.34
总计	1511	85.85	933	61.75	143	9.46	1076	71.21	279(18.5)	0.90(0.94)	1.25	0.35	1.55

* 括号中年份(2006~2011年)的中位数是经我们对结果不详一类案件周期估计后调整的结果。而破产平均周期是未经调整的。

* * 预重整包括预重整和预调整的第11章重整申请。

表 9　1981～2013 年第 11 章公众公司破产申请(破产结果及破产周期)

基于所有公众公司的申请:不成功的实施结果

年份	净申请		基于第 11 章进行清算		转换到第 7 章程序		转换 + 清算(不成功案例)						
	件数(件)	占比(%)	件数(件)	占比(%)	件数(件)	占比(%)	件数(件)	占比(%)	预重整数量[占净申请的比例(%)]**	破产周期中位数(年)*	破产周期平均数(年)		
										总体	总体	预重整	非预重整
1981	2	100.00	—	—	—	—	—	—	—	—	—	—	—
1982	5	100.00	—	—	—	—	—	—	—	—	—	—	—
1983	2	100.00	—	—	—	—	—	—	—	—	—	—	—
1984	3	100.00	—	—	—	—	—	—	—	—	—	—	—
1985	5	100.00	—	—	—	—	—	—	—	—	—	—	—
1986	10	100.00	—	—	—	—	—	—	—	—	—	—	—
1987	9	90.00	—	—	—	—	—	—	—	—	—	—	—
1988	14	100.00	—	—	1	7.14	1	7.14	—	—	—	—	—
1989	22	88.00	6	27.27	—	—	6	27.27	—	2.62	2.89	—	2.89
1990	36	92.31	5	13.89	1	2.78	6	16.67	—	1.89	2.21	—	2.21
1991	64	95.52	6	9.38	3	4.69	9	14.06	—	2.78	5.30	—	5.30

续表

年份	净申请		基于第 11 章进行清算		转换到第 7 章程序		转换 + 清算(不成功案例)						
	件数(件)	占比(%)	件数(件)	占比(%)	件数(件)	占比(%)	件数(件)	占比(%)	预重整数量[占净申请的比例(%)]	破产周期中位数(年)	破产周期平均数(年)		
										总体	总体	预重整	非预重整
1992	46	97.87	3	6.52	2	4.35	5	10.87	—	0.94	1.08	—	1.08
1993	42	100.00	1	2.38	2	4.76	3	7.14	—	0.75	0.75	—	0.75
1994	22	100.00	3	13.64	1	4.55	4	18.18	—	2.14	2.39	—	2.39
1995	29	93.55	2	6.90	—	—	2	6.90	—	2.09	2.09	—	2.09
1996	28	93.33	5	17.86	3	10.71	8	28.57	—	2.67	3.16	—	3.16
1997	28	93.33	3	10.71	3	10.71	6	21.43	—	3.55	4.88	—	4.88
1998	45	93.75	6	13.33	4	8.89	10	22.22	—	1.68	3.39	—	3.39
1999	76	95.00	15	19.74	9	11.84	24	31.58	—	1.19	1.71	—	1.71
2000	117	94.35	29	24.79	15	12.82	44	37.61	3(2.6)	2.13	2.18	0.31	2.25
2001	151	88.30	51	33.77	18	11.92	69	45.70	—	1.44	1.81	—	1.81
2002	136	97.14	25	18.38	8	5.88	33	24.26	1(0.7)	1.24	1.72	0.26	1.78
2003	87	95.60	23	26.44	4	4.60	27	31.03	—	1.25	1.64	—	1.64

续表

年份	净申请		基于第 11 章进行清算		转换到第 7 章程序		转换 + 清算(不成功案例)						
	件数(件)	占比(%)	件数(件)	占比(%)	件数(件)	占比(%)	件数(件)	占比(%)	预重整数量[占净申请的比例(%)]	破产周期中位数(年)	破产周期平均数(年)		
										总体	总体	预重整	非预重整
2004	53	92.98	8	15.09	3	5.66	11	20.75	—	1.85	1.89	—	1.89
2005	42	91.30	4	9.52	2	4.76	6	14.29	—	1.34	1.25	—	1.25
2006	33	97.06	10	30.30	2	6.06	12	36.36	—	1.18(1.32)	1.69	—	1.69
2007	37	86.05	21	56.76	5	13.51	26	70.27	—	1.28(1.40)	1.51	—	1.51
2008	103	67.76	26	25.24	19	18.45	45	43.69	—	1.15(2.33)	1.42	—	1.42
2009	134	81.71	34	25.37	9	6.72	43	32.09	1(0.7)	1.15(1.77)	1.35	0.85	1.36
2010	54	79.41	9	16.67	3	5.56	12	22.22	1(1.9)	0.94(0.94)	0.91	—	0.91
2011	35	57.38	6	17.14	4	11.43	10	28.57	—	1.06(—)	1.20	—	1.20
2012	28	41.79	9	32.14	3	10.71	12	42.86	—	0.75(—)	0.79	—	0.79
2013	13	43.33	—	—	1	7.69	1	7.69	—	—	—	—	—
总计	1511	85.85	310	20.52	125	8.27	435	28.79	6(0.4)	1.30(1.35)	1.86	0.48	1.87

* 括号中年份(2006 ~ 2011 年)的中位数是经我们对结果不详一类案件周期估计后调整的结果。而破产平均周期是未经调整的。

* * 预重整包括预重整和预调整的第 11 章重整申请。

资料来源:新世代研究中心,波士顿集团;由纽约大学所罗门研究中心(NYU Salomon Center)的爱德华·阿特曼(Edward I. Altman)教授汇编而成。

七、申请被驳回与结果不详

比较表4～表6中涵盖所有破产申请数据和表7～表9中仅包括较大企业的样本,我们发现了一个意料之中的结论:在总共1760家企业的破产申请中,与前者占总申请量20.2%(7.3%+12.9%)的比例相比,后者申请被驳回(3.6%)和结果未知(10.5%)的比例较小。这一比重在资产超过5亿美元的企业中更进一步降低。由此可以合理断言,相较于资产较少的企业而言,一家拥有较雄厚资产的企业有更多的机会推动破产重组程序,而且该重整申请结果被追踪到的可能性也会更大。然而与后一论断并不相符的是,在2011～2013年这些最近的申请中,除了在预重整的情形下,拥有较大资产的公司通常没有足够的时间完成破产程序。一个预重整或预制定的申请更可能出现在大企业而不是小企业。的确,在1981～2013年这段时间内,所有的318件预重整的样本中有285件(89.6%)来自大企业。在剩下的99件申请中仅5件所在企业资产未超过1亿美元。因而,对于这些大企业而言,申请结果必然是能够获知的。

八、不同规模和申请结果的企业的破产周期

尽管我们发现较大或较小企业在第11章申请中许多方面存在着截然的分别,在破产周期上不同规模的企业却十分相近。诚然,根据所有申请结果所调整的破产周期中位数,无论是否成功,所有破产申请(1.04年,详见表4～表6)与资产大于1亿美元(详见表7～表9)的破产周期的中位数(1.05年)几乎是一样的。但这一数字对于资产大于5亿美元的公司却增加为1.19年(详见图7)。就破产周期的平均值而言,所有申请数据的平均周期为1.38年,资产大于1亿美元的为1.39年,而资产大于5亿美元的这一数字则是1.47年(详见图8)。相形之下,对于非预重整和不成功的申请来说破产周期则相对要长一些。比如,未成功实施的第11章申请的破产周期平均为1.74年,而非预重整的周期则为1.75年。对于较大企业,其平均破产周期较较小的企业要稍长,无论是在预重整的案件(0.35年)还是在非预重整的破产案件(1.64年)中。

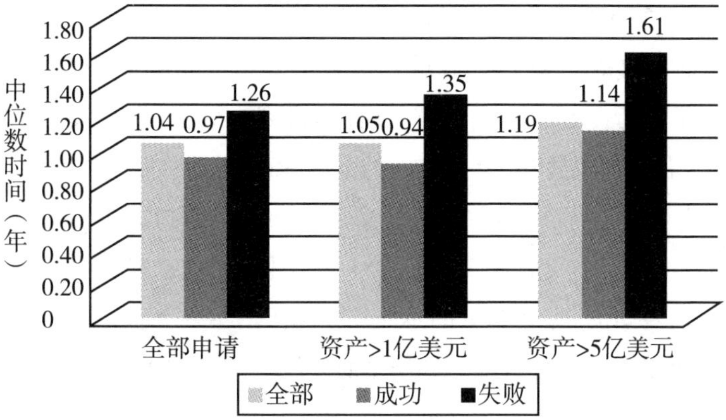

图 7　破产周期：中位数

资料来源：新世代研究中心，波士顿集团；由纽约大学所罗门研究中心（NYU Salomon Center）的爱德华·阿特曼（Edward I. Altman）教授汇编而成。

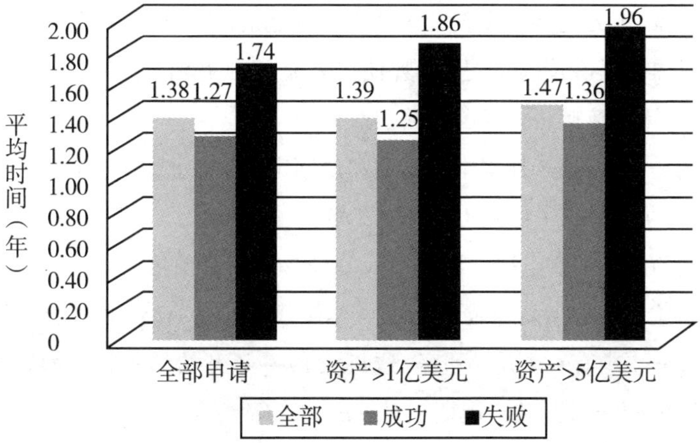

图 8　破产周期：平均值

资料来源：新世代研究中心，波士顿集团；由纽约大学所罗门研究中心（NYU Salomon Center）的爱德华·阿特曼（Edward I. Altman）教授汇编而成。

九、大型破产

从前文表 3 我们可以观察到，在 1989 ~ 2013 年这一期间，所有债务大于 1 亿美元的第 11 章大型破产申请中有 20% 的企业债务超过 10 亿美元。同时我们也在图3和表4~表6中发现,自1981年开始拥有大于1亿美元资产的申请破产企业占各规模企业总量近半数(在总量为3460的样本中占到1760例)。为了重点研究资产大于5亿美元的企业,也就是现在所指的“大型破产”,我们从1981年开始的多达701件申请中截取到大型破产的案例,而这占到总样本的20%,同时也占到所有资产大于1亿美元样本40%的比重。这些结果在表12~表14中已列明。

从表12~表14中我们观察到自1981年以来大型破产案件中有86.5%的申请结果是可以获知的,那些剩下的不能获知结果的案件大多始于2008年,尤其在2011开始更盛。在606件能获知结果的案件中,破产周期(未经调整的)的中位数(1.10年)不仅比所有案件周期的中位数(1.03年)要稍微长一些,同时还比资产大于1亿美元的这一数据要长(1.03年)。经调整的大型破产案件周期中位数(1.19年)也要比小企业的样本周期要长。同样地,大型破产案件的平均周期(1.47年/17.6个月)也要比资产为1亿美元的样本要长(1.38年)。上述结果也并不足为奇,因为这些大型破产案件通常更复杂,涉及公众和私人的债权人及股东。同时需要提醒读者的是,不管债权人是何种类别,也不论公司的规模大小,本文所讨论的范畴一律为公众公司。

有趣的是,大型破产样本中预重整和预制定的案件占到第11章中所有结果可知的申请的20.3%(123/606),与之相比,资产大于1亿美元这一数据为18.9%,而所有第11章申请中该数字为11.6%。笔者预估的大型破产申请中这一比例还要比上述数字高。诚然,2013年内(截至2013年5月30日)的14个大型破产案件样本中有6个是预重整,这与从1989年开始的所有大型破产进行的123个预重整案件相比,破产周期相对较短(0.31年)。

成功实施的第11章申请中大型破产案件的比例为78.4%,而其中资产大于1亿美元的比例仅为71.2%,所有资产规模企业的比例为64.6%。

对于大型破产案件中得以成功实施的第11章申请,其破产周期的中位数(1.04年)比资产超过1亿美元的样本要长(0.9年),而两者破产周期的平均数各自为1.36年和1.25年。毫无疑问,这些差异同样受上文所述的复杂性因素的影响。

最后,从2005年年末新《破产法典》生效至今,大型破产的比例与1981~2013年整个样本比例相当,大概为37.4%(262/701),而资产大于1亿美元的这一数字为35.2%(619/1760)。并且没有证据证明自2005年后破产程序的时间变短了。事实上,确实有以下3个年份的破产周期的中位数要比整个样本的中位数(1.19年)要大,即2006年(1.2年)、2008年(1.44年)以及2011年(1.49年);但与此同时也存在比整个样本要短的3个年份(2007年、2009年和2010年),而对于2012年和2013这两个年份我们尚且无法判断。

十、债权人追偿

违约追偿率,尤其是按不同优先级计算的追偿率,不仅是判断破产程序效力的一个重要指标,同时能对破产程序中各股东产生一定影响。对于债权人来说,有两种违约追偿款:一是违约/破产后剩余证券的价值;二是重整程序完成后的企业价值。而后者在摆脱破产后那一年常被称为"最终的追偿款"。① 我们可以假定破产时公司债券和贷款的价值是对最终追偿款的现值的无偏估计,尽管破产周期是其中最不可预估的一大因素。如前文所述,我们提供的数据表明第11章申请中非预重整案件的破产周期预计为1.5年,而预重整的周期大约是4个月。

新修订的《破产法典》中存在颇具价值同时具有一定争议的一面,那就是破产重整程序中对不同类别的债权人和债务人的相对影响。② 美国的企业破产程序相对于其他国家来说,一直因为其更倾向于保护债务人利益而为人称道,这一特征与20世纪之前相比更是得到了强化。③ 而这一观念在2005年新修订的《破产法典》中(the Bankruptcy Code in the BAPCPA Act of 2005)发生了一定程度的变化,正如许多学者指出的,美国已经开始将钟摆向债权人倾斜,尤其是对担保

① See Kenneth Emery, Special Comment, Moody's Ultimate Recovery Database, Moody's Investors Service, Apr. 2007, at 3, Available at httys://www. moodys. com/sites/products/Default Researchl 2006600000428092. pdf.

② See Daniel S. Mozes, "The Debtor is Dead, Long Live the Debtor", 85 *Temp. L. Rev.* 723, 742 (2013)(探讨在破产程序中担保债权人对于股东、无担保债权人以及债务人的影响).

③ See David Smith & Per Stromberg, "Maximizing the Value of Distressed Assets: Bankruptcy Law and Efficient Reorganization of Firms", *Systemic Financial Crises: Containment and Resolution* 232 (Patrick Honohan & Luc Laeven, eds., 2005)(与其他国家相比,作者将美国企业破产程序描述为"债务人友好型").

债权人。[①] 然而在其他国家,尤其是欧盟成员国,破产法开始朝着对债务人更有利的方向进行修改,如德国、法国和意大利均吸纳了与美国《破产法典》第11章类似的条文。[②]

在Andrew Wood的一项研究中指出,2008年金融危机过后的2009~2010年,与1991~1996年这段时期相比,在大型公众公司破产案件中无担保债权人和股东的追偿率有了明显的降低。[③] 该研究以2009~2010年出现的第11章的42个案件为样本,并基本沿用学者LoPucki的研究方法,并对前后两项研究成果相比较。[④] Wood提出,人们通常认为在衰退期及其后追偿率会降低,因为这一数字确实会随时间浮动(笔者将在下文进一步详述),继而他得出结论:2009年和2010年的结果可能是反常的。[⑤] 然而,作者进一步提出,由于在第11章案件中存在优先级的担保债权人所享有更高的实际及预期追偿率,尤其是因为第二和第三序位抵押证券的发展,使无担保债权人和股票持有者"本不应期待一个可观的追偿率。"[⑥]下文中笔者将对该推理和结论做简要阐明。然而,不管是从2005年的新《破产法典》生效还是2008~2009年的经济衰退以来,笔者都无法从中找到令人信服的证据证明优先级的担保债券持有人获得了与无担保债权人所受的损失相对应的更高的追偿率。实际上,不同组别的债权人通常都会在良好的信贷周期(如违约率较低)内获得一个高于平均值的追偿率;而在经济不景气违约率较高的时期,债权人的追偿率也会相应低于平均值。另外也存在这样的时期,当担保债权人的数量下降时,无担保债权人的追偿率自然也会随之上升。

表10显示了债券违约时,从1978~2013年(第二季度)逐年统计的不同优先级的债券债权人的追偿率。不足为奇的是,优先级的担保债券的年均受偿率

---

① See Kaitlin A. Bridges, "'Hanging' On to Till: Interpretations of BAPCPA's Hanging Paragraph",72 *Mo. L. Rev.* 581,581(2007)(阐明大多数法院将"悬而未决的一段"向有利于担保债权人一方解释).

② 举例来说,最近一次在意大利佛罗伦萨(2013年5月28日),举行了由佛罗伦萨市和CESIFIN Foundation赞助的题为"比较美国破产法第11章与新意大利破产法典"的会议。

③ See Andrew A. Wood, "The Decline of Unsecured Creditor and Shareholder Recoveries in Large Public Company Bankruptcies",85 *Am. Bankr. L. J.* 429,446(2011).

④ Ibid.,at 432(discussing Lynn M. LoPucki, "The Myth of the Residual Owner: An Empirical Study",82 *Wash. U. L. Q.* 1341(2004)).

⑤ Ibid.,at 431.

⑥ Ibid.

(59.05%)[1]要高于优先级的无担保债券(47.52%)、优先级的附属债券(34.00%)和附属债券(32.91%)。事实上,附属债券这一类别近来已经消失,甚至优先的附属债券都已经变得稀有。

乍看之下,自从2005年美国《破产法典》通过以来的最近几年,优先级的担保债权受偿率高于历史平均水平和中位数(59%)。对于优先的无担保债权似乎也是如此。然而,我们无法直接因为最近的几年正好遇上了良性的信贷周期(如2006~2007年以及2011~2013年),而直接下定论认为最优先的债权受益于新《破产法典》的通过。我们已经证明了追偿率受信贷周期和违约率的影响。[2] 因而,在类似2006~2007年和2011~2013年的良性信贷周期中,我们可以预期对于优先受偿级的债权人更高的追偿率;与此相反,对于2008~2009年这样的危机时期,追偿率则被预估为低于正常值。2013年全年(未在表10中体现)优先级无担保债券的追偿率则低于年中的数值(34.4%),也同样低于发行了3次的优先级附属债券(66.8%)的追偿率。

笔者观察到第11章预重整案件中的债券债权人的追偿率相对于非预重整的案件高出许多。的确,自从1978年来,第11章中预重整案件的追偿率的加权(按债券的规模计算权重)平均值为51.6%(基于168个样本),而与之相对的非预重整案件的该比重仅为31.6%(基于1142个样本)。两者之间差距悬殊,表明统计的差异绝非出于偶然。

---

① 基于所有年份(而非每年平均追偿率的中位数)统计,优先级的担保债权人追偿率的中位数比其稍低,为50.2%。而无论用哪种计算方法,其他组别的债权人追偿率基本上没什么区别。

② See Edward Altman, et al., "The Link Between Default Rate and Recovery Rates: Theory, Empirical Evidence, and Implications", 78 *J. Bus.* 2203, 2204 (2005)(认为"总追偿率本质上是证券供需效应的一项功能").

表 10　1978～2013 年第二季度，按不同优先级计算的 100 美元面值违约债权的加权平均追偿率（权数为发行期数）

违约年份	优先级担保债权			优先级无担保债权			优先级附属债权			附属债权			贴现和零息债券			所有优先级债权	
	数量（个）	%	美元	数量（个）	%	美元	数量（个）	%	美元	数量（个）	%	美元	数量（个）	%	美元	数量（个）	美元
2013（第二季度）	14	64	70.80	7	32	57.62	1	11	41.50	0	0	0.00	0	0	0.00	22	66.83
2012	14	26	74.03	31	57	47.34	8	15	50.62	0	0	0.00	1	2	84.42	54	57.84
2011	15	23	59.02	45	69	64.01	3	5	42.76	2	3	19.98	0	0	0.00	65	60.28
2010	6	24	39.46	12	48	57.86	5	20	30.64	2	8	12.67	0	0	0.00	25	46.62
2009	28	9	43.35	226	76	37.22	31	10	24.06	4	1	12.57	7	2	16.84	296	36.08
2008	18	14	30.52	79	63	49.56	23	18	30.25	4	3	21.09	1	1	2.71	125	42.52
2007	10	36	87.24	10	36	47.70	6	21	63.98	2	7	46.53	0	0	0.00	28	66.65
2006	9	18	90.60	26	52	60.90	8	16	50.24	1	2	60.33	6	12	78.31	50	65.32
2005	67	54	76.50	44	36	45.88	7	6	32.67	0	0	0.00	5	4	74.21	123	61.10
2004	27	39	63.67	33	48	56.77	2	3	37.44	0	0	0.00	7	10	43.06	69	57.72
2003	57	28	53.51	108	53	45.40	29	14	35.98	1	0	38.00	8	4	32.27	203	45.58
2002	37	11	52.81	254	75	21.82	21	6	32.79	0	0	0.00	28	8	26.47	340	25.30
2001	9	3	40.95	187	67	28.84	48	17	18.37	0	0	0.00	37	13	15.05	281	25.62
2000	13	8	39.58	47	29	25.40	61	37	25.96	26	16	26.62	17	10	23.61	164	26.74

续表

违约年份	优先级担保债权			优先级无担保债权			优先级附属债权			附属债权			贴现和零息债券			所有优先级债权	
	数量（个）	%	美元	数量（个）	%	美元	数量（个）	%	美元	数量（个）	%	美元	数量（个）	%	美元	数量（个）	美元
1999	14	11	26.90	60	47	42.54	40	31	23.56	2	2	13.88	11	9	17.30	127	27.90
1998	6	18	70.38	21	62	39.57	6	18	17.54	0	0	0.00	1	3	17.00	34	40.46
1997	4	16	74.90	12	48	70.94	6	24	31.89	1	4	60.00	2	8	19.00	25	57.61
1996	4	17	59.08	4	17	50.11	9	38	48.99	4	17	44.23	3	13	11.99	24	45.44
1995	5	15	44.64	9	27	50.50	17	52	39.01	1	3	20.00	1	3	17.50	33	41.77
1994	5	23	48.66	8	36	51.14	5	23	19.81	3	14	37.04	1	5	5.00	22	39.44
1993	2	6	55.75	7	22	33.38	10	31	51.50	9	28	28.38	4	13	31.75	32	38.83
1992	15	22	59.85	8	12	35.61	17	25	58.20	22	33	49.13	5	7	19.82	67	50.03
1991	4	3	44.12	69	44	55.84	37	24	31.91	38	24	24.30	9	6	27.89	157	40.67
1990	12	10	32.18	31	27	29.02	38	33	25.01	24	21	18.83	11	9	15.63	116	24.66
1989	9	12	82.69	16	21	53.70	21	28	19.60	30	39	23.95	—	—	—	76	35.97
1988	13	21	67.96	19	31	41.99	10	16	30.70	20	32	35.27	—	—	—	62	43.45
1987	4	13	90.68	17	55	72.02	6	19	56.24	4	13	35.25	—	—	—	31	66.63
1986	8	14	48.32	11	20	37.72	7	13	35.20	30	54	33.39	—	—	—	56	36.60
1985	2	7	74.25	3	11	34.81	7	26	36.18	15	56	41.45	—	—	—	27	41.78

续表

违约年份	优先级担保债权			优先级无担保债权			优先级附属债权			附属债权			贴现和零息债券			所有优先级债权	
	数量（个）	%	美元	数量（个）	%	美元	数量（个）	%	美元	数量（个）	%	美元	数量（个）	%	美元	数量（个）	美元
1984	4	29	53.42	1	7	50.50	2	14	65.88	7	50	44.68	—	—	—	14	50.62
1983	1	13	71.00	3	38	67.72	—	—	—	4	50	41.79	—	—	—	8	55.17
1982	—	—	—	16	80	39.31	—	—	—	4	20	32.91	—	—	—	20	38.03
1981	1	100	72.00	—	—	—	—	—	—	—	—	—	—	—	—	1	72.00
1980	—	—	—	2	50	26.71	—	—	—	2	50	16.63	—	—	—	4	21.67
1979	—	—	—	—	—	—	—	—	—	1	100	31.00	—	—	—	1	31.00
1978	—	—	—	1	100	60.00	—	—	—	—	—	—	—	—	—	1	60.00
总计/平均数	437	16	58.55	1427	51	39.05	491	18	31.00	263	9	30.63	165	6	25.80	2783	48.95
中位数	—	—	59.05	—	—	47.52	—	—	34.00	—	—	32.91	—	—	19.41	—	42.98
标准差 a	—	—	17.70	—	—	13.21	—	—	13.53	—	—	13.50	—	—	23.48	—	14.01
平均数[b]	—	—	50.44	—	—	37.93	—	—	29.78	—	—	21.68	—	—	26.33	—	37.60
中位数[b]	—	—	44.50	—	—	35.00	—	—	27.24	—	—	27.75	—	—	18.00	—	33.00

a 标准差是基于每年的平均值计算而来。

资料来源:纽约大学所罗门研究中心(NYU Salomon Center)以及不同交易商的报价。

通过观察线性回归曲线的分析结论，我们得以对2005年新《破产法典》修订以来高收益违约企业的追偿率变化情况进行评估。上述结论是基于2005年的违约追偿率模型而做出的，①并将2012年以前的数据更新其中（见图9）。值得注意的是，在该模型中所使用的追偿率是违约期过后的经违约价格加权平均之后的比例，而并非是最终的追偿率。基于1982年以来的数据，这些线性与非线性的表达本质上都体现了债务违约和追偿率之间的“预期”关系。因而，观察上文中（或下文中）最近几年债权人证券的预期追偿率的惯常模式时，笔者可以做出如下结论：债券债权人比那些基于典型供需诱导下的关系所预期的要做得更好。我们可以从表10和图9中看出，自2005年以来（除去2008年和2010年），企业每年的债券违约的加权平均追偿率要高于人们从更长历史时期中违约和追偿率的关系得出的预期。②

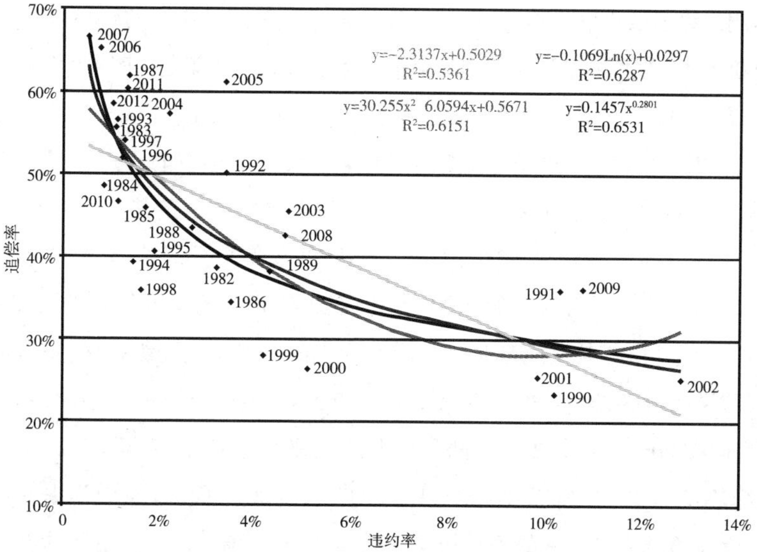

图9　1982～2012年，追偿率/违约率的关系（美元加权平均追偿率及美元加权平均违约率）

注：回归方程是基于1982～2003年的数据所设计，为了体现模型的有效性，其后年份的相关数据也插入其中。

资料来源：详见“The Link Between Default and Recovery Rates: Theory, Empirical Results and Implications,” Altman, Brady, Resti, and Sironi, *Journal of Business*, November 2005；纽约大学所罗门研究中心（NYU Salomon Center）。

---

① Edward Altman, et al., “The Link Between Default Rate and Recovery Rates: Theory, Empirical Evidence, and Implications”, 78 *J. Bus*.

② Ibid., at 2204－05（阐明违约率和追偿率之间的负相关性）.

在2008年,其追偿率(42.5%)与人们在一个违约率平均的年份所预期的数字相差无几。另外在2010年,该年的追偿率(46.6%)要稍低于人们对于一个良性的、低违约率年份的预期。从2010年开始直到2013年,追偿率都高于大众预期,这与2006~2007年的情况类似。哪怕是在2009年,所有优先级债权人的追偿率仅为36%,这一数字也通常高于在一个非常不景气的年份的追偿率;而正是在这种情况下,违约率达到了历史次高位将近11%的水平。①

基于表11中穆迪(Moody)的预测,我们可以观察到企业债券和贷款最终的追偿率。按照违约年份和最终追偿年份,我们罗列出了最终追偿率的数据。假如我们要评估2005年修订的《破产法典》对破产债务追偿的影响,可能按照上述违约年份的数据所得的结果要更可靠,如2006~2013年。这对2005年之后的年份尤为适用,因为当我们运用最终追偿年份的数据时,其对破产程序产生指导作用的《破产法典》很可能是2005年破产法修订之前的那个版本。当然,从2009年起,违约年份和最终受偿年份很有可能都同样重要,因为在这时期的破产往往发生在2005年10月以后。

从表11中可以看出,企业脱离困境时关于最终追偿率的一点最强有力的证据是:对于2005年以后的每一年的破产案件,银行贷款的追偿率(77.5%)要高于1987~2012年的平均水平(67.3%);当然2008年是个例外,其追偿率低于平均值仅为67.3%。尽管最近的2011年和2012年新增的贷款数量非常少(分别为8和1),但这些贷款其实都是优先受偿级别的。对于优先级担保债券,追偿率的数据结果是混杂的:在2006年、2007年和2011年这3个年份,追偿率高于平均水平;而在2009年、2012年这两年则几乎与平均值持平;对于2008年和2010年该数据又较平均水平低。2005年以来的7个年份里面,有5个年头的优先级无担保债券的最终追偿率似乎在历史平均水平(41.4%)之下。附属债券虽然在2011年即不复存在,但其追偿率在2006年和2007年高于平均值之后,继而在2008~2010年遭受了显著下滑,一直降至平均水准之下20.6%的低位。再次提醒读者的是,自美国新《破产法典》生效以来,上述的数据都是破产违约年份的最终追偿率。同时,我们也在表11中列明了关于危机出现年份的最终受偿率。

① 为了探究这一关系是否在优先级债权人范围内继续保持,我们计划对违约率和追偿率做同样的回归分析。详见 Edward I. Altman & Brenda J. Kuehne,"Default & Returns in the High-yield Bond Anddistressed Debt Markets:2013 in Review", *NYU Salomon Center Special Rep.* (Feb. 2014). 在高收益债券市场中,得以对违约率和追偿率进行更完备的分析。

表 11　美国违约公司贷款和债券的最终平均追偿率（1987～2012 年企业脱困和违约年份的数据）

走出重整的年份

担保情况	2012 年	2011 年	2010 年	2009 年	2008 年	2007 年	2006 年	2005 年	2004 年	2003 年	2002 年	2001 年	2000 年	1999 年	1998 年	1997 年	1996 年	1995 年	1994 年	1993 年	1992 年	1991 年	1990 年	1989 年	1988 年	1987 年	1987～2012 年
贷款	100.0%	63.1%	82.3%	67.0%	74.5%	93.2%	86.9%	86.6%	73.4%	66.2%	72.1%	74.9%	84.7%	72.2%	93.8%	80.1%	92.6%	84.4%	80.7%	90.4%	87.6%	83.2%	75.2%	71.7%	100.0%	N/A	77.5%
债券																											
优先级抵押债券	73.1%	51.7%	54.2%	56.1%	73.9%	82.1%	61.2%	60.4%	84.1%	27.2%	64.5%	38.2%	46.0%	42.3%	69.4%	51.3%	76.6%	62.3%	59.1%	66.1%	74.2%	96.0%	40.3%	N/A	53.6%	N/A	61.5%
优先级无抵押债券	23.7%	7.4%	44.1%	18.1%	62.5%	58.2%	44.2%	37.1%	59.6%	21.4%	30.3%	25.0%	24.5%	43.5%	40.4%	72.3%	45.9%	88.9%	33.1%	28.7V	40.0%	63.4%	39.8%	N/A	N/A	N/A	41.4%
次级债券	N/A	0.0%	23.2%	10.5%	16.3%	42.5%	31.6%	14.1%	21.9%	15.4%	12.2%	17.0%	26.5%	12.9%	14.0%	16.7%	47.8%	26.1%	18.4%	28.0%	24.9%	18.2%	14.1%	28.4%	18.1%	N/A	20.6%

走出重整的年份

工具数量（样本）

担保情况	2012 年	2011 年	2010 年	2009 年	2008 年	2007 年	2006 年	2005 年	2004 年	2003 年	2002 年	2001 年	2000 年	1999 年	1998 年	1997 年	1996 年	1995 年	1994 年	1993 年	1992 年	1991 年	1990 年	1989 年	1988 年	1987 年	1987～2012 年
贷款	6	23	132	120	50	69	68	96	176	211	204	99	68	33	30	29	26	18	30	44	69	21	15	2	3	0	1642
债券																											
优先级抵押债券	3	3	9	19	20	62	52	17	43	101	31	5	13	5	9	6	29	18	13	27	41	16	6	0	1	0	549
优先级无抵押债券	7	6	55	62	32	56	55	30	202	161	116	35	29	20	23	14	3	39	30	34	21	14	13	0	0	0	1057
次级债券	0	1	32	32	10	17	18	16	58	81	90	37	41	11	16	23	20	26	50	70	80	28	43	4	1	0	805

违约的年份

担保情况	2012 年	2011 年	2010 年	2009 年	2008 年	2007 年	2006 年	2005 年	2004 年	2003 年	2002 年	2001 年	2000 年	1999 年	1998 年	1997 年	1996 年	1995 年	1994 年	1993 年	1992 年	1991 年	1990 年	1989 年	1988 年	1987 年	1987～2012 年
贷款	100.0%	80.7%	76.4%	75.1%	67.3%	93.0%	92.3%	85.4%	85.9%	76.4%	71.1%	68.9%	74. 8%	84.2%	70.9%	86.7%	83.7%	89.0%	88.6%	85.0%	87.0%	86.4%	79.9%	80.3%	87.4%	89.8%	77.5%
债券																											
优先级抵押债券	59.7%	68.7%	43.9%	59.2%	49.2%	70.4%	90.7%	91.2%	82.7%	74.6%	38.1%	68.5%	35.2%	49.7%	41.3%	57.1%	65.4%	65.7%	69.6%	88. 3%	88.3%	69.2%	51.3%	42.5%	97.1%	N/A	61.5%
优先级无抵押债券	47.3%	24.4%	19.9%	32.9%	13.2%	68.4%	41.7%	56.2%	37.8%	66.7%	28.9%	43.4%	27.2%	36.3%	36.7%	60.7%	21.0%	71.8%	41.2%	53.7%	40.1%	76.8%	12.1%	35.8%	72.5%	N/A	41.4%
次级债券	N/A	N/A	19.9%	16.3%	14.6%	25.1%	49.8%	24.9%	26.2%	29.9%	13.1%	10.2%	16.2%	25.2%	3.8%	25.1%	34.3%	15.7%	38.4%	37.6%	28.2%	15.4%	16.1%	15.9%	16.1%	18.5%	20.6%

违约的年份

工具数量（样本）

担保情况	2012 年	2011 年	2010 年	2009 年	2008 年	2007 年	2006 年	2005 年	2004 年	2003 年	2002 年	2001 年	2000 年	1999 年	1998 年	1997 年	1996 年	1995 年	1994 年	1993 年	1992 年	1991 年	1990 年	1989 年	1988 年	1987 年	1987～2012 年
贷款	1	8	54	165	75	22	36	63	95	157	215	210	142	68	24	28	39	36	21	29	49	48	32	12	9	4	1642
债券																											
优先级抵押债券	2	2	6	20	10	9	9	52	18	37	150	34	14	14	7	3	17	16	7	17	21	29	24	15	16	0	549
优先级无抵押债券	1	6	8	97	18	6	14	48	35	92	238	190	47	45	23	12	6	20	10	37	22	39	20	14	9	0	1057
次级债券	0	0	14	36	15	9	15	12	17	50	70	88	69	37	9	17	18	20	13	44	70	76	43	31	27	5	805

资料来源：穆迪最终追偿率数据库（Moody’s Ultimate Recovery Database）。

十一、破产追偿与商业周期

上文对债权人特别是不同优先级的债权人的追偿率的最近趋势作了大致介绍。正如前文中 Wood 的实证研究所展现的,无担保债权人和股东在 2009 ~ 2010 年的追偿比例相较于 1991 ~ 1996 年的确有了大幅下降。[①] 除了另外一个学者(LoPucki)提供的关于追偿率的数据可以方便比较以外,我们很难取信于 20 世纪 90 年代早期 5 年间的数据,更不用提 2009 ~ 2010 年对无担保债权人所做的一个小样本了(42 个观测数据)。[②]

关于追偿率的一个事实是,无论是违约还是脱离公司困境的最后追偿率,都对经济周期和与追偿率同步计量的违约率十分敏感。从图 10 和图 11 中我们可以看到,违约债券和公司困境时期的追偿率与商业周期和违约率高度负相关;在衰退即将结束和刚刚过去以及违约率达到顶峰的时期,追偿率往往十分低。数据还表明在良性的信贷周期和低违约率的时期,我们可以预期到追偿率会非常高。这与笔者之前的研究结论如出一辙。[③]

从表 10 中我们可以观察到,美国 2005 年《破产法典》修正后好几个年份都出现了极高的追偿率,并且对于优先级担保债权人和优先级无担保债权人都是如此。确实,在 2006 年(90.6%)、2007 年(87.2%)、2012 年(74.0%)和 2013 年(70.8%)这 4 个年份的优先级担保违约债券的追偿率要远高于 1981 ~ 2013 年的历史平均水平(50.4%)。[④] 但是在 2008 年(30.5%)、2009 年(43.3%)和 2010 年(39.5%)这 3 年,优先级担保违约债券的受偿率却远低于平均水平。对于优先级担保债券(以及优先级附属债券),与上述结果亦如出一辙,除了 2009 年外,2006 ~ 2013 年各年的受偿率均高于历史平均(37.9%)或中位数(35.0%)水平。另外,在某些年份,如 2008 年和 2010 年,优先级无担保债券事实上比优先

① See Andrew A. Wood, "The Decline of Unsecured Creditor and Shareholder Recoveries in Large Public Company Bankruptcies", 85 *Am. Bankr. L. J.* 429, 446(2011).

② Ibid., at 431 – 32; Lynn M. LoPucki, "The Myth of the Residual Owner: An Empirical Study", 82 *Wash. U. L. Q.* 1350(2004).

③ See Edward Altman, et al., "The Link Between Default Rate and Recovery Rates: Theory, Empirical Evidence, and Implications", 78 *J. Bus.* 2224 25.

④ Ibid.

级担保债券实现了更高的受偿率。因而,根据最近几年的历史平均数据,笔者无从找到无担保债券的受偿率受挫的证据。它们仍表现出色,尤其是在信贷状况良好以及违约率低的年份里。

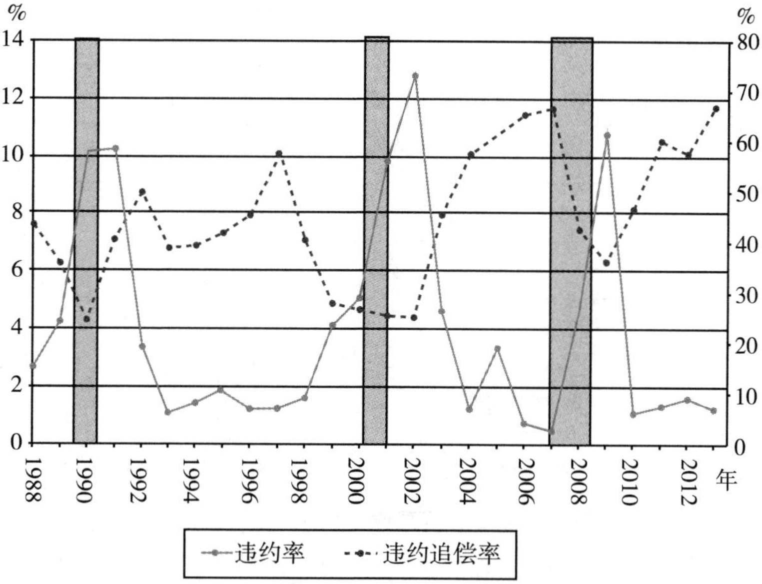

图 10　1988～2013 年第二季度,美国违约率及违约时追偿率

历史数据与衰退周期,高收益债券市场

衰退周期:1990 年 7 月至 1991 年 3 月,2001 年 4 月至 2001 年 12 月,2007 年 7 月至 2009 年 6 月。

资料来源:纽约大学所罗门研究中心(NYU Salomon Center)以及美国国家经济研究局(National Bureau of Economic Research)。

首先,上述的数据确实只反映了债券的情况,因而我们需要利用表 11 中穆迪(Moody)的数据研究贷款和最终受偿率。尽管违约时候的受偿率和最终受偿率在特定的年份会存在很大的差距,但违约时受偿率往往是对脱离破产困境的企业受偿率贴现的无偏估计。另外,Altman 和 Eberhart 研究发现,相较于附属债券和可能存在的股权持有人,优先级担保债券和优先级无担保债券在违约和公司出现困境这段时期内,具有相对较高的回报率。[1] 其次,这份研究报告涵盖了

---

① See Edward I. Altman & Allan C. Eberhart, "Do Seniority Provisions Protect Bondholders' Investments?", 20 *J. Portfolio Mgmt*. 75.

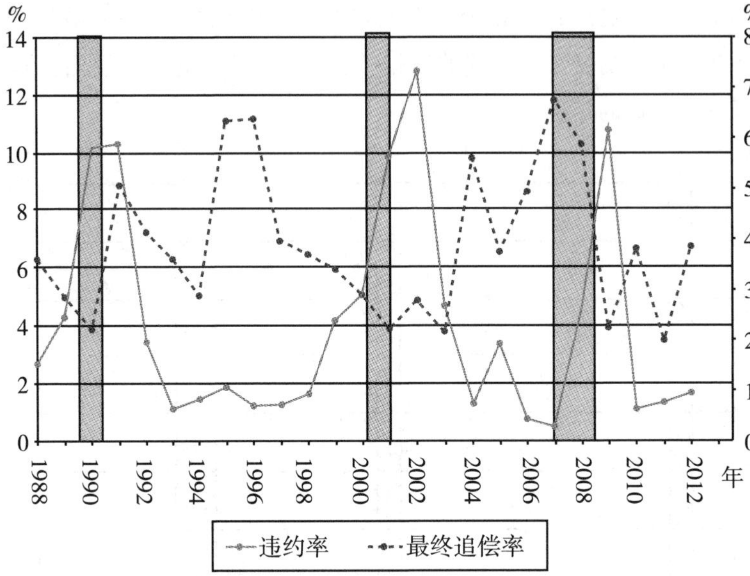

图11　1988～2012年,美国违约率及最终追偿率历史数据与衰退周期,高收益债券市场

衰退周期:1990年7月至1991年3月,2001年4月至2001年12月,2007年7月至2009年6月。

资料来源:纽约大学所罗门研究中心(NYU Salomon Center)以及美国国家经济研究局(National Bureau of Economic Research)。

1980～1992年追偿率的数据。① 因此,优先担保债券拥有更高受偿率及其在重组期间表现更佳这一事实并没有什么新意。

由于在违约时投资者青睐于成为受到优先保护的债权人,近来优先担保债券和贷款作为新发行的垃圾债券和垃圾贷款的比例已经逐渐上升,尤其是低质量的担保债权。人们发现市场更能接受担保债券,哪怕它们是二手或者三手留置证券。② 这大抵为未来这些发行人遭遇危机埋下了伏笔,当他们继续融资时就会发现可以用来制作成证券的资产已经所剩无几。从表10中我们可以观察到,

① See Edward I. Altman & Allan C. Eberhart, "Do Seniority Provisions Protect Bondholders' Investments?", 20 *J. Portfolio Mgmt*. 75.

② See Randall Klein & Danielle Juhle, "Majority Rules: Non-Cash Bids and the Reorganization Sale", 84 *Am. Bankr. L. J.* 297, 313(2010)(认为担保债券市场自20世纪40年代以来就开始繁荣起来).

不同种类的附属债券事实上在2009年就已经消失,并且优先级的附属债券也显示出了明显的下降趋势。

债券(大多是担保债券)在公司出现危机的年份,其最终受偿率(77.5%)在过去的7年里有4年是高于平均水平的(见表11),但是在2009年和2011年则明显低于平均水平。尽管没上述结果那么显著,优先担保债券的情形也是如此:在2007年、2008年和2012年,其最终受偿率(61.5%)高于平均值;而在2009年、2010年和2011年该数字则低于平均水平,且后面两年(2010年和2011年)仅为数不多的数据指向担保和无担保债券、贷款。

十二、结　论

本文的主要目的旨在评价不良债权市场及其投资者的作用,以及呈现过去几十年内关于美国《破产法典》第11章企业破产申请的全面且相关的数据。债券和贷款市场在破产程序中逐渐发挥了更为重要的作用,同时也对破产企业中利益相关者的财富以及经济系统的运行产生了更深远的影响。在整个金融体系中,公司领域的杠杆融资现如今已经超过了2万亿美元。另外,对于近来第11章申请的趋势,尤其在2005年《破产法典》修订后引发的对于破产体系和债权人对破产实体追偿的探讨,我们也将试图进行评价。关于新《破产法典》生效后无担保债权人的追偿率,尽管有一些案例提出针锋相对的论断,但我们无法找到有信服力的统计数据证明无担保债权人确实受到了优先受偿的担保债权人的殃及。然而,相较于评注更重要的是意图,笔者旨在为破产界提供翔实而客观的数据,继而贡献一些见解,甚至为第11章破产程序的改进提出建议。(见表12～表14)

表 12　1981～2013 年，资产大于 5 亿美元的企业破产申请

年份	总计	被驳回		结果不详		净申请		所有结果				
	件数（件）	件数（件）	占比（%）	件数（件）	占比（%）	件数（件）	占比（%）	预重整数量［占净申请的比例（%）］**	破产周期中位数（年）*	破产周期平均数（年）		
									总体	总体	预重整	非预重整
1981	0	—	—	—	—	—	—	—	—	—	—	—
1982	2	—	—	—	—	2	100.00	—	3.74	3.74	—	3.74
1983	—	—	—	—	—	—	—	—	—	—	—	—
1984	—	—	—	—	—	—	—	—	—	—	—	—
1985	2	—	—	—	—	2	100.00	—	4.45	4.45	—	4.45
1986	5	—	—	—	—	5	100.00	—	3.02	3.43	—	3.43
1987	3	—	—	—	—	3	100.00	—	1.62	2.06	—	2.06
1988	5	—	—	—	—	5	100.00	—	2.31	2.35	—	2.35
1989	15	—	—	1	6.67	14	93.33	2(14.3)	2.03	2.72	0.56	3.08
1990	21	—	—	—	—	21	100.00	1(4.8)	2.07	2.51	0.33	2.62
1991	31	—	—	3	9.68	28	90.32	2(7.1)	1.42	2.43	0.12	2.62

续表

年份	总计	被驳回		结果不详		净申请		所有结果				
	件数（件）	件数（件）	占比（%）	件数（件）	占比（%）	件数（件）	占比（%）	预重整数量［占净申请的比例（%）］	破产周期中位数（年）	破产周期平均数（年）		
									总体	总体	预重整	非预重整
1992	17	—	—	—	—	17	100.00	6(35.3)	1.32	1.71	0.53	2.36
1993	8	—	—	—	—	8	100.00	6(75.0)	0.15	0.45	0.23	1.10
1994	5	—	—	—	—	5	100.00	2(40.0)	0.48	1.48	0.09	2.42
1995	12	1	8.33	—	—	11	91.67	3(27.3)	1.32	1.70	0.18	2.26
1996	10	—	—	—	—	10	100.00	4(40.0)	0.37	1.40	0.24	2.32
1997	9	—	—	—	—	9	100.00	2(22.2)	1.44	1.47	0.34	1.79
1998	14	—	—	—	—	14	100.00	4(28.6)	0.89	1.65	0.49	2.11
1999	30	1	3.33	—	—	29	96.67	4(13.8)	1.06	1.27	0.38	1.42
2000	41	—	—	—	—	41	100.00	5(12.2)	1.64	1.85	0.23	2.09
2001	64	3	4.69	3	4.69	58	90.63	6(10.3)	1.22	1.80	0.36	1.98
2002	65	—	—	—	—	65	100.00	16(24.6)	0.73	1.05	0.31	1.30

续表

年份	总计	被驳回		结果不详		净申请		所有结果				
	件数（件）	件数（件）	占比（%）	件数（件）	占比（%）	件数（件）	占比（%）	预重整数量［占净申请的比例（%）］	破产周期中位数（年）	破产周期平均数（年）		
									总体	总体	预重整	非预重整
2003	40	1	2.50	—	—	39	97.50	2(5.1)	1.09	1.26	0.14	1.33
2004	20	1	5.00	1	5.00	18	90.00	6(33.3)	0.87	1.14	0.38	1.55
2005	20	—	—	2	10.00	18	90.00	1(5.6)	1.62	1.73	0.13	1.83
2006	6	—	—	—	—	6	100.00	1(16.7)	1.20	1.18	0.26	1.36
2007	12	—	—	1	8.33	11	91.67	1(9.1)	0.97(0.97)	0.85	0.12	0.94
2008	47	—	—	14	29.79	33	70.21	2(6.1)	1.12(1.44)	1.41	0.18	1.49
2009	89	—	—	15	16.85	74	83.15	23(31.1)	0.88(1.10)	1.00	0.42	1.28
2010	38	—	—	8	21.05	30	78.95	11(36.7)	0.77(0.96)	0.76	0.23	1.05
2011	24	—	—	10	41.67	14	58.33	2(14.3)	0.88(1.49)	0.96	0.13	1.10
2012	32	—	—	22	68.75	10	31.25	5(50.0)	0.67(—)	0.56	0.10	0.83
2013	14	—	—	8	57.14	6	42.86	6(100.0)	0.12(—)	0.16	0.12	0.36
总计	701	7	1.00	88	12.55	606	86.45	123(20.3)	1.10(1.19)	1.47	0.31	1.76

* 括号中年份（2006～2011 年）的中位数是经我们对结果不详一类案件周期估计后调整的结果。而破产平均周期是未经调整的。

* * 预重整包括预重整和预调整的第 11 章重整申请。

表 13　1981～2013 年，资产大于 5 亿美元的企业破产申请（破产申请成功）

年份	净申请		脱困及重整		被收购		脱困及重整 + 被收购（成功破产申请）						
	件数（件）	占比（%）	件数（件）	占比（%）	件数（件）	占比（%）	件数（件）	占比（%）	预重整数量［占净申请的比例（%）］**	破产周期中位数（年）*	破产周期平均数（年）		
										总体	总体	预重整	非预重整
1981	—	—	—	—	—	—	—	—	—	—	—	—	—
1982	2	100.00	2	100.00	—	—	2	100.00	—	3.74	3.74	—	3.74
1983	—	—	—	—	—	—	—	—	—	—	—	—	—
1984	—	—	—	—	—	—	—	—	—	—	—	—	—
1985	2	100.00	2	100.00	—	—	2	100.00	—	4.45	4.45	—	4.45
1986	5	100.00	5	100.00	—	—	5	100.00	—	3.02	3.43	—	3.43
1987	3	100.00	2	66.67	1	33.33	3	100.00	—	1.62	2.06	—	2.06
1988	5	100.00	2	40.00	2	40.00	4	80.00	—	2.31	2.35	—	2.35
1989	14	93.33	11	78.57	—	—	11	78.57	2(100.0)	1.79	2.38	0.56	2.79
1990	21	100.00	16	76.19	1	4.76	17	80.95	1(100.0)	2.07	2.58	0.33	2.72
1991	28	90.32	23	82.14	—	—	23	82.14	2(100.0)	1.38	1.69	0.12	1.83

续表

年份	净申请		脱困及重整		被收购		脱困及重整 + 被收购(成功破产申请)						
	件数(件)	占比(%)	件数(件)	占比(%)	件数(件)	占比(%)	件数(件)	占比(%)	预重整数量[占净申请的比例(%)]	破产周期中位数(年)	破产周期平均数(年)		
										总体	总体	预重整	非预重整
1992	17	100.00	14	82.35	2	11.76	16	94.12	6(100.0)	1.32	1.77	0.53	2.51
1993	8	100.00	8	100.00	—	—	8	100.00	6(100.0)	0.15	0.45	0.23	1.10
1994	5	100.00	4	80.00	1	20.00	5	100.00	2(100.0)	0.48	1.48	0.09	2.42
1995	11	91.67	10	90.91	—	—	10	90.91	3(100.0)	1.19	1.55	0.18	2.13
1996	10	100.00	6	60.00	1	10.00	7	70.00	4(100.0)	0.37	0.63	0.24	1.16
1997	9	100.00	7	77.78	2	22.22	9	100.00	2(100.0)	1.44	1.47	0.34	1.79
1998	14	100.00	10	71.43	3	21.43	13	92.86	4(100.0)	0.85	1.65	0.49	2.16
1999	29	96.67	18	62.07	4	13.79	22	75.86	4(100.0)	0.99	1.15	0.38	1.33
2000	41	100.00	24	58.54	5	12.20	29	70.73	4(80.0)	1.46	1.75	0.21	2.00
2001	58	90.63	33	56.90	6	10.34	39	67.24	6(100.0)	1.05	1.82	0.36	2.09
2002	65	100.00	46	70.77	9	13.85	55	84.62	16(100.0)	0.56	1.01	0.31	1.30
2003	39	97.50	28	71.79	4	10.26	32	82.05	2(100.0)	0.82	1.04	0.14	1.10

续表

年份	净申请		脱困及重整		被收购		脱困及重整 + 被收购(成功破产申请)						
	件数(件)	占比(%)	件数(件)	占比(%)	件数(件)	占比(%)	件数(件)	占比(%)	预重整数量[占净申请的比例(%)]	破产周期中位数(年)	破产周期平均数(年)		
										总体	总体	预重整	非预重整
2004	18	90.00	15	83.33	1	5.56	16	88.89	6(100.0)	0.80	1.08	0.38	1.50
2005	18	90.00	13	72.22	3	16.67	16	88.89	1(100.0)	1.65	1.75	0.13	1.86
2006	6	100.00	5	83.33	—	—	5	83.33	1(100.0)	0.87	0.99	0.26	1.17
2007	11	91.67	4	36.36	—	—	4	36.36	1(100.0)	0.40(0.46)	0.57	0.12	0.71
2008	33	70.21	20	60.61	1	3.03	21	63.64	2(100.0)	1.10(1.49)	1.28	0.18	1.39
2009	74	83.15	53	71.62	3	4.05	56	75.68	23(100.0)	0.79(1.09)	0.88	0.42	1.20
2010	30	78.95	21	70.00	1	3.33	22	73.33	10(90.9)	0.60(0.98)	0.72	0.23	1.13
2011	14	58.33	10	71.43	1	7.14	11	78.57	2(100.0)	0.83(1.58)	0.85	0.13	1.01
2012	10	31.25	6	60.00	—	—	6	60.00	3(60.0)	0.45(—)	0.49	0.10	0.88
2013	6	42.86	5	83.33	1	16.67	6	100.00	5(83.3)	0.12(—)	0.16	0.12	0.36
总计	606	86.45	423	69.80	52	8.58	475	78.38	118(95.9)	1.04(1.14)	1.36	0.31	1.70

* 括号中年份(2006 ~ 2011 年)的中位数是经我们对结果不详一类案件周期估计后调整的结果。而破产平均周期是未经调整的。

* * 预重整包括预重整和预调整的第 11 章重整申请。

表 14　1981 ~ 2013 年，资产大于 5 亿美元的企业破产申请（破产申请不成功）

年份	净申请		清算		转换到第 7 章程序		转换 + 清算（不成功案例）						
	件数（件）	占比（%）	件数（件）	占比（%）	件数（件）	占比（%）	件数（件）	占比（%）	预重整数量［占净申请的比例（%）］**	破产周期中位数（年）*	破产周期平均数（年）		
										总体	总体	预重整	非预重整
1981	—	—	—	—	—	—	—	—	—	—	—	—	—
1982	2	100.00	—	—	—	—	0	0.00	—	—	—	—	—
1983	—	—	—	—	—	—	—	—	—	—	—	—	—
1984	—	—	—	—	—	—	—	—	—	—	—	—	—
1985	2	100.00	—	—	—	—	0	0.00	—	—	—	—	—
1986	5	100.00	—	—	—	—	0	0.00	—	—	—	—	—
1987	3	100.00	—	—	—	—	0	0.00	—	—	—	—	—
1988	5	100.00	—	—	1	20.00	1	20.00	—	—	—	—	—
1989	14	93.33	3	21.43	—	—	3	21.43	—	5.25	—	—	3.97
1990	21	100.00	4	19.05	—	—	4	19.05	—	1.89	—	—	2.21
1991	28	90.32	3	10.71	1	3.57	4	14.29	—	6.81	—	—	8.41
1992	17	100.00	1	5.88	—	—	1	5.88	—	0.83	2.89	—	0.83

续表

年份	净申请		清算		转换到第7章程序		转换＋清算（不成功案例）						
	件数（件）	占比（%）	件数（件）	占比（%）	件数（件）	占比（%）	件数（件）	占比（%）	预重整数量［占净申请的比例（%）］	破产周期中位数（年）	破产周期平均数（年）		
										总体	总体	预重整	非预重整
1993	8	100.00	—	—	—	—	0	0.00	—	—	2.21	—	—
1994	5	100.00	—	—	—	—	0	0.00	—	—	5.30	—	—
1995	11	91.67	1	9.09	—	—	1	9.09	—	3.16	1.08	—	3.16
1996	10	100.00	2	20.00	1	10.00	3	30.00	—	4.07	0.75	—	4.07
1997	9	100.00	—	—	—	—	0	0.00	—	—	2.39	—	—
1998	14	100.00	1	7.14	—	—	1	7.14	—	1.71	2.09	—	1.71
1999	29	96.67	6	20.69	1	3.45	7	24.14	—	1.18	3.16	—	1.71
2000	41	100.00	9	21.95	3	7.32	12	29.27	1(8.3)	2.13	4.88	0.31	2.37
2001	58	90.63	15	25.86	4	6.90	19	32.76	—	1.41	3.39	—	1.75
2002	65	100.00	8	12.31	2	3.08	10	15.38	—	1.37	1.71	—	1.34
2003	39	97.50	6	15.38	1	2.56	7	17.95	—	1.63	2.18	—	2.48
2004	18	90.00	1	5.56	1	5.56	2	11.11	—	2.02	1.81	—	2.02

续表

年份	净申请		清算		转换到第 7 章程序		转换 + 清算(不成功案例)						
	件数(件)	占比(%)	件数(件)	占比(%)	件数(件)	占比(%)	件数(件)	占比(%)	预重整数量[占净申请的比例(%)]	破产周期中位数(年)	破产周期平均数(年)		
										总体	总体	预重整	非预重整
2005	18	90.00	1	5.56	1	5.56	2	11.11	—	1.35	1.72	—	1.35
2006	6	100.00	1	16.67	—	—	1	16.67	—	2.11	1.64	—	2.11
2007	11	91.67	5	45.45	2	18.18	7	63.64	—	0.98(1.07)	1.89	—	1.07
2008	33	70.21	10	30.30	1	3.03	11	33.33	—	1.15(—)	1.25	—	1.67
2009	74	83.15	15	20.27	3	4.05	18	24.32	—	1.39(2.55)	1.69	—	1.46
2010	30	78.95	6	20.00	2	6.67	8	26.67	1(12.5)	0.86(1.61)	1.51	—	0.90
2011	14	58.33	3	21.43	—	—	3	21.43	—	1.43(—)	1.42	—	1.38
2012	10	31.25	2	20.00	2	20.00	4	40.00	—	0.76(—)	1.35	—	0.76
2013	6	42.86	—	—	—	—	0	0.00	—	—	0.91	—	—
总计	606	86.45	103	17.00	26	4.29	129	21.29	2(1.6)	1.40(1.61)	1.96	0.31	1.97

* 括号中年份(2006 ~ 2011 年)的中位数是经我们对结果不详一类案件周期估计后调整的结果。而破产平均周期是未经调整的。

* * *Prepacks* 包括预重整和预调整的第 11 章重整申请。

资料来源:新世代研究中心,波士顿集团;由纽约大学所罗门研究中心(*NYU Salomon Center*)的爱德华·阿特曼(*Edward I. Altman*)教授汇编而成。

民事再生程序中的破产处理方案①

[日]高田贤治* 著 刘 颖** 译

一、序 言

本文将探讨破产处理方案的相关问题,即再生债务人如何进行事业再生。民事再生程序以采用 DIP 型(Debtor in Possession)程序为原则,由此可以想见,再生计划的内容多半是以再生债务人将来的收益来分期清偿

---

① 本文是日本 2010 ~ 2013 年组织全国一线的破产法学者,在最高法院等各级法院的配合下,对《民事再生法》(自 2000 年开始施行)进行大规模实证调查的阶段性研究成果。

调查对象是东京地方法院与大阪地方法院(大型法院)、仙台地方法院(中型法院)及那霸地方法院(小型法院)的 313 件民事再生案件。其中,由于将大型法院的所有案件作为调查对象存在物理上的困难,因此,为了把握该法在开始施行的最初几年的运用状况,调查团队从保留了案件记录的案件中筛选了提出申请较早的案件,分别为东京地方法院 55 件[以下简称东京(旧)],大阪地方法院 50 件[以下简称大阪(旧)]。同时,为了把握雷曼危机以后最近的运用状况,调查团队从调查时再生程序已经完结的案件中筛选了相对较新的案件,分别为东京地方法院 55 件[以下简称东京(新)],大阪地方法院 50 件[以下简称大阪(新)]。对于仙台地方法院和那霸地方法院,调查团队则是将 2000 ~ 2010 年申请民事再生且保留了案件记录的所有案件都作为调查对象,以求把握这 10 年间民事再生程序的整体动向,同时分析不同时期实务运用的变化[2004 年以前的案件分别称为"仙台(旧)"与"那霸(旧)",2005 年以后的案件分别称为"仙台(新)"与"那霸(新)"]。

* 大阪市立大学法学部教授。

** 日本中央大学法学部助教,法学博士。

再生债权人的债权。当然,有时再生债务人也会从所谓的战略投资者处获得出资或融资,另外还有通过事业转让或公司分立等方法来实现事业再生的情形。提到“破产处理方案”这个词,人们往往会想到自主再建型、收益清偿型、战略投资者型、事业转让型、预重整型、清算型等。虽然这些破产处理方案在某些方面给人以共同的印象,但它们并没有严格的定义,彼此之间的界限也很模糊,有的还存在重叠。

在本次调查中,笔者将在破产处理方案的识别上较为重要的因素设定为调查问卷的8个项目(以下简称为调查项目),并对每个项目的相关情况进行了调查。调查项目是判定破产处理方案的因素,而并非破产处理方案本身(关于破产处理方案与调查项目的关系,参见后述第三部分破产处理方案的类型化)。

为了展现客观的调查数据,本文将首先解释各调查项目的意义,并介绍相关调查结果(后述第二部分调查项目的意义与相关情况);然后通过调查项目来定义不同的破产处理方案(后述第三部分破产处理方案的类型化);接着将每个案件逐一归入这些破产处理方案,并从程序的进行、地域、时期、负债总额、行业类别等不同角度来分析各种破产处理方案的运用比例(后述第四部分各处破产处理方案的比较);最后与先行研究即青山善充编的《和议法的实证研究》(商事法务研究会1998年版)(以下简称《和议》)进行对比(后述第五部分与《合议》的比较)。

二、调查项目的意义与相关情况

(一)调查项目的概要

调查项目共分为以下8个:(1)是否预计消灭法人格;(2)是否需要新的出资(发行股份);(3)是否需要新的融资(借款);(4)是否采用债务的股份化(Debt Equity Swap,DES,即债转股);(5)是否采用债务的劣后化(Debt Dert Swap,DDS,即债务互换);(6)是否采用事业转让;(7)是否采用公司分立;(8)是否采用公司合并。

对于这些项目,我们原则上是以再生计划草案为根据来录入数据。在存在多份再生计划草案的情形,我们是以最后获得通过的再生计划草案为依据。对于在调查阶段存在多份再生计划草案,但最终没有一份获得通过的案件,我们本来是想按照再生债务人、管理人、债权人的顺序来确定草案提交人的优先顺位，并以顺位最靠前的再生计划草案为依据来录入数据。但在本次调查中并未实际出现不同的提交权人提交了多份再生计划草案，最终却没有任何一份获得通过的情形。

在调查项目的数据录入中，也有由于不存在再生计划草案，因而只能根据调查问卷中的其他信息来录入数据的例外情形。对于这些情形，后文将在各调查项目的解说中详细介绍。

表 1 表示符合调查项目(Yes)的案件数量。在全部 313 件调查对象案件中，提交了再生计划草案的案件为 274 件，再生计划草案经过决议的案件为 265 件，再生计划草案获得通过的案件为 259 件，获得批准的案件为 258 件。调查项目的数据原则上是依据再生计划草案录入的。因此，表 1 中的"全部"是指 313 件调查对象案件中除去未提交再生计划草案的案件后，剩余的 274 件提交了再生计划草案的案件(以下简称再生计划草案提交案件)。需要注意的是，也有同一案件符合多个调查项目的情形。

表 1 提交了再生计划草案的案件调查项目的相关情况(案件数量:件)

调查项目	全部	①预计消灭法人格	②新的出资	③新的融资	④债务的股份化	⑤债务的劣后化	⑥事业转让	⑦公司分立	⑧公司合并
全部	274	58	40	31	0	0	45	4	5
东京	98	23	17	12	0	0	18	2	4
东京(旧)	54	4	4	5	0	0	2	0	1
东京(新)	44	19	13	7	0	0	16	2	3
大阪	88	22	19	11	0	0	17	2	0
大阪(旧)	50	6	7	2	0	0	4	0	0
大阪(新)	38	16	12	9	0	0	13	2	0
仙台	53	9	1	4	0	0	6	0	1
那霸	35	4	3	4	0	0	4	0	0

(二)预计消灭法人格的情形

1. 意义

表 1 中的"①预计消灭法人格"意在调查作为再生债务人的法人是否预计解散。这不仅关系到再生债务人能否实现事业再生,而且对于事业的终止、事业转让、公司分立(部分或全部)也具有重要意义。需要指出的是,这个项目的数据并不仅限于再生计划草案所显示的情况,而是根据整个调查问卷所能读取的范围来录入是否预计消灭法人格。

2. 调查结果

预计消灭再生债务人的法人格的案件在全部 274 件再生计划草案提交案件中有 58 件(21.2%)。预计消灭法人格的案件从东京(旧)的全部 54 件案件中的 4 件(7.4%),增加到东京(新)的全部 44 件案件中的 19 件(43.2%);从大阪(旧)的全部 50 件案件中的 6 件(12.0%),增加到大阪(新)的全部 38 件案件中的 16 件(42.1%)。在东京(新)和大阪(新)的案件中,预计消灭法人格的案件有很多。

(三)需要新的出资(发行股份)的情形

1. 意义

表 1 中的"②新的出资"意在调查再生债务人是否预计对所谓的战略投资者等发行股份。符合这个项目的案件几乎都是再生债务人预计无偿取得并注销(与所谓的 100% 减资组合运用)全部本公司股份的案件。由于来自所谓的战略投资者的资金支援形态包括出资,因而我们将"新的出资"作为破产处理方案的一个要素设定为调查项目。需要指出的是,这里的"新的出资"不包括债务的股份化(DES)。另外,我们只是着眼于出资这一支援形态而设定了这个项目,出资人的属性在所不问。因此,在少数案件中也存在由再生债务人的高管人员及职工等与人们对所谓的战略投资者的印象有些偏差的主体来出资的情形。

2. 调查结果

需要新的出资的案件在全部 274 件再生计划草案提交案件中有 40 件(14.6%)。需要新的出资的案件从东京(旧)的全部 54 件案件中的 4 件(7.4%),增加到东京(新)的全部 44 件案件中的 13 件(29.5%);从大阪(旧)的全部50件案件中的7件(14.0%),增加到大阪(新)的全部38件案件中的12件(31.6%)。在东京(新)和大阪(新)的案件中,需要新的出资的案件比例较高。

(四)需要新的融资(借款)的情形

1. 意义

表1中的"③新的融资"意在调查再生债务人是否预计从所谓的战略投资者等获得融资。这是来自战略投资者的资金支援形态之一。实际上对于再生债务人的支援形态并不仅限于出资及融资等资金支援,还包括人才的支援、车辆的提供等多种形态,但这里的②新的出资和③新的融资不包括资金支援以外的支援形态。需要指出的是,有1件案件的调查问卷显示再生债务人接受了来自董事的一定数额的资金支援。从该案件的调查问卷的记载难以判断该资金支援的形式是属于出资还是融资,抑或其他形式,我们将该案件归为融资。

2. 调查结果

需要新的融资的案件在全部274件再生计划草案提交案件中有31件(11.3%)。需要新的融资的案件从东京(旧)的全部54件案件中的5件(9.3%),增加到东京(新)的全部44件案件中的7件(15.9%);从大阪(旧)的全部50件案件中的2件(4.0%),增加到大阪(新)的全部38件案件中的9件(23.7%)。在东京(新)和大阪(新)的案件中,需要新的融资的案件比例较高。

(五)债务的股份化(DES)和债务的劣后化(DDS)

1. 意义

在私人清理中,债务的股份化(DES)和债务的劣后化(DDS)常被用于主要金融机构的金融支援方法。在《公司更生法》中也有以这些手法为前提的规定。那么在民事再生案件中,很可能也有金融机关利用这些手法来实现再生债务人的事业再生。于是,本次调查添加了表1中的"④债务的股份化"和"⑤债务的劣后化"这两个项目。广义上的债务的劣后处理还包括债务人企业的代表人等内部人的内部债权的劣后处理,但实际上没有必要将代表人等内部人的内部债权的劣后处理称为债务互换(DDS)并将其作为破产处理方案的手法。因此,这里的"⑤债务的劣后化"仅限于作为来自主要金融机构的支援手法的、债务的劣后化(DDS)。

2. 调查结果

债务的股份化(DES)和债务的劣后化(DDS)的案件均为0件。这些手法并未被活用于民事再生程序中的破产处理方案。除上述意义的债务的劣后化(DDS)外,在本次调查中还出现了将代表人和亲属的债权劣后化的案件、将劳动债权(一般优先债权)作为再生债权的案件、将担保权人的清偿期劣后于其他债权人的案件。关于这些问题,我们将在之后的"共益债权、小额债权、债权的劣后化等"中予以分析。

(六)采用事业转让的情形

1. 意义

表1中的"⑥事业转让"是指再生债务人将事业转让给其他法人的情形,这里不包括再生债务人从相关公司受让事业等再生债务人为事业的受让人的情形。这是因为:一般不将再生债务人是事业的受让人的情形理解为破产处理方案。

2. 调查结果

采用事业转让的案件在全部274件再生计划草案提交案件中有45件(16.4%)。在采用事业转让的全部45件案件中,东京有18件,大阪有17件,总共多达35件。采用事业转让的案件在东京(旧)的全部54件案件中只有2件(3.7%),但在东京(新)的全部44件案件中增加到16件(36.4%);在大阪(旧)的全部50件案件中只有4件(8.0%),但在大阪(新)的全部38件案件中增加到13件(34.2%)。在东京(新)和大阪(新)的案件中,采用事业转让的案件比例较高。

(七)公司的分立与合并

1. 意义

表1中的"⑦公司分立"和"⑧公司合并"意在调查是否会通过公司分立及合并这些组织再编来改变事业实施主体。这里的"公司合并"是指以再生债务人为消灭公司的合并,不包括再生债务人作为存续公司吸收相关公司的情形。本次调查中有1件案件虽然在再生计划草案中没有记载,但从案件记录可以看出其采用了公司合并。

2. 调查结果

采用公司分立的案件在全部 274 件再生计划草案提交案件中只有 4 件(1.5%)。其中,东京(新)有 2 件,大阪(新)有 2 件。在东京(新)和大阪(新)的案件中出现了利用公司分立的例子。

采用公司合并的案件在全部 274 件再生计划草案提交案件中有 5 件(1.8%)。其中,东京有 4 件,仙台有 1 件。在这 5 件案件中,东京的 1 件和仙台的 1 件是公司集团的民事再生案件。换言之,在这 2 件案件中,本次调查中的其他案件的再生债务人即母公司是合并中的存续公司。大阪和那霸为 0 件。采用公司合并的案件从东京(旧)的全部 54 件案件中的 1 件(1.9%),增加到东京(新)的全部 44 件案件中的 3 件(6.8%),可见在东京(新)的案件中公司合并得到了一定程度的利用。

三、破产处理方案的类型化

(一)基本类型的确认

本文将破产处理方案分为三种类型,即自主再建型、资金筹措型、事业转让型。自主再建型是指再生债务人的法人格存续,不接受新的出资或融资,不采用 DES 和 DDS,也不采用事业转让、公司分立或合并的情形(调查项目①~⑧全部为“No”的情形)。资金筹措型是指再生债务人接受新的出资或融资的情形(调查项目②或③为“Yes”的情形)。事业转让型是指采用了事业转让的情形(调查项目⑥为“Yes”的情形)。

在基本类型中,自主再建型与资金筹措型或事业转让型不会发生重叠,而资金筹措型与事业转让型则有可能发生重叠。本文将资金筹措型与事业转让型发生重叠的案件一律归为事业转让型。这是为了明确实施事业的主体由再生债务人法人变为其他法人的案件的比例。

(二)再编型和清算型的追加

在上述三种基本类型的基础上,本文还追加了再编型和清算型等两种类型。再编型是指发生公司分立或合并等组织再编的情形(调查项目⑦或⑧为“Yes”的情形),但本文不将新的出资(发行股份)归为再编型。这是因为,本文以明确事业实施主体由再生债务人法人变为其他法人的案件的比例为研究目的。再编型有可能与资金筹措型发生重叠,本文基于研究目的将资金筹措型与再编型发生重叠的案件归为再编型。

清算型是指预计消灭再生债务人的法人人格,不接受新的出资或融资,不采用 DES 和 DDS,也不采用事业转让、公司分立或合并的情形(调查项目①为"Yes",且②到⑧为"No"的情形)。由于本文已从定义上将清算型从其他类型中独立出来,因而其与事业转让型和再编型不会发生重叠。也就是说,这里的清算型不包括先继续再生债务人的事业并实施事业转让或公司分立、然后解散再生债务人法人的情形,只包括通过以终止事业为前提的所谓清算的再生计划预计在短时间内终止事业并解散法人的情形。

综上所述,本文中的破产处理方案共分为五种类型:(1)自主再建型;(2)资金筹措型(不包括事业转让、公司分立或合并);(3)事业转让型(包括资金筹措);(4)再编型(包括资金筹措);(5)清算型(终止事业的案件)。

在将破产处理方案从理念上分为这几种类型的前提下,各种类型大致具有以下内容和特征:①

自主再建型是恢复再生债务人事业的收益能力,并以将来的收益来对债权人实施分期清偿的一种方案,其是由债权人来承担事业再生失败的风险的方案。与此相对,事业转让型是将再生债务人的事业转让给能够最有效地利用该事业的受让人,并将价款一次性地清偿给债权人的一种方案。由于事业实施主体已经由再生债务人法人变为其他法人,因而承担事业转让后事业再生失败的风险的是该事业的受让人,而非债权人。资金筹措型在很多时候会发生其他法人成为事业实施主体的实质变更,从这个意义上讲,其具有类似于事业转让型的性质(特别是出资的情形)。但资金筹措型只要是采用以将来的收益来对债权人实施分期清偿的再生计划,就可以说是由债权人来承担事业再生失败的风险,因而又与自主再建型具有共性。与此相对,再编型只要是采用先通过公司的分立或合并由再生债务人取得股份并将之变价,再实施一次性清偿的再生计划,承担股份变价后的事业再生失败的风险的就不是债权人,因而其与事业转让型具有共性。

① 参见全国倒産処理弁護士ネットワーク编,オロ千晴、伊藤眞监修:《新注释民事再生法(上)》,金融财政事情研究会 2010 年版,第6页以下〔中西正〕。

接下来以这些特征为前提,分析破产处理方案的调查结果。

四、各种破产处理方案的比较

(一)破产处理方案与程序的进行

1. 全部

在全部274件再生计划草案提交案件中,再生计划草案经过决议的案件为265件,再生计划草案获得通过的案件为259件,批准再生计划草案的裁定已确定的案件(以下简称批准案件)为258件。表2以再生计划草案的提交与决议、到通过与批准、再到程序终结(或者批准后终止)这一程序的进行为标准,显示了各种破产处理方案在案件数量上的变化。

表2 破产处理方案与程序的进行状况(案件数量:件)

程序进行情况	全部	自主再建型	资金筹措型	事业转让型	再编型	清算型
提交了再生计划草案	274	161	50	45	8	10
经过决议	265	158	49	41	7	10
获得通过	259	156	48	38	7	10
批准裁定已确定	258	156	47	38	7	10
终结裁定	232	137	43	36	7	9
批准后程序终止	26	19	4	2	0	1

2. 从再生计划草案的提交到批准

(1)从再生计划草案的提交到决议

如表2所示,在再生计划草案提交案件中,草案未交付决议的案件为9件(东京1件、大阪2件、那霸6件)。这些案件的破产处理方案具体为:自主再建型3件,资金筹措型1件,事业转让型4件,再编型1件,清算型0件。

关于这些案件中再生计划草案未交付决议的原因,从不同的破产处理方案来看,分别包括以下事由:

在自主再建型的案件方面,主要包括资金周转出现困难、再生计划草案不具备有可能执行的内容等事由。

在资金筹措型的案件方面,则是战略投资者本来预计提供出资或融资,但后来中止了支援,事业再生随之停顿,于是法院作出再生程序终止的裁定(《民事再生法》第191条第1项)。其中,战略投资者中止支援的原因尚不明朗。

在资金筹措型的案件方面,则分为两种情形:一种是在提出再生申请的最初就计划采用事业转让,此后在经过投标和尽职调查,几乎就要确定战略投资者时,再生债务人突然解聘了代理人律师,随即转入自主再建,由于缺乏再建的可能性,最终尽管起草了事业转让型的再生计划,却不具备有可能实现的内容;另一种是在法院作出消灭担保权的许可后,法院基于价额裁定请求而裁定了比申请额更高的价额,程序尚未进行到签订战略投资协议前就告终止。

(2)从再生计划草案的决议到批准裁定的确定

再生计划草案虽经过决议,但最终未至批准裁定确定的案件共有7件。其中,再生计划草案未获通过的案件为6件,具体类型为:自主再建型2件,资金筹措型(出资)1件,事业转让型3件。在最终未至批准裁定确定的案件中,剩余的1件为资金筹措型(融资)。在该案例中,虽然再生计划草案获得通过并且法院作出了批准裁定,但利害关系人对批准裁定提出了即时抗告,结果法院撤销批准裁定并改为作出不批准裁定。

(3)分析

程序进行至批准裁定确定的案件数量及比例在全部274件再生计划草案提交案件中有258件(94.2%)。从不同的破产处理方案来看,分别为:在自主再建型的全部161件案件中有156件(96.9%),在资金筹措型的全部50件案件中有47件(94.0%),在事业转让型的全部45件案件中有38件(84.4%),在再编型的全部8件案件中有7件(87.5%)。关于程序进行至批准裁定确定的案件在再生计划草案提交案件中所占的比例,与全部案件相比,自主再建型的案件稍高,而事业转让型的案件略低。

3.从批准裁定的确定到终结裁定

下面从不同破产处理方案的角度分析批准案件中有多少程序进行至法院作出终结裁定的阶段。在全部258件批准案件中,程序进行至终结裁定的案件为232件(89.9%)。从不同的破产处理方案来看,分别为:在自主再建型的全部156件案件中有137件(87.8%),在资金筹措型的全部47件案件中有43件(91.5%),在事业转让型的全部38件案件中有36件(94.7%),在再编型的全部7件案件中有7件(100%),在清算型的全部10件案件中有9件(90.0%)。关于程序进行至终结裁定的案件在批准案件中所占的比例，与全部案件相比，自主再建型的案件最低，而事业转让型和再编型的案件较高。反过来讲，自主再建型的案件在法院作出批准裁定后程序终止的比例较高，而事业转让型和再编型的案件在法院作出批准裁定后程序终止的比例较低。这很可能是源于自主再建型的案件与事业转让型及再编型的案件在清偿计划上的差异。

4. 小结

关于破产处理方案与程序的进行之间的关系，分析结果可以总结如下：自主再建型的案件从再生计划草案的提交到批准，程序得以顺利进行的比例较高，而从再生计划草案的批准到终结裁定，程序最终走完的比例则略低。与此相对，事业转让型的案件的特征在于：虽然有时再生计划草案提交后未获得通过，但只要获得通过，到终结裁定为止，程序最终走完的比例较高。

（二）破产处理方案与地域

1. 破产处理方案在各地方法院的数据

那么，破产处理方案在各地方法院会呈现出不同的特征么？如表 2 所示，我们可以以再生计划草案的提交、决议、通过、批准、终结裁定这一系列程序的进行为标准，对不同地方法院的情况加以分析。下面仅以批准案件为对象进行分析。我们以批准案件为分析对象乃是因为：既然再生计划是经过债权人的决议而获得通过，并由法院批准，那么自然可以推定包含在再生计划中的破产处理方案具有相当程度的合理性和实现的可能性。

2. 各地方法院的破产处理方案（比例）

表 3 表示破产处理方案在各地方法院的利用情况。图 1 对全部案件与各地方法院案件的数据进行了比较。在全部案件中，自主再建型的案件占 60.5%，资金筹措型的案件占 18.2%，事业转让型的案件占 14.7%，再编型的案件占2.7%，清算型的案件占 3.9%。在东京方面，再编型的案件比例较高，占到 5.3%，资金筹措型的案件比例略低，占到 16.0%。在大阪方面，自主再建型的案件比例相当低，只占到 49.4%，而资金筹措型的案件占到 26.5%，事业转让型的案件占到 18.1%，清算型的案件占到 4.8%，比例较高。在仙台方面，自主再建型的案件比例较高，占到 73.1%，而事业转让型的案件占到 11.5%，资金筹措型的案件占到 9.6%，在事业转让型的案件比例高于资金筹措型这一点上较有特色。在那霸方

面,自主再建型的案件比例相当高,达到75.9%,而事业转让型的案件比例相当低,只有3.4%。

表3 批准案件的破产处理方案(案件数量:件)

处理方案	自主再建型	资金筹措型	事业转让型	再编型	清算型	合计
全部	156	47	38	7	10	258
东京	55	15	16	5	3	94
东京(旧)	43	6	2	1	2	54
东京(新)	12	9	14	4	1	40
大阪	41	22	15	1	4	83
大阪(旧)	36	7	4	0	2	49
大阪(新)	5	15	11	1	2	34
仙台	38	5	6	1	2	52
那霸	22	5	1	0	1	29

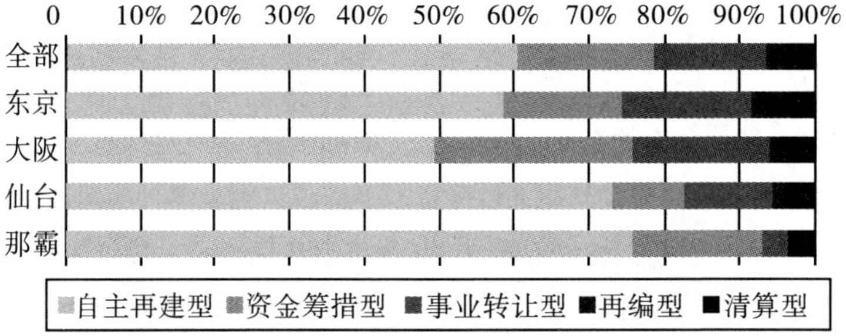

图1 各地方法院的破产处理方案(案件比例)

(三)破产处理方案与时期

1.东京方面和大阪方面不同时期的比较

即使在相同的地方法院,在不同的时期破产处理方案也有可能出现变化。下面从不同时期对东京和大阪方面的破产处理方案进行比较。

比较图2中东京(新)与东京(旧)的数据可知,在东京(新)的案件中,自主再建型的案件比例较低,资金筹措型、事业转让型、再编型的案件比例较高,特别是事业转让型的案件明显很高,而清算型的案件比例很低。比较大阪(旧)与大阪(新)的数据可知,在大阪(新)的案件中,自主再建型的案件比例较低,资金筹措型和事业转让型的案件比例较高,另外也有再编型的案件。大阪方面的特征在于:资金筹措型的案件比例非常高,清算型的案件比例也比较高。

表 4　破产处理方案的新旧对比(案件数量:件)

处理方案	自主再建型	资金筹措型	事业转让型	再编型	清算型	合计
全部	156	47	38	7	10	258
全部(旧)	124	18	7	2	7	158
全部(新)	32	29	31	5	3	100
东京(旧)	43	6	2	1	2	54
东京(新)	12	9	14	4	1	40
大阪(旧)	36	7	4	0	2	49
大阪(新)	5	15	11	1	2	34
仙台(旧)	28	2	1	1	2	34
仙台(新)	10	3	5	0	0	18
那霸(旧)	17	3	0	0	1	21
那霸(新)	5	2	1	0	0	8

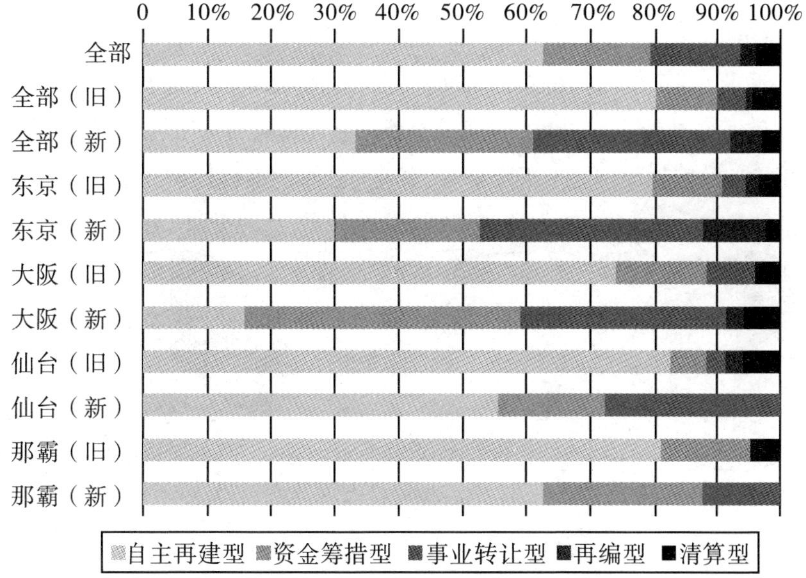

图 2　破产处理方案的新旧对比(案件比例)

2. 仙台方面和那霸方面不同时期的比较

从上述分析可知,东京(新)和大阪(新)的案件在自主再建型的案件比例较低这一点上呈现共同的趋势。由此可以推定,仙台和那霸的案件在不同时期的破产处理方案的案件比例也会呈现类似的趋势。于是,笔者也对仙台和那霸方面的数据进行了新旧对比。笔者还将东京、大阪、仙台及那霸方面的数据与全部案件的数据进行了对比。

笔者将在2004年以前提出再生申请的仙台与那霸的案件分别称为仙台(旧)与那霸(旧),将2005年以后提出再生申请的案件分别称为仙台(新)与那霸(新)。这种区分虽然与东京(旧)、东京(新)和大阪(旧)、大阪(新)的新旧区分标准有所不同,但仍然能够反映仙台和那霸的案件在不同时期的变化趋势。

表4和图2表示根据上述区分标准对仙台和那霸的案件进行的新旧对比。分别比较图2中仙台(旧)与仙台(新)的案件以及那霸(旧)与那霸(新)的案件可知,在仙台(新)和那霸(新)的案件中,自主再建型的案件比例较低,事业转让型的案件比例较高。在仙台(旧)和那霸(旧)的案件中有清算型的案件,在仙台(新)和那霸(新)的案件中没有清算型的案件。如果将此理解为清算型案件处于减少的趋势,那么从东京(旧)与东京(新)的案件中也可以看到相近的趋势。

笔者将东京(旧)、大阪(旧)、仙台(旧)、那霸(旧)的案件加在一起作为全部(旧),将东京(新)、大阪(新)、仙台(新)、那霸(新)的案件加在一起作为全部(新)。比较全部(旧)与全部(新)的案件可知,在全部(新)的案件中,自主再建型的案件比例较低,而事业转让型的案件比例相当高。从全部案件来看,随着时间的推移,自主再建型的案件比例处于下降趋势,事业转让型的案件比例处于上升趋势。

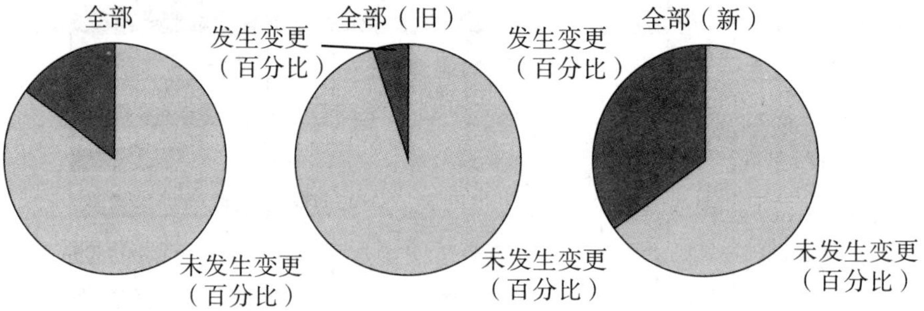

图3 事业实施主体是否发生变更的新旧对比(案件比例)

3. 事业实施主体的变更

自主再建型和资金筹措型是事业实施主体不发生变更的类型,而事业转让型和再编型是事业实施主体由再生债务人法人变更为其他法人的类型。清算型是采用终止事业的、清算的再生计划的类型，因而在这里不作探讨。下面分析在利用民事再生程序谋求事业再生的案件中有多少事业实施主体发生了变更。

从图3的全部案件可知，批准案件中80%以上的案件事业实施主体未发生变更。从新旧对比可知，在各地方法院的案件中事业实施主体发生变更的案件比例均处于上升趋势。对比全部（旧）与全部（新）的案件可知，在全部（旧）的案件中事业实施主体未发生变更的案件比例高达94.0%，而在全部（新）的案件中这一比例变得相当低，只有62.9%。这表明随着时间的推移，由再生债务人法人来实施事业、从而谋求事业再生的案件处于减少的趋势。

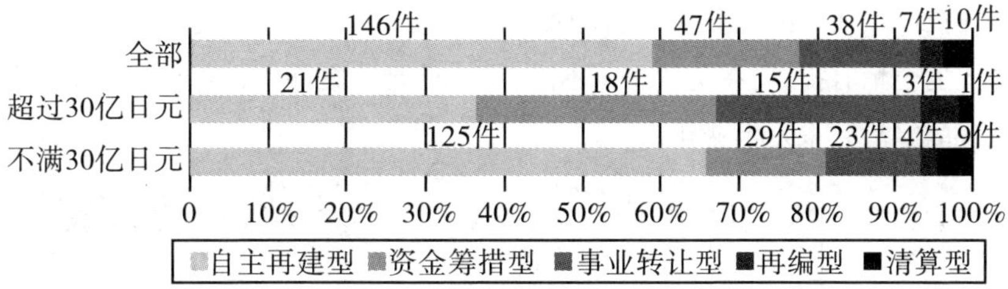

图4 破产处理方案与负债总额（案件比例）

4. 破产处理方案与负债总额

接下来分析破产处理方案与负债总额之间的关系。我们将负债总额看作表明再生债务人的事业规模的指标。那么，分析破产处理方案与负债总额之间的关系，就是明确再生债务人的规模的大小与破产处理方案之间存在何种关系。我们将负债总额超过30亿日元的案件作为大规模案件，将负债总额不满30亿日元的案件作为中小规模案件。图4表示在这两者中各种破产处理方案的案件比例。负债总额有再生申请书中的记载和清算资产负债表中的记载两种标准，我们以清算资产负债表中记载的负债总额为依据。需要说明的是，在全部258件批准案件中，有10件无法从清算资产负债表获取有关负债总额的明确数据，于是笔者未将这些案件作为分析对象，由此全部案件变为248件。

从图4可知，在全部248件案件中，自主再建型的案件有146件（58.9%）。在负债总额不满30亿日元的全部190件案件中，自主再建型的案件有125件（65.8%），自主再建型的案件比例较高。与此相对，在负债总额超过30亿日元的全部58件案件中，自主再建型的案件有21件（36.2%），自主再建型的案件比例相当低，资金筹措型、事业转让型、再编型的案件比例较高。从事业实施主体是否发生变更的角度看,事业实施主体未发生变更的案件(自主再建型与资金筹措型的合计)的比例在全部案件中为77.8%,在负债总额不满30亿日元的案件中为81.8%,而在负债总额超过30亿日元的案件中则降为67.2%。负债总额超过30亿日元的案件表现出事业实施主体由再生债务人法人变更为其他法人的案件比例较高的特征。此外,对于从清算资产负债表无法明确负债总额的10件案件,也可从再生申请书判断其负债总额。从再生申请书中记载的负债总额来看,在这10件案件中,负债总额不满30亿日元的案件有8件,超过30亿日元的案件有2件。这10件案件均为自主再建型的案件。即使将这10件案件也加到以清算资产负债表的记载为依据的那248件案件上,也只不过是自主再建型的案件比例会稍有提高,在负债总额不满30亿日元的案件中自主再建型的案件比例较低的趋势并未发生变化。

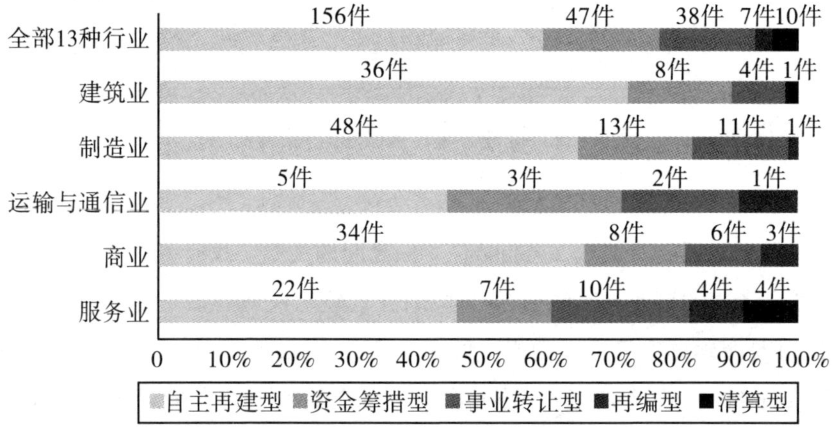

图5 破产处理方案与行业类别(案件数量和案件比例)

5.破产处理方案与行业类别

下面分析破产处理方案与再生债务人的行业类别之间的关系。图5显示了在批准案件达到10件以上的5类行业中,破产处理方案的具体情况。需要说明的是,本次调查一共将再生债务人所在行业分为13类,但这里省略了批准案件不满10件的8类行业。

从图5可知,比较全部13类行业而言,在建筑业的案件中自主再建型的案件比例很高,在制造业和商业的案件中自主再建型的案件比例也比较高。与此相对,在运输与通信业和服务业的案件中自主再建型的案件比例则比较低。从事业实施主体是否发生变更的角度来看,在建筑业的案件中事业实施主体未发生变更的案件(自主再建型与资金筹措型的合计)的比例较高,在服务业的案件中则是事业实施主体发生变更的案件(事业转让型与再编型的合计)的比例较高。

6. 资金筹措型的具体情况

从图2可知,在大阪(新)的案件中,自主再建型的案件大幅减少,资金筹措型的案件出现增加。由于资金筹措型的案件包括需要出资的案件、需要融资的案件、需要出资与融资的案件,因而这里先确认资金筹措型的具体情况,再来分析大阪方面的案件特征。

表5表示资金筹措型的全部47件案件的具体情况,比较其中东京(旧)与东京(新)的数据可知,在东京(新)的案件中,仅获出资的案件处于增加,仅获融资的案件处于减少,既获出资又获融资的案件处于增加。与此相对,比较表5中大阪(旧)与大阪(新)的数据可知,在大阪(新)的案件中,无论哪一种资金筹措型的案件都处于增加。在东京(新)方面仅获融资的案件处于减少而大阪(新)方面仅获融资的案件却处于增加这一点上,两者的差异较为明显。在大阪(新)的案件中资金筹措型的案件比例提高的原因在于需要融资的案件比例较高。

表5 资金筹措型的具体情况(案件数量:件)

具体情况	仅获出资	仅获融资	既获出资又获融资	合计
全部	22	14	11	47
东京	7	4	4	15
东京(旧)	2	3	1	6
东京(新)	5	1	3	9
大阪	13	4	5	22
大阪(旧)	5	0	2	7
大阪(新)	8	4	3	15
仙台	1	4	0	5
那霸	1	2	2	5

五、与《和议》的比较

与先行研究即《和议》比较可知,在《和议》中,将债务人法人的股份转让给战略投资者的案件只有1件。该案件在形式上是现有股份的转让,与取得并注销本公司股份后再发行新股有所不同,因而既不属于资金筹措型(出资),又不属于再编型(公司分立与合并)。如果以本文中的破产处理方案来看,应属于自主再建型。与此相对,在本次调查中,全部258件批准案件仅获出资和既获出资又获融资的资金筹措型的案件共有33件(12.8%),再编型的案件有9件(3.5%)。与和议程序相比,民事再生程序中的破产处理方案趋于多样,事业实施主体发生变更的案件比例也有所上升。

《和议》显示,在该次调查的全部416件案件中,清算型的和解案件只有1件。而在本次调查的全部258件批准案件中,清算型的案件达到10件(3.9%)。

【破产并购艺术】

破产并购

——如何兼并重组困境企业

郑志斌*

经济危机席卷全球后,经济复苏的信号已经开始出现。但是对于经历经济风暴的企业来说,由于信贷和资本市场的萎缩,很多企业仍挣扎在生存的边缘。因此,近年来并购困境企业的交易数量持续增长也就不足为奇了。低廉的价格是破产并购的一个重要原因,但更重要的原因是并购者可以将企业业务进行整合后,使企业起死回生,恢复盈利能力从而获利。正是破产并购在解决企业困境方面的卓越效果以及给投资者带来的巨大收益,使破产并购在理论界与实务界都引起了广泛热议。

一、何为破产并购

破产并购,又称危机并购,是并购重组的一种特殊类型。破产并购涉及传统并购所没有的特殊风险,但也隐藏着巨大的机遇。投资者若能了解破产并购的风险与趋势,通过设计合理的交易结构,就能从该类交易中获利。

适者生存是自然法则,也是商业法则。从当前席卷

---

* 北京大成律师事务所高级合伙人,北京市破产法学会副会长。

全球的经济危机可以看出,无法经历经济风暴的企业会被吞噬,而另一些企业则抓住机遇进行并购整合,做大做强。当前我国经济发展进入“新常态”,经济增速持续下滑,产能过剩成了当前经济运行中的突出问题。产能过剩行业普遍存在产业集中度低、企业规模小、重复建设、产品结构不合理、恶性竞争等多重问题。很多企业由于资金链断裂,处于消亡的边缘。商业,如同人生,命运一半取决于事件本身,另一半取决于人们如何应对。危机并不意味着企业的终结,相反,这可能是一个新生的信号。岁月严寒,经济的寒冬并未消逝,但危机并购的春天已经到来,市场已经为此做好准备,机会的大门正在向期望利用经济萧条获利的敏锐的投资者打开。

每年,都有无数家困境企业进行重组、破产或清算。这很正常,风险是商业的本质,某些风险若处理不当就会导致企业陷入财务危机。现金流为负、资不抵债、无法偿还到期债务、资金链断裂等都可能成为危机企业的标志。

一方面,破产并购涉及传统并购领域所没有的特殊风险,更具专业性;另一方面,对于能够承受这些风险的投资者,当前的市场为低价并购困境企业提供了绝好的机会,若交易结构设计合理,就可以避免不必要的风险。对于投资者来说,了解危机并购的风险和优势,利用交易模式使二者达到平衡,可以帮助其从这种另类的交易中获益。近年来,公众熟知的危机并购包括顺风光电收购无锡尚德、海鑫钢铁重整、佳兆业重组、信达公司收购嘉粤集团、象屿集团收购夏新电子等。

二、为何涉足困境企业

商人始终追求利益,投资者涉足困境企业的最根本原因是看到了破产并购背后隐藏的巨大利益,收购困境企业可以实现以较低的投入成本换取较高收益的目的,破产并购的优势主要体现在困境企业本身具有的价值、投资价格低以及投资收益高三方面。

(一)困境企业有价值

困境企业的价值主要体现在“壳资源”的价值以及其具有的核心竞争力。“壳资源”的价值包括困境企业的上市资格、已获得的行政许可、配额及特殊资质等,核心竞争力主要指困境企业在市场、人员以及技术方面具有的竞争力。股票在主板市场发行、上市交易门槛较高,主板市场对公司的主体资格、公司治理、独立性、同业竞争、关联交易、财务要求、股本集公众持股都有严格的要求,一般公司难以直接上市,借助具备上市资格的困境企业的"壳资源"降低了普通公司的上市难度。另外,困境企业的特殊资质如信托资质需要经过监管部门的批准,通过破产并购投资者可以实现取得困境企业的特殊资质的目的,而不需要再经监管部门的审核批准。

(二)投资价格低

一方面,困境企业股东处于惊慌不安状态,担心企业现状进一步恶化,导致公司价值进一步降低,急于将困境企业出售,并且认为可供自己选择的投资者十分有限,因此困境企业在进行并购重组的交易谈判中便处于劣势地位。

另一方面,由于令人迷惑的信息、时间紧迫的压力、不确定的问题和陌生的程序等原因,困境投资的市场是最没有效率的市场之一。大多数潜在的投资者都避免这样的麻烦而愿意选择程序简明的传统并购。另一些购买者由于缺少专业人员或资金等原因无法快速完成破产并购所需程序。因此,困境企业的需求大大超过潜在投资者,提升了投资者在交易谈判中的地位,使对困境企业的投资价格相对传统交易来说变得很低。

(三)投资收益高

对于能够承担风险的投资者来说,他们认为投资初期低效率的市场和相对较低的价格会在投资退出时获得高于平均的收益。在其他投资者认为高风险的领域,并购者认为其具有特殊吸引力。一般来说,投资者相信将坏的公司转变为好的公司所获得的收益超过将好的公司转变为杰出的公司。他们认为,对于基础设计进行管理上的重新调整的风险要低于创造和贯彻一个独创的发展战略。

总体来说,若投资者试图并购一个困境公司,其需要考虑的因素与传统的并购本质上是类似的,大致有以下四点:

其一,也是所有并购都会考虑的因素,目标公司拥有以下几点:(1)与当前业务符合的良好战略;(2)符合要求的产品线;(3)可以提供额外的分销能力。

其二,与正常企业相比,由于困境企业的资产被低估,并购者可以以低于其真实价格的折扣价获得。

其三,陷入困境的企业很多,但由于危机并购的复杂性和所涉及的破产重整知识的专业性,使很多投资者望而却步,很少有投资者愿意花费时间和精力去进行研究并完成交易,这就使潜在的并购者可以利用专业知识在这个无效市场中获利。

其四,困境企业不可避免都需要进行某种形式的重组、新资本注入、出售或者清算,这些交易从某种程度上讲都是被迫的。也就是说,若当事方无法通过协议达成交易,最终会申请破产,破产程序最终会为解决问题提供一个平台,达成一个折中的结果。

三、企业陷入困境的原因

企业陷入困境的原因类似于人体陷入不健康的病因。由于病因具有一定的隐蔽性,当一个企业陷入危机,外部最先看到的往往不是病因,而是具体的外在表现。症状只提示企业的哪些方面出了问题,若要帮助企业恢复生机,重要的是必须找到引发问题的根源即病因。企业出现危机的原因从大的方面区分为内外二因,以病人患病为喻,即自身体质原因,外部环境原因。

(一)企业出现危机的内部原因

1.盈利能力差(造血功能弱)

对存在即以营利为目的的公司而言,盈利能力是其立于不败之地的基础。企业的盈利能力就如同人体的造血功能,如果人体造血能力弱,身体抵抗力差,就难以抵御病魔的侵扰,容易患病。企业如果盈利能力差,势必资金周转困难,缺乏发展资金,容易造成主营业务萎缩,市场占有率下降,如果长期得不到改善,将会形成连续、大幅亏损。经营有风险,公司出现短期亏损也属正常,可通过之前的内部积累或外部融资等资金运作加以克服,然而,如果亏损的根本原因出在盈利能力上,则很难转亏为盈。一个长期亏损的企业,自身造血难以满足需要,从外部获得资金支持也比较困难,即使一时通过银行贷款或民间借贷等融资手段获得输血,但只能是治标不治本,反而使公司背上越来越沉重的债务负担,在困境泥沼中越陷越深。

2. 资产负债率过高(体重超标)

高负债率毫无疑问是困境企业的通病。从目前国内进行重组的企业来看,负债率多数超过100%,有的甚至超过200%。例如,*ST联华,重组前原上市公司资产总额为2000多万元,负债为9000多万元,资产负债率高达460%;四川金顶,重整前资产总额约9.3亿元,负债约14.5亿元,资产负债率达156%;锌业股份,重整前资产总额约31.8亿元,负债总额约为64.6亿元,资产负债率达203%。另外,有些企业虽然资产负债表上显示资产大于负债,但实际上,资产水分较大,经过评估后,事实上已经资不抵债。

人体超重太多易诱发多种疾病,企业负债过高也使企业负重前行,危机四伏。负债率高,企业投资经营缺乏充裕的资金支撑,难以实现长远发展,另外,企业偿债能力削弱,融资难度加大,反过来又进一步降低了企业通过融资摆脱困境的机会。如果产业自身盈利能力强,市场行情好,高负债率的负面影响可能不会马上显现,但如果行业大环境萧条,盈利大幅度缩水,持续出现亏损,高额利息负担无法得到丰厚利润的弥补,成为公司一项沉重包袱,进一步加重公司亏损情况,形成恶性循环,一旦资金链断裂,危机将一触即发。

3. 资产流动性差(血流不畅)

人体如果血流速度放缓,易患心脑血管等疾病,而如果公司资产流动性差,一定时期内现金净流入不能满足偿还债务的需要,很有可能引发公司财务危机。

公司的成败往往取决于能否创造出可持续的现金流。公司资产流动性差,支付能力弱,公司必然陷入困境,而不能清偿到期债务本身就构成公司破产的一个法定条件。实践中,重整或者破产清算的企业绝大多数都存在资产流动性差、现金流短缺这一突出问题。

4. 公司治理出现僵局(身体中枢系统失调)

"公司治理僵局",这个新鲜的名词如今正频繁地出现在公司经营管理中。根据《布莱克法律词典》的定义,公司僵局是指在封闭持股公司中出现的由于公司的控制结构允许一个或多个不同意公司某些方面政策的股东派别阻止公司的正常运作所致的僵持状态。公司治理僵局集中表现在由于股东、董事之间矛盾激化而处于僵持状态,导致股东会、董事会无法有效召集,或者是虽然能够召集但无法通过决议,低效运转,甚至陷入瘫痪。公司治理僵局主要表现形式包括公司出现控制权之争、缺乏有效的实际控制人或实际控制人突遭变故以及权利机构之间发生冲突。

5. 决策失误(主观判断错误导致身体受损)

正如良好的身体素质需要身体主人的悉心保养,公司健康发展也需要决策层敬业谨慎,审时度势,做出正确的战略部署。然而,实践中,很多企业面临危机往往就是一两个关键性决策失误造成的。

公司发展到一定阶段,通常倾向于扩张规模,实施多元化经营策略。多元化意味着进一步的增长,但同时也隐藏着较大风险。扩张过快,各业务都不可避免地产生资金需求,摊子铺太大,开发资金不能跟上,很容易诱发财务困境。在整体经济形势不景气时,每个项目都有可能发生危机,多元化经营未必能够分散风险,反而有集中加剧的可能。此外,新业务的发展很可能导致对核心业务的忽视,导致公司原有优势越来越小。

6. 管理不善(缺乏科学保健)

在造成企业衰退陷入危机的各种原因中,管理制度不健全,管理团队管理不善难辞其咎。公司管理制度是公司文化的主要内容之一,是实现公司目标的有力措施和手段,包括公司产权构成、组织方式和管理方式的体系和组合方式。合理的公司制度能够保证公司正常运转,协调领导、管理层和员工之间以及本公司与其他公司之间的关系,调动各方的积极性和创造性,有利于更快、更好地实现公司目标。而如果公司制度不健全、不科学,不能与时俱进,必将影响公司正常运转,削弱公司市场竞争力。

7. 技术设备落后(身体器官老化)

正如身体器官老化会引发人体健康困扰,如果公司的技术、设备不及时更新换代,落后于同行业其他公司或者国际先进水平,直接影响生产规模、产品质量及盈利能力,可能会造成持续亏损。公司要想继续生存发展,就需要加大研发投入,进行技术创新,设备更新换代。

(二)公司出现危机的外部原因

1. 经济环境变化(气候、环境变化诱发人体疾病)

季节变换、天气恶劣的时候人体易患病,公司经营亦然。经营环境和行业规律很大程度上影响着公司的良好发展。当然,外因通过内因起作用,如果公司本身内部配置优良,适应外部环境变化的能力较强,则不易出现危机。

外部经营环境包括两个层次：宏观经济环境和微观经济环境。宏观经济环境和微观经济环境双重作用，影响着公司所处行业的周期性变化。有一些行业因受供求关系、竞争、劳动力、核心技术等因素影响显著，而呈现出明显的周期性变化特征，典型的周期性行业有大宗原材料(如钢铁、煤炭等)、工程机械、船舶等。行业周期波动不可避免地会给公司带来负面影响，如果公司不能顺利克服，就很可能出现危机。如丹东化纤、吉林纸业、石岘纸业、金城纸业等都因造纸、化工的行业性特点而陷入困境。而山西联盛、海鑫钢铁等大型民营企业也相继资金链断裂，濒临破产。

2. 利益相关方危机蔓延(被其他病人传染)

身体健康的人如果与患有的传染疾病的人关系密切，接触过多，也容易患上疾病。一个企业即使生产运营正常，业务盈利能力较好，财务成本控制合理，但如果与其有关联的其他企业陷入危机，也难免会受到波及。

(1)因对外担保而遭牵连

因金融机构提供贷款通常要求贷方提供担保，公司运营过程中不可避免需要以自有财产提供担保，或者寻求第三方提供财产担保或承担保证责任。如果公司对外提供担保，客观上就会存在为其他公司欠款进行清偿的可能性。有些企业家喜欢开数家公司，相互作保。如果其中一家公司出问题，将连带所有关联公司集体下水，想要解决问题时，会发现其中盘根错节，杂乱无章，毫无头绪，无法找出突破口，最后有些原本可以存活的公司也被牵累，无法救治。有些地区相互担保的现象非常普遍，公司之间利益捆绑现象严重，一旦其中一个公司资不抵债宣告破产，其他公司也必将受到波及，甚至引发“多米诺骨牌式”的倒闭潮。

(2)因交易对手或者其他利益相关方出现危机被波及

当一个企业面临危机时，这个企业的上下游客户通常会受到影响。特别是有些指定甚至唯一供应商或者销售商，危机企业在这些企业中的业务占有相当大的比例，一旦该企业生产停滞，供应商和销售商都将面临一定风险。

3. 突发事件(人体受到外力打击)

天有不测风云，人有旦夕祸福。突发事件也有可能导致企业混乱，较为常见的突发事件有如下几种：

(1)大规模产品责任事件。此类事件包括企业自身生产的产品责任事件和供应商带来的危机。

(2)突如其来的调查、仲裁或诉讼案件。这一类突发事件发生频率较高,但多不易预测,公司在采取应对措施时往往比较被动,如果不能快速、妥善处理,很可能酿成危机。例如,我国光伏产业2013年受到欧洲反倾销调查和美国双反调查,出口严重受阻,陷入产业寒冬,导致光伏行业的领军企业无锡尚德深陷破产险境。

(3)意外事件。自然灾害会给公司运营带来危机。这在地震、火山、台风飓风、海啸等自然灾害较常见的地方非常普遍。隧道失火、桥梁垮塌、输油管道破裂等意外事故的发生也不可避免地会对相关企业造成重大影响,甚至可能使企业永远丧失翻身的机会。

四、破产并购的特点

破产并购与传统并购最明显的区别是,破产并购的对象是正在经历流动性危机的困境企业,这导致了债务人和债权人之间的关系的差异。另一个区别是,在危机并购中司法机关,比如法院扮演的角色,是平衡债务人和债权人之间的关系。总体来说,危机并购与传统并购有以下几点差异:

(一)宝贵的时间

在危机并购中,通常要对时间和价值进行权衡,困境企业的资产价值通常被形容为“正在融化的冰块”。为了获取现金,出售者会希望交易迅速进行,因此提出的条件较少。对于困境公司面临的关键问题,投资者必须迅速进行评估,以判断如何解决这些问题,以及其对公司经营和价值的影响和购买者可获得的机会。在几乎所有案件中,成功的投资者都要有快速有效进行必要尽职调查的能力,有在较少回合中评估风险并进行协商谈判的能力。当时间有限时,准备工作就变得至关重要了。

(二)特殊的风险

在破产并购领域,存在很多传统并购不存在的风险,包括程序上的风险和实质意义上的风险。比如,存在被债权人或者管理人认为构成欺诈性转让的风险,出售者的高管被认定为违反信托义务的风险等。此外,若交易完成后,被收购者的经营状况继续恶化,企业可能会走向破产清算,投资者的收益目的落空。

(三)复杂的利益相关方

在困境投资的背景下,交易会涉及很多的利益相关方。通常包括高级债权人、次级债权人、特定资产的贷款人、关键供应商、客户、土地出租人、工会、管理层和股东。了解每个利益相关方的真正经济利益、手段,是非常关键的。对于利益相关方的权利和利益的了解,有利于作出结构选择和控制方案。同时,利益相关方之间通常会存在利益冲突,这种情况下则需要极强的领导能力、谈判技巧,与不同当事方不断地进行交流,以最小化冲突,增强一致性,保证交易在正常轨道上。

(四)迅速的交易模式和程序

由于需要进行快速的尽职调查、谈判和交易,加之出售方的陈述与保证的价值有限性,危机并购程序通常有以下几个交易模式:法庭外重组、参与拍卖、通过重整计划购买、清算、通过预重整程序购买、"Loan-To-Own"模式等。并购一个企业的方式有很多,在作出决策前必须进行充分考虑和评估。若在法庭程序内进行交易,程序必须透明,有备查证明文件,并与多方利益相关方进行交流。

(五)特殊的评估问题

与通常的评估方法相比,破产并购的评估需要进行一定的调整。一个成功的危机专家在判断不同种类的困境资产时会根据经验采用不同的分析指标。

(六)有限的尽职调查与合同保护

与传统的并购不同,困境企业的投资者通常只有有限的时间进行尽职调查,得到相对较少的合同保护。尽职调查的进行必须高效、具有策略性,主要针对交易的关键问题进行。此外,在困境资产购买协议中,投资者会失去一定的赔偿保护权利。与传统并购相比,出售者的陈述与保证会更少也更狭义。

五、破产并购投资的类型

破产并购投资并不是一种单一化的投资模式,结合交易成本、时间、利益相关方的合作程度和潜在的交易风险等因素,投资者可以选择不同的交易方式。根据不同的划分标准可以将破产并购区分为不同类型:

(一)投资人的类型

根据投资意图的不同,可以将破产并购投资人分为财务投资人与战略投资人。财物投资人意图通过投资行为取得经济上的收益,在适当的时候进行套现,关注短期利益;战略投资人致力于增强企业的核心竞争力和创新能力,拓展企业产品市场占有率,谋求获得长期利益回报和企业的可持续发展。从投资行为特征出发,可以将破产并购投资人分为主动型投资人和被动型投资人。按照投资期限的不同,破产并购投资人分为迁徙式投资人与筑巢式投资人。迁徙式投资人的投资期限较短,投资人追求短期回报;筑巢式投资人,投资的目的通常是通过恢复企业的生产经营以获取长期收益,投资期限较长。

(二)投资标的的类型

投资者并购困境企业,可以通过购买困境企业的股权、债权、资产方式实现投资目的,因此从投资人投资的标的不同可以将破产并购划分为股权式投资、债权式投资以及资产式投资三种类型。

1. 股权式投资

股权式投资,是指投资人通过投资取得困境企业的股权,投资人可以购买困境企业股东的股票,也可以认购困境企业新增发的股票。

(1)投资方式

股权式投资的投资方式包括存量调整、增量式取得以及债转股。存量式调整是指对已有的困境企业股权实行重组或再配置;增量式取得是指通过收购股权增加持有的困境公司的股权;债转股则是指在满足一定条件的情况下,投资人对困境企业享有的债权转变为对困境企业的股权。

（2）利弊分析

通过股权式投资，投资人可以获得目标公司的股权收益，享受目标公司的“壳资源”优势。但是，投资人作为困境企业的股东对企业的债务需要以出资额为限承担连带责任，在破产并购中，由于尽职调查时间有限，投资人的股权存在因困境企业债权债务而受不利影响的风险，在投资人持有的目标公司股份数量有限情况下，其在困境企业中的话语权十分有限，在有关困境企业的重大决议中不能够充分表达自己的意愿。此外，股权式投资还面临税务、人员方面的风险。

2. 债权式投资

债权式投资中，在公司进入重整程序之前或者重整过程中，投资人以较低的价格收购其他债权人的债权，然后按照重整计划受偿，以期获取清偿比例提高的差价。

（1）投资方式

债权式投资方式包括低价购买垃圾债券以及DIP（debtor in possession）融资，低价购买垃圾债券，是指投资者购买信用评价甚低的企业所发行的债券，以期获得高于其他债务工具的利息收益，高收益对应高风险，因此投资垃圾债券的风险也高于投资其他债券；DIP即“占有中的债务人”，DIP融资是指进入重整程序后，经债务人申请，法院批准其直接从外部得到独立于重整公司现有资产之外的融通资金，即进入重整程序以后，投资人对困境企业进行融资。

（2）利弊分析

通过债权式投资，投资人可以成为主要债权人，债权地位相对稳定，可以通过行使债权人的权利影响和决定重整中的重要问题。

另外，债权式投资模式下的重整程序中，为了挽救困境企业，实现企业的新生，通常在重整方案的设计中会对各种债权进行不同程度打折，因此投资人需要面临其债权被打折的风险；当困境公司重整失败转入破产清算程序时，企业资不抵债的情况十分严重，DIP融资作为共益债务，存在不能全额受偿的风险。

3. 资产式投资

资产式投资是指投资人通过支付对价的方式取得困境企业的全部或部分资产，而不取得困境企业的股权，投资人与困境企业保持各自独立的法律人格。

（1）投资方式

资产式投资模式下，投资人可以通过参加困境企业相关资产的拍卖活动进而取得相应资产的所有权,投资人也可以通过与困境企业达成关于资产转让的协议取得困境企业的资产。

(2)利弊分析

资产式投资模式下,投资人只需关注资产本身的债权债务,对相应资产展开调查,不需要关注困境企业整体的债权债务情况,购买资产不受困境企业资产负债影响。

但是,在资产式投资中,因为投资人与困境企业保持自己独立的法律人格,投资人无法利用困境企业的壳资源优势,如困境企业的上市资格、特殊的营业资质等。

(三)投资路径的选择

在当前的经济环境下,困境企业为投资者提供越来越多具有吸引力的机会。相对于传统的并购领域,破产并购为投资者提供了各种不同的交易选择。

1. 新资本注入

在这种背景下,困境企业需要新的资金来维持经营,但当前的股东或贷款人不能或不愿为其提供资金。这时投资者可以以一个商定的价格购买目标公司新发行的股份,为其提供新资金,或者以实物或技术出资等形式成为公司的新股东,同时稀释当前股东的股权。

2. 法庭外重组

法庭外重组是公司、债权人、股东以及投资人在法庭外的协商解决程序,是没有司法干预下的市场主体之间的协商。

法庭外重组的优势在于这种投资方式尊重当事人意思自治,减少司法干预,更加灵活。可以最小化交易成本,对企业的影响也有限,并且若交易失败对公司的损失也有限。若上市公司重组失败,其只需履行相应的信息披露义务,并承诺在股票复牌之日起3个月不再筹划重大资产重组事项即可。

但是,法庭外重组也面临难以克服的障碍,包括重组难以解决司法执行对资产安全的威胁,困境企业因治理结构不健全无法有效主导重组,在债权人人数过多或偿债条件过高时难以达成重组协议,以及由于法庭外重组耗时较长无法在短期内实现挽救困境企业的目的,并且,由于协议不具有对外效力,存在债务关系清理不彻底的可能性。

针对以上障碍,法庭外重组适合于利害关系人少且情况较为简单、债务结构简单以及诉讼、仲裁较少的困境企业。佳兆业的债务重组就是采用的法庭外重组模式。

3. 法庭内重整

法庭内重整是在法院的主导和监督下,调整债务人、债权人、股东及其他利害关系人之间的权利义务关系的司法程序。重整程序的目的是拯救具有持续经营价值但陷入危机的企业,投资者可以通过资助企业的重整计划的方式进行并购。

通过重整计划进行收购,投资者可以避免竞争性的拍卖程序。出售交易由管理人主导,法院监督,可以避免被认定为恶意,最小化交易成本。

但是,重整程序的程序性强,缺乏灵活性,同时法院的“强制裁定”可能成为“双刃剑”。重整程序的交易成本较大,耗时较长,并且为了保证重整计划的公平可行性,需要所有债权人进行投票或法院的批准。若重整失败,公司将走向破产清算。但对于意图并购公司的投资者和意图为重整企业募集资本的人来说,重整可能是一个有用且必要的程序。

针对在解决困境后有复兴的可能、利害关系人众多且情况复杂、债务结构复杂以及可能有较多的诉讼、仲裁缠身的困境企业通过破产重整程序更容易实现重组目的。法庭内重整类型包括:实体存续式重整、资产出售式重整、清算式重整以及合并重整。

信达公司收购嘉粤集团便是通过法庭内重整解决嘉粤集团的经营困境。嘉粤集团因不能清偿到期债务,在 2012 年 12 月 12 日法院裁定进入重整程序,经过 5 次债权人会议,2014 年 6 月 5 日法院裁定批准嘉粤集团重整计划并终结重整程序,解决了企业的经营困境。

4. 预重整

预重整将法庭外重组与司法重整结合,投资人并购困境企业可采用预重整的方式,通过在破产申请前与困境企业进行谈判并达成重整计划,破产程序只要法院对事先达成的交易进行批准。

预重整兼具法庭外重组与法庭内重整的优势,尊重当事人的意思自治,由于协议已经得到大部分债权人的同意,预重整是收购财务困境企业的一种高效方式,其可以避免破产程序中经常出现的失控局面,约束少数不同意接受重整计划的债权人。

但是,预重整目前缺乏立法的正式承认和明确规范,同时适用的企业类型十分有限,在进入司法重整程序以前需花费大量的时间成本进行各方之间的谈判。

夏新电子重组就是典型的预重整案例,夏新电子陷入困境并没有直接进入重整程序。进入重整程序以前,夏新电子与象屿集团就重组的相关事宜达成协议,再通过重整程序解决夏新电子的债权债务问题,而后象屿集团再进行重大资产重组,实现夏新电子的脱胎换骨。

5. 破产清算

破产清算也是一种重要的并购方式,困境企业向法院提出破产申请,清算由管理人主导。清算通常由两部分组成,第一部分是提出和完成破产程序,第二部分是由管理人将资产出售给购买者。

由于破产申请本身就会导致公司价值的减损,加之清算的时间迅速,竞拍人有限,企业的资产和价值往往以地域市场的价格被出售,又称为"清仓大甩卖",同时破产清算程序中的拍卖是在法院主持下进行,司法保障力强、成功率高,法律后果明确,历史问题清理更加彻底。

但是,破产清算要求严格按照法律规定的程序进行,缺乏灵活性。企业价值贬损的可能性大,投资者若想找人承担陈述保证和交易后的责任,破产管理人不会承担。并且由于竞争性拍卖程序,只有最优出价者才能获得资产。

如果困境企业债务繁重且失去复兴能力、利害关系人较多且复杂以及可能有较多的诉讼仲裁缠身,则适宜采取破产清算的途径,解决债权债务关系。

6. ABC

ABC(assignment for the benefit of creditors):在ABC中,出售者将其资产交由第三方(受托人),由其负责出售资产,将所得减去托管费用后分配给债权人。

(四)投资节点的选择

破产并购开始的时间点不一样,一方面,投资者获取困境企业信息的渠道有限,企业陷入困境的信息并不能立即被投资者知悉;另一方面,投资者获得企业陷入困境的信息后并不会马上作出并购的决定,因此不同的案件中破产并购开始的时间并不相同。破产并购可以发生在进入破产程序前也可以发生在破产程序进行中甚至破产程序终结后,发生的节点不同,投资的风险也存在差异。

1. 进入破产程序前

在进入破产程序之前,投资人可以通过投资股权、债权或资产的方式实现破产并购。这三种投资方式下投资人的投资行为都存在一定的风险:

(1)投资股权的风险

一方面,当困境企业的破产申请不被法院受理时,企业股价存在持续走低的风险,投资人收购的企业股权将持续贬值;另一方面,困境企业的股权存在因诉讼而被强制执行的风险,直接导致投资人的持股数量减少甚至为零。

(2)投资债权的风险

困境企业进入破产重整后,经债权人会议通过并经法院裁定批准的重整计划中关于债权人的清偿方案存在对债权打折的可能,投资人债权存在清偿率低于购买债权价格的风险。若投资人购买困境企业的债权属于担保债权,因担保物价值损益或存在权属纠纷的风险,投资人的担保债权的实现存在风险。当投资人购买的困境企业的债权份额过低,在相关的决议中缺少话语权,不能实现保护自己债权的目的。

(3)投资资产的风险

进入破产程序后,因投资人购买困境企业资产存在构成欺诈性转移的嫌疑,可能被管理人行使撤销权追回的风险,此时投资人购买资产的价款转变为公司的普通债权,存在不能全额清偿的可能。同时,当投资人购买的资产上存在抵押或其他权利瑕疵时,投资人对资产的所有权将受到侵害。

2. 破产程序进行中

进入破产程序后,破产并购可能发生第一债权人会议前,也可能发生在第一次债权人会议后。若破产并购发生在第一次债权人会议前,投资人的投资行为存在无法获得法院批准的风险;若破产并购发生在第一次债权会议后,符合投资人利益的重整计划存在无法获得法院裁定批准的风险,不符合投资人利益的重整计划存在法院裁定批准的可能,在 DIP 融资下,若困境企业重整失败转入破产清算程序存在无法全额偿付共益债务的风险。

3. 破产程序终结后

破产并购发生在困境企业破产程序终结以后,投资人将面临重整企业后续运营的商业风险、巨额债务重组收益产生的税费风险以及重整计划失败的风险。

(五)困境企业并购中的金融工具

在困境企业救治的过程中,共性问题是如何解决债务负担,除了在破产法框架内运用司法程序进行和解、重组外,金融工具的运用至关重要。参考国内外经验,金融工具涵盖可转债、债转股、股票发行、债券发行、资产证券化、保险、信托等多个领域。近期二重重装、熔盛重工债转股方案相继落定,中钢集团包括债转股在内的重组方案正待批复。债转股作为企业降杠杆、银行资产保全的一种方式,再次引发市场关注和热议,下面将重点围绕债转股展开论述。

1. 债转股的概念

债转股(debt-equity-swap)是资产重组的重要方式之一,在各国商业银行不良资产处置中均被采用,1999年我国亦一度采用了这一模式,曾对580家企业实施债转股,涉及金额达4050亿元,占不良资产处置总规模的约30%。按照《公司债权转股权登记管理办法》第2条规定:"债转股是指债权人以其依法享有的对在中国境内设立的有限责任公司或者股份有限公司的债权,转为公司股权,增加公司注册资本的行为"。也就是说,债转股实际上是债权物权化的一种形式。

从各国不良资产处理的经验来看,债转股可以分为两类:其一,商业银行主导型债转股,由于法律法规的限制、实际操作的难度等,采用该方式的国家较少,较多地集中于波兰、捷克等转轨国家,日本部分商业银行也有先例;其二,政府主导型债转股,集中式不良资产处理模式下通常被采用,商业银行将不良贷款剥离至政府设立的处置机构(如Asset Management Companies, AMC)中,再由处置机构决定是否转换为股权,历史上美国、韩国、日本及我国均采取过此类模式。

2. 债转股与可转债的区别

可转债(convertible bond)全称为"可转换公司债券",是指发行公司依法发行、在一定期间内依据约定的条件可以转换成股份的公司债券,可转债兼具债权和期权的特征。

"债转股"与"可转债"之间存在许多相似的地方,如在转股前,二者均有债权的性质,转股后,二者均成为股权。因此,市场上也有部分观点将"可转债"与"债转股"的概念混淆。其实,二者之间虽然存在相似点,但仍有很大的不同,主要体现在以下几个方面:

(1)二者性质不同

“可转债”属于证券,发行人在发行可转债后,由投资人进行认购,其自发行之初便同时兼具债权与期权的性质;而“债转股”的“债”在债权人持有之初仅为债权,并不具备期权。

(2)二者转股的条件不同

“可转债”在发行的同时,往往就会规定未来转股的触发条件;而“债转股”的“债”在产生之初一般不会约定未来转股的条件,更多的是一种债权人与债务人就债权清偿的方式上的安排。

(3)二者适用的对象不尽相同

“可转债”在目前法律环境下仅适用于上市公司;而“债转股”作为一种对债权清偿的安排,在不违反法律强制性规定的情况下,既可适用于上市公司,也可适用于非上市公司。

(4)二者在转股的选择权上不同

“可转债”的持有人在转股条件触发后,既可行使转股权利,也可以继续持有债券,到期由发行人还本付息;而“债转股”作为一种对债权清偿方式的安排,是否转股及何时转股往往需要由债权人和债务人通过合同方式进行约定。

(5)二者的设立目的不同

“可转债”设立的目的是给上市公司提供更多的融资手段,因此发行可转债的主体往往经营情况良好;而“债转股”在我国设立之初,其目的就是化解金融机构的不良贷款,在债务人无力清偿到期债务的情况下,将资产管理公司所持不良贷款转化为债务人的股权,实现降低不良的目的。

(6)持有的目的不同

“可转债”属于证券,持有人认购可转债属于投资性行为,目的是盈利;而“债转股”虽然也具备一定的投资性,但其转股的原因往往是因为债务人无力清偿到期债务,但未来存在经营好转的可能,因此选择转股,一方面为企业减负,另一方面也能降低不良率。

3. 困境企业债转股适用范例及分析

(1)中国第二重型机械集团(以下简称二重)重整

债转股通过降低企业杠杆,优化资产结构从而挽救困境企业。二重在化解债务危机时,采取了包括债转股在内的一系列重整方案。

二重重整方案通过现金清偿、留债、债转股等多种方式化解不良资产风险，使债权不受损失。针对金融普通债权，在重整前已经与主要金融债权人达成了框架性的重组方案的基础上，各方一致认为该方案并不适用于其他类型债权且其他类型债权的处理不得占用金融债权的固定资源，重整计划在普通债权组中专门区分了金融普通债权这一类别。最终，接近80%的金融负债通过债转股方式解决，一方面，这极大地减少了债务人和重组方、投资人的资金压力；另一方面，也极大地降低了金融债权人对直接减免债权的抵触和反对，减少了双方的冲突与矛盾。

(2)二重案的债转股启示——司法重整还是庭外重组

"司法重整"是在司法框架下的重组，其目的在于为企业的债务、资产、业务、股权结构重组提供一个高效、透明、有法可依的司法程序，并最终由人民法院定分止争，从而实现困境企业的再生。

与"司法重整"相对应的则是"庭外重组"，在此种模式下，通过集体或个别谈判，债务人方面追求债权人减免债务本息、放宽偿还期限、借新还旧，债 权人方面则追求最大程度保全债权、获得现金清偿、增强担保措施以及对债务人 的经营实施监控。

在二重案中，最初采取的是单纯的"庭外重组"策略，在达成以债转股为核心的重组方案后，各个金融机构面临《商业银行法》对银行主动持有工商企业股权的法律限制，最终通过司法重整的方式落实债转股方案。具体而言，债转股在庭外重组和司法重整中有如下区别：

第一，在庭外重组中，商业银行受《商业银行法》第43条规定的限制，债转股方案在没有特别授权的情况下不能直接在商业银行和债务人之间落实，需通过资产管理公司进行。而在司法重整中，由于债务人已进入破产程序，商业银行从主动持股变为被动持股，此种情况下，债转股方案不受《商业银行法》的上述限制。

第二，在庭外重组中，用以转为股权的债权，应当经依法设立的资产评估机构评估，债转股的作价出资不得高于债权的评估值。而在司法重整中，股价可以经过司法评估，并非一定按照净资产，股价的定价具有一定灵活性。

六、破产并购的步骤

购买困境企业就像买二手车，俗话说"便宜自有便宜的理由"，之前的车主出售是有其原因的。困境企业的所有者寻求另外的投资者或购买者也是有原因的。投资者应当认真筛选目标公司,确定目标公司后,应当尽快对目标公司展开尽职调查。虽然尽职调查是一件困难和费时的工作,但若忽视或没有正确对待,则目标公司存在的风险在未来可能会决定投资的成败。

(一)筛选目标公司

投资者需要通过各种信息渠道寻找破产并购的机会,了解困境公司发出的危机信号。

1. 寻找破产并购的机会

通常寻找陷入困境的企业与破产并购的机会,主要有以下几个途径:

(1)与商业中介机构、并购专业人士、危机管理专家等尽可能保持联系,包括律师、会计师、银行家、商业顾问和危机管理专家等;

(2)利用邓白氏(Dun & Bradstreet)等信用评估公司进行研究寻找处于困境的企业,但这会很费时和昂贵;

(3)根据各种新闻数据进行广泛研究,寻找"破产""财务危机"等关键词,同样,这样也很费时,而且会搜寻出一些媒体大量报道的大型公司;

(4)定期查阅法院的破产案件登记情况,大多数法院会以某种数据库的形式记录这些案件,律师事务所可以向法院进行查阅。记录会显示有哪些公司申请了重整程序。

2. 危机公司的信号

危机公司并不是一夜之间陷入困境,通常企业从成功到陷入困境是一个过程,并购的机会就存在于这个过程中。投资人要重点关注危机给公司发出的各种信号。

(1)现金流恶化

现金永远是一个重要问题。需要关注的是自由现金流与净收益之间的差异,在正常产业环境下,应付账款增长超过正常水平、资本支出接近或低于置换水平等问题。此外,还应当检测通常的财务比率,如固定费用偿还比率和公司当前的比率。

(2)公司债务评级下降

公司债务评级下降可能会导致公司融资协议的违约,限制其在商业票据市场的行为,并且导致公司供应商的不安,其可能会不愿意继续扩大信用额度。在一些极端情况下,信贷评级机构会一次将企业证券评价下调多个等级,表明公司面临严重的问题。比如,2010年6月由于墨西哥湾石油泄漏问题的责任,惠誉将英国石油公司的评价从AA－下调到BBB。

(3)信贷工具失效

信贷工具的失效可能会导致公司产生流动性问题,迫使其采取一些异常的维持现金行为。

(4)采取减债措施

一个公司可能还会采取一些减债措施,包括出售某些资产或发行股票,或者采取某些削减成本措施,如裁员、剥离某些产品线等。若公司开始出售高收益的产品线、工厂或业务单元,就更需要警惕了。这些都是公司处于财务危机的信号,可以为敏锐的投资者提供购买公司或其资产的机会。

(5)人员更替

公司高管人员的意外更替,特别是对于公司财务状况负责的职位,可能是公司处于某些程度的财务危机的另一个信号。审计师的更换,通常公司不会更换审计师,最可能的原因就是审计师与公司就审计结果存在不同意见。详细审查更换审计师的原因,你可能会发现审计师曾提出过对公司经营问题、内控问题等意见。

(6)公司资本结构

若一个公司的资本结构复杂,发行多种公募债券,其条款对于担保、资产出售和融资活动存在诸多限制,则这种资本结构可能会对流动性产生潜在影响,即使是一个经营良好的公司也有可能陷入与债务相关的危机,导致其无法正常经营。

(7)重大监管调查或有关公司决定发生的可能性

可能即将发生重大监管调查或有关公司的决定可能会导致针对公司的集团诉讼或股东派生诉讼,这也应当被考虑在内。公司和高管需要关注的对公司经营不利的监管和诉讼问题越多,产生问题的可能性越大。

(8)竞争者正经历财务危机

若企业的竞争者出现了某种财务危机,则下一个可能就是企业自己。了解公司危机产生的根源可以确定是否整个产业都面临着不利形势。

（二）尽职调查

确定目标公司后，为了提高投资尽成功的概率，投资人应当针对以下事项进行调查和评估，若分析结果不令人满意，则应当谨慎投资。

1. 核心业务

在企业面临财务危机情况下，其应当有可以重建的核心业务，可以是需求量大的市场或广泛客户群体的产品。评估内容应当包括：公司在其所在产业的位置、其产品的需求情况、客户忠诚度、其竞争者的情况、运营能力、其产品的目标市场以及可能影响经营的风险（产业环境、监管等）。

2. 资产评估

目标公司的资产非常重要。其通常由支持公司运营的资产（工厂和设备）和运营资本类资产（现金、应收账款和存货）组成。对于运营的资产进行评估时，应当根据其与核心业务的相关性进行，并考虑资产的维护状况、技术和负担的义务。

对运营资本类资产的评估应当根据其支持现金流的能力进行，考虑应收账款的账龄和可回收程度。对于存货的评估，应当依据其与当前业务的关联性进行，找到滞销和过时的存货。还应当考虑的是公司的质保政策和历史以及质保赔偿会对现金流产生影响。

3. 雇员

雇员是公司最有价值的资产。若企业有一流的产品和资产，但只有平庸的雇员，其结果也只能是普通的。对雇员的评估应当根据部门与劳动力的匹配度进行，并且与产品的预期产量相联系。若对雇员进行变动，要考虑到工会的影响和对雇员权益维护的范围。

4. 管理层

对于困境企业的重建，可靠的管理层是至关重要的。有效的管理可以体现出多种商业技能（金融、市场和产品），管理者应当富有远见、经验、工作能力、有积极性和谈判能力。

在现有的管理团队中并不一定能找到这些必要的技能。理想情况下，挑选的管理团队应当对产业有充分的认知，并且有曾在困境情况下重建企业的成功经验。

5. 经营绩效

对困境企业进行重建需要一个包含对销售、成本和利润进行改善的计划。历史数据不是对未来表现的合理预期。评估必须考虑在前期对企业进行的改变,特别是对于资产的出售、是否失去重要客户,或是否更换管理层,这些都会影响评估结果。

在判断公司经营状况是否可以得到改善时,要确保有以下措施:销售和市场战略、有效的核心业务、缩减成本以及管理信息系统的缺陷得到改善。

(三)并购考虑的因素

在设计交易结构时,通常要考虑投资者和目标公司对一些关键问题的重要性排序,这些问题包括:

1. 目标公司的债务和资本结构,包括是单一的或是复杂的债务,哪些债务最有可能成为“杠杆债务”;

2. 目标公司对资金需求的多少和紧急程度——判断在目标公司流动性枯竭前需要多快完成交易;

3. 拟定交易的潜在成本和时间——目标公司能与重要雇员、客户和供应商能维持多久的关系;

4. 是否需要第三方的同意(比如贷款人、房东、设备出租人、重要客户);

5. 重要事件发生的时间,如贷款或债券违约、重要协议的支付到期、产品周期;

6. 由拍卖程序带来的问题,包括投资者是否愿意参与拍卖,就目标公司的价值问题管理者可预期的风险;

7. 公司是否有境外资产,境外法律是否对投资者的购买行为有利。

日本再生型 M&A 的特征与现状

[日]阿部信一郎* 著 刘 颖** 译

一、M&A 在日本的现状(2011 年上半期)

(一)通常的 M&A 在日本的现状

根据汤姆森路透(《日本 M&A 评论》"2011 年上半期 日本 M&A 公布案件",参见图 1、图 2)的统计,2011 年上半期日本的 M&A 公布案件数量为 1277 件,比前一年同期减少了 9.2%,但总金额却比前一年同期增加了 45.3%,达到 6.3 兆日元。

如果以不同的市场为标准来观察案件数量,那么 OUT-IN 的案件减少了 43.9%,IN-IN 的案件减少了 25%;相反,IN-OUT 的案件增加了 24.2%。IN-OUT 的案件总金额为 2.9 兆日元,数量为 308 件,无论总金额还是案件数量都是以往同期最高水平。最大的案件是 2011 年 5 月 19 日武田药品工业收购奈科明(Nycomed)案,其交易金额高达 1.1 兆日元。在收购目标企业中,亚太地区的企业占到一半以上,其中中国和韩国分别占据第 1 位和第 2 位。

---

* 日本中央大学法科大学院特聘教授。

** 日本中央大学法学部助教,法学博士。

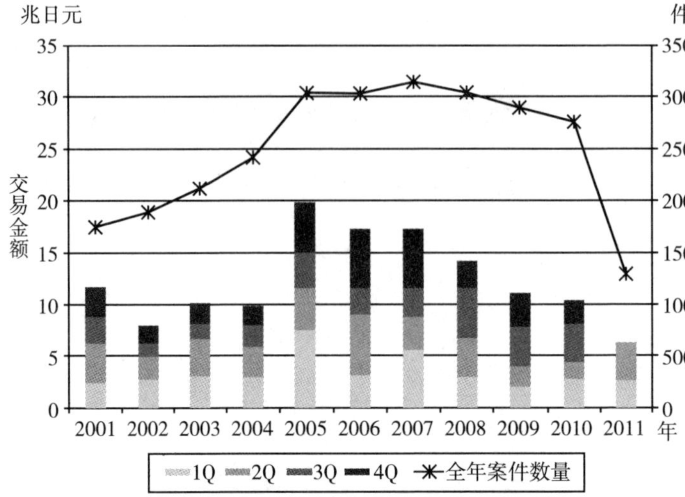

图1　日本的 M&A 公布案件

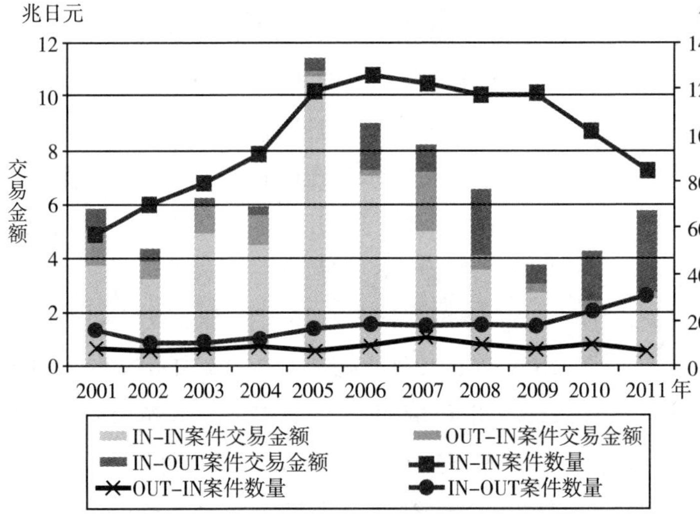

图2　日本的 M&A 公布案件——交易金额的构成比(1～6月)

将大地震以后的状况(2011 年 3 月 12 日至 6 月 30 日)和前一年对比可知,虽然案件数量减少了 16%,只有 740 件,但交易金额提高到前一年的 2.2 倍,达到 3.8 兆日元。

(二)再生型 M&A 在日本的现状

1. 企业的破产状况

帝国数据银行(股份有限公司)公布的资料显示(《全国企业破产统计 2011

年上半期报》),2011 年的上半年负债总额超过 1000 万日元的司法破产案件数量(司法清理案件数量)为 5846 件,连续 2 年较前一年同期有所减少。而且,同期的负债总额为 162,845,800 万日元,是半年期数据首次跌破 2 兆日元,这也是过去 10 年最小的负债总额。上市公司的破产案件仅有 2 件,低于前一年同期的 4 件。最大的负债总额是林原股份有限公司(适用公司更生程序)的 1322.71 亿日元。

此外,从表 1 司法统计显示的 2008 年以来的破产案件新受理数量可知,适用重整型程序的案件数量明显处于减少的趋势。

表 1 破产案件新受理数量(司法统计)

程序	2008 年		2009 年		2010 年	
	案件数量(件)	与前一年比	案件数量(件)	与前一年比	案件数量(件)	与前一年比
公司更生	34	78.9%	36	5.9%	20	▲44.4%
民事再生(通常再生)	859	31.3%	661	▲23.1%	348	▲47.4%
破产清算	140,941	▲10.7%	137,957	▲2.1%	131,370	▲4.8%

注:三角号(▲)表示,"上升"。

2. 再生型 M&A 的状况

日本最近的再生型 M&A 的目标企业的行业类别,主要集中于不景气的不动产业、建筑业以及深受多付款问题困扰的消费者金融业(武富士、CREDIA、LOPRO、AIFUL)。另外,尽管在绝对数量上还比较少,但在一些较为知名的案件中,海外企业对日本的破产企业表现出兴趣的例子逐渐增多。例如,在武富士股份有限公司这家消费者金融公司的公司更生程序中,韩国的消费者金融公司 A&P 一度被确定为战略投资者(2011 年年末,A&P 公司由于资金周转方面的原因被解除了战略投资协议)。此外,以生产销售海藻糖而闻名的林原股份有限公司的公司更生程序虽然最终确定由日本企业来完成对其收购,但韩国企业也曾一度被作为收购方的强有力候选。可以预见,今后在以日本的破产企业为收购目标企业的案例中,不仅是日本企业,还会有越来越多以东亚为首的外国企业参与进来。

二、通常的 M&A 程序与再生型 M&A 的异同

(一) M&A 程序的概说

M&A 程序大致可分为:(1)收购方的确定程序;(2)利害关系人的保护程序。

其中,关于收购方的确定程序,日本《公司法》等法律、法规并没有设置特别的规定;而关于利害关系人的保护程序,《公司法》等法律、法规则根据具体的M&A手法设置了不同的规定。以下是这些程序的概说。

(二)收购方的确定程序

1.通常的M&A的收购方的确定程序

收购方的确定程序通常包括两种,即竞拍(投标)方式和相对的单独谈判方式。其大致内容如图3所示。

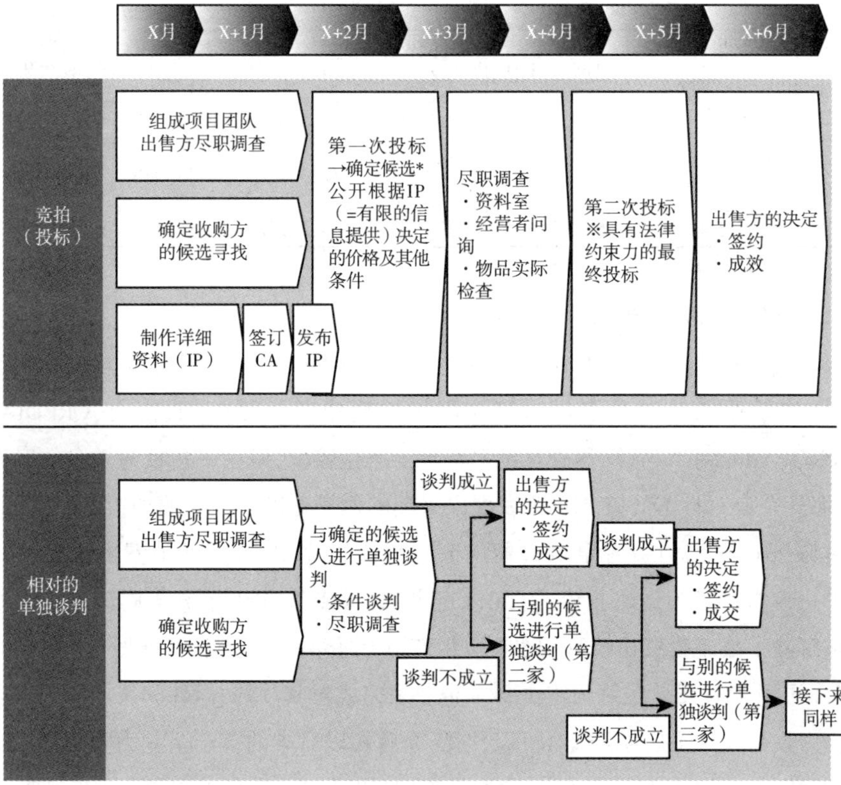

图3 通常型M&A中收购方的确定程序的时间

2.再生型M&A的收购方的确定程序

在日本的再生型M&A案件中,收购方的确定程序一般采用竞拍(投标)方式,其理由在于:(1)与相对的单独谈判方式相比,竞拍方式更具有透明性,因而容易取得利害关系人的理解与法院的接受;(2)容易发挥竞争原理,从而使售价更高;(3)通过投标,能够比较来自各候选收购方的富于变化的重整方案,进而营造更有利于重整的环境。

不过,采用竞拍方式的前提是必须存在多个候选收购方。关于这一点,在 2008 年雷曼危机以前,以协同效果为目的的同行业的其他公司、基金等所谓的金融买家经常出现在各种 M&A 中,因而候选收购方众多,再生型 M&A 的市场十分活跃。然而,据说雷曼危机以后,经济活动的停滞和金融环境的变化导致候选收购方的数量减少,而且再生企业中有吸引力的企业也变得更少,仅仅是寻找一个候选收购方就已大费周章,因而无法采用竞拍方式的情形正不断增多。再生企业自身委托交易对方及股东寻找收购方,或者请求其成为收购方的情形也逐渐增多,这些情形属于采用相对的单独谈判方式。

(三)利害关系人的保护程序

1. 通常的 M&A 中的利害关系人的保护程序

保护程序的对象即利害关系人主要为:(1)股东;(2)债权人;(3)劳动者。对这些利害关系人的保护程序,主要由日本《公司法》根据具体的 M&A 手法予以规定。具体包括以下几个方面:

(1)股东的保护程序

日本《公司法》规定,在合并(《公司法》第 748 条以下)、股份的交换和股份的移转(《公司法》第 767 条以下)、公司分立(《公司法》第 757 条以下)、全部事业的转让(《公司法》第 467 条)的情形,必须有股东大会的特别决议(《公司法》第 783 条第 1 款,第 795 条第 1 款,第 804 条第 1 款,第 309 条第 2 款第 12 项,第 467 条第 1 款、同款第 1 项及第 3 项,第 309 条第 2 款第 11 项)。

(2)债权人的保护程序(《公司法》第 789 条、第 799 条、第 810 条)

日本《公司法》规定,在合并、股份的交换和股份的移转、公司分立[1]的情形,应当通知债权人并公告(《公司法》第 789 条第 2 款、第 3 款,第 799 条第 2 款、第 3 款,第 810 条第 2 款、第 3 款)。

---

① 《公司法》规定,在分立前的公司未曾分配红利,或者取得附有全部取得条款的种类股份的情形,分立后仍然可以对分立公司请求债权的全额的债权人,不作为债权人保护程序的对象(《公司法》第 789 条第 1 款、第 810 条第 1 款第 2 项)。

(3)劳动者的保护程序

在公司分立的情形,雇主应当与劳动者签订协议(《劳动合同承继法》第 7 条)。

2. 再生型 M&A 中的利害关系人的保护程序的修正

破产程序中的再生型 M&A 所采用的手法即事业转让、公司分立、100% 增减资等必须按照日本《公司法》所规定的 M&A 的手法来实施。[①] 换言之,即使是在再生型的 M&A 中,原则上也必须履行上述(1)中所记载的通常的 M&A 的各种保护程序。

但是,在再生型的 M&A 中,根据破产各法的规定,《公司法》中的各种保护程序将受到以下几方面修正:

(1)股东保护程序的修正——不需要股东保护程序

对于破产企业而言,在很多时候需要在事业价值损毁殆尽前,尽早地实施重整计划外的事业转让。如前所述,《公司法》中的股东保护程序就要求此时必须有股东大会的特别决议(日本《公司法》第 467 条、第 309 条第 2 款第 11 项)。但在某些情形,破产企业经法院许可后可以实施事业转让,而无须股东大会的决议(日本《公司更生法》第 46 条第 2 款规定,要件是为了更生而有必要。《民事再生法》第 43 条第 1 款规定,要件是资不抵债)。而且,更生公司在执行包含事业转让等内容的更生计划时,无须股东大会的决议(日本《公司更生法》第 210 条)。在企业破产的情形像这样无须股东保护程序(股东大会的决议)乃是因为:破产企业大多陷入资不抵债(或者支付不能)的状态,[②]因而股东的自益权即经济利益变得没有价值,从这个意义上说,即使限制股东的权益也没有任何不当之处。

(2)债权人保护程序的修正——将债权人的意见反映到整个 M&A 程序

在通常的 M&A 中所实施的债权人保护程序主要是为了确保债权人所享有

---

① 如上所述,除此以外《公司法》上的 M&A 的方法还有合并、股份的交换和移转、股份的取得(已发行股份、新股)。例如,在前述武田药品工业的收购案例中,武田药品工业是由投资者集团(Nordic Capital)来取得目标企业的全部股份。

② 《民事再生法》规定,在"有可能发生破产清算程序的开始原因之事实时"(《民事再生法》第 21 条第 1 款),可以提出再生程序开始的申请。从这一规定可知,民事再生程序并非以债务人陷入支付不能(《破产法》第 15 条第 1 款)或资不抵债(《破产法》第 16 条,债务人为法人的情形)的状态为要件,而是在更早的阶段就允许申请人提出再生申请。《公司更生法》也是一样的(《公司更生法》第 17 条第 1 款第 1 项)。

的个别的债权得到履行。[①] M&A 程序的重要特点在于：其是将股东大会的决议作为股东的意思来决定程序的进行，对债权人的权利并非从整体上予以实现，而是个别地予以实现。

但是，在再生型 M&A 中，由于破产企业通常已经陷入支付不能或资不抵债的情况，因而前述保护股东的要求有所减弱，而对债权人利益的保护则上升为核心。于是，再生型 M&A 将债权人的意思反映到整个 M&A 的程序上。例如，在制定重整计划之前就实施事业转让时，法院应当听取债权人的意见(《公司更生法》第 46 条第 3 款第 1 项及第 2 项，《民事再生法》第 42 条第 2 款)；按照重整计划实施事业转让时，重整计划必须得到债权人(利害关系人)会议等[②]的法定多数的通过(《公司更生法》第 196 条，《民事再生法》第 172 条之 3)。

(3)劳动者保护程序的修正——将劳动者等的意见反映到整个 M&A 程序

在再生型 M&A 中，有时会将劳动者或工会的意见反映到整个 M&A 的程序上。例如，无论是否以重整计划(更生计划、再生计划)为依据，在债务人公司实施事业转让时，法院应当听取工会等的意见(《公司更生法》第 46 条第 3 款第 3 项、第 188 条，《民事再生法》第 42 条第 3 款、第 168 条)。在通常的 M&A 中则没有类似规定。由于包含事业转让及事业的再编等内容的重整计划会对破产企业的利害关系人造成较大影响，因此法律要求对于通常不参与公司经营的劳动者，也应听取其意见。

3. 区别于通常的 M&A 的再生型 M&A 程序的固有问题

(1)作为破产程序的一环，需要履行破产法中的程序

在通常的 M&A 中，只需履行《公司法》中的保护程序，即可按照当事人之间的合意自由地进行且终结 M&A 交易。但由于再生型 M&A 是司法破产程序中的 M&A，因而除了《公司法》中的程序外，还须履行《破产法》中的程序。例如，在制定重整计划之前就实施事业转让时，必须经过法院的许可，法院还应当听取债权人及劳动者等的意见；按照重整计划实施事业转让时，必须履行法院的附议裁定、债权人(利害关系人)会议、法院对重整计划草案的批准程序等各种程序。光是履行这些程序就会使再生型 M&A 比通常的 M&A 在成交前耗费更多的时间，

---

① 《公司法》规定，必须通知债权人并公告，对于提出异议的债权人，应当实施清偿或提供担保。

② 除此以外，还包括书面投票制以及书面投票与召开债权人会议并用等方法(《公司更生法》第 189 条第 2 款，《民事再生法》第 169 条第 2 款)。

而且程序也更为复杂。

(2)反映且尊重法院、管理人等企业外部的主体的判断

在再生型M&A不是以私人清理程序而是依照司法清理程序为依托时,法院将作为相关主体登场。例如,在公司更生程序中,承担更生公司的事业经营、财产的管理处分等职能的管理人(《公司更生法》第72条)是由法院来选任。管理人在实施破产企业的M&A的过程中,必须在实务问题上与法院保持密切的协商,从法院得到法定的许可或批准。

同为司法清理程序的民事再生程序原则上是采用DIP型(《民事再生法》第38条第1款),①即在再生程序开始之后仍然由原先的经营团队来作为经营者行使业务的执行权和财产的管理处分权,从而决定M&A的手法和收购方(战略投资者)。但是,对于这种民事再生程序,如东京地方法院的做法是,在所有案件中法院都会选任监督委员,并指定非经监督委员的同意而无法实施的行为(《民事再生法》第54条以下)。换言之,通过监督委员适当地行使同意权以及法院本身的许可或批准等程序,再生程序将受到一定程度的控制,作为再生程序的一环而实施的M&A程序也是如此。

(3)在M&A协议(破产企业的收购协议)中,保护收购方的条款时常受到限制

在通常的M&A协议中,收购方会受到协议的保护,但再生型M&A协议对收购方的类似保护是有限的,或者不会给予收购方类似保护。换言之,在通常的M&A协议中,买卖双方通常会在非常广泛且多种方面进行表明保证(Rep and Warranty),并规定补偿条款。然而,如果将这种对协议双方的权利保护十分严格的条款运用到再生型M&A协议中,收购方很有可能会遭遇困难。这是因为:出售方即破产公司会要求双方签订具备反映了管理人(监督委员)和法院意见之内容的协议,该内容对收购方的权利保护往往不太充分。关于这一点,即使收购方督促出售方修改协议条款,一般谈判的余地也不会很大。因此,在收购破产企业时,必须进行更为慎重的尽职调查(Due Diligence,DD),仔细分析目标企业是否存在不正当的交易以及是否会发生偶发债务等问题。对收购方的权利保护不充分又会成为收购方的风险因素而影响到收购价格。

① 《民事再生法》也规定有管理人型的程序,但这只是例外(《民事再生法》第64条第1款)。

(4)交易对方时常要求改变交易条件

通常的 M&A 以继续与原先的交易对方之间的交易关系为当然的前提,除事业转让以及依照协议的约定需要重新征求交易对方的同意的情形外,一般与原先的交易对方之间的交易关系并不会出现问题,交易对方要求改变交易条件的情形也不多见。然而,在再生型 M&A 的情形,由于破产企业的信用状况已然恶化,因此,即使破产企业希望像从前那样继续与交易对方之间的交易关系,也会遭遇交易对方作为继续交易的条件而要求改变交易条件的事态。一般来讲,交易对方比较多的是要求改为现金支付(cash on delivery)或者缩短信用期间(缩短支付的期限)。

三、司法清理和私人清理中的再生型 M&A 的定位

(一)破产程序中的 M&A

从以往日本的一般性趋势来看,在经济不景气的时期,破产案件数量会有所增加,而 M&A 交易的数量会有所减少;相反,在经济景气的时期,M&A 交易的数量会有所增加,破产案件数量会有所减少。但是,自 1997 年 4 月开始破产清算的皇冠租赁公司(Crown Leasing Corporation)对租赁部门进行事业转让以来,在司法破产程序中 M&A 交易也日益多见。近年来,在重整型破产案件,特别是民事再生案件中,采用自主再建型的破产程序的案例很少,几乎都是采用事业承继型的破产程序。另外,在清算型破产案件即破产清算中,事业转让也得到一定的运用。M&A 在破产程序中被如此广泛地运用主要是基于以下原因:

(1)避免债务免除利益的课税问题的必要性

破产企业在按照重整计划受到债务的减免时,会因减免额而相应地产生利益——债务免除利益。若破产企业将债务免除利益作为一种利益,并根据这种利益而承担相应的税款,则多半会与被要求削减债权的债权人产生摩擦。[①] 为了避免这一债务免除利益的课税问题,破产企业有时会采用先将事业转让给其他公司再进行清算的方案。

---

① 据东京地方法院破产再生庭的鹿子木庭长透露,过去也并非没有批准这种民事再生计划的例子,但相关案例属于法院综合考虑再生计划所规定的给债权人的支付可能额及支付期限(《民事再生法》第 155 条第 3 款规定,除有特殊情况外,不得规定超过 10 年的支付期限)与减免金额而不得已为之的情形。当然,相关情形已得到债权人的理解。

(2)迅速且确实地处理破产的可能性

在破产企业采用自主再建型的方案即以收益进行清偿的情形,清偿期限往往较长,而且清偿也具有不确定性,因而有时债权人对这种重整计划表示出担心,并犹豫是否赞同这种重整计划。如果实施再生型M&A(特别是事业转让),那么从M&A获得的售价就能作为第一次的分配原资,从而有可能对债权人提供迅速且确实的清偿,那么重整计划也容易得到债权人的理解。

(3)有效地利用经营资源的可能性

在破产企业中有优良部门时,如果能够将优良部门从其他亏损部门中剥离出来,优良部门的事业价值就得以维持,该破产企业的交易对方及职工等利益相关人(Stakeholder)的利益也能多少得到些保护。关于这一点,如果在破产型M&A[无论是否属于再生型M&A。参见后述(二)]中实施事业转让,那么破产企业就能够将优良部门转让给新公司,进而将转让的对价作为分配原资。而且,对于与新公司进行交易的债权人而言,还能够阻断有可能潜藏于破产企业自身的账簿外债务的风险,从而安心地与新公司进行交易。

(4)战略投资者的支援的必要性

在日本,申请人直至公司的事业价值毁损到相当程度才提出司法程序的申请的例子并不少见。换言之,申请人因公司的利润表(Profit & Loss Statement,P/L)出现恶化的趋势即事业收支的恶化就提出破产程序的申请的例子较少;提出申请更多的是,公司事业的毁损已经比较严重,甚至连资产负债表(Balance Sheet,B/S)都已处于相当恶化的状态,如不良资产持续增多,剩余债务等负债与资产相比已出现急剧增加的状态。如此一来,公司的毁损程度已相当严重,通过要求债权人减免债务的自主再建型的重整计划终归难以实现重整的案例不断增加,需要所谓的战略投资者来救济的案例也变得更多。另外,对于债权人而言,相较于从债务人处接受长期的分期清偿,也更倾向于选择从战略投资者处接受一次性清偿,因而日本由战略投资者来支援的案件逐渐增多。对此情形,传统的手法是以取得股份来注入资本,即日本典型的先由破产公司100%减资、再由战略投资者重新增资,但最近的趋势是通过事业转让或公司分立来继续破产公司的优良部门的事业。

(二)司法破产程序中的M&A

日本的司法破产程序可分为重整型与清算型,与中国或韩国所不同的是,这两类程序在申请阶段就已分开。重整型的司法程序有公司更生程序和民事再生程序,清算型的司法程序有破产清算程序和特别清算程序。

(1)公司更生程序

在公司更生程序中可以运用多种多样的 M&A 手法,如合并、股份的取得(100% 增减资)、公司分立、事业转让等。从前,由战略投资者企业来取得股份,即债务人公司先按照更生计划进行 100% 减资,再对战略投资者企业实施第三人配股增资的案例较多。但如前所述,近年来,很多案例是采用由战略投资者企业(或其子公司)来继续债务人公司事业的手法。

(2)民事再生程序

与公司更生程序一样,在民事再生程序中也可以运用多种多样的 M&A 手法。实务中,将债务人公司的事业转移给新公司的例子有很多,即有很多事业转让或公司分立的案例。

(3)破产清算程序

破产清算程序是典型的、清算型的司法程序。在破产清算案件中,有时管理人在经法院许可后会将债务人企业的事业转让给第三人(《破产法》第 78 条第 2 款第 3 项)。这既能够维持债务人企业的事业价值,又能够将转让的对价用于给债权人的分配。此时,管理人需要在程序开始后继续债务人企业的事业,因而必须就该事业的继续得到法院的许可(《破产法》第 36 条)。

(三)私人清理中的 M&A

现在日本仍在实际运用的私人清理包括:事业再生 ADR 程序,由整理回收机构(the Resolution and Collection Corporation,RCC)主导的重整方案,由企业再生支援机构(Enterprise Turnaround Initiative Corp.,ETIC)主导的程序,由中小企业再生支援协议会主导的程序等。整理回收机构、企业再生支援机构及中小企业再生支援协议会都属于公共机构,[①]这些"官"作为程序的主体或协调角色参与私人清理,乃是日本私人清理的一大特色。

亲自参与了 JAL(日本航空)等重整案件的企业再生支援机构有时会直接提

---

① 整理回收机构(RCC)是由日本政府提供了大半出资的存款保险机构 100% 控股。企业再生支援机构是由存款保险机构提供一半出资。中小企业再生支援协议会既与各地的工商会议所保持合作,又在经济产业省与中小企业厅的监督与协助下开展活动。

供出资或融资,有时作为直接提供出资或融资的替代,则会以相关当事人之间的协调角色来采取行动。①

私人清理中所采用的M&A手法基本上与司法破产程序中的相同,但在中小企业再生支援协议会主导的案件中,很多是采用先将目标企业的事业区分为“good”与“bad”,再将“good”部分剥离给第二公司的手法(参见后述“第二公司方式”)。在该协议会2010年的案件中,采用第二公司方式的案件占到含有放弃债权的全部案件的88%,近年这种案件处于急剧增加的趋势。②

(四)第二公司方式

第二公司方式的优点在于,容易获得新的战略投资者的出资或金融机构的借款等支援。这是因为:(1)在采用削减债权的手法时会发生的债务免除利益的课税问题,在新公司(第二公司)是不存在的;(2)新公司(第二公司)能够阻断破产企业的账簿外债务等风险。其中,账簿外债务等风险是日本中小企业所特有的问题。有的企业不适当的会计处理已经常态化,有的企业则很难进行资产的评估及亏损的调查。在这些情形下,金融机构很难再对通过削减债权来处理亏损的破产企业提供新的融资,但如果金融机构是对接受了破产企业剥离出来的“good”事业部门的新公司(第二公司)提供融资,则完全属于与其他公司建立新的交易,那么融资也将变得可能。基于这些原因,第二公司方式不仅在以中小企业为对象的、中小企业再生支援协议会主导的案件中得到了广泛的运用,在企业再生支援机构和整理回收机构主导的案件中也得到了一定的运用。

此外,2009年6月日本《产活法》修改创设了“中小企业承继事业再生计划”的认定制度。③ 依照这一制度,如果中小企业制定了采用第二公司方式(见图4)的“中小企业承继事业再生计划”,并且该计划得到了认定,④则第二公司可以:

---

① 关于企业再生支援机构的支援对象及支援方式等内容,可以确认ETIC的主页及公布资料(http://www.etic-j.co.jp/publication/index.html)。

② 中小企業庁経営支援課:《中小企業再生支援協議会の活動について——平成22年度活動状况分析》。

③ 正式名称是《关于产业活力的再生及产业活动的革新的特别措施法》。关于法律的内容,参见http://www.chusho.meti.go.jp/keiei/saisei/2009/090622ShoukeiJigyouSaisei.htm。

④ 认定的要件为履行了公正的债权人协调程序,相关程序具体包括:(1)再生支援协议会;(2)RCC企业再生方案;(3)事业再生ADR;(4)企业再生支援机构;(5)《私人清理指南》;(6)《民事再生法》等。

(1)承继破产公司的事业;(2)享受登录执照税及不动产取得税等税负的减免;(3)从日本政策金融公库等机构获得金融支援(低息融资)。

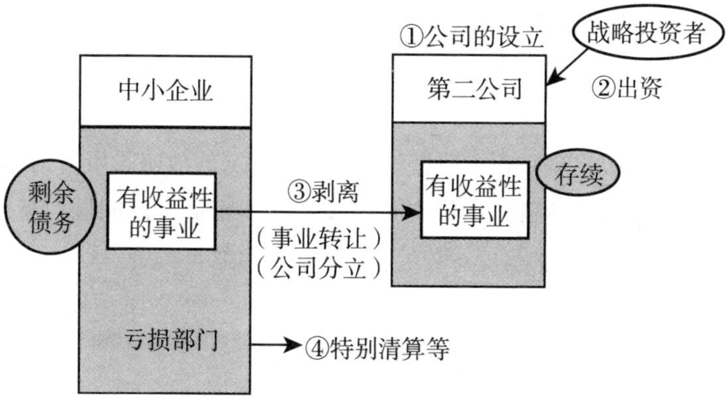

图 4　第二公司方式的示例

(五)预重整型程序

预重整(Pre-packaged)型的破产程序,在日本一般是指在提出司法程序的申请前就已经确定了战略投资者即事业的收购方的情形。根据美国《联邦破产法》的规定,美国破产程序(Chapter11 程序)中的预重整型程序,是指在提出司法程序的申请前,债权人确认破产企业的财务概况(公开说明书)及重整计划草案,然后就是否赞同重整计划草案进行投票的情形。但日本的破产法中没有类似的规定。不过,据说在美国采用预和解(Pre-negotiated)型的程序更为普遍,即债务人在申请前预先与主要的债权人就重整计划进行谈判,然后债权人在申请后表明是否赞同重整计划草案。此外,英国的预重整型程序,是指在选任管理人(Administrator)前预先确定公司的全部或部分事业的转让中的收购方与内容,然后在选任管理人后立即实施转让。①

在日本的预重整型程序中,申请阶段一般只确定战略投资者即事业的收购方,而不确定收购协议的内容,相关协议内容将在之后的谈判中确定。在这一点

---

① 参见英国的 Statement of Insolvency Practice(SIP)16。该规定自 2009 年 1 月 1 日开始施行。根据该规定,管理人应当在其选任后召开的债权人会议上向债权人公开预重整的内容。关于日文资料,参见高木新二郎:《英米独仏の早期迅速事業再生スキームの最近の展開》,载 *NBL*2011 年第 957 号,第 15 页。

上,日本与其他国家有所不同。

是否能找到战略投资者对于破产企业的重整极为重要,战略投资者已经确定的预重整型程序适合尽早实施事业再生。在现实中,也存在债务人企业提前确定了战略投资者后,受惠于战略投资者的信用而避免自身事业的毁损,进而得以继续事业的例子。

另外,过去也曾出现在预重整型程序中预先确定的战略投资者,在债务人企业的重整中,从实现事业价值的最大化的角度看是否适当的问题。至少以主银行为首的大债权人没有必要反对相关收购方成为战略投资者。

四、具体案例

(一)在民事再生程序中实施事业转让(汽车零部件厂商A公司的案例)

1. 案例

本案例是一则债务人采用再生型M&A,即按照预重整型程序提出民事再生的申请,并在再生计划外提前实施了事业转让的中小企业的案例。

汽车零部件厂商A公司的销售额几乎百分之百地依赖于大型汽车厂商D公司集团。然而在"雷曼危机"以后,A公司因来自于D公司集团的订单减少,经营日渐萎靡并陷入资不抵债情形,进而出现需要进行司法清理的事态。但是,D公司的汽车生产必须由A公司提供零部件,因而A公司的司法清理需要采用以继续与D公司的交易为前提的再生型M&A。

2. A公司的重整方案

于是,A公司采用了以下再生型M&A方案(见图5):

具体而言,A公司在得到D公司理解的基础上,预先将从事面向D公司的零部件生产(与A公司生产的零部件不同)的B公司确定为A公司事业的收购方(战略投资者),并在签订事业转让基本意向书①的次日向东京地方法院提出了

---

① 该意向书的主要内容如下,但其中(1)和(2)不具有法律约束力。(1)B公司(或其全资子公司)在A公司提出民事再生申请后收购A公司的事业;(2)A公司与B公司在签订本意向书后,确定事业转让的具体事项,并签订具有法律约束力的事业转让的正式协议;(3)在签订事业转让的正式协议前,B公司对A公司实施收购调查(DD)。

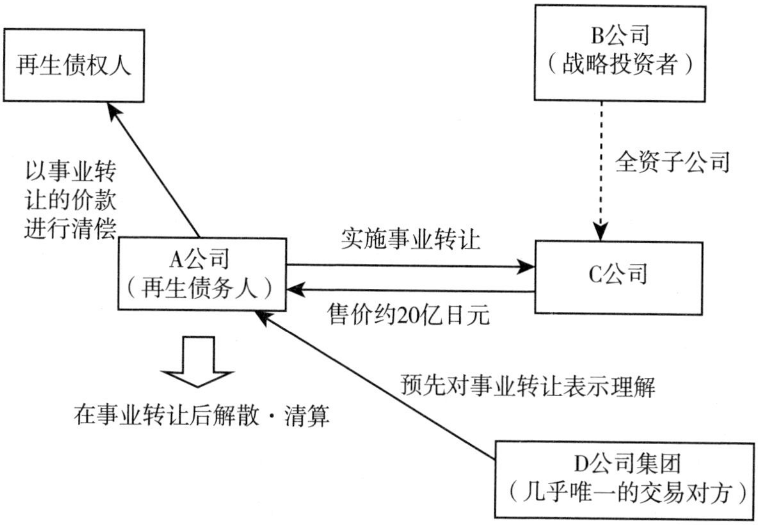

图5　A 公司的重整方案

民事再生申请(预重整型)。

接着,在法院作出民事再生程序开始的裁定后,A 公司立即让 B 公司着手收购调查(DD,尽职调查)。① 此后,A 公司与 B 公司以在收购调查中掌握的 A 公司的事业价值为基础,就售价等条件进行了谈判。最后,A 公司与 B 公司签订了事业转让协议,A 公司在向法院申请事业转让的许可后,经过对债权人的说明会、对债权人的意见听取程序,从法院得到了许可。换言之,A 公司在再生计划外实施了对 B 公司的全资子公司即 C 公司的事业转让。这个案例从提出民事再生申请至支付价款即成交共经历了两个半月。②

本案例的再生型 M&A 方案的特点在于:(1)由于事业的继续需要尽早转让 A 公司的事业,因而预先在再生计划外实施了事业转让;(2)由于 A 公司已经处于资不抵债,因而并未经过股东大会的决议而直接在得到法院许可后就实施了再生计划外的事业转让;(3)通过将转让目标事业的将来收益评估为商业价值,实现了高额的事业转让,并将相关价款作为分配原资,对 A 公司的债权人实施了

① 由于 C 公司是通过 D 公司来了解 A 公司的事业(商业)内容,因而 C 公司只对 A 公司进行了法务调查和财务调查,并未进行商业调查。

② 此后,A 公司以从 C 公司受领的事业转让价款为原资,对债权人实施了清偿,并制定了以解散及清算为内容的再生计划草案提交给东京地方法院。该再生计划草案在获得债权人的法定多数的赞成后,经法院批准且裁定已确定。

迅速且高额的清偿;(4)A公司的收购方在民事再生申请前就已确定,采用了相对的单独谈判方式。

此外,在与担保权人的关系上具有特点的是,A公司对担保权人提出了消灭担保权的请求,因而C公司直接承继了A公司附有担保权的不动产(工厂和土地)。成交后,A公司与担保权人之间关于解除担保的谈判陷入停顿,于是B公司向法院申请消灭担保权的许可,并在缴纳了法院裁定的担保物的价额后,实施了消灭不动产的担保权的程序。

3. 时间轴

上述经过按照时间轴表示如下:

2010年

X-1日	签订事业转让基本意向书(A公司与B公司)
X	申请民事再生
同日	监督命令
同日	职工说明会
X+2日	债权人说明会
X+4日	裁定开始民事再生程序
X+33日	签订事业转让协议
X+35日	向法院申请事业转让的许可
X+44日	关于事业转让的债权人说明会(由公司召开)
X+61日	关于事业转让的意见听取期日(由法院召开)
X+69日	许可事业转让
X+76日	设立C公司(B公司的全资子公司)
同日	接受C公司支付事业转让的价款,实施事业转让(之后,A公司变为不具有事业的法人,转而进行解散与清算程序)
X+90日	提交再生计划草案
X+96日	解散A公司(股东大会的决议)
X+162日	批准再生计划的裁定确定

2011年

X+230日	A公司申请消灭担保权的许可
X+243日	关于消灭担保权的请求的债务人的意见听取期日

X + 244 日　法院许可消灭担保权

X + 266 日　担保权人申请价额裁定①

X + 292 日　法院选任评估人并作出财产评估命令

X + 410 日　法院作出价额裁定②

X + 419 日　担保权人提出即时抗告(之后以撤回抗告完结)

(二)在公司更生程序中实施公司分立(WILLCOM 公司的案例)

1. 案例

本案例是一则债务人从私人清理即事业再生 ADR 过渡到司法清理即公司更生程序,接受公共机构即企业再生支援机构的支援,采用再生型 M&A 实施公司分立的大企业的案例。

WILLCOM 股份有限公司是从事以 PHS 为核心的电信业公司。WILLCOM 当初为了尽可能地防止事业价值的毁损,并未申请司法清理,而是申请了以大宗的金融债权人等为对象的私人清理程序即事业再生 ADR。但此后 WILLCOM 判断如果对象债权人不削减债权,仅仅依靠延长支付期限等债务调整方案无法从根本上实现事业的再生,于是其撤回了事业再生 ADR 的申请,并向东京地方法院提出了公司更生程序的申请。而且 WILLCOM 还于同日向企业再生支援机构提出再生支援的申请,在东京地方法院裁定开始公司更生程序当日,该机构也同时作出了支援决定。③

接着,在法院裁定开始公司更生程序当日,WILLCOM 随即与日泉有限责任事业合伙(Advantage Partners)旗下的基金(AP 基金)、软银股份有限公司(SoftBank)及企业再生支援机构签订了关于 WILLCOM 的再生支援的基本意向书。在该基本意向书载明的最初的重整方案中,软银与 WILLCOM 处于合作关系,协助 WILLCOM 的重整。

然而,WILLCOM 的事业价值的恶化超出了之前的预想,于是 WILLCOM 的

---

① 许可消灭担保权的裁定中的标的财产的评估额过于低廉,利害关系人提出了异议(《民事再生法》第 149 条第 1 款)。

② 法院将其选任的评估人给出的评估价额约 89,900 万日元(比许可消灭担保权的裁定中的评估额高出大约 400 万日元)作为裁定价额。

③ 在本案中,企业再生支援机构并未收购债权人的债权或者向 WILLCOM 公司提供出资或融资,而是在相关当事人之间进行协调(相关人协调型支援)。

管理人向软银提出了作为战略投资者进行全面支援的要求,而并非仅限于业务上的合作。对此,软银承诺提供全面支援,并与 WILLCOM 签订了战略投资协议。① 此后在软银的全面支援下,WILLCOM 的管理人制定并向东京地方法院提交了更生计划草案,该草案获得了债权人的通过与法院的批准,批准裁定业已确定。

2. WILLCOM 公司的重整方案

本案例采用的再生型 M&A 方案如图 6 所示。②

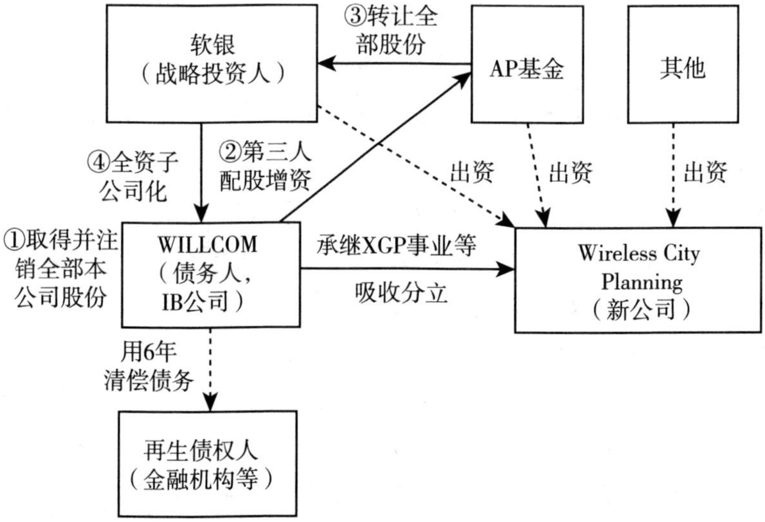

图 6 WILLCOM 公司的重整方案

具体而言,自法院作出批准更生计划的裁定 3 个月以内,以 WILLCOM 为吸收分立公司(旧公司),以 Wireless City Planning 股份有限公司(由软银与日泉旗下的基金等为出资公司)为吸收分立承继公司(新公司),通过公司分立使新公司从 WILLCOM 承继 XGP 事业、③用于该事业的资产及相关合同上的地位。

---

① 该战略投资协议的内容包括:软银向 WILLCOM 派遣事业家管理人;制定内容为向更生债权人和更生担保权人提供总额数百亿日元的清偿的更生计划草案;支援 WILLCOM 实施相关清偿所必需的资金等。

② WILLCOM 的主页:http://www. willcom - inc. com/ja/corporate/press/2010/12/21/index. html。

③ 这是以 XGP 方式来提供数据通信的服务名称,能够实现比以往的 PHS 更快速的数据通信服务,其中不包括语音服务。WILLCOM 曾提供这种试验性服务。

吸收分立公司(旧公司)即 WILLCOM 无偿取得并注销全部本公司已发行的股份和新股预约权后,重新发行了普通股份,并让相关的投资事业有限责任合伙取得该股份。与此同时,软银从相关的投资事业有限责任合伙受让了该普通股份,由此 WILLCOM 成为软银的全资子公司。

本案例的再生型 M&A 的特点在于:虽然通过公司分立将旧公司的部分事业剥离给新公司,但旧公司并不进行清算,而是在实施 100% 减资的同时,通过第三人配股及股份的转让,成为战略投资者即软银的全资子公司。

从整体上看本案例的特点在于:(1)由最初的私人清理(事业再生 ADR)过渡到之后的司法清理;(2)同时运用法院主导的公司更生程序与企业再生支援机构主导的支援程序。其中,第(1)点对于今后从私人清理到司法清理的有效过渡尤为具有参考意义。

3. 时间轴

2009 年

9 月 24 日	事业再生 ADR 程序的申请与正式受理(当时的事业再生计划草案只要求金融机构进行债务调整,并未预计债务的免除及股份化)

2010 年

2 月 18 日	事业再生 ADR 结束
2 月 18 日	申请公司更生(东京地方法院)
2 月 18 日	向企业再生支援机构申请再生支援
3 月 12 日	裁定开始公司更生程序
3 月 12 日	企业再生支援机构作出支援决定
3 月 12 日	WILLCOM、软银、日泉有限责任事业合伙(AP)旗下的基金(AP 基金)及企业再生支援机构签订关于 WILLCOM 的再生支援的基本意向书
8 月 2 日	与软银签订战略投资协议
10 月 14 日	向东京地方法院提交更生计划草案
11 月 30 日	裁定批准更生计划 (更生计划草案以书面投票方式获得了法定多数的赞成)
11 月 30 日	企业再生支援机构的再生支援结束

12月21日　更生计划中的公司分立、增减资及股份的转让等内容执行完毕

12月24日　批准更生计划的裁定确定

五、日本的固有问题——再生型M&A的问题点(境外与境内)①

(一)境外的再生型M&A的问题点

过去一段时间②受到日元汇率高涨的影响,日本企业并购海外企业的需求也相应地提高。尽管如此,日本企业运用再生型M&A的程序收购在当地进入破产程序的外国企业的案例仍然很少。其原因可归结为以下几点:

(1)并购海外破产企业的诱因较少

在日元汇率高涨的背景下,日本企业只需以通常的M&A程序收购在技术、经营等方面表现优异的海外企业即可,没有必要冒着风险以再生型M&A程序去收购破产企业。

而且哪怕是在日本国内,对于收购破产企业也很少有人会持有一种收购了已解决剩余债务问题的、具有透明性的"干净的公司"的正面印象,绝大多数人会产生一种购买了经营失败的公司即差公司的负面印象。这使收购海外破产企业的风险进一步提高,从而降低了收购海外破产企业的诱因。

(2)在破产企业的竞拍(投标)中告负

日本企业一般作出意思决定较慢(美国企业只需数日或1周左右即可作出的意思决定,日本企业由于必须书面请示,有时甚至需要2~3个月),因而很难在海外进程迅速的破产程序中参加事业出售的竞拍(投标),纵使赶上了竞拍,面对的现实往往是已经没有剩下好的项目。

假设日本企业参加竞拍(投标),通常每一次投标都需要在企业内逐一进行结算,例如,在美国破产程序中的"363条出售"(相当于日本法中的事业转让)中,日本企业就无法运用相互竞价的投标方式,最后只能败北。

---

① 本款内容以对日本的大银行、大证券公司、国际性的M&A中介公司、外资重整专业公司、涉外律师事务所中的M&A相关专业人士的听证调查为依据。

② 这里指2012年以前。——译者注

(3)M&A 后公司经营困难

日本企业一般缺乏经营破产企业的经验与技术,因此,即使通过 M&A 程序收购了海外破产企业,收购后的公司经营也会出现困难。例如,先进行收购调查(DD),明确应改善的项目,再实施应改善的项目——这一整套事业再生的程序必须由当地的高管人员及职工来管理与执行,这其中还存在语言的问题,因而通常会很困难。从以往的情况来看,日本企业的海外 M&A 一般都是以缺乏公司经营的必要性的企业为对象,如以只需以分配收入就可取得海外企业为目的而实施收购,或者以获得在海外收集信息的据点为目的而实施收购等。

(二)境内的再生型 M&A 的问题点

反过来看,海外企业并购日本的破产企业的案例无论从收购金额上还是案件数量上都比较少,海外企业在日本以再生型 M&A 收购破产企业时,主要存在以下几点问题:

(1)着手事业重整比较慢,事业价值的毁损很严重

在美国等地,很多时候都是在利润表(P/L)显示不再产生利润的阶段就着手事业的重整。但在日本则倾向于,只要未到需要改善资产负债表(B/S)的地步,即明显出现偿债的困难与资产的劣化,司法程序自不待言,甚至不会着手裁员等事业的重整[参见前述三、(一)(4)]。因此,日本企业在破产时大多背负了庞大的剩余债务,资产的劣化也相当严重。由于破产企业的事业价值的毁损已十分严重,因而一开始重整的门槛就非常高。

(2)关于破产企业的信息公开不充分

在日本,司法破产程序中的信息被破产企业(债务人)、主要债权人及管理人(法院)垄断,候选收购方无法与破产企业进行公平交易[参见二、(二)3.(2)]。相关信息的不均衡也使海外企业在日本的重整型程序中收购破产企业从一开始就面临障碍。

(3)关于 M&A 交易的谈判余地较小

由于破产企业在司法破产程序这一司法保护的状态之下,因而与破产企业(管理人)进行谈判的余地一般不会很大。例如,出售方(破产企业或其管理人)的补偿条款中的义务范围会受到限制。而且,在再生型 M&A 的很多情形,与通常的 M&A 相比,出售方的表明保障也会明显变得更简单[参见二、(三)3.(3)]。

(4)到成交为止需要花费较长时间

再生型 M&A 是作为破产程序的一环来实施,因而会受到法定的破产程序的时间表的制约。例如,在通常的 M&A 中,当事人可以通过合意来任意缩短至成交为止的时间表,这种案例已有很多。但在破产法规定了期限的程序中,当事人一般很难通过合意来缩短时间表。①

(5)在 M&A 目标事业(资产)的价格是否是公正地形成的这一点上尚存疑问

在为收购破产企业而参加竞拍(投标)时,出售方(破产企业或其管理人)一般会提出雇佣的继续及现工厂的存续这一反映日本终身雇佣的传统的前提条件。此时,对于债权人而言,实际上并不具有从商业上判断破产企业(或其管理人)所提出的雇佣的继续和现工厂的存续等条件是否合理的机会。这导致在 M&A 目标事业(资产)的价格是否是公正地形成的这一点上留有疑问。日本 M&A 交易的这一实际情况也成为海外企业并购日本破产企业的障碍。

---

① 例如,东京地方法院提示了民事再生程序和公司更生程序的标准时间表,其分别为以6个月与1年左右的时间,完结从程序的申请至重整计划草案的批准与确定的整个流程。法院会提示在某一期间内完结程序的时间表,而且实践中一般也能实现法院提示的时间表。从实务来看,与过去的和解程序、旧公司更生程序相比,现在的重整型程序的进程明显加快。作为其中一环,再生型 M&A 程序无论是在再生(更生)计划内还是计划外,也都跟着提前了。

资产置换是俄罗斯联邦法律规定的恢复债务人偿付能力的措施

[俄]卡列丽娜·谢·阿[*] 著 刘 冰[**] 译

一、债务人资产置换的主要目的是什么?

俄罗斯联邦立法对恢复债务人偿付能力和重整其债务作了系统的规定,涉及增加债务人股本、规定第三方财政援助、转变生产、关闭亏损生产等,其中一项规定是关于债务人的资产置换。债务人资产置换是通过在债务人财产基础上设立一个或者多个股份制公司以恢复债务人偿付能力的措施之一。值得注意的是,在2002年《破产法》之前的资产置换实践中,重新设立的法人采用的是设立有限责任公司的法律形式。1998年《破产法》可以解释这种情况,因为在1998年《破产法》中并没有规定资产置换这种恢复偿付能力的措施。许多知名专家学者发现,由于立法者在破产法立法过程中的逻辑不统一,导致新的法律实体组织形式受到限制。

通过对俄罗斯2002年《破产法》第115条的文本解读,可以得出资产置换的目的是通过出售重新设立的股份制公司股份或者多个开放式股份公司股权来筹集资金

---

* 法学博士,俄罗斯莫斯科国立大学法学系企业法教授。

** 中国政法大学民商经济法学院经济法学博士研究生。

以满足债权人的要求。在这种情况下,不允许有限责任公司将自身的法定资本划分为股份。因此,其不可能安置和抛售股份。仲裁实践假定有关资产置换的目标是债务人改变自己的资产重新设立股份公司,用其销售收入偿还债务,以保留债务人的创始人身份。可见,现行立法并未规定债务人资产置换创设的法律实体的组织形式,也未规定债务人财产置换必须通过创建新公司实现。

这项措施的有效性体现在其能够恢复债务人的偿债能力,在实践中需要通过各种经济和法律指标对该措施的有效性进行评估,且该措施的有效性同时取决于债务人开展的具体活动和状态等。所以,恢复性措施的好处是显而易见的,尤其是创设开放式联合股份公司或股份制公司,这些恢复性措施在资产置换过程中能够在如投资、资金积累、股票价值等方面创造更多的经济机会。债务人资产置换的结果是产生一个新的主体从而摆脱债务。

二、债务人资产置换的法律性质是什么?

有关债务人资产置换的法律性质问题的提出在理论上和实践中都具有重要意义。关于法律实体资产置换与重组之间的关系研究的法律文献越来越丰富。古沃卢哈指出资产置换之后债务人作为法律实体并非不存在,因此,资产置换不能看作法人形式转换。根据《俄罗斯国家法人重组法》第16条第1款规定,法人形式转换的重组是在刚刚成立的法人完成国家注册那一刻结束的,且转换后的法人已经终止一切活动。多琳斯卡娅通过比较资产置换与法律实体重组的性质确定二者的相同点和不同点,从而得出她自己的观点。她认为重组、资产置换、债务公司化机制可以合并为一个概念。我们认为,重整应被理解为以恢复债务人偿付能力的一系列复杂的组织和财务措施,而资产置换是其中的恢复性措施之一,其适用于外部管理计划,旨在恢复债务人的清偿能力。换句话说,资产置换是一个更狭窄的概念。故而,将资产置换和重整混为一谈是不合适的。

根据《破产法》关于债务人资产置换的规定,创设的一个或几个新的股份公司可以用债务人的一些股份同债权人订立清算条件。如果法律没有规定,这种开放式股份公司的股票则能够以公开拍卖的方式出售,例如,根据《破产法》第115条第6款的规定,保障股票可以在有组织的证券市场上进行售卖。

三、债务人资产置换是怎样具体规定的?

资产置换只有在与外部管理计划相一致时才能实现,基于债务人管理组织的决定,授权债务人按照创立文件决定签订有关协议(《破产法》第 115 条第 2 款)。外部管理计划可以适用于一个或多个开放式股份公司的建立。在创办一个股份制公司的情况下,在法定资本中需列入所有资产,包括属于公司的和用于商业用途的产权。外部管理计划适用于多个由债务人财产支付法定资本的开放式股份公司的建立,以专门用于进行特定的活动。

2004 年 12 月 15 日俄罗斯联邦最高仲裁法院全体会议第 44 款决议第 29 号《关于联邦破产法在实践应用中的一些问题》规定,资产置换成立一个或多个开放式股份制公司法定资本的费用来源于债务人财产,因此在这样的股份制公司里,债务人是唯一的股东。股份制公司已经成立的情况下,不允许由第三方进行债务人资产置换(《破产法》第 115 条第 3.1 款)。

债务人资产组成的公司成立时的法定资本费用根据外部管理计划确定,而这些资本的大小根据市值确定。后者是基于独立评估师的报告和债务人管理机构的建议决定,授权债务人按照创立文件决定签订有关协议。根据《破产法》第 115 条第 2 款规定,债务人资产置换通过创建单个或多个开放式股份公司进行的,债务人资产可以包含在基于债务人管理机构决定的外部管理计划中,授权债务人按照创立文件决定签订有关协议。在实践中,产生了一些与这些协议有关的问题,这些问题的解释都包括在 2009 年 4 月 30 日俄罗斯联邦最高仲裁法院全体会议的决议第 32 号《关于联邦破产法中有争议的协议的一些问题》,该决议指出,在某些情况下,需要建立与债务人有关的决策机构,该决策机构有权就大宗交易的审批作出决定。在这种情况下,立法应对法律实体进行规范,用以确定债务的相应管理机构,并有权使之接受这些决定。

在实践中,可能会出现个人有权力在外部管理程序的框架内进行资产置换的问题。为了正确回答这个问题需要企业法和破产法的综合分析。显然,这种协议及其他一些关联协议在成立新的开放式股份公司中将会产生严重影响。因为资产置换要求新成立的法律实体将所涉及的由债务人财产组成的法定资本包括所有权进行转移,因此,根据资产价值批准该交易的决定应该由董事会成员

(25% ~50%公司资产价值)或股东大会(50%以上公司资产价值)作出。然而，正如之前所指出的，在债务人资产置换的过程中创立的股份制公司内，债务人是唯一股东，这里即出现一个矛盾。俄罗斯《破产法》第94条第1款规定，终止和产生债务人管理的权力来于外部控制。易言之，可以认为资产置换取决于外部管理计划。该款同《破产法》第94条第2款一起，保证其他债务人管理机构决定资产置换的权限不同于其他债务管理人的权限。由此看来，按照破产法的规定，为确保股份公司法律的规范，享有资产置换决定权的债务人将变成一个管理机构，即股东大会或董事会。

理论和实践带来的问题是，应该由怎样的机构来决定新成立的开放式股份公司的章程及该公司的执行机构。对该问题有以下两种不同的观点：(1)由于管理机构应由创办人选举产生，而在资产置换程序中的债务人是唯一创办人，那么他有权行使外部管理权，即意味着他有权力任命新建立的开放式股份公司的领导。(2)根据俄罗斯《股份公司法》第8条、第9条和2004年12月15日俄罗斯联邦最高仲裁法院全体会议决议第29号的规定，在股份制公司中唯一股东是债务人，他必须接受股份公司设立的决定，接受有关股份公司设立决定的同时必须批准该公司的章程，并解决有关管理机构选举和审计委员会的问题。但是，按照破产法规定，解决这些问题的权力已经超出了创始人的权限范围。因此，应该由被认为包括在外部管理计划的债权人会议研究债务人设立股份制公司的决定、公司章程的批准、任命机关派出的外部管理者。哪一种观点被认为最为合理？在笔者看来，第二种应该更合理些。事实上，确认新建公司规章及其管理机构会议的批准问题不属于创始人的权限范围内，因此，这合乎逻辑，债务人的主管部门解决由债权人会议后续批准决定等问题。

四、债务人资产置换分为哪些阶段？

在对破产法律分析之后可以将债务人资产置换分为以下几个阶段：

由债务人管理机构授权作出将债务人资产用于成立一个或几个新的股份有限公司的决定；确定作出有关债务人资产置换决策的授权机构为外部管理人；对债务人资产进行评估，促成法定资本(在外部管理计划中进行这一事件的决定较合适)；实行债权人会议(委员会)将与外部管理规则有关的资产置换，以及财产的清查和价值贡献纳入法定资本；通过债权人会议（委员会）关于将债务人资产置换列入外部管理计划的决定；仲裁法庭批准外部管理计划；新创建的股份制公司或股份公司进行国家注册；股票发行的国家注册和总结报告的公布；公开入股债务人的资产组成；通过投标或在有组织的证券市场出售股票。

要注意的是，根据俄罗斯《破产法》第109条的规定，资产置换被认为是恢复债务人支付能力提供外部管理计划的措施之一。根据《破产法》第99条第2款的规定，外部管理计划发展并提交到债权人审批通过是外部管理人的职责之一。但是，应该注意一种情况，即在债务人资产的基础上创建一个或多个开放式股份制公司要合法有效，需要一系列法律事实，包括：成立一个新的开放式股份制公司的批准和债务人管理机构赞成交易（按照重要意见规则）的批准，股东大会或者董事会对资产置换问题的批准，债权人会议将按照债务人支付能力的恢复情况进行资产置换的措施列入债权人会议的议程，最后，还有外部管理计划的批准。综上所述，这些法律事实相结合形成了一个复杂的实现资产置换必要的法律结构。因此，认为资产置换的实施只是单纯的仲裁管理的结果是错误的。此外，事实上，发起债务人资产置换的实施不是来自于仲裁管理，而是来自权威的批准债务人重大交易的债务人管理机构。同样包括债务人的资产置换，按照债务人偿付能力恢复情况纳入外部管理计划而采取措施是债权会议的特权，而非仲裁。

五、开放式股份制公司的股票流动性存在哪些问题？

在实践中，可能会出现股票流动性的问题。这个问题应该从两个方面来考虑：一方面，按照俄罗斯《破产法》第115条的规定，新开放式股份制公司的股票应该一次性按照100%法定股本发行股票。正如契诃夫所指出的那样，法定程序会显著降低债务人资产置换的吸引力，如同恢复支付能力的措施，因此要在实际中找到能够购买全部股票的买主不太可能。与此相关，在《破产法》第115条中有关独立出售部分股票的可能性的条款有必然陈述。另一方面，流动性股份的问题涉及从新创建的开放式股份公司中剥离资产的问题。因此，新建立的股份公司在出售股份前可以完全或者部分出售资产，将资产从债务人方转移出来，创造一个新公司，增加法定股本。债务人管理机构无法控制新公司的资产输出，因为从引入外部管理或执行破产程序的那一刻开始，业务管理开始转移到外部或者破产管理方,债务人管理机构的职权全部终止。因而,关于出售新的股份制公司的财产而签署仲裁管理的决定,会不可避免地导致股份贬值。为了解决这些问题,需要使用允许债权人和债务人监督新公司的活动的政策,如以本公司名义批准交易。

六、现行俄罗斯法律能不能在资产置换的结果和对债权人需求的满足度上提供足够的保障?

最主要的问题是在债务人资产置换的结果中是否能从股票售卖中获得足够的资金?现行《破产法》原则上保障资金的充足性,具体包括以下条款:最初的股价不能低于本金金额;最初的股价应当根据股票市值由债权人会议确定,并根据独立估值师的报告而厘定;最初价格不能低于由债务人管理机构确定的最低价;刚成立的开放式股份公司所有股票出售量应占100%法定资本;从卖出股票到获得资金应不晚于一个月到外部管理到期时间等。

但同时产生的问题是,由出售股票违规获得足够资金的后果是什么?其中的一个后果是确认资产置换程序是无效的。那么需要按照哪种方式进行仲裁和无效确认程序?

七、如何认定债务人资产置换无效?

司法仲裁实践在这个问题上制定了明确的方法来判定债务人资产置换是否有效。首先,确定公司建立的决定无效,同时法定资本转交无效(详例见联邦反垄断局西北区2008年4月29日第NOA56-18654/2007号文件决议)。其次,认定外部管理计划无效(详例见联邦反垄断局莫斯科区2006年7月12日第№ KA-A40/6055-06号文件决议)。法庭仲裁可认定外部管理计划全部或部分无效、审查破产诉讼、听取个人或数人的要求、救济受侵犯的权利和合法权益、采纳关于外部管理计划的司法行为,如认为不符合法律、侵犯公民人身权利和受法律保护的个人利益,可以向法院提出相关要求。

研究表明,债务人的资产置换是破产过程中恢复债务人偿债能力一个相当有效的手段,但在实践中这种机制达不到要求。原因如下:第一,从《破产法》立法方向来看,在俄罗斯的经济管理特点中,外部控制程序本身很少使用;第二,这项措施的先决条件之一是有担保的债权人一致决定,这成为这项措施的最大障碍;第三,在实践中新成立的开放式股份公司的股票流动性还存在相当明显的问题;第四,在新成立开放式股份制公司的活动中还存在许多管理和控制的问题,需要更多注意。

问题在于,同《俄罗斯联邦民法》第209条相比,在《破产法》关于规定债务人资产置换过程的条款中,没有规定专门的关于建立股份公司限制从属资本秩序的权限。这样就潜藏一个巨大的实际问题,即在出售新公司股票前,已获得资本的债务人,可以将其部分或全部卖出,或者输入其他注册资本里。有没有解决这个问题的方案呢?最重要的是,必须在立法层面上规定在股票售出之前,禁止新成立的开放式股份公司在没有债权人会议预先同意的情况下进行交易活动。立法改进的另一个方面是,在更换债务人资产决定作出时,需要有担保的债权人参与。

综上所述,应用这项措施的条件之一是强制所有有担保债权人参与资产置换投票。因此,第一,抵押财产不得列入开放式股份制公司的注册资本。在这种情况下,绝对的不正当的规定取决于采用或不采用这种不给有担保债权人处置抵押品的措施,但可以阻止采用这一点。在我们看来,这是能够长久恢复债务人偿付能力的措施。这种手段一般都会受到来自有担保债权人的谈判或勒索。第二,如果抵押金包含成立的开放式股份公司的法定资本,那么债权人会丢失自己抵押的权利。这种情况下,现行法律调节下债务数额由债务人决定。比如,如果在抵押贷款之前债务占90%,那么在偿债能力没有恢复的情况下,赔偿数额将会是巨大的。但是,如果债权人债权只占10%,在这样的比例下,债权人支持资产置换没有益处。

同时,我们不能忘记置换是要在外部管理程序的框架下的。债权人能够向债务人在这一过程中提出自己的要求。谁知道还有哪些要求没有向债务人提出来?解决这个问题可以从以下几方面入手:抵押债权人应该收取股份作为抵押而不是抵押资产,其中的股份价值等同于抵押财产的数额。如果抵押物没有加入注册资本中,该债权人对资产置换的投票不应具有强制性。这只是完善在这一领域立法上的建议,旨在使债务人资产置换成为恢复债务人偿付能力的有效机制。

【特殊的并购程序】

跨国破产程序与国际商事仲裁程序的冲突

刘经涛*

一、前　　言

随着过去几十年国际贸易特别是跨国投资的发展，国际商事仲裁因其独到的优势如保密性、可在多个国家或地区得以承认并执行，被商界所推崇。同时，在跨国投资背景下，企业投资失败后的破产清算也越来越涉及众多不同国家或地区法律的适用问题及多个国家之间破产清算程序、诉讼及国际商事仲裁程序的冲突与协调。

总体而言，国际商事仲裁程序的基于当事人事先在合同中达成的书面仲裁协议或当事人在争议发生后达成书面仲裁协议而解决当事人之间争议的程序，其存在的基础在于当事人之间的合意。正常的仲裁协议会包括当事人选定的仲裁机构及地点，所适用的程序规则及实体规则。基于当事人对仲裁机构的信任与对当事人意思自治的尊重，法院对仲裁的监督仅限于程序方面的错误。①

与仲裁的意思自治大原则相反，破产清算程序则注

---

* 中伦律师事务所争议解决部合伙人。

① 我国《仲裁法》第58条所规定的撤销仲裁的情形均为程序性错误。

重在债务人财产不足以清偿全部对外债权的情况下,在破产法院主导或监督下,在所有债权人之间按照优先顺序,有序清偿。同时,各国破产法大都制定了破产程序中涉及债务人的所有争议均集中到破产法院管辖审理的制度,意在提高破产程序的效率。① 某种意义上讲,破产程序涉及利益主体众多,破产法院会更多关注公共利益的实现。

在跨国破产程序中,如遇有破产债务人与某债权人之间存在未决国际商事仲裁或国际商事仲裁协议时,两种程序之间的冲突与协调就更为突出。正如美国联邦法院第二巡回区沃克(Walker)法官在美国航运公司破产案中所论:"破产与仲裁犹如地球之南北两极,破产势不可当地走向集中,而仲裁不遗余力走向分散"。②破产法院对仲裁程序的不信任从纽约州西蒙(Simon)法官所述可见一斑:"仲裁员仅仅是自治之个体,受订约当事人所托来解决仅对他们而言重要的事项。他们没有公共责任,也不应当来处理当一方不能履约时涉及被保险人及第三方索赔人利用的事项。处理这类争议只能交由管理人,为公共之利益,当然在法院监督之下。"③

本文旨在比较国际立法及各主要国家破产立法与仲裁程序的冲突与处理,并试图以广泛关注的英国法院所判决 Syska v. Vivendi 为例证,阐述跨国破产程序与国际商事仲裁程序冲突的复杂性。

二、跨国破产国际立法对国际商事仲裁程序的抑制

在跨国破产案件日益增多的情形下,为促进跨国破产程序的协调与司法合作,联合国国际贸易法委员会于 1997 年制定了《联合国国际贸易法委员会跨国界破产示范法》(以下简称《示范法》)供各成员国参考。《示范法》第 20 条第 1 款规定:"1. 一旦承认了作为一项外国主要程序的外国程序,即:(a)停止开启或停止继续进行涉及债务人资产权利债务或责任的个人诉讼或个人程序"。当一

---

① 我国《企业破产法》第 21 条亦作了集中管辖的规定。

② United States Lines Inc., Re, 197 F. 3d 631, 640 (2nd Cir. 1999) "presents a conflict of near polar extremes: bankruptcy policy exerts an inexorable pull towards centralization while arbitration policy advocates a decentralized approach towards dispute resolution."

③ Jason Chuah, " Resolving Unresolved Relationship Problems—The Case of Cross Border Insolvency and Pending Arbitrations", (2011) *ECFR* 8(4), 423 - 444, 441.

国程序被确认为主要程序之后,所有针对债务人的个人诉讼程序终止。而且,在随附的立法及解释指引中,明确说明仲裁程序应当包括在《示范法》第20条第1款的范围之内。①

欧盟理事会于2000年通过了《欧盟理事会破产程序规则》,以图在欧盟成员国之间就跨国破产问题提供统一、可预期的规则。该规则对国际商事仲裁的规制与调整主要体现在第4条和第15条。该规则第4条(法律适用)第2款规定:程序启动国的法律应决定破产程序启动、进行以及终止的条件。并应特别规定:在债务人是合同一方时,破产程序对合同的效力;破产程序对于个别债权人发动法律程序的影响,未决诉讼除外。该规则第15条规定:"破产程序对未决诉讼的效力:破产程序对正在进行的针对债务人已经被接管的财产或权利的诉讼的效力专由诉讼进行国法律确认。"我们将在后文提及的英国法院审理的Syska v. Vivendi案件,即涉及英国法院对该条款的理解与适用,英国上诉法院认为规则中的诉讼应该包括仲裁,破产程序对未决仲裁的效力应依据仲裁进行国法律确认。

三、中　　国

与非破产情形类似,中国破产法对仲裁采取了一贯友好的立场。根据中国《企业破产法》第20条的规定,当债务人破产申请被法院受理后,已经开始的未决诉讼或仲裁应当中止,待法院指定的管理人接管债务人财产后,该诉讼或仲裁恢复进行。中国《企业破产法》对未决仲裁的影响只是"暂停"的效果,待管理人就位后,由管理人负责处理破产受理之前的未决仲裁。

中国《企业破产法》第20条规定的是破产之前的未决诉讼或仲裁,第21条则规定:"人民法院受理破产申请后,有关债务人的民事诉讼,只能向受理破产申请的人民法院提起",显然该条款调整的是破产受理后的诉讼只能向破产受理法院提起,即通常所说的集中管辖。立法者在此仅用了"诉讼"一词,而没有使用与第20条相同的"诉讼或者仲裁"这一术语。对于破产债务人破产之前的签订了

---

① UNCITRAL Model Law on Cross-Border Insolvency with Guide to Enactment and Interpretation, at Para. 180.

仲裁协议的合同争议可否在破产后提起仲裁,破产法对此问题未作规定。对此问题,最高人民法院曾有观点认为《企业破产法》规定的法定专属管辖不能排除仲裁条款的效力,在约定仲裁条款有效的情况下,应由当事人依照民事诉讼法的规定通过仲裁方式解决纠纷。

笔者认为,最高人民法院的此种观点值得商榷。如之前所述,依据中国《仲裁法》第58条的规定,中国法院对仲裁的监督仅限于仲裁庭的程序错误,如果仲裁机构程序无误而实体处理错误,如本应裁决支付A债权人100万元,但是仲裁庭错误裁决200万元,则依据现有法律,法院无权干涉仲裁裁决实体错误。而在破产程序中,实体错误的仲裁裁决会影响到其他众多债权人的利益,故而似应对债务人破产申请受理后的仲裁予以某种程度的抑制。

《纽约公约》第5条第1款第甲项规定,"当事人依对其适用之法律有某种无行为能力情形者",裁决可拒予承认与执行。依据《纽约公约》该规定,似有必要探讨当债务人之破产清算案件被法院受理后,其行为能力是否同破产程序启动之前一致,若一致,则依据《纽约公约》请求承认与执行仲裁裁决没有问题;若不一致,《纽约公约》该条款似有适用空间。依据中国《企业破产法》相关规定,人民法院受理案件时,应当同时指定破产管理人。[①] 管理人接受法院指定后,接管债务人的财产,决定债务人的内部管理事务。[②] 笔者认为,自法院裁定受理债务人破产案件后,债务人正常管理层退出对公司的管理,改由管理人负责破产企业的经营管理,该经营管理要处于法院、债权人会议及债权人委员会的监督之下,[③] 其行为能力与破产受理之前有显著不同,故应该触发《纽约公约》第5条第1款第甲项的适用。关于债务人进入破产程序后行为能力的问题,美国法院有法官直接认定自破产程序启动时起,债务人不再存在。[④]

依据相关仲裁法理论,通说认为合同中的仲裁协议条款独立于合同存在,不因主合同被认定无效或解除而被认定无效或解除,属于单独的合同。同时,中国《企业破产法》第18条规定破产管理人有权选择决定或履行债务人破产前签订

---

① 我国《企业破产法》第13条。

② 我国《企业破产法》第17条、第25条。

③ 我国《企业破产法》第23条。

④ Jason Chuah, Resolving Unresolved Relationship Problems—The Case of Cross Border Insolvency and Pending Arbitrations, (2011) ECFR 8(4), at 440.

的合同,对于前述独立的仲裁合同,管理人当有权选择解除或履行仲裁协议。在此情形下似并不必然导致最高院所述结论。

四、美　国

美国《联邦仲裁法》1925 年通过立法,尽管遭遇诸多司法敌意,如仲裁员经常犯适用法律的错误、仲裁员多由商业人士组成,缺乏法律专业背景等,①在美国联邦最高法院的支持下,在遇对仲裁协议是否可执行有争议的案件中,法院多支持仲裁。②

美国联邦破产法规定当一方进入破产程序,所有针对破产债务人的诉讼包括仲裁应当终止,即自动冻结。但是,根据具体情况,另一方当事人有足够强的理由,可以申请破产法院签发许可恢复诉讼或仲裁。③ 根据美国国会 1984 年对《破产法》的修订,修订案将破产程序中的索赔区分为"核心程序"(core proceedings)和"非核心程序"(non-core proceedings),授权破产法院审理美国《破产法》第 11 章下所有"核心程序"案件。④

对于如何区分"核心程序"(core proceedings)和"非核心程序"(non-core proceedings),美国各巡回区法院各自以判例方式制定出不同的识别方法与标准。以第二巡回区法院审理的美国航运公司破产案为例,⑤该案涉及美国航运公司之前雇员对破产债务人的大规模集团侵权诉讼,债务人在 UK、Liverpool & London、West of England 、Skuld 等保赔协会对索赔人有人身损害赔偿保险安排,但是所有保险单条款中均有伦敦仲裁条款。4 个保赔协会要求将保险争议提交伦敦仲裁。⑥ 在论及某合同是否属于"核心程序"时,上诉法官重申要考证该合同是否同是重整请求的前置条件及该合同独立于重整方案的程度。⑦ 法院同时又认为,

① Alan N. Resnick, "The Enforceability of Arbitration Clauses in Bankruptcy", 15 *Am. Bankr. Inst. L. Rev.* 183 2007 at 186.

② Ibid. ,p. 188.

③ US bankruptcy Code, S. 362.

④ Sussman and Tonga, "Arbitration Agreements and Bankruptcy—Which Law Trumps When?", (Fall 2009) 2 (2), *New York Dispute Resolution Lawyer*, 39.

⑤ In re United States Lines, 197 F. 3d 631.

⑥ Ibid. ,p. 635.

⑦ Ibid.

即便是"核心程序",并不必然导致破产法院停止仲裁程序。[1] 在否决"核心程序"所面临的仲裁协议时,法院应极尽谨慎识别破产法之目标是否会被合同仲裁协议条款的实施所影响。只有当破产法的目标被仲裁严重影响时,仲裁协议方可被否决效力。[2] 最后,上诉法院综合考虑该案件中涉及针对债务人的大规模集团侵权诉讼,以及数量众多的保险单、保险人等复杂事实,确认破产法院集中管辖才更有利于案件解决,支持了破产法院否决保赔协会伦敦仲裁请求的判决。[3]

综合考察各巡回区的判例,尤其涉及"核心程序"问题方面,结果各异的判决已导致稳定性和预见性的缺失,同时常常导致巨额花费的诉讼。而仲裁,本来的优势是高效、节省费用,因在破产程序中常常涉及仲裁条款是否有效的旷日持久的诉讼,面临的局面不无尴尬和讽刺。[4] 有学者建议美国国会应就破产中的仲裁条款是否有效做出明确的立法,并禁止当事人就破产法院关于仲裁条款的判决上诉。[5]

五、英　国

根据英国1986年《破产法》的规定,当债务人自行清算时,清算管理人可以以债务人的名义提起或抗辩任何法律程序;[6]但是如果是强制清算,只有经法院准许,清算管理人方可起诉或抗辩。[7] 一旦仲裁协议的一方进入破产清算程序,未经法院或清算管理人准许,任何人不得对债务人提起仲裁请求。[8]

根据 Atlantic Computer System 破产案判决,[9]法院在审查是否应当准许仲裁进行时,应当在申请人的合法利益和其他债权人的利益之间平衡,对比拒绝仲裁

---

① In re United States Lines, 197 F. 3d 631, p. 640.

② Ibid.

③ Ibid.

④ Alan N. Resnick, "The Enforceability of Arbitration Clauses in Bankruptcy", 15 *Am. Bankr. Inst. L. Rev.* 183 2007, at 212.

⑤ Ibid., p. 221.

⑥ Insolvency Act 1986, Sch. 4.

⑦ Ibid., S. 167(1)(a).

⑧ Ibid., Sch. B1, para. 43(6).

⑨ (1992) 2 W. L. R. 367.

可能给个别债权人造成的损失和准许仲裁给其他债权人造成的损害。①

值得注意的是,英国加入欧盟后,欧盟理事会制定的《欧盟理事会破产程序规则》对英国发生法律效力,特别是涉及欧盟成员国之间的跨国破产案件,英国法院应当优先适用《欧盟理事会破产程序规则》,尤其是该规则的第 4 条、第 15 条关于破产程序开启的效力问题,也给英国法院适用法律带来挑战。这一点将在稍后 Syska v. Vivendi 案件中得以展示。

六、德　　国

德国《破产法》第 87 条规定:"破产债权人只能依据关于破产程序的规定追诉其债权。"德国民事诉讼法确实要求在破产程序启动后停止所有争议程序,但这仅仅是为管理人代替债务人参与原争议程序争取准备时间。② 这一点同中国破产法对仲裁的观点相类似,相关判例显示德国法院对仲裁采取了更为宽容与友好的政策。

在一起国际商会(the International Chamber of Commerce,ICC)仲裁案件中,德国的两被申请人破产,破产管理人拒绝参加仲裁,仲裁庭作出裁决,索赔人申请科隆法院承认并执行仲裁裁决。科隆法院认为,仲裁庭没有遵守德国《破产法》的规定,因而违背了德国公平保护所有债权人的公共政策,故而拒绝承认与执行。最后案件上诉至德国联邦最高法院,最高法院判决认为,德国法并不认为仲裁协议的一方破产会导致仲裁协议无效,破产管理人作为债务人的继承人受仲裁协议约束。当一方破产丧失合同主体资格时,破产管理人参加仲裁是符合公共政策的;如果仲裁程序没有将债务人替换的话,则违反德国公共政策。③

七、法　　国

与中国破产法类似,法国《商法典》第 621 条规定,当债务人破产后,包括仲

---

① Johnathan Sutcliffe and James Rogers, "Effect of Party Insolvency on Arbitration Proceedings: Pause for Thought in Testing Times", *Arbitration* 2010, 76(2), 277 - 290, at 280.

② Ibid. ,p. 284.

③ Jason Chuah, Resolving Unresolved Relationship Problems—The Case of Cross Border Insolvency and Pending Arbitrations, (2011) ECFR 8(4), 423 - 444, at 432.

裁在内的所有程序应自动冻结。当债权人向破产管理人申报债权后,仲裁程序得以恢复。但仲裁庭不可裁决破产债务人向债权人支付履行金钱支付义务。相关案例显示,法国最高法院对破产程序中面临的仲裁程序采取了严格的审查态度。①

在 Jean X. v. International Co. for Commercial Exchange(May 6, 2009, Case no. 08-10281)案件中,在一个埃及公司同法国公司仲裁的过程中,法国公司进入破产程序。仲裁庭最终裁决法国公司向埃及公司支付赔偿。埃及公司申请法国法院承认并执行裁决,法国一审、二审法院均支持承认裁决,最后破产管理人上诉至法国最高法院,法国最高法院推翻了下级法院的裁决,重申仲裁庭裁决破产债务人向请求人支付赔偿的裁决,是对法国公共政策的冒犯,因而不予承认执行该裁决。②

八、Syska v. Vivendi 案件

本案件的当事各方在投资合同中分别约定在伦敦及日内瓦仲裁,其中破产一方为波兰公司,波兰《破产与重整法》第142条规定一方破产后破产债务人之前所签仲裁协议无效,两案核心问题即在波兰《破产与重整法》第142条对外国既有未决商事仲裁(pending arbitration)的效力。英国、瑞士两国法院审理的最终结果却是大相径庭。

案件事实大致如下:Elektrim 公司是一家波兰公司,其拥有波兰电讯公司的多数股权。2001年9月 Elektrim 公司同两家法国公司(Vivendi Universal S. A. 和 Vivendi Telecom International S. A.,以下简称 Vivendi 公司)签署了一份投资协议(TIA 协议),依据协议,Vivendi 公司试图购买 Elektrim 公司在波兰电讯公司的股权。该协议约定实体争议适用波兰法律,但是其争议解决方式选择伦敦国际仲裁院(London Court of International Arbitration, LCIA)仲裁并适用该院仲裁

---

① Johnathan Sutcliffe and James Rogers, "Effect of Party Insolvency on Arbitration Proceedings: Pause for Thought in Testing Times", *Arbitration* 2010, 76(2), 277-290, at 282.

② Christophe von Krause, "International Arbitration and French Insolvency Proceedings: French Supreme Court Reiterates Importance of Public Policy", Accessed May 21, 2015. http://kluwerarbitrationblog.com/blog/2009/10/28/international-arbitration-and-french-insolvency-proceedings-french-supreme-court-reiterates-importance-of-public-policy/.

规则,仲裁条款则适用英国法律。

其后各方产生纠纷,Vivendi 公司于 2003 年 8 月 22 日在 LCIA 对 Elektrim 公司提起仲裁,声称 Elektrim 公司违反 TIA 协议,索赔约 19 亿欧元。2007 年上半年 LCIA 仲裁庭确定于 2007 年 10 月 15 ~ 19 日开庭审理违约责任问题。①

2006 年基于之前各方达成的和解协议,Vivendi 公司在瑞士日内瓦国际商会(International Chamber of Commerce, ICC)对 Elektrim 公司提起第二个仲裁。②

在仲裁过程中,2007 年 8 月 21 日波兰华沙地区法院宣布 Elektrim 公司破产,并指定 Syska 先生担任 Elektrim 公司的破产管理人。

(一)英国案件审理

Syska 先生向 LCIA 仲裁庭提出异议,根据波兰《破产与重整法》第 142 条规定,"自破产宣告之日起,破产债务人所签订的任何仲裁协议归于无效,任何未决仲裁程序应当终止",仲裁协议已经无效,仲裁程序应当终止。仲裁庭认为其有管辖权,并裁决 Elektrim 公司违反了其同 Vivendi 公司的协议。Syska 根据英国 1996 年《仲裁法》的规定,上诉至英国高等法院。

由于英国、波兰同属欧盟成员国,故英国法院在审理该案件时主要涉及前文所述《欧盟理事会破产程序规则》第 4 条(法律适用)第 2 款第(e)项、第(f)项及第 15 条的理解与适用。Syska 认为根据《欧盟破产条例》第 4.2(e)条的规定,当事各方的仲裁协议属于合同(concurrent contract),应适用波兰法律来确定破产程序之启动对仲裁协议的效力。英国法院没有支持 Syska 的观点,认为根据《欧盟理事会破产程序规则》第 15 条规定,破产程序开启对未决诉讼的效力,"专由诉讼进行国法律确认",即由英国法律确认,而非波兰法律。而且此处"未决诉讼"应当包括仲裁。最终,英国上诉法院根据英国法律规定支持了仲裁庭的管辖权。

(二)瑞士案件的审理

在 ICC 日内瓦的仲裁案中,Syska 同样主张波兰《破产与重整法》第 142 条已经使仲裁协议无效,仲裁庭应当终止案件审理。由于瑞士不是欧盟成员国,故

---

① (2009) EWCA Civ 677.

② Johnathan Sutcliffe and James Rogers, "Effect of Party Insolvency on Arbitration Proceedings: Pause for Thought in Testing Times", *Arbitration* 2010, 76(2), 277 - 290, at 288.

Vivendi公司不能主张适用《欧盟理事会破产程序规则》第15条的规定,其转而主张适用仲裁地法律,即瑞士法律应当作为仲裁庭是否有管辖权的准据法。

ICC仲裁庭根据瑞士《国际私法冲突规范》第154条、第155条C款的规定,关于公司的主体资格及行为能力的问题,应当适用公司注册地法律,即波兰法律。波兰《破产与重整法》第142条已经取消了Elektrim公司的仲裁资格,所以ICC仲裁应当终止。尽管案件最后上诉至瑞士最高法院,基于同样的逻辑,瑞士最高法院支持了ICC仲裁庭的意见。①

Syska同Vivendi在英国、瑞士两个国家先是仲裁,后经法院诉讼,历经马拉松式的法律战,相类似的案情,最终的结果却是截然相反,案件引起国际商事仲裁及国际私法界人士热议。细究英、瑞两案争议的焦点,可以看到,在当事一方破产的事实状态下破产当事人所在地破产法的强制性规定及欧盟统一的破产程序规则的适用,给原本尚算有效平衡运转的国际商事纠纷解决机制及国际私法冲突规范带来新的冲突。

从国际私法冲突规范角度看,关于一国开启破产程序对另一国未决诉讼或仲裁的效力,本案有众多交叉适用的规范:(1)当事人自己约定的仲裁协议适用的法律,如本案TIA协议中的仲裁协议约定适用英国法律;(2)波兰《破产与重整法》第142条对仲裁协议的适用;(3)《欧盟理事会破产程序规则》对跨国破产情形下既有未决诉讼/仲裁的法律适用规则;(4)传统的国际司法冲突规范对本案的适用,比如程序问题依法院/仲裁庭所在地法等规则。

同时,国际私法领域中的识别问题的冲突更加剧了本案的复杂性。识别系指依据一定的法律观点或法律概念,对有关事实的性质作出定性或分类,把它归入特定的法律范畴,从而确定应援引哪一冲突规范的法律认识过程。依据不同国家的法律观点或法律概念对有关事实进行定性或归类会产生识别冲突,即便两国规定了相同的冲突规范,但由于两国对冲突规范中的法律概念有不同解释,也会对同一事实的法律性质做出不同分类,进而导致适用不同冲突规范。② 具体至Syska案件中,波兰《破产与重整法》第142条对未决仲裁的效力,可被作出如下不同的识别:(1)破产债务人的行为能力问题;(2)仲裁协议的实体效力问题;

---

① Doug Jones, "Insolvency And Arbitration: An Arbitral Tribunal's Perspective", *Arbitration* 2012, 78(2), 123-139, at 137.

② 李双元:《国际私法》(第3版),北京大学出版社2011年版,第97~98页。

(3)法院/仲裁庭面临的程序性问题;(4)法院/仲裁庭的实体问题。① 英国法院根据《欧盟理事会破产程序规则》第15条的规定,直接适用了英国程序法。而瑞士的仲裁庭及最高法院把该问题识别为Elektrim公司的行为能力问题,进而根据瑞士冲突规范适用了波兰法律确认仲裁协议无效而终止了仲裁。

值得一提的是,Vivendi公司后来凭LCIA的胜诉仲裁裁决书申请波兰法院予以承认和执行,波兰华沙区法院支持了Elektrim公司仲裁协议已无效的抗辩,依据《纽约公约》第5条第1款第甲项、第2款第乙项规定,以Elektrim公司已丧失行为能力及违反公共政策为由,拒绝承认与执行LCIA的裁决。Vivendi公司提出上诉至波兰华沙上诉法院,尽管有波兰《破产与重整法》第142条的规定,上诉法院却推翻了区法院的裁决,裁定LCIA的裁决应予以承认和执行。② 英国、瑞士、波兰3个国家法院对该案的处理结果可谓充满了戏剧性变化,表明跨国破产程序与国际商事仲裁程序冲突的复杂性,同时意味着法律在该领域的可预见性极差。

九、结　论

破产法作为程序法和实体法的综合体,内在要求集中管辖,公平对待债权人,更注重集中与效率;仲裁法作为当事人意思自治的产物,要求分散化解决纠纷。《纽约公约》作为国际商事仲裁裁决在不同国家得以承认和执行的基础保障,允许不具有可仲裁性的国际商事纠纷的裁决、当事主体的行为能力抗辩、国家公共政策保留作为不予承认和执行的情形。在跨国破产程序与国际商事仲裁程序交叉的情形下,部分国家破产法对破产债务人之前签订的仲裁协议效力直接予以否认,③对国际商事仲裁的基础——有效的仲裁协议带来冲击。Syska v.

---

① Mark Robertson, "Cross-border Insolvency and International Commercial Arbitration: Characterisation and Choice of Law Issues in Light of Elektrim S. A. V Vivendi S. A. and Analysis of The European Insolvency Regulation", *Int. A. L. R.* 2009, 12(6), 125 - 135 at 129.

② Johnathan Sutcliffe and James Rogers, "Effect of Party Insolvency on Arbitration Proceedings: Pause for Thought in Testing Times", *Arbitration* 2010, 76(2), 277 - 290, at foot note 58.

③ 除波兰外,还有意大利、西班牙破产法规定破产债务人所签仲裁协议无效。Johnathan Sutcliffe and James Rogers, "Effect of Party Insolvency on Arbitration Proceedings: Pause for Thought in Testing Times", *Arbitration* 2010, 76(2), 277 - 290, at 284.

Vivendi 案件充满戏剧性的处理结果充分展示了该领域的复杂性与不确定性。正如本文所示,很多国家的法院在处理破产与仲裁问题时,已充分意识到破产债务人一旦破产已无行为能力(incapacity),①债务人此等状态会影响仲裁裁决的承认与执行,国际商事仲裁员对此问题不可不察。

同时,中国的理论界似乎对债务人进入破产程序后的行为能力及主体资格问题重视与研究不够,其情形如同自然人换过大脑之后是否还是同一个人有类似之处。随着中国跨国投资的发展,未来会遇到更多跨国破产及国际商事仲裁冲突的问题,中国的破产立法及国际私法冲突规范需要回应这一趋势的要求。

① 意为"缺少生理或心理能力"(Lack of physical or mental capabilities, Black's Law Dictionary, Eighth Edition, Bryan A. Garner, Editor in Chief)。

企业破产程序中的非诉讼纠纷解决机制

——法官的视角①

[美]伊丽莎白·S. 斯当* 著 毕 莹** 译

大多数人们想要到穿黑袍的法官、着装干练的律师和装修精致的法庭那里去解决纠纷,这种观念是错误的。陷于纠纷的人就像患者一样,他们需要安慰,并且需要用尽可能快且经济的方式解决纠纷。

——Warren E. Burger 大法官

《我们堕落的法律精神》,

16 Judges J. 23, 49(1977 年秋)

10 多年前,笔者曾在 ALI-ABA 出版社出版的《实务中的诉讼律师》中发表过一篇短文,题目为《商事案件中的非诉讼纠纷解决程序指南》。那时,笔者在纽约的一家大型律师事务所担任企业诉讼律师,笔者的执业领域主要集中在复杂的商事案件上,并且通常担任被告的代理

---

① 此文首次发表在 *American Bankruptcy Institute Law Review* 第 17 卷,2009 年出版。本文的翻译和出版已获得作者和期刊方的书面授权。

* 伊丽莎白·S. 斯当(Elizabeth S. Stong),纽约东区破产法院法官。

** 中国政法大学民商经济法学院经济法学专业研究生。

律师。那时笔者逐渐意识到,作为一名优秀的诉讼律师,应该懂得一个案件应采用何种纠纷解决机制,同时,笔者对非诉讼纠纷解决程序(Alternative Dispute Resolution,ADR)产生了兴趣。笔者也意识到,有时对当事人来说,尽管庭外和解的结果可能并不完美,但其产生的效果通常要好于一个不错的判决所产生的效果。所以,笔者开始把自己培养成一名调解员,加入联邦地区法院的调解组,并且参与建立附属于纽约州最高法院的商事部门的位于曼哈顿的调解项目。笔者偶尔也会担任仲裁员,但是笔者工作的重心还是那家大型律师事务所的诉讼律师。

10年过后,到2009年下半年时,笔者已担任了6年破产案件的法官(笔者于2003年9月上任)。笔者在联邦法庭工作,开庭时笔者身着长袍而非职业套装,笔者每天都要召集会议、动议、审判。笔者已经主持了几千个破产案件,发布了数不清的决议。笔者所在法庭的诉讼事件表,也像许多其他法庭一样,大部分都是自然人的案件。笔者负责的案件中,自然人和企业的案件差不多各占一半。

也许有人认为,笔者担任过律师和法官,也参与过正式的审判程序(调解和ADR相较于正式的审判程序都称为"可替代性"程序),也许不再认为ADR是解决纠纷的有效机制。但是这种观点是错误的。

事实上,作为破产案件的法官,笔者越来越认识到律师、当事人和第三方采用ADR的好处,如便于谈判和调解、解决甚至避免更多争议。这篇文章的目的就是从法官的视角重新审视10年前的一些议题,并探究如何将这些议题广泛且专业地运用在企业破产案件中。

一、ADR的概况

如果问律师ADR的定义是什么,那么大多数律师会罗列出许多不以庭审方式结案的正式或非正式的程序。如果问法官ADR的定义是什么,那么有的法官会深入这个程序背后的理论基础,也有的法官会质疑ADR是否属于甚至接近法庭审理的范畴。

10年前笔者曾写道,不仅要把ADR视为一种程序,而且要认识到ADR程序所能达到的目标,特别对于企业纠纷。ADR在企业纠纷中的目标除了解决纠纷,更重要的在于维护各方当事人之间的关系,以及降低诉讼成本的作用。此外,它也有助于化解矛盾,从而避免将来产生类似纠纷。在大多数案件中,ADR程序所能达成的目标是综合的,其中一些目标也许会比其他目标更突出。

作为一名破产案件的法官,笔者能更真实地感受到 ADR 程序的优势。由于律师和当事人更了解案情和应适用的法律、了解企业状况和破产程序,所以他们可以顺利进行破产程序。但是对于律师而言,解决问题也是很有必要的。联邦民事诉讼案件中,当事人可能打数个月,甚至几年的官司,期间也不和法官沟通。在企业破产案件中,当事人可能会在请求启动破产程序后,为提“首日议案”保护而出席法庭几个小时或几天。“首日议案”所决定的,都事关企业重组的命脉,包括企业是否可以采用现金抵押、支付工人工资,以及通过贷款来维持企业生存等。这些“首日议案”可能以争议开始,又以和解结束,这其中就蕴含了破产案件法官的许多努力。

所以,ADR 的一些目标如何与破产程序的目标相衔接?最为普遍认可的目标就是维护当事人之间的关系。企业重组时,企业的财务危机可能破坏企业与部分或全部债权人、供货商、出租人和消费者之间的关系。这当中任一层关系的破坏,都可能对企业重组造成严重影响。另一个经常被提及的目标就是削减成本。这一点对破产案件中的企业来说也是很有必要的。第三个目标就是处理引发企业危机的事件——这是企业重组的根本挑战。如果处理不好,那么该企业也不太可能会重组成功。

法院支持当事人自行提出 ADR 程序。某法院称:

> 我们认识到 ADR 程序是一个正在不断发展的概念,也认识到一个新的纠纷解决机制,在继承传统机制的基础上正在形成。尽管笔者不愿意通过对抗、痛苦的庭审过程强行要求当事人达成协议、解决争端,但是笔者也不希望禁锢具有创造性的、有利于当事人的 ADR 程序的发展。①

所以 10 年前,笔者做律师时就疑惑为什么这么多律师都对 ADR 程序心存质疑?笔者也曾疑惑,为什么这么多 ADR 程序的从业者,包括调解员、仲裁员和早期评估者等“中立方”,都质疑采用 ADR 程序的律师?现在笔者想提出另两个

① Annapolis Profl Firefighters Local 1926 v. City of Annapolis, 642 A. 2d 889, 895 n. 6 (Md. Ct. Spec. App. 1994).

问题:一是为什么有些法庭在解决纠纷时似乎在避免使用ADR程序?二是为什么有一些ADR程序的从业者,包括仲裁员和调解员,担心法院采用ADR程序?

笔者的答案一直以来都是一样的——这并没有一个明确的理由。法院只能通过恰当地理解和运用ADR程序来提高自身的审判能力。ADR是附设工具,也是能有效解决企业纠纷的工具。

类似地,熟练的ADR执业者并不担心法院介入。一名了解这种程序的法官可以帮助当事人表达诉求。法官通常比律师能更好认清各方当事人的优劣势,从而帮助分析各种和解方案的可行性。法院也可以提示当事人,虽然可以不用谈判,直接采用听证会或审判的形式,但对于一方甚至多方当事人来说,其结果可能还不如谈判的结果有利。

当笔者做律师时,发现优秀的律师既是富有创造性的谈判高手,也可以为客户的纠纷解决提供信息和建议。他们也最能为其客户寻找和解以外的其他解决方式。

作为破产案件的法官,如果不能掌握解决争议的方法和必要技巧,包括熟练运用ADR程序,那么就不能像律师一样高效地处理案件。法院应当通过管控案件,积极促成而非抑制双方合意的达成。就算法院加快破产案件的进程,客户也依然要承担律师费、时间和负面的公关形象等因素造成的负担。企业在这一阶段的商业关系本来就比较脆弱,破产诉讼可能会使本来就脆弱的商业关系进一步恶化,当事人也可能因为诉讼结果的不确定性而心烦意乱。还有一个重要的问题,因为法庭辩论,双方的注意力可能更容易集中在以往的分歧上,而忽略了未来的合作机会,从而可能使有望实现"双赢"的企业重组的希望破灭。

二、历史背景

从许多方面来讲,ADR的目标和程序并不具有创新性。1937年美国《民事诉讼法》就已经规定法院可以通过开展司法和解会议的形式,促使双方用成本较低的方式尽早达成和解协议。现行法律第16条第(a)(1)款规定,法院可以召集代理律师和无代理律师的当事人开展关于加快诉讼进程的会议。第16条第(c)(2)(Ⅰ)款也规定了,法院可以根据法律或行政法规,在庭前会议中采用协议或特殊程序来解决争议。该法条进一步规定了法院可以要求一方当事人或其代理人考虑是否签署和解协议,该当事人或其代理人可以面对面沟通,也可以采用其他沟通方式。① 即便在1937年最初的法律条文中，第16条也规定法院可以要求当事人的代理律师上前讨论是否要简化争议或者其他有利于诉讼进程的事情。②

该法第16条规定法院可以通过管控案件，促进和解协议的达成，从而解决争议。根据美国《破产程序法》第7016条，《民事诉讼法》第16条的规定也可适用于破产程序中。《破产法》第716条也规定，《民事诉讼法》第16条可以适用于破产程序的对质式诉讼中。1973年咨询委员会对第716条的释义为，审判程序的庭前程序中采用的有利于降低时间、金钱成本和提高效率的做法，也可以适用于破产案件中的对质式诉讼。③

1990年国会采纳了《民事审判改革法案》(Civil Justice Reform Act，CJRA)(28U. S. C. § §471－82)，因此极大提升了ADR在联邦法院的适用范围。司法委员会认为，扩大ADR的适用范围是CJRA的基本原则之一。司法委员会是这样表述的："过去15年以来，通过争端解决技巧，而非正式法庭审判来处理的案件呈爆发式增长……尽管这一数据还不完善，但目前有关ADR程序的各类研究结果总体上还是不错的……联邦法院研究委员会的结论是：'目前的司法实践已经为联邦法院采用ADR程序提供了足够的经验，法院有能力选择对法官、律师和各方当事人最有利的ADR程序'。司法委员会也非常赞同这句话。"④

在CJRA中，国会要求每个联邦地方法院都要执行"降低民事诉讼开支和迟延计划"，并且要求每个联邦地方法院在贯彻执行这一计划的同时，把合适的案例纳入ADR项目中[28U. S. C. §473(a)(6)(2006)]。一些法院在执行时已经远远超过了该计划所提出的要求，甚至有的法院要求律师告知客户ADR和普通诉讼程序所承担的花销各是多少以及各自的优势有哪些。⑤

---

① See generally Wagshal v. Foster, 28F. 3d 1249, 1252－53(D. C. Cir. 1994), cert. denied, 514U. S. 1004(1995)(该文将调解程序与第16条的义务相对比).

② FED. R. Civ. P. 16, as adopted, 308 U. S. 645; Cong. Rec., Vol. 83, pt. 1, p. 13, Exec. Comm. 905; H. Doc. 460 and H. Doc. 588, 75th Cong. (1938).

③ See Leon R. Yankwich, "The Impact of the Federal Rules of Civil Procedure in Bankruptcy", 42 *Cal. L. Rev*. 738, 756(1954); Bankr. R. 716 advisory committee's note (1973, superseded 1983). Compare Bankr. R. 716(1973) with FED. R. BANKR. P. 7016(no substantive change).

④ S. REP. NO. 101－416, at 28(1990), reprinted in 1990 U. S. C. C. A. N. 6802, 6831.

⑤ See, e. g., Schwarzkopf Tech. Corp. v. Ingersoll Cutting Tool Co., 142 F. R. D. 420, 423－24(D. Del. 1992)(文章写道：为了贯彻CJRA，法院要求律师必须确认已经和其客户核算过诉讼以及走ADR程序，这二者的花费各是多少).

1998年国会进一步改革,并通过了《替代性争议解决法案》(28U. S. C. § §651－58)。这部法案直接以ADR命名,旨在确保所有联邦地方法院在所有民事诉讼中,都要允许ADR程序的使用[28U. S. C. § §651(b)(2006)]。这一法案又进一步鼓励了ADR的适用,该法案规定在所有民事诉讼中,联邦地区法院都应要求诉讼当事人考虑在合适的时间采用ADR程序[28U. S. C. § §652(a)(2006)]。

破产法院似乎已经接受了法院附设ADR的概念。许多法院都采用了法院附设调解项目,从而减轻案件压力并提升结案率。一些法院已经为某些特定纠纷专门设置了ADR程序,如优先权诉讼。例如,特拉华州的破产法院有大量的破产案件,其在2004年发布了一个通令,即针对避免优先清偿的诉求,可以强制性调解。特拉华州破产法院的通令于2004年4月7日颁布(Walrath,C. J)。同年,特拉华州的地区法院也规定了针对破产申请的强制性调解,破产法院的上诉通常由特拉华州的地区法院审理。特拉华州的地区法院的通令于2004年7月23日颁布(Robinson,C. J.)。

三、辅助型ADR和评估式ADR

笔者做律师时曾写过,ADR程序有多种形式,甚至有多少企业纠纷就有多少种类型的ADR。现在,学界普遍认为有一般和补充两种类型,即辅助型ADR和评估式ADR。从一名律师的视角来看,辅助型ADR是调解的简称,评估式ADR通常要进行评估或作出裁决,包括早期中立评估和仲裁。

从法官的视角来看,就能清楚地认识到辅助型ADR和评估式ADR二者互为补充,都是替代性纠纷解决机制,也特别适用于一些企业重组案件,如谈判陷入僵局而召开的临时会议、即时的证据性听证会、全天的听证会和预选会议。到底采用辅助型ADR还是评估式ADR,要由破产案件的法官评估,评估自己需要介入该案件到何种程度。

什么是辅助型ADR呢?即中立地促进双方沟通,评估自身利益并提出现实的和解办法。在单一的辅助型调解程序中,不要求中立方必须解决争议,也不要求案件必须有个结果。相反,中立方更强调由当事人掌控这一调解过程,并鼓励双方积极提出解决争议的办法。

再对比一下辅助型 ADR 程序和评估式 ADR 程序。当笔者做律师时曾写过,在评估式 ADR 程序中,中立方扮演的角色类似于一名法官,为各方当事人分析评价这一案件某些方面或者整个案件的法律依据。该分析评价可以采用多种形式,如为和解协议的框架和具体条款提供建议。有的 ADR 是很典型的评估式 ADR 程序,如仲裁和早期中立评估。典型的评估式 ADR 程序就是为了第三方,即仲裁员或评估员,评价甚至解决该项纠纷。笔者同时注意到,评估也有一定的弊端,那就是当事人可能会认为中立方有所偏袒。① 一方或双方当事人都可能认为中立方低估了自己一方的法律依据。至少,一方或双方当事人可能认为中立方错误地作出了对自己不利的判决,从而认定调解失败。

现在,当笔者做了 6 年的法官之后,意识到法官在企业破产案件中,可以兼顾辅助型和评估式,所以这两者的比较就显得没有那么重要。在复杂的企业破产纠纷中,调解员通常会把辅助型和评估式调解结合在一起使用以达到最佳效果。在这种方式下,中立方对案件的相关法律依据的评价就更容易促进争议的最终解决,其评价主要包括对各方当事人胜诉可能性的分析,以及诉讼时间表和结果的不确定性。当调解员是法官时,上述情况就会格外明显,当事人也会认为该调解员对案件的争议有独特的视角。调解评估主要依据各方当事人提交的书面材料,当事人和律师在调解过程中的口头主张,以及调解员自身在该领域的知识背景和相关经验。调解评估报告可以在所有当事人都出席的会议中出具,也可以在部分当事人出席的会议中出具。

笔者担任法官时也参与了调解工作,但笔者并不愿意在调解初期就出具评估报告或建议书。一旦经过大量讨论,达成了一个框架协议后,司法部门出具的调解建议书就对双方的沟通有极大的促进作用,从而有利于打破谈判僵局。尽管调解评估报告可以在所有当事人都出席的会议中出具,也可以在部分当事人出席的会议中出具,但笔者通常更倾向于向各方当事人分别出具,这么做一方面有利于当事人告诉笔者在哪些方面可能有所疏忽,另一方面也能避免在当事人心中形成笔者在裁判案件的印象。中立方对案件的评估通常是和解谈判的开

① See generally Kimberlee K. Kovach & Lela P. Love, "'Evaluative' Mediation is an Oxymoron", *Alternatives* 31, 31 (1996); E. Patrick McDermott & Ruth Obar, "'What's Going On' in Mediation: An Empirical Analysis of the Influence of a Mediator's Style on Party Satisfaction and Monetary Benefit", *Harv. Negot. L. Rev.* 75, 97 (2004).

端,而非终点。

四、ADR的工具:调解、仲裁、早期中立评估等

10年前,似乎从律师的视角来审视ADR的基础工具更为有利——调解、仲裁和早期中立评估。在破产法庭,绝大多数的法庭附设ADR项目主要都是调解,但是笔者还是回顾一下这三者的特征。

(一)调解

调解是指各方当事人都参与的,有中立调解员主持的,非公开的、保密的、有组织的过程,其旨在促使各方当事人通过谈判解决纠纷。笔者曾把调解定义为"调解员辅助各方当事人进行沟通、谈判,自愿达成协议,从而解决纠纷的过程"。①

法院可以命令当事人参与调解,但调解协议必须是当事人自行达成的。调解协议的内容通常不仅仅局限于诉讼中纯粹的经济纠纷,具有创造性的调解员、律师和当事人所达成的调解协议也不仅仅局限于法院所要求的范围。某法院就意识到,"调解与正式的裁判,甚至仲裁有很大的不同,该不同点体现在调解的目标主要是在双方发现并展示对其主张有利的证据"。② 同时法院也提到,调解是最有利于维护企业关系的方式,而对抗式的诉讼则很可能破坏双方关系。③

尽管对调解的组织形式还有很多创造空间,但通常来说调解包含几个固定的步骤。在当事人与调解员正式见面之前,当事人就可以先提交书面报告,主张相关事实和法律依据。书面报告有利于调解员事先了解争议双方各自的权利。这些书面报告一般来说是保密的,只提交给调解员一人。调解员可以与律师和当事人举行电话会议,以便熟悉案件争点和双方的谈判地位。

笔者担任法官参与调解时,总是对提交书面报告的一方更感兴趣,但也特别

---

① Cook Children's Med. Ctr. v. New England PPO Plan of Gen. Consol Mgmt., 491F.3d 266, 276 (5th Cir. 2007) (quoting Unif. Mediation Act § 2 (2001)).

② State v. Williams, 866 A.2d 1258, 1266 (N.J. 2005); see In re Yellowstone Mountain Club, LLC, 410B.R. 659, 663 (Bankr. D. Mt. 2009)(文章写道:当事人可能会达成现实的、折中的合意).

③ Poly Software Int'l, Inc. v. Su, 880 F. Supp. 1487, 1494 n.10 (D. Utah 1995).

注意诉讼时间表和相关程序。通常在召开联席会议之前,笔者会和双方当事人一起沟通或分开单独沟通,听取他们对各自的法律依据和相关事实的主张,同时也尝试理解双方各自的利益和机会,以及达成和解的障碍可能会有哪些。

在调解中,调解员通常先介绍自己在这一过程中的任务,并强调调解过程的保密性。接下来,双方各自做开场陈述。有经验的律师通常会认识到调解员、对方律师和客户都在聆听这个开场陈述。在调解过程中,不会传唤目击证人、证据规则也不适用,也不会有交叉询问环节。

调解员可能会找其中一方当事人及其代理律师,或者仅其代理律师,或者仅当事人开核心会议。在核心会议中,可以对案件事实提供补充信息,表达当事人的诉求和立场。此外,在核心会议上也可以检验某些和解办法是否可行。在核心会议上,一方当事人和调解员的谈话内容不会为另一方当事人所知,除非该当事人特别授权调解员可以告知另一方当事人。

当调解员是一名法官,且调解地点位于法庭时,调解过程会有哪些变化呢?作为一名法官参与调解会为调解工作提供一些特别的机会,也可能会带来全新的挑战。法官通常是一名决策者,分析评价法律和事实。在破产法庭中,法官通常要对列在一张动议时间表上的诸多事情作出决策。法官也许会比其他调解员更具有可信度,因此在调解过程中,法官更容易说服当事人,当事人也不太可能提出无理的要求。

此外,律师和当事人会认为联邦法院的法庭也和普通的调解工作室不一样,他们会更认真对待调解过程。同时,笔者们也要认识到,在法庭上的司法调解也是调解,而不是审判——笔者经常在调解开始时就提示当事人,在调解过程中所达成的一切决定都是双方合意的结果。笔者会记录调解开始时间、到场的人有哪些、然后询问哪方当事人愿意将其所作陈述记录在案,并强调记录与否完全由当事人自行决定。然后接下来就共同进入艰难的调解过程,并在适当的时机召集核心会议。

调解这一部分可能会持续几小时或几天,如果案件复杂,会进行几周甚至几个月。在调解过程中,中间可能会穿插电话会议、与一方当事人及其代理律师的小型会议、与律师的会议。调解为当事人双方对话沟通创造了机会,从而有利于达成和解协议。粗略估计,经调解的案件有75% ~90%最后都能达成协议。[①](之所以强调ADR程序的重要性,是因为一些研究表明调解的成功率在75% ~85%[②])(北加利福尼亚州的地区法院收集的数据显示,尽管有60%的案件是通过调解的方式结案,但有80%的当事人和律师认为总体来说调解是性价比很高的方式。[③])(在加利福尼亚州的3个早期调解项目,和2个最高院的自发性项目中,一共有7900个案件参与调研,这些案件都经过调解程序,其中有60%的案件经调解后直接结案。[④])(据报道,纽约东区法院大约有60%的案件经调解后结案。[⑤])

(二)仲裁

美国联邦的一些政策对仲裁来说是极为有利的,这一点从美国《联邦仲裁法》(9U. S. C. § §1-16)就能看出。(美国《联邦仲裁法》适用于所有类型的争议,上至国会根据商业条款享有的最大权力。[⑥])(第二巡回法院已经认识到由于联邦对仲裁政策极为有利……当双方对一份协议能否提起仲裁产生争议时,应尽量认定该协议具有可仲裁性……不得否认仲裁的效力,除非法院确定仲裁裁决超出仲裁请求。[⑦])

商事合同通常会有争议解决条款,即因履行合同发生争议时应通过仲裁方式解决,而这种条款具有强制力。很多法院都意识到仲裁法中的"仲裁"应作广义的理解,它包含争议解决的许多形式,如仲裁和早期中立评估。[⑧] 许多州法院和联邦法院都把仲裁纳入法庭附设ADR项目中。

仲裁和审判有很多相似点。当事人在听证会之前就可以拿到披露性文件。

---

① Michael G. Ornstil, "Nailing Down Mediation Agreements", 32 *Trial* 18 (June 1996).

② See Massachusetts Superior Court Civil Practice Manual § 10.1 (2d ed. 2008).

③ Wayne D. Brazil, "Thoughts About Spiritual Fatigue: Sustaining OurEnergy by Staying Centered", 2008 *J. Disp. Resol.* 411, 420 (2008).

④ Nicole L. Waters, Michael Sweikar, "Efficient and Successful ADR in Appellate Courts: WhatMatters Most?", 62 *Disp. Resol. J.* 42, 44 (Aug. - Oct. 2007).

⑤ Sylvia Shaz Shweder, "Judicial Limitations in ADR. The Role and Ethics of Judges EncouragingSettlements", 20 *Geo. J. Legal Ethics* 51, 57 n.42 (2007).

⑥ See, e.g., Allied-Bruce Terminix Cos. v. Dobson, 513 U.S. 265, 268 (1995).

⑦ Kowalewski v. Samandarov, 590 F. Supp. 2d 477, 489 (S.D.N.Y. 2008).

⑧ Fisher v. GE Med Sys., 276 F. Supp. 2d 891, 893 (M.D. Tenn. 2003).

仲裁员可以举行审理前会议。当事人需要向仲裁员提交相关证据和法律论据，可以传唤证人作证，也可以对证人进行交叉询问。结合仲裁的具体程序和仲裁员的经验，证据规则可以灵活适用。任何一方当事人不得与仲裁员单独沟通，仲裁员可以鼓励当事人和解，但仲裁员不得介入双方的和解谈判。听证会结束后，仲裁员作出可以约束双方并具有执行力的裁决。

（三）早期中立评估

一些法庭附设的 ADR 项目已经把早期中立评估（Early Neutral Evaluation，ENE）纳入进来。ENE 旨在为各方当事人提供对案件中立的、专业的分析评论。

在典型的 ENE 中，当事人通过其律师提交书面报告，表明各自立场、提交相关证据。当事人的其他主张可以在与中立方见面时提出。中立方在收到当事人的书面报告后，ENE 的中立方会给出一份无法律效力的口头或书面分析，主要分析各方当事人所提出主张的法律依据。在仲裁中，中立方也会给出对争议问题的法律依据的分析报告，但早期中立评估的分析报告与仲裁的不同，前者没有法律约束力。与调解相类似，早期中立评估程序是非正式的，并且不用遵循固定程序，但与调解不同的地方在于，早期中立评估的中立方只起到评估作用。在当事人听取中立方的评估报告后，就能利用这份评估报告更顺利地达成和解协议。

（四）先调解后仲裁

先调解后仲裁是结合了调解和仲裁的复合型程序。一般在先调解后仲裁程序中，调解是前置程序，一旦调解不成，就会进入仲裁阶段，通常由中立性的调解员主持。仲裁可以有法律约束力，也可以没有法律约束力。在有法律约束力的仲裁中，仲裁裁决一经作出，案件就终结。在无法律约束力的仲裁中，如果任何一方对仲裁裁决不满意，当事人都可以进行诉讼。

（五）简易陪审团审判和小型审理

简易陪审团审判和小型审理是 ADR 程序的两种附加形式。在这种程序中，当事人可以在陪审团或法官的主持下进行模拟审判，然后陪审团或法官根据当事人的陈述给出一份评估。与仲裁类似，这种程序非常近似于正式的审判，而且成本很低。与 ENE 类似，这种程序有助于当事人更现实地了解各方所主张的法律依据和相关事实的分析结果。

五、ADR 中立方的作用

如果当事人可以自由选择 ADR 的中立方,既可以从法官中选择,也可以从私立机构中选任,那么他们应该如何选择呢?纽约南区的法官 Harold Baer 认为调解员应具备几个重要的品质,包括有耐心、善于倾听,以及能使当事人感到自在的能力(法官和调解员都应具备上述能力)。① 因为许多破产案件对专业化和效率都有较高要求,许多企业重组案件也涉及复杂的法律,所以法官还应具备一定的金融知识,甚至要了解商业环境,还应具备高效且高质的审判能力。

有的观点认为,成功的调解员与仲裁员需要具备不同的特质。有人指出,这种不同主要体现为:"仲裁员主要需要发挥左脑的作用,即理性——如分析、计算、逻辑、专业技术等;调解员主要需要发挥右脑的作用,即创造力——如理解、直觉、艺术、全面、象征、感性等。由于调解员需要运用其本能反应、直觉、人际交往能力、理解他人心理和行为的能力,以及逻辑能力和理性思考的能力,所以若想成功解决争议,调解员要比仲裁员更不容易。不夸张地说,大多数的调解员也能出色地完成仲裁员的任务,但反之却不然。"②

在法庭附设项目中,某法院的法官有可能会在该院其他法官的主持下调解某个案件。那么结合以上所述情况,法庭附设调解项目就有这样一个问题。当然在 CJRA 颁布以前,就已经有法院存在这种问题,即负责审判的法官会把某个案件交给其他法官进行调解,那么法官能胜任调解员或"调解法官"这一职务吗?这个答案似乎是肯定的,但前提是法官必须清醒地认识到他在不同程序中所扮演的角色是不同的。法官裁判案件,的确是一件不容易的事,但是作为一名法官—调解员,则需要帮助当事人进行高质量的谈判,这个工作更加困难——毕竟当法官主持审判并作出判决时,只需法官一人认同即可。虽然最好各方能一致认同法官作出的判决,但毕竟只要法官作出了该判决,各方就必须遵守。相反,调解员则需具备一定的知识、观点和调解技巧,但不需要具备作出判决的能力。

---

① Hon. Harold Baer, Jr., "Mediation-Now is the Time", *Litigation* 5, 6 (Summer 1995).

② John W. Cooley, "Arbitration vs Mediation-Explaining the Differences", 69*Judicature* 263, 263 - 64 (1986).

中立方的专业素养以及对当事人所采用的 ADR 程序的熟练程度也是需要考量的一个重要因素。许多法院都会有强制调解项目,但不是所有法院都要求调解员必须受过专业训练或者具备相关经验。美国地区法院和纽约东区和南区破产法院的法庭附设 ADR 项目就要求调解员必须接受过专业训练。① 法院目前的趋势是要求所有调解员都必须经过专业训练——而 10 年前,纽约最高法院的商业部门的法庭附设 ADR 项目并不要求调解员必须接受过专业训练,但是现在纽约州所有的法院都要求法庭附设 ADR 案件中的调解员需要接受至少 40 小时的专业训练,并且在近期有相关领域案件的调解经验。② 调解员所需要具备的能力与律师不同,所以即便诉讼律师有多年经验,也未必会胜任调解员这一角色。正如前文提到的,调解员所需要的能力与法官所需要的能力其实也有很大不同。

如果 ADR 的中立方具备某类案件的相关经验,那么就有利于其更好地履行职责。比如,在早期中立评估案件中,熟悉该领域的中立方所作出的评估就比不熟悉该领域的中立方所作出的评估更具有可信度。同理,担任调解员的法官,也需要更全面、更权威地分析各当事人所提出的主张。一个只代表一方当事人的中立方所作出的评估就比代表双方当事人的中立方所作出的评估更容易受到质疑——例如,一个仅代表租赁案件中房东或租客的律师,或者在劳动争议案件中仅代表雇主或雇员的律师。

选择合适的中立方是律师一项重要的职责。律师很多职业训练的目标就是分析案件,为客户辩护,并且在当事人、法官或陪审团面前阐述观点。当事人想要选择一位中立方时,律师因具备上述能力,就能更好地为客户作出选择。

有一次,当笔者作为法官参与调解时,当事人让笔者帮忙选择一位调解员。此时当事人的意见至关重要——他们之间是否对此有所争议?当事人之间是否曾发生一些事情,使调解员对一方可能更为有利?是什么事情导致了双方之间的僵局,当事人又为何不能打破这一僵局,从而达成共识?有时候,当事人可以和律师开诚布公地交流,但是很难对陪审团开诚布公。

---

① See Richard C. Reuben, "The LawyerTurns Peacemaker", *A. B. A. J.* 54, 60 - 61 (Aug. 1996)(该文章探讨了由未经过专业训练的调解员调解的案件存在哪些风险).

② See Administrative Order of the Chief Administrative Judgeof the Courts, Part 146.4(b) (June 18, 2008).

六、结 论

10年前,笔者认为ADR程序对解决商业纠纷起着重要作用。现在笔者对这一观点进行补充,ADR程序对解决破产案件也尤为有效。一般来说,在当事人的法律权益和经济利益都能得到充分保障时,企业重组更容易成功。但是当当事人需要花费大量的金钱和时间去打因过去某件事而引发的官司,而没有时间去讨论重组能给大家带来哪些共同利益时,企业重组就不太可能成功。

如果律师对法庭附设ADR程序的一些基本类型比较熟悉,如调解、仲裁、ENE,那么就会提高ADR程序的成功率。同时,如果破产法庭能有效开展法庭附设ADR程序,包括调解等,那么企业重组的成功率就会大大增加,并减少这一过程的资源消耗。最后,ADR程序的专家们应当共同努力。

【破产并购案例】

大型企业合并:破产公司原则在唱片业的应用①

[美]约书亚·惠勒* 著 赵惠妙** 译

赞成合并是一个无可否认的事实:百代(EMI)陷入了困境,如果不是因为凯蒂·佩里(Katy Perry)、大卫·库塔(David Guetta)和怀旧女郎(Lady Antebellum),那么一个完全不同类型的法律程序很可能正在发生——可能会涉及数章篇幅那种。②

走得太远了。我很疑惑——我们是哪里错了呢?③

---

① 本文发表于 *Brooklyn Journal of Corporate, Financial & Commercial Law*,2013 年第 7 期。本文的翻译和出版已获得作者和期刊方的书面授权。

* Associate Attorney, Klein Moynihan Turco LLP, 450 Seventh Avenue, New York, NY 10123 USA, +1. 212. 246. 0900, Jwueller@kleinmoynihan. com.

** 北京化工大学副教授,香港大学法学博士,德国汉堡大学法学硕士。

② Shirley Halperin, *EMI and Universal Should Merge, Purge and Start Over* (*Opinion*), Hollywood Rep. (2012 年 6 月 22 日 8:00),载 http://www. hollywoodreporter. com/earshot/emi-universal-merger-lucian-grainge-irving-azoff-senate-341117。

③ Mick Jagger, *Too Far Gone*, *on* Goddess in the Doorway (维京唱片 2001 年). 环球 2011 年 9 月购买了百代的录制音乐部——包括维京唱片和米克·贾格尔这首歌主记录的权利。参见 Tom Pakinkis, *Branson Hopes to Help UMG "Reinvigorate" Virgin Records*, Music Week (2012 年 10 月 15 日 14:12),载 http://www. musicweek. com/news/read/branson-hopes-to-help-umg-reinvigorate-virgin-records/052168。

介　　绍

法院和联邦贸易监管机构应该在多大程度上关心唱片业跨国公司实体的大规模合并？最近的环球音乐集团(Universal Music Group)(环球)与百代唱片(EMI Music)的合并——分别为第一大及第四大唱片公司(巨头),招致了严厉的政府反垄断法规①的出台和世界各地的批评声音,②这显示出社会历来对大企业进行的资产整合的强烈不满。③ 但是,本文通过百代—环球案说明,这些忧虑都是多余的。

过去几十年中,这些巨头一直在唱片业维持高杠杆,它们之间的横向合并产生了真实、合法的反垄断问题。④ 但是,几乎音乐行业的各个方面都已转型到数字领域,这基本上消除了艺术家们对巨头们有形记录、生产制造和分销能力的依赖。⑤ 面对收入暴跌,产量大减,销售迟滞导致的金融犯罪和扣押等问题,百代—环球应该实施破产公司原则(failing firm doctrine)以避免侵入性反垄断法规制和大量撤资要求。

这篇note的第一部分详细探究了破产公司原则,同时也比较了它的欧盟版:拯救合并(rescue merger);第二部分简略叙述了唱片业的历史和背景;第三部分深入探究了导致百代和环球合并的事件;第四部分把破产公司原则的各种实施方案应用到百代—环球合并案;第五部分探讨用破产公司原则支持百代—环球

---

① 参见下文第三部分E。

② 参见,比如,*Groups Warn Congress of Dangers in Universal Music Group-EM Merger*, Pub. Knowledge (2012年4月26日),载http://www.publicknowledge.org/groups-wam-congress-dangers-universal-music-group(“如果合并后三家公司占据90%的市场份额,且其中一家或者两家公司被主导公司所支配,那么市场就会很容易受到有意识的并行性导致的反竞争伤害”)。

③ 参见下文第三部分E。

④ 参见Steve Knopper, Appetite for Self-Destruction: The Spectacular Crash of the Record Industry in the Digital Age 61 (2009)。

⑤ *The UniversalMusicGroup/EMI Mergerandthe Future of OnlineMusic: Hearing Before the S. Subcomm. on Antitrust, Competition Policy & Consumer Rights*, 112th Cong. 9 (2012),文本可于http://www.gpo.gov/fdsys/pkg/CHRG-ll 2shrg76045/pdflCHRG-I 2shrg76045.pdf获得[Live Nation娱乐的执行主席,伊夫琳－阿佐夫(Irving Azoff)的声明]。(“过去,没有品牌乐队就不能制作专业的音乐专辑。品牌曾经是粉丝们的守门员……今天权力转移到了消费者那里,而不再是品牌。因此,尽管网络给很多人带来了挑战,但是它也给乐队带来了机会去接近和控制之前未知的几代艺术家们。”)

合并所产生的实际问题;第六部分提出该原则的其他用途。

Ⅰ.法律背景信息

A. 破产公司原则

联邦反垄断法规防止不合理限制竞争的资产整合。但是,当一家公司处于崩溃边缘,并且“破产[律师]……在磨她的镰刀,准备好担任狰狞的死神角色”时,①该公司可能别无选择,只能“合并、收购或者被收购,或选择出售亏损部门,增强公司的生存能力和盈利能力”。② 对于这类面临法院和联邦监管机构反垄断审查的公司,破产公司原则③是一套设计严密的抗辩说辞。④

1930年,美国最高法院——而非国会,创建了破产公司原则。⑤ 在国际鞋业公司(International Shoe Co.)诉联邦贸易委员会(Federal Trade Commission, FTC)案中,法院认为,如果满足以下两个要素:第一,被收购的实体“资源耗尽……它面临业务失败的严重可能性;[第二],没有其他准买家,⑥那么合并的竞争对手就《克莱顿法案》(Clayton Act)⑦的内在意图来讲,[并]不会实质性地

---

① David Lat, *Dewey Have Plansto Filefor Bankruptcy? Sources Say Yes*, Above the Law (2012年5月19日 10:30), http://abovethelaw. com/2012/05/dewey-have-plans-to-file-for-bankruptcy-sources-say-yes/.

② Joannis Kokkoris & Rodrigo Olivares-Caminal, Antitrust Law Amidst Financial Crises 104 - 05 (2010).

③ 监管机构使用不同的名称,如“失败公司主义”和“破产公司防御”来破产公司原则,但最常选的说法是本文所采用的“破产公司原则”。

④ Marc Paul Blum, The Failing Company Doctrine 1 (1969) (哥伦比亚大学未出版的博士学位论文) [文件存档于场外图书馆存档装置(重述),哥伦比亚大学]。

⑤ *FailingCompany Defense: Hearing Before the S. Subcomm. on Antitrust, Monopoly & Bus. Rights*, 96th Cong. 15 (1979) (statement of John Shenefield, Ass't Att'y Gen., Antitrust Div., Dep't of Justice); ABA Section of Antitrust Law, Intellectual Property and Antitrust Handbook 436 (2007); ABA Section of Antitrust Law, Mergers and Acquisitions 273 - 74 (3d ed. 2008); Joannis Kokkoris & Rodrigo Olivares-Caminal, Antitrust Law Amidst Financial Crises 104 - 05 (2010), at 172; Robin Mason & Helen Weeds, *The FailingFirm Defence: Merger Policy and Entry* 2 (Ctr. for Econ. Pol'y Res., Discussion Paper No. 3664, 2002); Troy Paredes, *Turning the FailingFirm Defense into a Success: A Proposalto Revise the HorizontalMerger Guidelines*, 13 Yale J. on Reg. 347, 355 (1996). 参照 Marc Paul Blum, The Failing Company Doctrine 1 (1969) (哥伦比亚大学未出版的博士学位论文), 第29~33页(对国际鞋业的前辈的提供了有趣分析)。

⑥ Int'l Shoe Co v. FTC, 280 U.S. 291, 302 - 03 (1930).

⑦ Int'l Shoe Co v. FTC, 280 U.S. 291, 302 (1930).

减少竞争(substantially lessen competition)或抑制贸易(restrain commerce)”。20 年后,众议院[①]和参议院[②]都同意把破产公司原则[③]写入《塞勒—基福弗法案》(Celler-Kefauver)的立法史,该法案修改了《克莱顿法案》第 7 节。[④]

自国际鞋业案后,“法院在裁定该案可以适用破产抗辩后,适应该原则的案件数量已相当寥寥”,[⑤]但该原则继续发展。[⑥] 国际鞋业案中确定的两个要素得以保留,而法院或许创建了第三个:

1969 年,在公民出版公司(Citizen Publishing Co.)诉美国案中,最高法院暗示,一个破产公司通过破产法无法重整可能会成为破产公司原则的第三个要求。但是,最高法院之后的判决却都将重整可能性这个第三个要求忽略了,少数几个考虑过这个问题的下级法院产生了分歧。[⑦]

司法部(the Department of Justice)和美国联邦贸易委员会(Federal Trade Commission)在他们联合发布的《横向合并准则》(Horizontal Merger Guidelines,以

① H. R. Rep. No. 81 - 1191, at 6(1949).

② S. Rep. No. 81 - 1775, at 7 (1950),重印于 1950 U. S. C. C. A. N. 4293, 4299。

③ Brown Shoe Co. v. United States, 370 U. S. 294, 331 (1962); Joannis Kokkoris & Rodrigo Olivares-Caminal, Antitrust Law Amidst Financial Crises 104 - 05 (2010), at 170, 172; ABA Section of Antitrust Law, Mergers and Acquisitions 273 - 74 (3d ed. 2008), at 272 - 74; Gilbert H. Montague, *The Celler Anti-Merger Act: An Administrative Problem in an Economic Crisis*, A. B. A. J., Apr. 1951, at 253, 324; Marc Paul Blum, The Failing Company Doctrine 1 (1969) (哥伦比亚大学未出版的博士学位论文), at 3, 36。但是对照 William F. Baxter, Remarks: *The Failing Firm Doctrine*, 50 Antitrust L. J. 247, 249 (1981 - 1982) (认为“在众议院和参议院报告中的两个非常肤浅的段落”无法表明立法机构的批准)。

④ See Celler-Kefauver Act of 1950, ch. 1184, 64 Stat. 1125 (codified as amended at 15 U. S. C. § § 18, 21 (2000)).

⑤ *FailingCompany Defense: Hearing Before the S. Subcomm. on Antitrust, Monopoly & Bus. Rights*, 96th Cong. 15 (1979), at 18.

⑥ Robin Mason & Helen Weeds, *The FailingFirm Defence: Merger Policy and Entry* 2 (Ctr. for Econ. Pol'y Res., Discussion Paper No. 3664, 2002), at 2.

⑦ ABA Section of Antitrust Law, Mergers and Acquisitions 273 - 74 (3d ed. 2008), at 279 (referencing Citizen Publ'g Co. v. United States, 394 U. S. 131, 138 (1969)) (“如果在公民出版案中适用破产公司原则,那么 1940 年公民出版公司重组的前景会非常暗淡或根本不存在”).

下简称《准则》)中明确承认了破产公司原则,并规定了适用标准以便于实施。① 最近修改的《准则》第 11 节②规定:

如果满足以下条件,那么合并交易并不能提高市场影响力:

(1)涉嫌破产的公司将无法偿付其近期债务;(2)它无法通过《破产法》(Bankruptcy Act)第 11 章重整成功;(3)该公司已做过未成功的真诚努力(good-faith efforts)征求合理的替代方案,以保持其在相关市场的有形和无形资产;它对竞争造成的危险要比拟定的合并更小。③

除了国际鞋业案的两个要素之外,联邦贸易委员会和司法部也纳入了公民出版案的建议:该公司重整前景黯淡。④ 虽然从业人员质疑重整要求的合理性,⑤但

① Joannis Kokkoris & Rodrigo Olivares-Caminal, Antitrust Law Amidst Financial Crises 104 - 05 (2010), at 170 - 71; ABA Section of Antitrust Law, Mergers and Acquisitions 273 - 74 (3d ed. 2008), at 280; Troy Paredes, *Turning the FailingFirm Defense into a Success: A Proposalto Revise the HorizontalMerger Guidelines*, 13 Yale J. on Reg. 347, 355 (1996), at 353; Bernard A. Nigro, Jr. & Jonathan S. Kanter, *TheEffect of Market Conditions on MergerReview - Distressed Industries, Failing Firms, and Mergers with Bankrupt Companies* 9 (ABA Ann. Spring Meeting, 2003), 文本可于 http://apps. americanbar. org/antitrust/at-committees/at-telecom/pdf/distressedindustry . pdf 获得; Lars Persson, The Auctioning of a Failing Firm 2 - 3 (1998 年 11 月 23 日)(斯德哥尔摩大学未发表的博士学位论文),文本可于 http://swopec. hhs. se/iuiwop/papers/iuiwop0514 . pdf 获得。

② 2010 年之前,破产公司原则要求该公司的资产将退出相关市场作为一个额外因素,但最新版本的《准则》并不把资产退出市场看作一个要求,更像该原则本身的症状。可比较 U. S. Dep't of Justice & Fed. Trade Comm'n, Horizontal Merger Guidelines § 11 (2010), 文本可于 http://www. justice. gov /atr/public/guidelines/hmg - 2010. pdf 获得("该机构不正常的信贷声称,除非下列所有条件都得到满足,监管机构通常并不会考虑破产公司的资产将退出相关市场这个因素……"), 和 U. S. Dep't of Justice & Fed. Trade Comm'n, 1997 Merger Guidelines § 5. 1 (1997), 文本可于 http://www. justice. gov/atr/hmerger/1 1251. pdf 获得(列举第四元素:"如果不进行收购,失败公司的资产将退出相关市场")的区别。

③ U. S. Dep't of Justice & Fed. Trade Comm'n, Horizontal Merger Guidelines § 11 (2010), § I1.

④ *FailingCompany Defense: Hearing Before the S. Subcomm. on Antitrust, Monopoly & Bus. Rights*, 96th Cong. 15 (1979) ,at 16(因此,已发展出来并在反垄断部门适用的标准,是 1969 年公民出版公司案判决所建立的……).

⑤ 例如,Molly S. Boast, *Hearings on the Changing Nature of Competition in a Global and Innovation-Driven Age*, Fed. Trade Commission (1995 年 11 月 15 日), http://www. ftc. gov/opp /global/cl84104. shtm ("要求破产公司表明它不能重组成功的标准是难以捉摸而又过于严厉的。");Katherine B. Forrest, Remarks at the FTC Horizontal Merger Guidelines Workshop: Minority Interests and Failing Firm Defense 122, (2009 年 12 月 8 日),文本可于 http://www. ftc. gov/bc/workshops/hmg /transcripts/091208transcript. pdf 获得("《准则》要求你去说明你不能通过第 11 章成功重整,这是一个很难做到的负担")。

“破产公司原则除与执法机构的谈判外很少被采用”。[①] 相应地,在美国,破产公司原则的应用可能要满足所有司法部/联邦贸委会的全部三个要素。

B. 欧盟做法:拯救合并

虽然欧盟委员会(European Commission)的规定没有提及任何破产公司原则,一个相似的例外——拯救合并——在欧洲确实存在。同美国一样,拯救合并也诞生于判例法。[②] 1993年Kali + Salz案的判决中,[③]欧盟委员会确立了拯救合并的三大要素:

> 合并一般并不会导致竞争结构恶化,如果以下情况非常明确:被收购企业如不被收购,那么它将很快从市场上被淘汰;如果该企业被迫退出市场,收购方将接管被收购企业的市场份额,同时并无其他更少限制竞争的替代收购方。[④]
>
> 欧盟委员继续在欧盟推行破产公司原则。[⑤]

欧盟和美国的破产公司原则都要求被收购方处于失败边缘(on the verge of failure)。[⑥] 联邦贸易委员会/司法部的《准则》将“失败”(failure)定义为该公司无法清偿其到期债务,[⑦]而欧盟则更看重失败公司退出市场的风险已迫在眉睫

---

① Molly S. Boast, *Hearings on the Changing Nature of Competition in a Global and Innovation-Driven Age*, Fed. Trade Commission;符合 Joannis Kokkoris & Rodrigo Olivares-Caminal, Antitrust Law Amidst Financial Crises 104 – 05 (2010), at 170。

② Robin Mason & Helen Weeds, *The FailingFirm Defence*: *Merger Policy and Entry* 2 (Ctr. for Econ. Pol'y Res., Discussion Paper No. 3664, 2002), at 1; Lars Persson, The Auctioning of a Failing Firm 2 – 3 (1998年11月23日)(斯德哥尔摩大学未发表的博士学位论文), at 3。

③ Commission Decision No. 94/449/*EC* (*Kali* + *Salz*), 1994 O. J. L 186/38, 文本可于 http://eur-lex.europa.eu/LexUriServ/LexUriServ.do? uri = OJ:L: 1994:186:0038:0056:EN:PDF 获得。

④ Commission Decision No. 94/449/*EC* (*Kali* + *Salz*), 1994 O. J. L 186/38, at 71.

⑤ Joannis Kokkoris & Rodrigo Olivares-Caminal, Antitrust Law Amidst Financial Crises 104 – 05 (2010), at 111; Neelie Kroes, European Comm'r for Competition Policy, European Comm'n, Dealing with the Current Financial Crisis (2008年10月6日), 文本可于 http://europa.eu/rapid/press-release SPEECH – 08 – 498 en.pdf 获得(强调“委员会能够而且将会考虑到不断变化的市场条件,并在适当情况适用破产公司抗辩”)。

⑥ Commission Decision No. 94/449/*EC* (*Kali* + *Salz*), 1994 O. J. L 186/38, at 71; U. S. Dep't of Justice & Fed. Trade Comm'n, Horizontal Merger Guidelines § 11 (2010), § 11.

⑦ U. S. Dep't of Justice & Fed. Trade Comm'n, Horizontal Merger Guidelines § 11 (2010), § 11.

(failing firm's impending ejection from the marketplace)。① 同样地,美国和欧盟都强制要求被收购方以对竞争产生最少负面影响的方式进行交易。②

然而,破产公司原则的美国和欧洲版本存在几个关键区别。③ 美国的《准则》要求破产公司无法通过破产法进行重整,④欧盟委员会的标准中却难觅其踪。⑤ 此外,欧盟判例法要求收购方做出如下承诺:即使破产公司被允许退出市场,⑥收购方也要收购该破产公司的市场份额——而美国并无此要求。

Ⅱ. 录制音乐产业简史

虽然作家和科学家早在16世纪就将捕捉和回放录制声音⑦的奇妙方法理论化了,直到1877年,发明家爱迪生在才利用留声机首次实现了这一任务。⑧ 录音

---

① *Kali + Salz*, 1994 O. J. L 186/30, 71.

② *See Kali + Salz*, 1994 O. J. L 186/30, 71; U. S. Dep't of Justice & Fed. Trade Comm'n, Horizontal Merger Guidelines § 11 (2010), § 11.

③ Joannis Kokkoris & Rodrigo Olivares-Caminal, Antitrust Law Amidst Financial Crises 104 – 05 (2010), at 3, 45, 106.

④ U. S. Dep't of Justice & Fed. Trade Comm'n, 1997 Merger Guidelines § 5.1 (1997), § 11.

⑤ *Kali + Salz*, 1994 O. J. L 186/30, 71.

⑥ *Kali + Salz*, 1994 O. J. L 186/30, 71.

⑦ Michael Chanan, Repeated Takes: A Short History of Recording and its Effects on Music 1 (1995) (citing Francois Rabelais, the Histories of Gargantua and Pantagruel 566 – 69 (J. M. Cohen trans., Penguin Books 1955) (1532)); Charles Grivel, *The Phonograph's Horned Mouth*, in Wireless Imagination: Sound, Radio, and the Avant-Garde 31, 43 (Douglas Kahn & Gregory Whitehead eds., Stephen Sartarelli trans., 1992) (citing Joh. Joachim Bechers, Narrische Weissheit und Weise Narrheit 27 – 28 (J. F. R. 1725) (1683), 文本可于 http://books.google.com/books? id = yvETAAAAQAAJ) 获得; Joh. Baptiste Porte, Neapolitani Magle Naturalis Libri Viginti 567 – 69 (Apud Petrum Leffen 1651) (1558), 文本可于 http://books.google.com/books? id = 7MY5AAAAcAAJ 获得{描述"当冷冻语言之海融化的时候,声音被释放到空气中的拉伯雷的故事[Rabelais's tale of the sea of frozen words (原文有错,应为 Rabelais'—— 译者注)]";德拉门(della Porta)的"把说出的话保存在铅管里面,移开盖子的时候,他们就会从铅管中爆发出来的方式";纽伦堡验光师格兰戴尔(Grundel)建议"把回声封在瓶子里面,他认为回声至少可以保持几个小时"}。

⑧ Michael Chanan, Repeated Takes: A Short History of Recording and its Effects on Music 1 (1995), at 1; Kevin J. Harrang, *Challenges in the Global IT Market: Technology, Creative Content, and Intellectual Property Rights*, 49 Ariz. L. Rev. 29, 30 (2007); *The History of the Edison Cylinder Phonograph*, *Libr.* of Congress, http://memory.loc.gov/ammem/edhtml/edcyldr.html, 最后访问日期:2013年6月5日。

原理是在用锡纸片包裹的金属筒上画下深浅不同的沟纹。① 爱迪生为设备申请了专利,②并创建了爱迪生留声机公司(Edison Phonograph Company),③“充分利用了……公众对时髦的留声机器日益增长的兴趣”。④ 他的发现“把无形的演奏音乐变身成有形实物——你能够拿在手里的、可以购买和出售的东西”。⑤

差不多10年后,两位绅士因亚历山大·格雷厄姆·贝尔(Alexander Graham Bell)的赞助而发明了格拉福风留声机。⑥ 该留声机最为明显的特征是用蜡⑦代替了留声机缸极“脆弱”的锡纸组件,⑧但是“直到光盘出现以前……每次录制的都是原件:并不存在大规模复制方式”。⑨

然而,埃米尔·贝林纳(Emile Berliner)发明了唱片留声机,⑩于1893年成立联合美国留声机公司,他是用一个扁圆形预录光盘⑪代替了金属筒。新发明的光盘可作为录制音乐广为传播的媒介,之后它主导了音乐录制行业达半个多世纪之久。⑫

---

① *The History of the Edison Cylinder Phonograph*, *Libr.* of Congress; Kevin J. Harrang, *Challenges in the Global IT Market*: *Technology*, *Creative Content*, *and Intellectual Property Rights*, 49 Ariz. L. Rev. 29, 30 (2007), at 30. 这项装置被戏称为“会说话的锡纸层”, Michael Chanan, Repeated Takes: A Short History of Recording and its Effects on Music 1 (1995), at 1。

② Improvement in Phonograph or Speaking Machines, U. S. Patent No. 200,521 (1877年12月24日存档); 同样参见 The Encyclopedia of Recorded Sound in the United States 512 – 13 (Guy A. Marco ed., 1993)(按照专利接收总量列出了1877~1912年最多产的留声机发明家——安迪生明显占优势的分组)。

③ *The History of the Edison Cylinder Phonograph*, *Libr.* of Congress.

④ Brian Southall, The Rise & Fall of Emi Records 12 (2009).

⑤ Michael Chanan, Repeated Takes: A Short History of Recording and its Effects on Music 1 (1995), at 7.

⑥ 参见 Recording and Reproducing Speech and Other Sounds, U. S. Patent No. 341,214 (1885年6月27日存档); *The History of the Edison Cylinder Phonograph*, *LIBR.* OF CONGRESS, http://memory.loc.gov/ammem/edhtml/edcyldr.html。

⑦ Michael Chanan, Repeated Takes: A Short History of Recording and its Effects on Music 1 (1995), at 6. 爱迪生的气瓶锡纸层“只能持续放几首音乐。” *The History of the Edison Cylinder Phonograph*, *Libr.* of Congress.

⑧ *The History of the Edison Cylinder Phonograph*, *Libr.* of Congress.

⑨ Michael Chanan, Repeated Takes: A Short History of Recording and its Effects on Music 1 (1995), at 5.

⑩ 参见 Gramophone, U. S. Patent No. 372, 786 (1887年5月4日存档)(贝林纳的唱片留声机专利)。

⑪ Michael Chanan, Repeated Takes: A Short History of Recording and its Effects on Music 1 (1995), at 27 – 28.

⑫ History, EMI Music, 载 http://www.emimusic.com/about/history/, 最后访问日期:2013年6月5日。

光盘便宜且易于生产,[①]像爱迪生这样的金属筒分销商不得不采用此项新技术。[②]

因留声机、格拉福风留声机与唱片留声机的"大杂烩"[③]和预录音乐光盘带来的高人气,[④]音乐产业增长很快。[⑤] 到第一次世界大战开始的时候,"英国……有了差不多80家唱片公司,美国到1919年年底有大概200家",[⑥]并且"1/3的英国家庭都拥有某种留声机"。[⑦] "早期的唱片公司制作留声机和录音制品,电唱机以及唱片。"[⑧]但音乐公司很快就意识到,销售唱片的利润已经超过了留声机销售的较少利润。[⑨] "他们因此转而专注于唱片制作,从而开创了音乐唱片业。"[⑩]

录制音乐行业的先驱者们建立了"一个消费典范……它对待唱片像一本书,而不是像一张照片"。[⑪] 这些唱片公司"以版权的形式创造了创收资产,与可以创造版权的艺术家们签订合同"。[⑫] 有两种形式的音乐公司:一种是唱片公司,经营唱片和其中包含的录音;另一种是出版商,它控制实体音乐创作权。[⑬]

---

① Kevin J. Harrang, *Challenges in the Global IT Market*: *Technology*, *Creative Content*, *and Intellectual Property Rights*, 49 Ariz. L. Rev. 29, 30 (2007), at 31.

② Kevin J. Harrang, *Challenges in the Global IT Market*: *Technology*, *Creative Content*, *and Intellectual Property Rights*, 49 Ariz. L. Rev. 29, 30 (2007), at 31.

③ Brian Southall, The Rise & Fall of Emi Records 12 (2009), at 12.

④ *The History of the Edison Cylinder Phonograph*, *Libr.* of Congress.

⑤ Michael Chanan, Repeated Takes: A Short History of Recording and its Effects on Music 1 (1995), at 54.

⑥ Michael Chanan, Repeated Takes: A Short History of Recording and its Effects on Music 1 (1995), at 54.

⑦ Brian Southall, The Rise & Fall of Emi Records 12 (2009), at 17.

⑧ Michael Chanan, Repeated Takes: A Short History of Recording and its Effects on Music 1 (1995), at 32.

⑨ Conrad Shayo & Ruth Guthrie, From Edison to MP3: A Struggle for the Future of theMusic RecordingIndustry, Int'l J. Cases on Elec. Com., Apr. – June 2005, at 1, 4.

⑩ Conrad Shayo & Ruth Guthrie, From Edison to MP3: A Struggle for the Future of theMusic Recording Industry, Int'l J. Cases on Elec. Com., Apr. – June 2005, at 1, 4.

⑪ Michael Chanan, Repeated Takes: A Short History of Recording and its Effects on Music 1 (1995), at 28 – 29.

⑫ Gerben Bakker, The Making of a Music Multinational: Poly Gram's International Businesses, 1945 – 1998, 80 Bus. Hist. Rev. 81, 92 (2006); 同样参见 Michael Chanan, Repeated Takes: A Short History of Recording and its Effects on Music 1 (1995), at 15(描述留声机公司在其"培训中心"如何利用这种以权利为基础的商业模式)。

⑬ *The History of the Edison Cylinder Phonograph*, *Libr.* of Congress.

新兴的唱片业巨头在国际范围内设立了办事处以开发新市场。[①] 正如巴卡尔教授(Bakker)所解释的:

> 少数几个卓越的公司设法调整了战略和组织结构以适应新环境。在这个过程中,他们把适应能力较差的公司(如RCA、Decca、Mercury和MGM唱片)的资产与那些规模较小、年轻的公司合并,把他们收购的资源重新配置形成大型国际联合会。[②]

在20世纪50年代、60年代和70年代,"唱片销售平均年增长20%"。[③] 80年代中期到21世纪初,臭名昭著的"CD潮"带来了大到无法想象的销量[④]和利润。[⑤] 直到第二个千年的结束,音乐数字化被证明非常有价值。但可广泛访问的互联网的出现却扭转了唱片业的命运。[⑥] 成熟的分销和制造方法顷刻过时,[⑦]"随着消费者的选择越来越多,一个快速进化的市场[出现]了"。[⑧]

---

① Michael Chanan, Repeated Takes: A Short History of Recording and its Effects on Music 1 (1995), at 15, 29 – 30; Brian Southall, The Rise & Fall of EMI Records 12 (2009), at 15; Gerben Bakker, The Making of a Music Multinational: Poly Gram's International Businesses, 1945 – 1998, 80 Bus. Hist. Rev. 81, 92 (2006), at 82.

② Gerben Bakker, The Making of a Music Multinational: Poly Gram's International Businesses, 1945 – 1998, 80 Bus. Hist. Rev. 81, 92 (2006), at 120. 其他人对录制音乐行业内的整合则持批判态度。参见Dan Reese, *Few Survive Heady Days of Independent Record Labels*, Memphis Bus. J., Sept. 7 – 11 1987, at 3(采访孟菲斯唱片制作商和音乐家,他认为较小的品牌"被增选、胁迫、吞没、再循环,然后被各大唱片巨头推入美国公众的咽喉")。

③ M. William Krasilovsky & Sidney Shemel, This Business of Music: The Definitive Guide to the Music Industry 5 (10th ed. 2007).

④ Steve Knopper, Appetite for Self-Destruction: The Spectacular Crash of the Record Industry in the Digital Age 61 (2009), at 43 – 44{"[1984年],销售额增长了625%,达到580万美元;在[2000年],布兰妮·斯皮尔斯(Britney Spears)、超级男孩(NSync)、埃米纳姆(Eminem)和后街男孩(Backstreet Boys)创造了可能永远无法突破的零售纪录,CD的销量达到了前所未有的9.42亿美元"}。

⑤ Steve Knopper, Appetite for Self-Destruction: The Spectacular Crash of the Record Industry in the Digital Age 61 (2009), at 54(描述在CD潮期间,索尼的利润是如何增长60%的,以及华纳的利润是如何翻番的).

⑥ See Fred Goodman, Fortune's Fool: Edgar Bronfman JR., Warner Music, and an Industry in Crisis 1 (2010) (唱片业已经成为互联网煤矿里的金丝雀).

⑦ Steve Knopper, Appetite for Self-Destruction: The Spectacular Crash of the Record Industry in the Digital Age 61 (2009), at 208.

⑧ Kevin J. Harrang, *Challenges in the Global IT Market: Technology, Creative Content, and Intellectual Property Rights*, 49 *Ariz. L. Rev.* 29, 30 (2007), at 43.

苹果公司2001年发布了iPod,[①]2003年发布了iTunes商店。[②] 销售实物专辑允许唱片公司将十几或更多的歌曲放到一张专辑捆绑销售,以求利润最大化,而在线音乐商店允许消费者只花费整张专辑费用的一小部分来挑选自己喜爱的歌曲。[③] 同时,像LimeWire、Kazaa和Grokster之类文件共享网站应运而生,允许听众即使没有唱片公司许可都可以分享音乐。[④] "2000年,录制音乐销量20多年来第一次下降。"[⑤]很显然,这些新录制音乐消费方式正在"蚕食CD售量"。[⑥] 正如同时身为环球和华纳首席执行官的埃德加·布朗曼(Edgar Bronfman Jr.)所观察到的,"唱片业对消费者发号施令的日子已经一去不复返了"。[⑦]

Ⅲ.百代—环球合并

A.财务困境

唱片行业整体继续遭受打击,百代尤甚。[⑧] 1996年从母公司科艺集团(Thorn)拆分后,百代成了唯一上市的独立音乐公司。[⑨] 百代处境艰难,只能独自面对迅猛发展的唱片业。[⑩]

---

① Steve Knopper, Appetite for Self-Destruction: The Spectacular Crash of the Record Industry in the Digital Age 61 (2009), at 169.

② Ibid., at 177.

③ M. William Krasilovsky & Sidney Shemel, This Business of Music: The Definitive Guide to the Music Industry 5 (10th ed. 2007), at 2.

④ Fred Goodman, Fortune's Fool: Edgar Bronfman JR., Warner Music, and an Industry in Crisis 1 (2010), at 145;符合Steve Knopper, Appetite for Self-Destruction: The Spectacular Crash of the Record Industry in the Digital Age 61 (2009), at 81("在1999年或2000年,获得'I Want It That Way'最不令人沮丧的方式是免费下载")。

⑤ Fred Goodman, Fortune's Fool: Edgar Bronfman JR., Warner Music, and an Industry in Crisis 1 (2010), at 145.

⑥ Steve Knopper, Appetite for Self-Destruction: The Spectacular Crash of the Record Industry in the Digital Age 61 (2009), at 208.

⑦ Fred Goodman, Fortune's Fool: Edgar Bronfman JR., Warner Music, and an Industry in Crisis 1 (2010), at 7.

⑧ Brian Southall, The Rise & Fall of EMI Records 12 (2009), at 61.

⑨ Brian Southall, The Rise & Fall of EMI Records 12 (2009), at 11, 61, 63.

⑩ Brian Southall, The Rise & Fall of EMI Records 12 (2009), at 63[采访面试Radiohead的经理布莱斯·艾奇(Bryce Edge),他评论道,"百代从科艺分拆出来并成为一个独立的持股音乐公司那天是结束的开始"].

由于销量和利润下降,百代音乐“看着骨架上的几块骨头,把他们重新排列组合”,①进行大量的成本削减练习。② 百代大力削减了“A & R”部门(负责招聘新艺人),这对新打榜音乐人的涌入造成了不利影响。③ 2002年百代解聘了1800个员工,同1/4的艺术家解约。④ 2004年又解聘1500人,解约剩余音乐活动的20%。⑤ 结果百代公司工作场所士气大受影响。⑥ 百代的竞争对手延揽了大批挺过此次冲击、收入颇低的百代员工。⑦ 2002~2007年5年间,整个音乐市场萎缩了40%。⑧

B. 泰丰资本

2007年8月,私募股权投资公司泰丰资本有限公司(Terra Firma Capital Partners,Ltd.)(以下简称泰丰资本)以42亿英镑(合83亿美元)收购了百代。⑨

---

① Brian Southall,The Rise & Fall of EMI Records 12 (2009),at 104.

② Steve Knopper, *How the Universal-EMIDeal Will Change the Music Industry*, Rolling Stone (2011年11月23日 12:30), http://www. rollingstone. com/music/news/how-the-universal-emi-deal-will-change-the-music-industry-20111123.

③ Steve Knopper, *How the Universal-EMIDeal Will Change the Music Industry*, Rolling Stone.

④ Brian Southall,The Rise & Fall of EMI Records 12 (2009),at 141-142[“这些人中有芬兰的49个艺术家,这引起了(CEO)莱维广为人知的评论:‘我认为这有点多了;我真的不认为会有49个会唱歌的芬兰人’”].

⑤ Brian Southall,The Rise & Fall of EMI Records 12 (2009),at 165.

⑥ 参见 Brian Southall,The Rise & Fall of EMI Records 12 (2009),at 173(“百代公司的诸多问题和表现不佳对我们产生了影响,因为它会影响百代工作人员的士气。当股票价格下降的时候,人们不断问公司到底出了什么大问题——工作人员的数量大大减少了——这绝对会影响我们,因为每每参加会议,你就会见到那些拉着长脸的人”).

⑦ See Brian Southall,The Rise & Fall of EMI Records 12 (2009),at 170.

⑧ Brian Southall,The Rise & Fall of EMI Records 12 (2009),at 193.

⑨ *In re* Maltby Invs., Ltd., [2012] EWHC (Ch) 703, [3] (Eng.); Citigroup / Maltby Acquisitions Ltd., Merger Procedure Article 7(3) Decision of I Feb. 2011, Case No. COMP/M.6137 6 (EC), 文本可于 http://ec. europa. eu /competition/mergers/cases/decisions/m6137 20110201 2014_2682547 EN. pdf 获得; Steve Knopper, Appetite for Self-Destruction: The Spectacular Crash of the Record Industry in the Digital Age 61 (2009), at 88; *The Magical Misery Tour*: *Terra Firmaand EMT*, Economist,2011年2月5日,at 88, 文本可于 http://www. economist. com/node/18063824 获得; Chris V. Nicholson, *Terra Firmaand Citi to Begin EMI Talks*, N. Y. Times (2010年8月19日 7:30),Steve Knopper, Appetite for Self-Destruction: The Spectacular Crash of the Record Industry in the Digital Age 61 (2009),http://dealbook. nytimes. com/2010/08/19/terra-firma-and-citi-to-begin-emi-settlement-talks/。

泰丰资本先期投入15.02亿英镑取得股权,①其中包括泰丰首席执行官葛涵明(Guy Hands)个人资产的60% ~70%;②"(他)是收购破产公司并让他们起死回生的专家。"③"剩下的27.4亿英镑"是泰丰资本向"花旗[银行]借的",④"(花旗)既是卖家,又是此项交易的放款人"。⑤

泰丰资本创造企业链作为"投资工具"持股百代并为百代融资。⑥ 莫尔特比收购有限公司(Maltby Acquisitions, Ltd. ,MAL)直接持有百代所有股份,⑦莫尔特比投资有限公司(Maltby Investments Ltd. ,MIL)同时拥有MAL以及泰丰因收购百代欠花旗的债务。⑧ MIL是莫尔特比控股有限公司(Maltby Holdings, Ltd. ,

---

① Terra Firma Invs. (GP) 2 Ltd. v. Citigroup Inc. , No. 09 Civ. 10459, 2010 U. S. Dist. LEXIS 118168, at *10 (S. D. N. Y. 2010年11月4日).

② Peter Lattman, *Hands on the Stand: Replaying the EMI Deal*, N. Y. Times, (2010年10月20日13:35), http://dealbook. nytimes. com/2010/10/20/hands-on-the-stand-replaying-the-emi-deal/; *Citi to Protect EMI Biddersfrom Terra Firma Action*, Altassets (2011年9月8日), http://www . altassets. net/private-equity-news/citi-to-protect-emi-bidders-from-terra-firma-action. html.

③ Steve Knopper, Appetite for Self-Destruction: The Spectacular Crash of the Record Industry in the Digital Age 61 (2009), at 231. See also Terra Firma, Terra Firma Annual Review 2007, at 2 (2007), 文本可于 http://www. terrafirma. com/annual-reviews. html? file = assets/downloads/2007 Annual Review. pdf 获得(把自己描述为一个"别人只看到问题,而自己却具有看到潜力能力"的公司)。

④ *Terra Firma Invs.*, 2010 U. S. Dist. LEXIS 118168, at 10.

⑤ Danny King, *Citigroup Takes Back Record Company EMI from Terra Firma*, Daily Fin. (2011年2月1日19:30), http://www. dailyfinance. com/2011/02/01/citigroup-takes-back-record-company-emi-from-terra-firma/.

⑥ Citigroup / Maltby Acquisitions Ltd. , Merger Procedure Article 7(3) Decision of I Feb. 2011, Case No. COMP/M. 6137 6 (EC) , at 4 – 5; accord *In re* Maltby Invs. , Ltd. , [2012] EWHC (Ch) 703, [3] (Eng.).

⑦ *Terra FirmaInvs.*, 2010 U. S. Dist. LEXIS 118168, at 10; *In re* Maltby Invs. , Ltd. , [2012] EWHC (Ch) 703 at [2]; Citigroup / Maltby Acquisitions Ltd. , Merger Procedure Article 7 (3) Decision of I Feb. 2011, Case No. COMP/M. 6137 6 (EC) , at 4; Ed Christman, *How Citigroup Outfoxed Guy Hands in its Takeover of EMI*, BILLBOARD (2011年2月3日), http://www. billboard. biz /bbbiz/industry/record-labels/how-citigroup-outfoxed-guy-hands-in-its-I005020642. story.

⑧ *In re* Maltby Invs. , Ltd. , [2012] EWHC (Ch) 703 at [2]; Citigroup / Maltby Acquisitions Ltd. , Merger Procedure Article 7(3) Decision of I Feb. 2011, Case No. COMP/M. 6137 6 (EC) , at 4; Ed Christman, *How Citigroup Outfoxed Guy Hands in its Takeover of EMI*, Billboard (2011年2月3日).

MHL)的子公司,①泰丰的“无担保公司间债权人”,②反过来,MHL 又是“终极控股公司”莫尔特比资本有限公司(Maltby Capital, Ltd. ,MCL)的子公司。③

每个公司受独立的董事会控制。④ “MCL 董事会有 7 个董事,5 个曾是泰丰资本雇员……”⑤MIL 董事会中有 3 个泰丰雇员及担任 CEO 和 CFO 的两位百代高管。⑥

C. 花旗银行

2010 年夏天,MIL 董事会改组,三个泰丰雇员被撤职,只留下两个百代高管:CEO 罗杰·法克森(Roger Faxon)和 CFO 鲁思·普赖尔(Ruth Prior)。⑦ 虽然 MIL 对花旗银行的债务直到 2011 年 6 月才到期,⑧“花旗找到 MIL 仅剩的两个董事法克森和普赖尔,询问是否已出现资不抵债或技术性违约的情况。董事不得不做出肯定结论”。⑨ 三项独立的对 MIL 的估值都“支持公司的业务价值(因

---

① *In re* Maltby Invs., Ltd., [2012] EWHC (Ch) 703 at [2]; Citigroup / Maltby Acquisitions Ltd., Merger Procedure Article 7(3) Decision of I Feb. 2011, Case No. COMP/M. 6137 6 (EC), 5, at 68, 文本可于 http://www. reuters. com/article/2011/02/05/emi-prepack-idUSNO42958; Christopher Spink, EMI Pre-Pack Bombshell, Int'l Fin. Rev., Feb. 5, 2011, http://www. reuters. com/article/2011/02/05/emi-prepack-idUSNO429587820110205 。

② *In re* Maltby Invs., Ltd., [2012] EWHC (Ch) 703 at [21].

③ Christopher Spink, *EMI Pre-Pack Bombshell*, Int'l Fin. Rev., Feb. 5, 2011, http://www. reuters. com/article/2011/02/05/emi-prepack-idUSNO429587820110205 , at 68; 同样观点见于 Citigroup / Maltby Acquisitions Ltd., Merger Procedure Article 7(3) Decision of I Feb. 2011, Case No. COMP/M. 6137 6 (EC), at 5; Maltby Capital Limited, Annual Review 2009/10 31 (2010), 文本可于 http://www. emimusic. com /wp-content/uploads/2010/02/MCLAR_09101. pdf 获得。

④ Ed Christman, *How Citigroup Outfoxed Guy Hands in its Takeover of EMI*, Billboard (2011 年 2 月 3 日).

⑤ Ibid.

⑥ Christopher Spink, *EMI Pre-Pack Bombshell*, Int'l Fin. Rev., Feb. 5, 2011, http://www. reuters. com/article/2011/02/05/emi-prepack-idUSNO429587820110205 , at 68.

⑦ Ed Christman, *How Citigroup Outfoxed Guy Hands in its Takeover of EMI*, Billboard (2011 年 2 月 3 日); Christopher Spink, *EMI Pre-Pack Bombshell*, Int'l Fin. Rev., Feb. 5, 2011, at 68.

⑧ *The Magical Misery Tour: Terra Firmaand EMT*, Economist, Feb. 5, 2011, at 88.

⑨ Ed Christman, *How Citigroup Outfoxed Guy Hands in its Takeover of EMI*, Billboard (2011 年 2 月 3 日); *accord* Citigroup / Maltby Acquisitions Ltd., Merger Procedure Article 7(3) Decision of I Feb. 2011, Case No. COMP/M. 6137 6 (EC), 10; Christopher Spink, *EMI Pre-Pack Bombshell*, Int'l Fin. Rev., Feb. 5, 2011, http://www. reuters. com/article/2011/02/05/emi-prepack-idUSNO429587820110205 , at 68 (“当罗杰·法克森,挣扎的音乐公司的 CEO,宣布控股公司破产无力偿还债务,此举被触发”).

此包括百代集团)远低于所欠花旗银行债务的结论”。① 按照贷款协议条款,“(债务违约)声明发布后,花旗行使了其要求加速债务清偿的权利”。② 贷款协议规定,如 MIL 被认为或宣布无法偿还债务,花旗集团则可介入。③ 2011 年 2 月 1 日,通过与 MIL 两人董事会合作,④花旗集团接手了用于抵债的百代。⑤

MIL 和花旗集团在当天几小时内就进行了令人惊讶的大量业务。⑥ 基于英国破产法赋予的权利,⑦法克森和普赖尔任命了两名管理员进行了预整理程序——⑧美国第 11 章预重整破产程序的英国版。⑨ “在这种类型的破产中,业务销售之后才会指定管理人。在公司进入整理程序之前,交易就已达成,进入整理程序后立即出售。”⑩作为唯一的担保放款人,花旗集团选择收购 Maltby 100% 的股权,⑪成为百代

① *In re* Maltby Invs., Ltd., [2012] EWHC (Ch) 703, [27] (Eng.).

② Citigroup / Maltby Acquisitions Ltd., Merger Procedure Article 7(3) Decision of I Feb. 2011, Case No. COMP/M.6137 6 (EC),11.

③ *In re* Maltby Invs., Ltd., [2012] EWHC (Ch) 703 at [12].

④ Citigroup / Maltby Acquisitions Ltd., Merger Procedure Article 7(3) Decision of I Feb. 2011, Case No. COMP/M.6137 6 (EC),10;但是参见 Ed Christman, *How Citigroup Outfoxed Guy Hands in its Takeover of EMI*, Billboard (2011 年 2 月 3 日)(主张说花旗和百代的董事会“对百代所有权设计了早于预期的设想”)。

⑤ Danny King, *Citigroup Takes Back Record Company EMI from Terra Firma*, Daily Fin (2011 年 2 月 1 日 19:30).

⑥ 参见 *In re* Maltby lnvs., Ltd., [2012] EWHC (Ch) 703 at [21] (提供了一个按小时划分进行的程序表);Email from Roger Faxon, Chief Exec., EMI Music, to EMI Music Staff (2011 年 2 月 1 日), *in EMI's Email to Staff on Citigroup Takeover*, Guardian (2011 年 2 月 7 日 8:29),http://www.guardian.co.uk/media/2011/feb/07/emi-roger-faxon-email。

⑦ Insolvency Act, 1986, c. 45, sch. BI, 22 (英国), 文本可于 http://www.legislation.gov.uk/ukpga/1986/45/schedule/Bl/data.pdf 获得 (“公司的董事可以任命管理人”)。

⑧ *In re* Maltby Invs., Ltd., [2012] EWHC (Ch) 703 at [4].

⑨ Ed Christman, *How Citigroup Outfoxed Guy Hands in its Takeover ofEMI*, Billboard (2011 年 2 月 3 日).

⑩ Rachael Singh, *EMI's Pre-PackCould Be the Start of Things to Come*, Accountancy AGE (2011 年 2 月 11 日), http://www.accountancyage.com/aa/analysis/2025777/emis-pre-pack-start; Email from Roger Faxon, Chief Exec., EMI Music, to EMI Music Staff (2011 年 2 月 1 日), *in EMI's Email to Staff on Citigroup Takeover*, Guardian (2011 年 2 月 7 日 8:29).

⑪ CITIGROUP INC., 2010 Annual Report 290 (2011), 文本可于 http://www.citigroup.com/citi/investor/quarterly/201 l/arl0c en.pdf 获得; 另见 *In re* Maltby Invs., Ltd., [2012] EWHC (Ch) 703 at [4]; Juliette Garside, EMI Chiefs Forfeited £ 41m in *Bonuses After Collapse into Administration*, Guardian (2012 年 1 月 4 日 14:06), http://www.guardian.co.uk Ibusiness/2012/jan/04/emi-chiefs-forfeited-bonuses; Rachael Singh, *EMI's Pre-PackCould Be the Start of Things to Come*, Accountancy Age (2011 年 2 月 11 日);Christopher Spink, *EMI Pre-Pack Bombshell*, Int'l Fin. Rev., Feb.5,2011, at 68。

的新所有人。[①]

这是英国历史上规模最大的预整理,[②]最终进行了债权股权转换。[③] 作为取得 MIL(及其资产百代)完全所有权的对价,花旗集团减少了百代20亿英镑的债务[④]——削减比例为65%,[⑤]并且"提供给它3亿英镑的现金余额"。[⑥] 该交易人为地使百代恢复了资产负债表偿债能力。[⑦]

花旗集团可能对MIL的预重整做出了财务牺牲,[⑧]但泰丰资本却是最大的输家。"因业务价值低于340万英镑的债务,葛(涵明)对百代业务已无更多经济利益;泰丰资本的投资也已无任何价值……"[⑨]作为董事会政变中的无担保债权人,[⑩]泰

---

① Zack O' Malley Greenburg, Citi' s EMI Sale to Blavatnik on Hold?, Forbes (2011年10月30日23:58), http://www.forbes.com/sites/zackomalleygreenburg/2011/10/30/citi-emi-sale-to-blavatnik-on-hold/.

② Christopher Spink, *EMI Pre-Pack Bombshell*, Int'l Fin. Rev., Feb. 5, 2011, at 68.

③ Citigroup / Maltby Acquisitions Ltd., Merger Procedure Article 7(3) Decision of I Feb. 2011, Case No. COMP/M.6137 6 (EC), at 13.

④ Ed Christman, *How Citigroup Outfoxed Guy Hands in its Takeover of EMI*, Billboard (2011年2月3日), http://www.billboard.biz /bbbiz/industry/record-labels/how-citigroup-outfoxed-guy-hands-in-its-I005020642.story; F Email from Roger Faxon, Chief Exec., EMI Music, to EMI Music Staff (2011年2月1日), *in EMI' s Email to Staff on Citigroup Takeover*, Guardian (2011年2月7日8:29); Juliette Garside, EMI Chiefs Forfeited £41m in *Bonuses After Collapse into Administration*, Guardian (2012年1月4日14:06); Helen Power, *Pre-Packs:EMI Firstin a Wave of Restructures*, London Times, Feb. 3, 2011, at 32.

⑤ Danny King, *Citigroup Takes Back Record Company EMI from Terra Firma*, Daily Fin. (2011年2月1日19:30) http://www.dailyfinance.com/2011/02/01/citigroup-takes-back-record-company-emi-from-terra-firma/.

⑥ Danny King, *Citigroup Takes Back Record Company EMI from Terra Firma*, Daily Fin. (2011年2月1日19:30) http://www.dailyfinance.com/2011/02/01/citigroup-takes-back-record-company-emi-from-terra-firma/;另见 Ed Christman, *How Citigroup Outfoxed Guy Hands in its Takeover ofEMI*, Billboard (2011年2月3日), http://www.billboard.biz /bbbiz/industry/record-labels/how-citigroup-outfoxed-guy-hands-in-its-I005020642.story。

⑦ Citigroup / Maltby Acquisitions Ltd., Merger Procedure Article 7(3) Decision of I Feb. 2011, Case No. COMP/M.6137 6 (EC), 13.

⑧ Juliette Garside, EMI Chiefs Forfeited £41m in *Bonuses After Collapse into Administration*, Guardian (2012年1月4日14:06) http://www.guardian.co.uk Ibusiness/2012/jan/04/emi-chiefs-forfeited-bonuses.

⑨ Ed Christman, *How Citigroup Outfoxed Guy Hands in its Takeover of EMI*, Billboard (2011年2月3日), http://www.billboard.biz /bbbiz/industry/record-labels/how-citigroup-outfoxed-guy-hands-in-its-I005020642.story.

⑩ *In re* Maltby Invs., Ltd., [2012] EWHC (Ch.) 703, [30] (Eng.); Rachael Singh, *EMI' s Pre-Pack Could Be the Start of Things to Come*, Accountancy Age (2011年2月11日), http://www.accountancyage.com/aa/analysis/2025777/emis-pre-pack-start.

丰资本损失了"投入的 18.5 亿英镑的全部",①个人净资产跌逾一半之后,②葛涵明作为"税收流亡者"③逃到了根西岛(Guernsey)。伦敦高等法院沃伦法官描述了泰丰资本折戟花旗集团而催生的法律挑战:

泰丰资本与花旗之间在双战场上互相敌对:首先,泰丰资本想从纽约法院那里寻求收回其投资,他们可能至少也可以在伦敦提出,管理人的指定并不合法有效,而且此次交易属于低价销售。④

泰丰资本在美国⑤和英国⑥一审都败诉了,但第二巡回上诉法院将泰丰纽约案发回重审,以进一步审理。⑦

D. 花旗集团将百代拆分并出售给环球

花旗这头"银行巨兽"⑧从来没有打算一直拥有百代所有权。⑨ 从泰丰资本

① *In re* Maltby Invs., Ltd., [2012] EWHC (Ch) 703 at [6]. 还有人估计损失明显较少。参见 Ed Christman, *How Citigroup Outfoxed Guy Hands in its Takeover of EMI*, Billboard (2011 年 2 月 3 日), http://www.billboard.biz/bbbiz/industry/record-labels/how-citigroup-outfoxed-guy-hands-in-its-I005020642.story(嘲弄说"说过和做过这一切,这看起来就像是泰丰资本支付 160 万英镑租用了百代 3 年半的时间"); Juliette Garside, EMI Chiefs Forfeited £41m in *Bonuses After Collapse into Administration*, Guardian (2012 年 1 月 4 日 14:06), http://www.guardian.co.uk Ibusiness/2012/jan/04/emi-chiefs-forfeited-bonuses (损失了 17.5 亿英镑).

② Dan Sabbagh, *EMI's Downfall: Will the Hits Keep Coming*?, Time (2010 年 2 月 9 日), http://www.time.com/time/business/article/0,8599,1962165,00.html。

③ Peter Lattman, *Hands on the Stand: Replaying the EMI Deal*, N.Y. Times, (2010 年 10 月 20 日 13:35), http://dealbook.nytimes.com/2010/10/20/hands-on-the-stand-replaying-the-emi-deal/; *Citi to Protect EMI Bidders from Terra Firma Action*, ALTASSETS (2011 年 9 月 8 日), http://www.altassets.net/private-equity-news/citi-to-protect-emi-bidders-from-terra-firma-action.html.

④ *In re* Maltby Invs., Ltd., [2012] EWHC (Ch.) 703 at [10].

⑤ Terra Firma Invs. (GP) 2 Ltd. v. Citigroup Inc., 725 F. Supp. 2d 438 (S.D.N.Y. 2010).

⑥ *In re* Maltby Invs., Ltd., [2012] EWHC (Ch.) 703.

⑦ Terra Firma Invs. (GP) 2 Ltd. v. Citigroup Inc., No. 11 - 126 (2d Cir. 2013 年 5 月 31 日), 文本可于 http://www.ca2.uscourts.gov/decisions/isysquery/c452a13a - fc2c - 489b - 87c1 - aI36f0f95fd8/2/doc/l1 - 126 complete opn.pdf 获得。

⑧ See Andre Yoskowitz, *Record Label EMI Faces Bank Takeover Due to Debts*, Afterdawn (2010 年 4 月 1 日 23:49), http://www.afterdawn.com/news/article.cfm/2010/04/02 /record-label emi faces bank takeover due to debts.

⑨ Email from Roger Faxon, Chief Exec., EMI Music, to EMI Music Staff (2011 年 2 月 1 日), *in EMI's Email to Staff on Citigroup Takeover*, Guardian (2011 年 2 月 7 日 8:29), http://www.guardian.co.uk/media/2011/feb/07/emi-roger-faxon-email.

手中获得控制权4个月后,花旗就把它推出来拍卖了。[①] 百代刚刚具备的偿付能力让它非常有吸引力,[②]潜在的买家渐渐现身。[③] 尽管罗杰·法克森坚持将百代作为单一实体出售更有价值,[④]但花旗集团坚持把百代拆分为录音和出版两个部分,因分开销售可获更多利润。[⑤]

2011年11月11日,“维旺迪(Vivendi)及其子公司环球音乐集团(Universal Music Group)公布……并购协议,以12亿英镑的总价收购百代录制音乐部”。[⑥] 三天后,花旗集团以22亿美元(19亿英镑)价格将百代出版部出售给以索尼公司为首,包括迈克尔·杰克逊(Michael Jackson)、娱乐大亨大卫·格芬(David Geffen)和一些私人投资公司组成的财团。[⑦]

合计41亿美元的交易“无疑使花旗成为最大赢家,因其收回了借给(葛)涵明先生的全部资金”。[⑧]

---

① Dana Cimilluca, *Citigroup Betting on High EMI Bids*, Wall St. J., 2011年10月5日, http://online. wsj. com/article/SB 10001424052970203791904576611143998633526. html。

② *The Magical Misery Tour: Terra Firmaand EMT*, Economist, Feb. 5, 2011, at 88, 文本可于http://www. economist. com/node/18063824 获得。

③ Ed Christman, *EMI: With Bids Low, Company Considers Whether to Split Up or Postpone Sale*, Billboard (2011年10月17日), http://www. billboard. biz/bbbiz/industry/record-labels/emi-with-bids-low-company-considers-whether-1005416972. story.

④ Email from Roger Faxon, Chief Exec., EMI Music, to EMI Music Staff (2011年2月1日), *in EMI's Email to Staff on Citigroup Takeover*, Guardian (2011年2月7日8:29), http://www. guardian. co. uk/media/2011/feb/07/emi-roger-faxon-email (“我毫不怀疑,让百代产生最高价值的最好的方法是在追求我们的策略的时候,保留我们所有的营业”).

⑤ Ed Christman, *EMI: With Bids Low, Company Considers Whether to Split Up or Postpone Sale*, Billboard (2011年10月17日), http://www. billboard. biz/bbbiz/industry/record-labels/emi-with-bids-low-company-considers-whether-1005416972. story.

⑥ Press Release, Vivendi, Vivendi and Universal Music Group (UMG) to Purchase EMI (2011年11月11日), 文本可于 http://www. vivendi. com/wp-content/uploads/201 1/1 1/pr111111 - vivendi-umg. pdf 获得。

⑦ Laura Board, *Sony ConsortiumBuys EMI Music Publishing*, Deal (2011年11月14日5:22), 文本可于 http://www. thedeal. com/content/tmt/sony-consortium-buys-emi-music-publishing. php 获得。

⑧ Andrew Edgecliffe-Johnson, *Vivendi/EMI Deal Hits High Notes for Bankers*, Fin. Times (2012年9月5日18:39), http://www. ft. com/intl/cms/s/0/e6f44232 - f761 - 1 lel - 8c9d - 00144feabdcO. html#axzz2CR9wQc00.

E. 百代—环球合并遭反垄断审查

百代和环球控制的子公司遍布世界各地,①他们的合并引起无数国家监管机关来分析此次收购的反竞争后果。② 在众多政府中,美国和欧盟选择进行全面调查。③ 在美国,合并由联邦贸易委员会负责。④ 相关组织主张或批准⑤或拒绝⑥两者合并,国会上下两院则带着问题和疑虑来审查这两个音乐公司。⑦

对欧盟委员会而言,百代与环球的合并尤其棘手。欧盟委员会 2012 年 3 月就开始对该收购进行深入调查,"以确保消费者在竞争条件下能继续接触到不同

---

① Press Release, Universal Music Grp. , Universal Music Group (UMG) to Sell EMI's European Stake in Now That's What I Call Music! to Sony Music Entertainment (2013 年 2 月 27 日),文本可于 http://www. universalmusic. com/corporate /detail/2440 获得。

② Georg Szalai, *Universal Music Gets U. S. Approval for EMI Acquisition*, Hollywood Rep. (2012 年 9 月 21 日 8:43), http://www. hollywoodreporter. com/news/universal-music-emi-deal-us-approval – 372941.

③ Press Release, European Comm'n, Mergers: Commission Opens In-Depth Investigation into Proposed Acquisition of EMI Recorded Music Business by Universal I (2012 年 3 月 23 日), 文本可于 http://europa. eu/rapid/press-release_IP – 12 – 311_en. pdf 获得; Claire Atkinson, *Citi's EMI Deal on FTC Stage*, N. Y. Post (2011 年 12 月 22 日 15:16), http://www. nypost. com/p/news/business/citi-emi-deal-on_ftc-stage rpGUlluzrZLe2hXH eHNbYN。

④ Claire Atkinson, *Citi's EMI Deal on FTC Stage*, N. Y. Post (2011 年 12 月 22 日 15:16), http://www. nypost. com/p/news/business/citi-emi-deal-on_ftc-stage rpGUlluzrZLe2hXH eHNbYN.

⑤ 参见 Geoffrey Manne & Berin Szoka, *UMG-EMI Deal Is No Threat to Innovation in Music Distribution*, Int'l Center L. & Econ. ,http://laweconcenter. org/component/content/article/82-umg-emi-deal-is-no-threat-to-innovation-in-music-distribution. pdf (最后访问日期:2013 年 6 月 5 日) ["UMG 对 Lady Gaga 的音乐进行提价的能力几乎不受影响,因为它也可能同时拥有怀旧女郎(Lady Antebellum)音乐……"]。

⑥ 参见 *Groups Warn Congress of Dangers in Universal Music Group-EM Merger*, Pub. Knowledge (2012 年 4 月 26 日), http://www. publicknowledge. org/groups-wam-congress-dangers-universal-music-group ("如果合并后三家公司占据 90% 的市场份额,且其中一家或者两家公司被主导公司所支配,那么市场就会很容易受到有意识的并行性导致的反竞争伤害")。

⑦ *The Universal Music Group/EMI Merger and the Future of Online Music: Hearing Before the S. Subcomm. on Antitrust, Competition Policy & Consumer Rights*, 112th Cong. 9 (2012); Ben Sisario, *House Subcommittee Wades into the Universal-EMI Deal*, N. Y. Times Blog (2012 年 8 月 22 日 17:06), http://mediadecoder. blogs. nytimes. com/2012/08/22/house-subcommittee-wades-into-the-universal-emi-deall [报告说,"众议院知识产权、竞争和互联网司法小组委员会(House Judiciary Subcommittee on Intellectual Property, Competition and the Internet)写信给环球和其他两个主要品牌的高管,询问合并将如何影响音乐产业竞争的尖锐问题"].

物理、数字格式的种类繁多的音乐”。[①] 半年后,继欧盟和音乐公司秘密谈判后,欧盟委员会宣布,如环球完成几个条件,欧盟委员将有条件批准该合并。[②]

更重要的是,欧盟委员会要求环球剥离大量成功的百代艺术家,还有占百代资产大约1/3[③] 的子公司品牌。[④] 此外,“环球承诺卖出其在流行音乐汇编 *Now! That's What I Call Music* 50% 的份额,”[⑤]并同意在全球数字合同中排除“最惠国待遇”条款,为期10年。[⑥]

美国联邦贸易委员会“在整个调查过程中与欧盟委员会密切合作”,[⑦]同一天,它考虑到欧盟委员会撤资的要求,宣布同意两公司合并。[⑧] 随后,百代把 *Now!* 汇编系列卖给了索尼音乐娱乐公司(Sony Music Entertainment),[⑨]华纳音

① Press Release, European Comm'n, Mergers: Commission Opens In-Depth Investigation into Proposed Acquisition of EMI Recorded Music Business by Universal I, at 1.

② 参见 Press Release, European Comm'n, Mergers: Commission Clears Universal's Acquisition of EMI's Recorded Music Business, Subject to Conditions 2 (2012年9月21日), 文本可于 http://europa.eu/rapid/press-releaseIP-12-999_en.pdf 获得。

③ Ryan Bort, *Universal's Takeover of EMI Approved*, Paste (2012年9月21日12:55), http://www.pastemagazine.com/articles/2012/09/universals-takeover-of-emi-approved.html.

④ Press Release, European Comm'n, Mergers: Commission Clears Universal's Acquisition of EMI's Recorded Music Business, Subject to Conditions 2 (2012年9月21日), 文本可于 http://europa.eu/rapid/press-releaseIP - 12 - 999_en.pdf 获得。

⑤ Press Release, European Comm'n, Mergers: Commission Clears Universal's Acquisition of EMI's Recorded Music Business, Subject to Conditions 2 (2012年9月21日), 文本可于 http://europa.eu/rapid/press-releaseIP - 12 - 999_en.pdf 获得, at 2。

⑥ Press Release, European Comm'n, Mergers: Commission Clears Universal's Acquisition of EMI's Recorded Music Business, Subject to Conditions 2 (2012年9月21日), 文本可于 http://europa.eu/rapid/press-releaseIP - 12 - 999_en.pdf 获得, at 2。

⑦ Press Release, Fed. Trade Comm'n, Statement of Bureau of Competition Director Richard A. Feinstein in the matter of Vivendi, S. A. and EMI Recorded Music 2 (2012年9月21日), 文本可于 http://www.fic.gov/os/closings/comm/120921emifeinstein statement.pdf 获得。

⑧ Press Release, Fed. Trade Comm'n, FTC Closes its Investigation into Vivendi, S. A.'s Proposed Acquisition of EMI Recorded Music (2012年9月21日), 文本可于 http://www.ftc.gov/opa/2012/09/emi.shtm 获得; Press Release, Fed. Trade Comm'n, Statement of Bureau of Competition Director Richard A. Feinstein In the matter of Vivendi, S. A. and EMI Recorded Music 2 (2012年9月21日), 文本可于 http://www.fic.gov/os/closings/comm/120921emifeinstein statement.pdf 获得, at 2 (指出,“欧洲委员会解决欧洲不同市场条件下的补救措施同样会减少美国的市场集中”)。

⑨ Press Release, Universal Music Grp., Universal Music Group (UMG) to Sell EMI's European Stake in Now That's What I Call Music! to Sony Music Entertainment (2013年2月27日), 文本可于 http://www.universalmusic.com/corporate /detail/2440 获得。

乐集团购买了传奇的 Parlophone 唱片公司品牌。[①] 合并中的资产剥离总计约 3.5 亿美元——大大超过环球的预期。[②]

Ⅳ. 破产公司原则在百代—环球并购案中的应用

悬在环球上方的监管机构的撤资之剑抵消了音乐公司的精心筹谋,无视它与花旗之间锱铢必较的谈判。为履行对欧盟委员会的义务,环球将在公开市场上战略性收购的数以亿计的资产分散到环球的竞争对手手中。在音乐行业,百代的艰难处境尽人皆知。如能利用破产公司原则,环球或许可以避免这些障碍,并保留百代录制音乐部的全部所有权。

A. 百代是一个失败公司

顾名思义,一个失败的公司必然是破了产的——“公司资源耗尽,极大可能面临经营失败”。[③] 根据司法部/联邦贸易委员会《准则》的标准,该公司必须是“无法偿付其近期到期债务”,[④]欧盟委员会的拯救合并要求公司“如不被收购,不久的将来将被迫退出市场”。[⑤] 无论是国际鞋业案,还是《准则》,或者 Kali + Salz 案,都没有要求涉案公司事实破产,[⑥]百代收购案看起来符合将要破产这一要求。

2007 年,泰丰资本以 42 亿英镑(合 64 亿美元)高价收购债务缠身的百代后

---

① Helienne Lindvall, Warner Buys Parlophone: Why Didn't Artists and Indies Put Up a Fight?, Guardian (2013 年 2 月 15 日 11:52), http://www.guardian.co.uk/media/2013/feb/15 /warner-parlophone-artists-indies.

② Foo Yun Chee & Diane Bartz, Europe, US. Approve Universal Purchase of EMI Unit, Reuters (2012 年 9 月 21 日 16:11), http://www.reuters.com/article/2012/09/21/us-universal-emi-eu-idUSBRE88KODD20120921.

③ Int'l Shoe Co. v. FTC, 280 U.S. 291, 302 (1930).

④ U.S. Dep't of Justice & Fed. Trade Comm'n, Horizontal Merger Guidelines § 11 (2010), § 11.

⑤ Commission Decision No. 94/449/EC (*Kali + Salz*), 1994 O.J. L 186/38, 71, 文本可于 http://eur-lex.europa.eu/LexUriServ/LexUriServ.do? uri = OJ:L: 1994:186:0038:0056:EN:PDF 获得。

⑥ Commission Decision No. 94/449/*EC* (*Kali + Salz*), 1994 O.J. L 186/38, U.S. Dep't of Justice & Fed. Trade Comm'n, Horizontal Merger Guidelines § 11 (2010), § 11, *Kali + Salz*, 1994 O.J. L 186/30, 71 以及附文。

市场崩溃,这个私募股权公司要爬出这个债务黑洞[①]几无现实可能。提到这次收购,据说花旗"把百代说成是'一个正在化疗的病入膏肓的癌症患者'",[②]还评论说"(CEO)葛涵明一脚踏进了拥有最高知名度的便便堆中"。[③] 财经记者费利克斯·萨蒙(Felix Salmon)解释了泰丰资本坚持要求花旗集团债务减记的意义:

> 作为泰丰资本给百代新注入百万资金的对价,泰丰要求花旗减记债务本金……
>
> 但是,这样的选项含有最后通牒的意味:如果你不减记贷款,泰丰资本[说],那么我们将不会注入更多资金,百代将会被迫破产……
>
> ……一家公司宣布破产后,它就应被债权人接管。在这种情况下,债权人[是]花旗…… [但]对于面临泰丰最后通牒的任何债权人而言,显而易见的最优计划是控制公司并将之出售。[④]

百代所有权转移到花旗集团过程中的管理人彼得· 斯普拉特(Peter SPratt)承认无力偿债的音乐公司已陷入财务崩溃。[⑤]

即将到来的清算是公司失败最可靠的标志。[⑥] 最终,花旗集团拆分了这个知名的音乐宝贝,并将百代的录音部和出版部分别拍卖。但有一个可能性是真正

---

① Chris Blackhurst, *Investors in Debt-Ridden EMI Must Stump Up £ 100m or Call it Quits*, London Evening Standard, 2010 年 2 月 4 日, http://www.standard.co.uk/news/investors-in-debtridden-emi-must-stump-up-IOOm-or-call-it-quits-6769750.html("不幸的是,他们不会得到任何东西,如葛涵明支付的42亿英镑。在过去的繁荣时期所做的一切交易,百代画下了高水准标记。这恰恰是在黄金时期的末路了……")。

② Brief of Plaintiff-Appellant at 4, Terra Firma Invs. (GP) 2 Ltd. v. Citigroup Inc., No. 11 - 0126 - cv (2d Cir. 2011 年 4 月 25 日).

③ Memorandum of Law of Terra Firma investments (GP) 2 Ltd. and Terra Firma Investments (GP) 3 Ltd. in Opposition to Defendants' Motion for Summary Judgment at 22, Terra Firma Invs. (GP) 2 Ltd. v. Citigroup Inc, 725 F. Supp. 2d 438 (S. D. N. Y. 2010) (No. 09 - CV - 10459).

④ Felix Salmon, *Guy Hands and Citi's Chinese Walls*, Reuters (2009 年 12 月 16 日 18:43), http://blogs.reuters.com/felix-salmon/2009/12/16/guy-hands-and-citis-chinese-walls/.

⑤ Helen Power, *Pre-Packs: EMI Firstin a Wave of Restructures*, London Times, Feb. 3, 2011, at 32.

⑥ *FailingCompany Defense: Hearing Before the S. Subcomm. on Antitrust, Monopoly & Bus. Rights*, 96th Cong. 15 (1979), at 36.

存在的:债权人会使用第7章破产程序或其他对应程序清算百代的资产①——如此,一个将破产的公司会无可否认地沦为破产公司。

也许最重要的是,欧盟委员会最终在预整理减损程序中确认了百代糟糕的财务状况。② 欧盟委员会解释了在职责范围内它有权要求暂停合并,但此次它很少见地没有这样做;③它认为此项决定是适当的,因为"目标濒临破产边缘,只有立即执行交易才能避免情况进一步恶化"。④ 欧盟委员会认为"百代集团运营遍布世界各地的270家公司存在连锁破产危险",⑤因此豁免了交易中止以避免"财政继续恶化……和百代业务下滑"⑥——在任何标准下的财务失败都可适用的方法。

从减损决定到百代—环球的合并,不到一年的时间过去了。⑦ 鉴于减损决定中欧盟委员会对百代严峻的财务预测,百代—环球原本可以提出一个更有力的抗辩,那就是百代将破产,环球的购买是拯救合并。百代的"资产负债表破产……反映本公司的资产价值和负债之间的巨大鸿沟"⑧——这适用于任何标准

---

① Chris Blackhurst, *Investors in Debt-Ridden EMI Must Stump Up£ I00m or Call it Quits*, London Evening Standard, Feb. 4, 2010, http://www. standard. co. uk/news/investors-in-debtridden-emi-must-stump-up-IOOm-or-call-it-quits-6769750. html (解释泰丰资本如何避免现金注入其贷款,"应该对不断浪费资金说'够了',须尝试从进入管理程序及将破产的百代那里拿些什么回来"); Zé Pequeno, 2010: *The Inevitable Fall and Destruction of EMI*, Tiny Mix Tapes (2010年12月), http://www. tinymixtapes. com/features/2010-inevitable-fall-and-destruction-emi ("彻底清算当然会免除葛涵明面临的几十亿债务……").

② Citigroup / Maltby Acquisitions Ltd., Merger Procedure Article 7(3) Decision of I Feb. 2011, Case No. COMP/M. 6137 6 (EC).

③ Citigroup / Maltby Acquisitions Ltd., Merger Procedure Article 7(3) Decision of I Feb. 2011, Case No. COMP/M. 6137 6 (EC), 22.

④ Citigroup / Maltby Acquisitions Ltd., Merger Procedure Article 7(3) Decision of I Feb. 2011, Case No. COMP/M. 6137 6 (EC), 27.

⑤ Citigroup / Maltby Acquisitions Ltd., Merger Procedure Article 7(3) Decision of I Feb. 2011, Case No. COMP/M. 6137 6 (EC), 32.

⑥ Citigroup / Maltby Acquisitions Ltd., Merger Procedure Article 7(3) Decision of I Feb. 2011, Case No. COMP/M. 6137 6 (EC), 18.

⑦ 比较 Citigroup / Maltby Acquisitions Ltd., Merger Procedure Article 7(3) Decision of I Feb. 2011, Case No. COMP/M. 6137 6 (EC), 文本可于 http://ec. europa. eu /competition/mergers/cases/decisions/m6137 20110201 2014_2682547 EN. pdf 获得 (2011年1月2日) 和 Press Release, Vivendi, Vivendi and Universal Music Group (UMG) to Purchase EMI (2011年11月11日), 文本可于 http://www. vivendi. com/wp-content/uploads/201 1/1 1/pr111111-vivendi-umg. pdf 获得 (2011年9月11日宣布收购百代)。

⑧ *In re* Maltby Invs., Ltd., [2012] EWHC (Ch) 703, [31] (Eng.).

下的财务失败。

B. 百代无法成功重组

《准则》规定,只有在公司不能"通过《破产法》第11章成功重整"①的情况下,才能适用破产公司原则。这个要求在公民出版案决定中有体现——"重整……前景暗淡或不存在重整可能"。② 欧盟标准中并无此因素。③ 学者对"不成功"的第11章重整的构成提供了两种不同解释。④ 任一标准下百代的重整都不会成功。

第11章重整不成功的其中一个标准是:"在一定时间内再次申请第11章重整"。⑤ 爱德华·奥特曼教授(Edward Altman)的观点是,"这看起来清楚,如果一个公司在重整新兴后短时间内被迫再次寻求重整,那么第一次重整就不算成功"。⑥ 需要强调的是,联邦贸易委员会和司法部会考虑一个濒临破产公司债务预期假设重整成功的可能性。⑦ 在破产公司原则下,这些政府机构相应地认为:如这家公司很可能会经历第二次假设重整,⑧那么该濒临破产公司的(第11章)重整前景就是失败的。沿着这个假设重整的兔子洞越往下探索,就会越容易理解为什么破产企业原则很少会被适用,⑨以及"失败重整"这个要求所招致的应

---

① U. S. Dep't of Justice & Fed. Trade Comm'n, Horizontal Merger Guidelines § 11 (2010), § 11。

② Citizen Publ' g Co. v. United States, 394 U. S. 131, 138 (1969).

③ See Commission Decision No. 94/449/EC (*Kali + Salz*), 1994 O. J. L 186/38, 71, 文本可于 http://eur-lex. europa. eu/LexUriServ/LexUriServ. do? uri = OJ:L:1994:186:0038:0056 :EN:PDF 获得。

④ Stephen J. Lubben, *Chapter* 11 "*Failure*" 3 (Seton Hall Pub. Law, Research Paper No. 1375163, 2009), 文本可于 http://papers. ssrn. com/sol3/papers. cfm? abstract-id = 1375163 获得。

⑤ Ibid.

⑥ Edward I. Altman et al., *Post-Chapter II Bankruptcy Performance:Avoiding Chapter* 22, 21 J. APPLIED CORP. FIN. 53, 53 (2009).

⑦ Citizen Publ' g Co., 394 U. S. at 138; U. S. Dep't of Justice & Fed. Trade Comm'n, Horizontal Merger Guidelines § 11 (2010), § 11.

⑧ 参见上文第一部分A。

⑨ ABA Section of Antitrust Law, Mergers and Acquisitions 273 – 74 (3d ed. 2008), at 283; Bernard A. Nigro, Jr. & Jonathan S. Kanter, *The Effect of Market Conditions on Merger Review – Distressed Industries, Failing Firms, and Mergers with Bankrupt Companies* 9 (ABA Ann. Spring Meeting, 2003), at 8.

有批评。①

百代案是独一无二的,因被卖给环球之前9个月它已经经历了一轮英国版的第11章预重整,②这无疑给"重返第11章"的分析提供了额外的说服力。任何后续的第11章程序(假设与否)都标志着百代预重整的失败,特别是考虑到一个公司第二轮第11章重整几无成功可能。③ 百代刚经历的第11章破产的英国版这个事实本身也暗示着之后的重整不会成功。

相反,其他学者"认为只有在债务人被清算而不是重整,才能认为第11章重整失败。"④按照这种苛刻逻辑,旁观者可能会认为当泰坦尼克号沉入海底时,它甲板上椅子的重排就是失败的。当然,我们可以肯定地说,如某项业务失败那么它的经营方法就是失败的,但《破产法》第11章重整不成功的标准不应如此严格。破产公司原则并不要求一个公司彻底破产——相反,它旨在预防公司资产退出市场以及公司彻底破产引致的社会后果。⑤ 再次,破产公司抗辩所要求的预期性使对第11章失败进行事实分析几无可能。

正如前面提到的,尽管清算标准过于严格,且能不能适用于破产公司尚待商榷,但花旗集团根据第7章清算百代的可能性真实存在。⑥ "在典型的第7章清

---

① 参见,例如,Molly S. Boast, *Hearings on the Changing Nature of Competition in a Global and Innovation-Driven Age*, Fed. Trade Commission (1995 年 11 月 15 日), http://www.ftc.gov/opp/global/cl84104.shtm ("要求破产公司表明它不能重组成功的标准是难以捉摸而又过于严厉的"); Katherine B. Forrest, Remarks at the FTC Horizontal Merger Guidelines Workshop: Minority Interests and Failing Firm Defense 122 (2009 年 12 月 8 日), 文本可于 http://www.ftc.gov/bc/workshops/hmg/transcripts/091208transcript.pdf 获得("《准则》要求你去说明你不能通过第 11 章成功重整,这是一个很难做到的负担")。

② Ed Christman, *How Citigroup Outfoxed Guy Hands in its Takeover of EMI*, Billboard (2011 年 2 月 3 日), http://www.billboard.biz/bbbiz/industry/record-labels/how-citigroup-outfoxed-guy-hands-in-its-I005020642.story.

③ Edward I. Altman et al., *Post-Chapter II Bankruptcy Performance: Avoiding Chapter* 22, 21 J. Applied Corp. Fin. 53, 53 (2009), at 53.

④ Stephen J. Lubben, *Chapter* 11 "*Failure*" 3 (Seton Hall Pub. Law, Research Paper No. 1375163, 2009), 文本可于 http://papers.ssm.com/sol3/papers.cfm? abstract-id = 1375163 获得, at 3。

⑤ ABA Section of Antitrust Law, Mergers and Acquisitions 273 – 74 (3d ed. 2008), at 274 – 75.

⑥ Chris Blackhurst, *Investors in Debt-Ridden EMI Must Stump Up£* 100*m or Call it Quits*, London Evening Standard, Feb. 4, 2010, http://www.standard.co.uk/news/investors-in-debtridden-emi-must-stump-up-IOOm-or-call-it-quits-6769750.html; Zé Pequeno, 2010: *The Inevitable Fall and Destruction of EMI*, Tiny Mix Tapes (2010 年 12 月), http://www.tinymixtapes.com/features/2010 – inevitable-fall-and-destruction-emi.

算案件中,受托人收集债务人的非豁免财产,把财产变现,之后将现金分配给债权人。”①“作为回报,债务人的所有债务均将免除,并获得‘重新开始’的权利。”②从这个词的严格意义上讲,花旗集团在百代的英国预整理之后确实清算了它的资产。花旗集团同时成为百代所有人和唯一担保债权人,这种情况允许花旗如觉得合适(如拿钱走人),可把百代变现并将现金分配出去。③ 此外,花旗集团出售百代录制音乐部给环球——将把该资产纳入其预先建立的商业模式的竞争对手,④而不是另一家私募股权公司:它也会像泰丰资本所做的一样:压低百代的价格形成负债。⑤ 通过预重整和将百代出售给环球的组合拳,花旗集团满足了自己作为债权人的利益,同时也给了百代它所需要的“新开始”。⑥

因为“大企业的第11章重整通常会导致某种形式的公司重整是‘成功’的,至少部分业务将继续经营”,⑦有些人可能会认为,百代即使不合并也能活下来。但如前所述,百代出售给环球的种种事实远非寻常。⑧ 很多人还认为,“虽有回报潜力但又出了名的难以捉摸的国际音乐业务”⑨是与典型大企业完全不同的怪物,存在值得单独考虑的大多数行业并不存在的因素。⑩

由于百代已经过类似美国第11章重整的英国预整理,有人可能会争辩说,美国的第11章重整或会成功。这种逻辑假设申请破产会让它成功,⑪但据统计,

---

① David G. Epstein et al., Bankruptcy 8 (1993).

② David G. Epstein et al., Bankruptcy 8 (1993), at 449.

③ Citigroup INC., 2010 Annual Report 290 (2011), 文本可于 http://www.citigroup.com/citi/investor/quarterly/201 I/arl0c en.pdf 获得, at 290。

④ 参见上文第三部分D。

⑤ 参见上文第三部分B。

⑥ 参见上文第三部分C-D。

⑦ David G. Epstein et al., Bankruptcy 8 (1993), at 734-35.

⑧ 参见上文第三部分B-D。

⑨ Brian Southall, The Rise & Fall of EMI Records 12 (2009), at 11.

⑩ 参见,比如, *he Universal Music Group/EMI Merger and the Future of Online Music: Hearing Before the S. Subcomm. on Antitrust, Competition Policy & Consumer Rights*, 112th Cong. 9 (2012), at 22(阿佐夫先生说:“我认为我们是一个非常独特的行业……所以我不认为你可以申请[一般反托拉斯原则]-你知道,我们是一个古怪的,疯狂的行业……”).

⑪ Edward I. Altman et al., *Post-Chapter II Bankruptcy Performance: Avoiding Chapter* 22, 21 J. Applied Corp. Fin. 53, 53 (2009), at 53-54(“除非有来自利益相关方有说服力的反对意见,破产法庭除批准提出的计划外别无选择。由于大多数企业咨询顾问和利益相关者都偏重于尽快合并,反对相当罕见”).

第11章重整后很多企业多年都面临严重困境。[①] 百代案中,花旗在预整理后立刻卖掉了这家音乐公司,观察者们只能猜测如果百代了申请第11章重整它的重整会有多成功了。[②] 虑及在英国进行破产整理之前百代遭受的财务困境,[③]以及主要艺术家的流失,它很可能会继续在唱片业挣扎度日。

C. 百代给出了真诚报价并且无其他购买方

《准则》要求一个濒临破产的公司要做出"虽不成功但真诚的努力以便得到合理的替代性报价……这样它对竞争就不会造成很严重的危险"。[④] 在欧盟,只有当"更少反竞争的替代交易不存在时",拯救合并才会被批准。[⑤] 花旗把百代出售给环球时满足了这些要求。

百代的拍卖对其他买家的吸引力要小很多,因为过去的"大规模重整把成本剔除了……油水已被挤干了"。[⑥] 随着音乐公司进一步陷入负债,并成为唱片业越来越弱的竞争者,"百代的潜在买家之井也[开始]干涸"。[⑦] 环球成为唯一的合法竞买人,花旗集团也利用了这个出售机会。[⑧]

此外,"科技行业的公司并非真的会满足于成为所有者"。[⑨] 唯一对百代这样销售规模的交易感兴趣的人是想通过收购业务创造协同效应、降低成本。[⑩] "再也没有其他人了。"[⑪]虽然人们预测华纳音乐集团是出价更高的竞买人,但它

---

① Edward I. Altman et al., *Post-Chapter II Bankruptcy Performance: Avoiding Chapter* 22, 21 J. Applied Corp. Fin. 53, 53 (2009), at 54("超过2/3的此类公司在破产之后中长达5年的时间跑输了业界同行。一些研究报告说,多达40%的此类公司合并后前3年内持续经受利润前经营亏损").

② 参见上文第三部分D。

③ 参见上文第三部分A。

④ U.S. Dep't of Justice & Fed. Trade Comm'n, Horizontal Merger Guidelines § 11 (2010), § 11。

⑤ Commission Decision No. 94/449/EC (*Kali + Salz*), 1994 O.J. L 186/38, 71.

⑥ Brian Southall, The Rise & Fall of EMI Records 12 (2009), at 142.

⑦ Brian Southall, The Rise & Fall of EMI Records 12 (2009), at 98.

⑧ 参见上文第三部分D。

⑨ Brian Southall, The Rise & Fall of EMI Records 12 (2009), at 116.

⑩ 参见 *Update on EMI Auction*, Al Lindstrom (2011年10月7日), http://allindstrom.com/2011/10/news-update-on-emi-auction/("动荡的资本市场理应驱赶其他私募股权竞标者")。

⑪ Brian Southall, The Rise & Fall of EMI Records 12 (2009), at 103.

撤出了拍卖。[①] 环球是唯一合法竞买人,花旗集团在公开拍卖百代时,也给出了真诚报价来吸引其他竞买人。[②]

V. 实际适用和问题

过去,固执和自负一直困扰着唱片公司之间的兼并。[③] 唱片公司高层也很难同意彼此联手,它就变成一个实际问题:很多人永远都不会承认他们的公司处在崩溃边缘。公平地说,称自己是一个失败的企业并非轻轻走进美好夜晚的最宏伟方式。

至少有一个政府官员表达了对百代能否利用破产公司原则的兴趣。2012年6月,美国参议院反垄断、竞争政策和消费者权益小组委员会(Senate Subcommittee on Antitrust, Competition Policy and Consumer Rights)召开会议,公共利益集团“公共知识”总裁、环球—百代合并的强硬对手吉吉·宋恩(Gigi Sohn)在会上发言[④]并提交了书面证词。[⑤] 宋恩女士通篇证词都支持适用《准则》来处理合并,有一段涉及如何处理破产公司原则。[⑥] 针对宋恩女士在小组委员会上的发言,在百代和环球

---

① Shirley Halperin, *EMI and Universal Should Merge, Purge and Start Over (Opinion)*, Hollywood Rep. (2012年6月22日8:00), http://www.hollywoodreporter.com/earshot/emi-universal-merger-lucian-grainge-irving-azoff-senate-341117(引述阿佐夫先生的话,“华纳在这个过程中有打败环球而中标的机会,但是它选择了走开”); *Universal, Sony Trump Rival Companies' Bids in EMT Auction Victory*, Smart Business (2011年11月11日), http://www.sbnonline.com/201 1/1 1/universal-sony-trump-rival-companies%E2%80%99-bids-in-emi-auction-victory/(描述怎样“在一片惊讶中,华纳唱片未同意接管百代养老金负债的条款就从拍卖会上离开了”).

② 参见上文第三部分D。

③ Steve Knopper, Appetite for Self-Destruction: The Spectacular Crash of the Record Industry in the Digital Age 61 (2009), at 206.

④ *The Universal Music Group/EMI Merger and the Future of Online Music: Hearing Before the S. Subcomm on Antitrust, Competition Policy & Consumer Rights*, 112th Cong. 9 (2012) [以下称 *Hearing on Future of Online Music*], 文本可于 http://www.gpo.gov/fdsys /pkg/CHRG-ll 2shrg76045/pdflCHRG-I 2shrg76045.pdf 获得, at 13(吉吉·宋恩的证词,公共知识总裁)。

⑤ *The Universal Music Group/EMI Merger and the Future of Online Music: Hearing Before the S. Subcomm on Antitrust, Competition Policy & Consumer Rights*, 112th Cong. 9 (2012) [以下称 *Hearing on Future of Online Music*], 文本可于 http://www.gpo.gov/fdsys /pkg/CHRG-ll 2shrg76045/pdflCHRG-I 2shrg76045.pdf 获得, at 190。

⑥ *The Universal Music Group/EMI Merger and the Future of Online Music: Hearing Before the S. Subcomm. on Antitrust, Competition Policy & Consumer Rights*, 112th Cong. 9 (2012) [以下称 *Hearing on Future of Online Music*], 文本可于 http://www.gpo.gov/fdsys /pkg/CHRG-ll 2shrg76045/pdflCHRG-I 2shrg76045.pdf 获得, at 203。

首席执行官们在场情况下,参议员麦克尔·李(Michael Lee)承认,宋恩女士已经抛弃了破产公司原则,并陈述说,据他所知,没有人操心提出这个抗辩。① 无论是吉吉·宋恩、罗杰·法克森(百代首席执行官),还是卢西恩·格兰尼(Lucian Grainge)(环球首席执行官)都没有就破产公司原则的缺位对李参议员的评论有所回应。②

另外,如上所述,破产公司原则在很大程度上是对假设结果的有把握的预测,很少有先例可用来进行抗辩。多数情况下,合并公司很少能找到方法规避该原则的严苛条件;他们最好专注于更传统方式来说明合并不会产生反竞争效果。③ 美国标准的预期性要求公司在假设的第11章破产程序中失败,这对少数提出破产公司抗辩的公司带来了相当不确定性。④ 然而,百代—环球合并的特殊情况表明,各方能够击败这种不确定性,并利用破产公司原则获得成功。

Ⅵ. 破产公司抗辩:其他适用

"该……《准则》明确规定,知识产权的转让应在它的标准下进行分析……"⑤然而,破产公司原则已经存在超过80年了,"尚未有一例报道显示该原则在涉及知识产权公司的合并中被适用"。⑥ 随着技术、版权、专利、商标以及其他形式的保护他们的知识产权的持续快速进步,经营知识产权的公司若发现他们处于失败边缘,应考虑破产公司原则。

对百代案的分析表明,即使是拥有数以百万计的知识产权作品的大型企业

---

① *The Universal Music Group/EMI Merger and the Future of Online Music*: *Hearing Before the S. Subcomm. on Antitrust*, *Competition Policy &Consumer Rights*, 112th Cong. 9 (2012) [以下称 *Hearing on Future of Online Music*], 文本可于 http://www. gpo. gov/fdsys /pkg/CHRG-ll 2shrg76045/ pdflCHRG-I 2shrg76045. pdf 获得, at 18。

② *The Universal Music Group/EMI Merger and the Future of Online Music*: *Hearing Before the S. Subcomm. on Antitrust*, *Competition Policy &Consumer Rights*, 112th Cong. 9 (2012) [以下称 *Hearing on Future of Online Music*], 文本可于 http://www. gpo. gov/fdsys /pkg/CHRG-ll 2shrg76045/ pdflCHRG-I 2shrg76045. pdf 获得, at 18。

③ *Failing Company Defense*: *Hearing Before the S. Subcomm. on Antitrust*, *Monopoly & Bus. Rights*, 96th Cong. 15 (1979)及附文。

④ 参见上文第四部分B。

⑤ ABA Section of Antitrust Law, Intellectual Property and Antitrust Handbook 436 (2007), at 410.

⑥ ABA Section of Antitrust Law, Intellectual Property and Antitrust Handbook 436 (2007), at 437.

都有可能轰然倒塌,它需要与竞争对手联手以避免彻底失败。虽然破产公司原则的种种条件要求合并公司满足非常特别的情境,但很有可能很多经历过反垄断审查并面临繁重撤资要求的科技和知识产权公司忽略了破产公司原则。

并购中通常都会规定由某个公司来承担反垄断执法机构的调查风险。① 如适用,一般是较弱的被收购公司利用其同意或拒绝进行破产公司分析的权利来作为反垄断审查的一个谈判点。这样规定是有正当性的,因为濒临破产的公司会冒糟糕的反垄断审批风险,这将会把这个公司重新抛回到市场上,还将顶着"破产公司"的恶名。就本案而言,比如,花旗集团完全可以与环球达成协议,双方通力合作、全面实施破产公司原则以换取更有利的合并条件。虽然这样的规定不适用于普通合并,但破产公司原则是一剂猛药,被收购的状况日益恶化的公司如能在合并协议上考虑推行该原则将是十分明智的。

结　论

一个世纪以来的大部分时间里,负责解密破产公司原则的管理机构和从业者们都对它感到很困惑,②希望利用它的公司也无法如愿。该原则的一个独立版本——拯救合并已在欧盟出现,它展示出自己的独特的怪异性,但它至少跟它的美国版一样难以具体化。③ 反垄断当局一再让并购方放心:破产公司原则仍然是良法,但他们总是很快说明作为抗辩它实际上是多么有限。

法院对破产公司原则保持沉默近半个世纪,但美国司法部和联邦贸易委员一直以来都在寻求法院意见,他们因此也通过了《准则》,借之推行该普通法抗

① See Scott A. Sher & Valarie Hogan, *Getting the Deal Done: Antitrust Risk-Shifting Provisions in Merger Agreements*, 12 THRESHOLD 65, 65 (2011), 文本可于 http://www.wsgr.com/PDFSearch/sherfall ll.pdf 获得("由于世界各地的竞争管理机构增加了对并购的审查,企业和他们的反垄断律师必须越来越多地寻求战略管理与合并相关的反垄断风险……正确评估风险后,律师通过起草合并协议,如果合并交易被阻止或者必须改变以获得反垄断批准,他们在协议中就要预测到,并提供每一方可能面临的后果,从而帮助客户减轻其风险敞")。

② 参见 William F. Baxter, Remarks: *The Failing Firm Doctrine*, 50 Antitrust L. J. 247, 249 (1981-1982), at 248("一个人对思考得越多,或者至少我越去想它就越感觉它越不合理。事实上,在我看来,它只能凭借不断的重复和时间的流逝变得让我们所有人可以接受")。

③ 参见上文第一部分 B。

辩。[1] 随着破产公司原则使用的次数增加,法院可能会更倾向于澄清他们会赞同哪些因素以及如何更有效地适用它们。

对在艰难时代倒塌了的唱片公司的批判分析表明,虽然破产公司原则的适用受到限制,但它在当今社会仍占有一席之地。让企业和员工遭受灭顶之灾并无必要,破产公司收购方也不应遭受重大业务剥离或被禁止合并的处罚。破产公司原则可以适用于百代—环球的合并,未来破产公司在遭受反垄断调查时也应考虑重新利用该抗辩以规避类似监督。

---

① 参见上文第一部分 B。

托姆重组

——一个复杂的英国重组计划制度中的丹麦重组兼并案①

[英]克里斯·马龙* 阿历克斯·罗根**
詹姆斯·福尔克纳*** 著 赵惠妙**** 译

最近丹麦油轮运营商——托姆航运公司(TORM A/S)的重组案提供了一个指导性案例,它通过的英国重组计划(scheme of arrangement)制度实现了复杂的跨法域重组兼并。托姆公司的重整之所以如此引人注目是基于以下几个原因。第一,它使用了一个创新结构(innovative structure)来照顾同一类债务中不同债权人群体的商业利益。该债务重组之后与一项合并交易相结合,交易中的估值是按照债权比例自动转换为股权的。

---

① 本文的英文题目为"TORM A/S – A Complex Danish Restructuring and Merger Tied Together by an English Scheme of Arrangement",发表于*International Corporate Rescue* 2016年第13卷第1期。英国世达律师事务所是托姆公司重组的法律顾问。本文的翻译和出版已经获得作者和期刊方的书面授权。

* 克里斯·马龙(Chris Mallon),英国世达律师事务所合伙人。

** 阿历克斯·罗根(Alex Rogan),英国世达律师事务所律师。

*** 詹姆斯·福尔克纳(James Falconer),英国世达律师事务所律师。

**** 北京化工大学副教授,香港大学法学博士,德国汉堡大学法学硕士。

合并交易是通过英国的重组计划制度和丹麦公司法的新奇组合来实现的。这是丹麦公司首次使用此种交易方式。它涉及规管某些债务工具准据法的改变,交易的完成也只需丹麦股东批准而无须进入当地(丹麦)破产程序。

一、托姆集团背景

托姆集团总部设在丹麦哥本哈根,是世界主要的油轮所有者和成品油运输运营商之一。它是一家丹麦的有限责任公司,股份在哥本哈根纳斯达克 - OMX 证券交易所(NASDAQ OMX Copenhagen)上市。托姆集团的全球业务包括商业和技术上的船舶管理。该集团在丹麦、新加坡、美国、菲律宾和印度都有业务。

托姆之前在 2012 年已经进行了一轮重组。随着全球经济衰退,2009 年起油轮和干散货船租船费率崩溃,进而导致全行业船只价值明显减少。崩溃导致托姆的贷款工具大部分都被抵押,其中包括 7 个独立的财团贷款工具(separate syndicated loan facilities),以及数个"孤立"资金安全池(siloed security pools)。托姆同许多运营商一起面临因租船费率降低而现金流显著减少的问题。托姆长期包租船已在亏损,因而产生了相当多的潜在无担保债务。

2012 年 11 月托姆完成了协商一致的庭外重组。重组主要针对其贷款工具和承租债务(charter obligation)。通过重组,托姆将其承租债务转换为股权,并获得新的营运资金工具、暂缓支付及其贷款工具的其他改变。但是,此次重组并未减免其债务本金。

托姆新的营运资金由一个新的超优先营运资金工具("超优先工具",Super Senior Facility)提供。该项融资于重组完成之后的 2 年内到期。

此外,托姆的 3 项贷款工具都备有退出机制:贷款人在重组完成后的 2 年内有权要求托姆出售由这些工具资助的船只。退出机制选择权的行使,使这些船只被卖给了橡树资本管理有限公司(Oaktree Capital Management ,以下简称橡树资本),但是大部分船只还是由托姆管理。橡树资本随后买了更多的船只,创建了 25 支船的船队,其中 6 支在建。

二、重组前托姆集团的财务情况

2012 年重组后,除超优先工具外,托姆是 4 项具有独立的抵押品池的贷款工具的借款人。这些贷款工具和超优先工具一起,由一个总框架协议(Overarching Framework Agreement)约束。超优先工具和2项贷款由英国法律规管,另外2项贷款工具由丹麦法律规管。

继2012年庭外重组,虽然业务平台表现良好,但托姆集团的资产负债表却继续显示出财务紧张。托姆的债务工具大部分仍在抵押:担保公司总计约14.18亿美元债务的托姆船只(截至2015年5月)在2015年3月价值约为8.21亿美元。托姆船只的价值及其债务金额之间的差额是其财务困境的核心,这也导致它的二次重组。同时,托姆也需要保证有足够的营运资金来支付到期的超优先工具。

三、与贷款人的谈判

托姆在2013年年底与其现有贷款人开始谈判,基于应对托姆全面重组以使其未来增长具备稳定基础这样的共识而达成了一致协议。由于这些谈判持续了2014年一整年,托姆债权人小组的组成发生了显著变化,因为大约一半的原贷款人(主要是欧洲银行)大多把自己的债权出售给了美国的对冲基金(hedge funds)。这种变化导致了一个拥有不同利益的破碎的债权人基础。银行贷款人总体上想维持合适的贷款价值比(loan to value ratio),新的贷款人多数却希望债转股(equity swap)。这些贷款人联合在独立的特设债权人委员会周围,拥有独立的财务和法律代表。

橡树资本是重组谈判的第三方。作为拥有托姆船队中大部分船只的所有者,橡树资本是托姆天然的合并合作伙伴。将该船队组合为一个独资所有和运营的船队会带来商业和运营效益,也为之后的扩张提供了合适的载体。

此次重组谈判兼顾了各方利益。在第一阶段,财务重组会将公司债务减少到不超过其担保资产价值的65%。债务减少通过两步来完成:首先,债务超过权证船只价值的部分强制进行债转股;其次,额外债务可自由决定是否债转股。

上述两步完成之后的剩余债务将被结转到一项新的担保定期工具中,重组完成后特定银行贷款人也将提供新的担保营运资金工具。最后一步是,橡树资本将船队注资到资本重组后的托姆集团以获得其相应比例的股份。

债权人一致同意此次重组分为四个主要的步骤来完成。

第一步：强制股权转换（Mandatory exchange for warrants）。

托姆公司现有的债务总额要从14.18亿美元减至8.73亿美元，这是托姆公司的预估资产总值，包括价值5000万美元的非船只资产和8.23亿美元的船只资产。作为债务削减的对价，现有的贷款人每人将获得相应比例股权的认股证，贷款人有权以相当于票面价值的110%的行权价格来认购托姆在重组完成当日已发行股份的7.5%。这些认股权证可以在重组完成之后的1～5年内行使。

第二步：可选转换股权（Optional exchange for shares）。

待强制转换完成后，现有贷款人可以选择是否将其剩余债务（未偿债务的5%到100%）转换为托姆集团的股份。高达50%的未偿债务（4.36亿美元）可以通过可选转换方案冲减。新股增发经股东批准后依照丹麦法来完成发行。新发行的股份占托姆股本（与橡树资本合并前）的98%，这意味着现有股东保留在公司股权的2%。

可选转换完成之后，托姆现有贷款工具的所有未偿债务都结转到一个单一的新短期工具（new term facility）。对于由之前托姆所有及由橡树资本部分出资船只构成的抵押资产池，该新短期工具（与新营运资金便利一起）享有第一优先担保权。

第三步：橡树资本注资。

债务重组完成后，橡树资本将其船只注资至托姆集团。橡树资本注资的船换取了其构成资产组合相应比例的托姆股份。结果，橡树资本在重组完成后取得托姆约62%的股权。

第四步：提供新营运资金工具（New working capital facility）。

一个7500万美元的新营运资本工具将由某些特定贷款人提供。与之前提到的新短期贷款工具一样，新营运资本工具会在原托姆所有及由橡树出资船只构成的抵押资产池享有第一优先担保权。根据一项新的债权协议，新营运资本贷款会就执行担保获得的收益享有优先权。重组后，新短期工具和新营运资本贷款的总和不能超过担保资产总值的65%。

四、执　行

虽然丹麦重组程序必要时可作备用，但在重组早期结论就已很明显：丹麦的重组程序对于托姆重组的执行并不可行。贷款人协议规定,每项贷款工具的条款都需贷款人一致批准。为了落实这项交易,需要有一个机制来约束任何异议担保债权人。丹麦法的重组程序并不允许将债权人划分为不同的投票组,所以用它来约束异议担保贷款人的可能性微乎其微。

相反,托姆选择了英国的重组计划制度以获得必要的贷款人批准。如上所述,托姆有两项贷款工具受英国法规管,由英国管辖;另外两项则受丹麦法规管,由丹麦管辖。此外,所有的贷款文件都需要根据英国法律“框架协议”(Framework Agreement)来修订,而框架协议也实施了 2012 年重组的所有条款。

罗敦司得案(Re Rodenstock)①之后,如果某外国公司的债务由英国法规管,那么英国法院就有足够的管辖权来批准有关该外国公司的方案,这已成为既定之法。然而整理方案制度不能修改两个丹麦贷款工具条款的既有形式。根据框架协议条款的规定,这些贷款工具的某些条款,尤其是准据法条款,可以经多数同意作出修正。更改丹麦贷款工具的准据法被认为是一个虽未经测试但可行的方法,以通过整理安排实现重组交易。在托姆交易谈判的过程中,高等法院在艾泊卡泊车(英国)有限公司案[Apcoa Parking (UK) Limited]②中作出判决,确认即使是明确为使方案管辖权生效的目的而改变准据法,方案仍可得执行。

修改托姆的丹麦法之下的贷款工具相对简单,因为贷款文件是用英文起草,并遵循英国先例。为使这些文件像其他英国法协议一样正常起作用,除修改准据法条文本身外,其他修改就不必要了。如果贷款文件不是英语且不遵循英国的先例文件,这么做可能就会有问题。

有一点非常重要:如果要修改准据法,那么在重组初期就应充分披露该意图。很多贷款人密切参与重组筹备,并提供了重组协议(Restructuring Agreement)条款通过所需要的必要同意,多数贷款人也都同意支持托姆集团的重组。在重组方案的召集听证会上,托姆集团根据丹麦法专家证据来分析改变两个丹麦贷款工具的准据法和管辖权的有效性,以及英国重组计划条款在丹麦的承认和执行问题。专家证据证实,提议的方案可能作为一个丹麦国际私法问题被法院承认和执行。

---

① [2011] EWHC 1104 (Ch).

② [2014] EWHC 997 (Ch).

重组计划制度允许以低于一致同意的必要同意通过和修改贷款文件。经出席会议的各表决组的债权人过半数同意该重组方案,并且其所代表的债权额占该组别债权总额的3/4以上,该方案才能执行。托姆重组计划为每一个贷款工具都划分了独立的贷款人组。方案并没有损害任何托姆集团的非担保债权人或者其他债权人的利益。

英国法的重组计划制度并不能改变托姆股东的权利。如此,在方案过程进行同时,股东还须根据托姆集团公司章程依有效的丹麦法完成股东同意程序。

鉴于此次交易的执行会严重稀释托姆公司股东的股权,托姆准备了“蜂巢式”实施策略作为替代方案,以防部分股东反对而无法获得足够的股东同意。蜂巢式方案会将托姆所有的业务及资产转移至新成立的子公司,这样无须股东同意,子公司就可以根据达成的交易发行新债、认股证及新股。最终,股东以压倒性多数投票支持此次重组,因此替代方案并未派上用场。

五、方案过程

重组方案的运行时间如表1所示。

表1 重组方案运行时间

事件	日期
实践声明函送至重组方案债权人	2015年5月6日
在法院提出债权申请表	2015年5月12日
召开听证会、安排重组方案会议	2015年6月9日
重组方案文件送达重组方案债权人	2015年6月9日
表决/代表委任表格最后期限	2015年6月24日
方案会议	2015年6月25日
批准听证会和批准方案安排	2015年6月30日
方案送交公司注册官	2015年7月1日
重组完成日期	2015年7月13日

重组方案债权人——4个贷款工具之下的托姆集团现有贷款人,划分为4个组,每组别对应一个贷款工具。橡树资本虽不是方案债权人,但它在重组方案召

开听证会前签订了契约,受该方案约束。

2015年6月25日上午,4个独立的重组方案会议在托姆集团的法律顾问——英国世达律师事务所[Skadden、Arps、Slate、Meagher & Flom (UK)]办公室依次举行。全部51位重组方案债权人都对重组方案投了票,其中有50位出席了重组方案会议并提交了代表委任书,支持托姆公司总裁雅各布·迈尔德戈尔德(Jacob Meldgaard)担任会议主席。

最终,方案获得压倒性支持。其中3个贷款人组一致同意支持重组。只有第四个表决组的两个债权人反对该方案。在召开听证和批准听证上,贷款人并没有向法院提出反对该方案的意见。在51个方案债权人中,有47个选择参与可选转换方案,将其所持债权转换为托姆集团股权,反映出他们分享托姆未来增长的强烈愿望。结果,经过两步债务冲减,托姆集团重组前的14.18亿美元债务有5.6亿美元在重组后转结到新短期工具。

重整方案会议后,方案由衡平法庭朱利安·巴林法官(Barling J. of the Chancery Division)在2015年6月30日[①]的听证会批准,并于次日提交至公司注册官(英国法规定方案生效的最后一个条件)。

六、评　　论

在使用英国法的重组计划作为重组外国公司债务的工具方面,托姆集团的方案对其效用进行了进一步阐释;同时托姆重组作为一个例子,说明一个设计灵活的重组可以弥合债权人利益分歧,赢得债权人的广泛支持。托姆集团的重组交易充分证明,一个灵活的方案仅适用于选定债权人组,可以用多数决原则来约束异议债权人,重要的是它可以与当地的公司或者重组程序相协调。托姆的重组方案与艾泊卡泊车有限公司案(Apcoa Parking Limited)[②]和DTEK财务案[③]一起,似乎已经确立了(无可否认,法庭上并没有显著的反对)英国法院依有效改变了的准据法批准重组方案的可行性。

---

① [2015] EWHC 1916 (Ch).

② Ibid.

③ [2015] EWHC 1164 (Ch).

【违约债券课题】

关于发行人重整和债券持有人权益保护的专题研究

郑志斌[*]　尹正友[**]　王剑钊[***]　章　靖[****]

伴随市场经济复苏乏力，债券违约事件频发，通过重整程序实现自救的债券违约企业也陆续出现。重整程序中债券投资人权益的保护问题，已经引起了各方热议。

目前，通过债券发行制度、受托管理人制度、信息披露制度及债券持有人会议制度等制度，对债券投资人的保护措施已经日趋完善。随着破产司法实践的不断发展，重整的相关法律规定、司法解释也已经日趋健全。债券类债权不同于一般债权，具有涉众性、变动性及专业性等特点，同时，发行人重整程序不同于发行人正常运营状态，涉及的利益相关方众多。在重整程序中如不能对债券进行妥善处理，一方面，不仅会损害债券投资人利益，对交易市场带来消极影响；另一方面，也会对重整程序带来负面影响。但是，债券、重整等相关规定，对发行人重整与债券投资人保护如何有效衔接均尚缺乏明确的规

* 北京大成律师事务所高级合伙人。
** 北京市炜衡律师事务所高级合伙人。
*** 奋迅律师事务所合伙人。
**** 高盛高华证券董事会秘书、管理会成员。

定。本文旨在对发行人重整与债券持有人权益保护中较为关注的问题——债券持有人参与重整的形式、发行人在重整期间的信息披露义务、债券在重整期间的交易以及重整计划应当如何设计对债券类债务的清偿方案——相关规定、实践进行研究,提出目前在实践中发行人重整与债券投资人保护衔接存在的问题,并提出相关建议。

一、关于研究样本

(一)研究样本的特殊性

1. 与一般债券违约研究的不同

鉴于本专题研究着眼于如何在发行人重整程序中保护债券持有人权益,其研究样本的选择与一般的债券违约课题研究有所不同。一方面,债券违约并不意味着发行人一定会进入重整程序。事实上,截至目前,债券发行人违约案例的数量远多于发行人进入重整程序的数量,大部分违约债券最终通过司法重整之外的其他形式处置。另一方面,在部分发行人进入重整程序的案例中,债券在重整程序前并没有发生违约,债券本身属于被动地被纳入重整范围。

2. 部分案例未被纳入样本的特殊情况

本次研究在样本选择上的原则是“问题债券在发行人进入重整程序之时尚未完成兑付且将根据重整计划做出最终安排”。在前述原则之下,云南煤化工集团、云维股份等所涉债券在发行人进入重整程序之前已经被债务转移或代偿的案例暂未被纳入样本范围。

(二)研究样本

经通过公开信息检索,截至目前,共有九家债券发行人进入重整程序,涉及各类债券合计30只,金额约206亿元。具体样本情况见表1。

表 1　研究样本案例清单

序号	重整主体(发行人)	所涉债券交易场所	所涉债券类型	所涉债券名称	所涉债券金额	进入重整程序时间	目前状态
1	上海超日太阳能科技股份有限公司	交易所市场(深交所)	公司债	11 超日债	10 亿元	2014 年 6 月 26 日	重整计划已经法院裁定批准并执行完毕
2	中国第二重型机械集团公司	银行间市场	中期票据	12 二重集 MTN1	10 亿元	2015 年 9 月 21 日	
3	二重集团(德阳)重型装备股份有限公司		企业债	08 二重债	3.1 亿元		
4	广西有色金属集团有限公司		定向工具	14 桂有色 PPN003;13 桂有色 PPN001;13 桂有色 PPN002	15 亿元	2015 年 12 月 23 日	2016 年 9 月 20 日转入破产清算程序,尚在破产清算程序中
5	东北特殊钢集团有限公司		短融、超短融、中期票据、定向工具	15 东特钢 CP001;15 东特钢 CP002;15 东特钢 CP003;15 东特钢 SCP001;13 东特 MTN1;13 东特 PPN001;13 东特 PPN002;14 东特 PPN001;15 东特 PPN002	77.09 亿元	2016 年 10 月 10 日	重整计划已经法院裁定批准,正在执行过程中
6	保定天威集团有限公司		中票、定向工具	11 天威 MTN1;11 天威 MTN2;12 天威 PPN001;13 天威 PPN001	45 亿元	2016 年 1 月 8 日	重整计划第一次表决未通过,尚在重整程序中
7	大连机床有限责任公司		短融、超短融、中期票据、定向工具	16 大机床 SCP001;15 机床 CP004;16 大机床 SCP003;16 大机床 SCP002;15 机床 PPN001;16 大机床 MTN001;14 机床 PPN001;15 机床 MTN001	38 亿元	2017 年 11 月 10 日	尚在重整程序中
8	柳州化工股份有限公司	交易所市场(上交所)	公司债	11 柳化债	5.1 亿元(回售后剩余 550 万元)	2018 年 1 月 31 日	尚在重整程序中
9	富贵鸟股份有限公司			14 富贵鸟	8 亿元	2018 年 7 月 26 日	尚在重整程序中

二、债券持有人以何种形式参与重整程序

(一)问题的提出

近年来,在世界经济复苏乏力的背景下,随着经济步入新常态等一系列变化,我国信用违约风险接踵而至、债券违约事件频频发生。然而,债券法律关系并非传统的合同关系,债券违约不仅仅影响合同的双方,而且波及广大债券持有人的利益。债券持有人就像南美洲亚马孙河流域的蝴蝶,其利益的受损将会引起整个虚拟经济和实体经济的毁灭性龙卷风。若未能妥善处理债券违约的后果,必将使债券投资者丧失投资信心、债券市场活力受损、企业资金充足率下降、市场交易活动受限、实体经济受到破坏性影响。只有妥善地处理该后果,才能帮助债券投资者重拾投资信心、激活债券市场活力、提高企业资金充足率、保障市场自由交易、保护实体经济发展。控制债券持有人的投资风险、增强债券持有人的投资信心、保障债券持有人的投资利益是发展债券市场、促进实体经济发展的必由之路。

保护债券持有人之权益即保护债券市场甚至整个实体经济的生命,而保护债券持有人的重点之一,就在于防范债券无法受偿的风险以及产生了无法受偿的风险后降低损失。当企业陷入困境,启动重整程序后,参与重整程序、表达己方诉求、参与安排企业债权债务关系、避免企业进入破产清算、实现企业继续生存和最大化企业价值对于保障债券持有人的利益尤为重要。

然而,债券持有人具有涉众性,一定程度上难以妥善平衡债券持有人之间的利益冲突,使各方达成一致意见;债券持有人在交易不断进行的情况下具有变动性,通过交易成为债券持有人后参与权保障具有不确定性;债券投资者大多不具备参与重整程序的专业性,难以妥善作出理性判断等现实背景下,以及立法真空,相关规定位阶过低的立法背景下,持有标准化债权凭证的债权人怎样参与重整程序,在持有人会议机制框架下,如何启动受托管理人代表、主承销商代表持有人参与重整程序的机制,成为亟待讨论的重要问题。

(二)目前的规则

1. 委托债券受托管理人

(1)《公司债券发行与交易管理办法》

《公司债券发行与交易管理办法》第50条规定:“公开发行公司债券的受托管理人应当履行下列职责:……(八)发行人不能偿还债务时,可以接受全部或部分债券持有人的委托,以自己名义代表债券持有人提起民事诉讼、参与重组或者破产的法律程序。”

第一,从法意志看,该规定的意志包括规范行为与保护权利。法律规范的意志往往体现在总则的立法目的中。《公司债券发行与交易管理办法》总则中第1条规定即该法的立法目的规定为:为了规范公司债券的发行、交易或转让行为,保护投资者的合法权益和社会公共利益,根据我国《证券法》《公司法》和其他相关法律法规,制定本办法。

该条要求受托管理人根据具体情况,接受全部或部分债券持有人委托的意旨为保护债券持有人的合法权益和社会公共利益,体现了法律实现保护弱者、实现实质正义的理念。该理念是经济法蓬勃发展背景下不断被学者接受的。在传统民法中,强调的平等为形式平等。民法将主体抽象为自然人、法人等,无视自然人间、法人间个体的差异。未能抽象出劳动者、消费者、小企业这些需要特殊保护的主体。将这些主体抽象的概括,赋予同等的权利义务会造成实质的不平等,虽然民法学理论界极力将消费者等特殊主体解释进民法的理论体系中,但逻辑自洽性的难以保证,对民法理论的摧毁是致命性的。而经济法倡导的是实质正义,其识别出各主体的不同并赋予不同主体不同的权利与义务。要求受托管理人根据情况,接受全部或部分债券持有人委托,便是保障社会公共利益,实现实质正义的经济法理念的体现。

第二,从法类别看,该规定是任意性规则。依据法律规定是否具有强制性可以将规则分为强制性规则和任意性规则。强制性规则是指内容具有强制性质,不允许人们随意更改的规则,而任意性规则是指规定在一定范围内允许人们自行选择或协商确定为与不为的方式,以及权利义务内容的法律规则。《公司债券发行与交易管理办法》第50条的类别为任意性。

受托管理人享有自由裁量权。在该办法中,法条表述为:发行人不能偿还债务时,“可以”接受全部或部分债券持有人的委托。用“可以”一词而不是“应当”,表明受托管理人可以根据具体情况,自行裁量是否接受债券持有人的委托,以及接受全部还是部分债券持有人的委托。

债券持有人享有自主委托权。该条的第一句表述为:公开发行公司债券的受托管理人应当履行下列“职责”。这表明在交易所市场,受托管理人代表持有人参与重整程序是一项“职责”而非“权力”,其是否能够代表持有人以及代表的具体范围则取决于持有人会议能否形成有效决议以及决议的具体内容。

第三,从法效力看,该规定是有效的。该办法并非严格意义上的“法律”,也非“法规”,而是层级更低的,由证监会发布的“管理办法”。作为较低位阶的“管理办法”,其效力源于证监会的职权,并且其规定不得与上位法相违背。

证监会的职权。中国证监会为国务院直属正部级事业单位,依照法律、法规和国务院授权,统一监督管理全国证券期货市场,维护证券期货市场秩序,保障其合法运行。其依法享有起草证券期货市场的有关法律、法规,提出制定和修改建议的权利以及制定有关证券期货市场监管的规章、规则和办法的权利。制定并发布《公司债券发行与交易管理办法》属于证监会制定办法的权限范围内,因此从职权的角度观之,该规定合法、有效。

与上位法的关系。由于关于债券持有人如何参与重整程序属于立法空白,上位法仅能通过法律原则对该办法的规定发挥引导作用。在具体内容上,本条文不存在与上位法相抵触的情形,因此该规定是有效的。

第四,从比较法看,银行间市场暂无债券受托管理人机制,相应的职责往往实际由主承销商承担。

(2)《公司债券受托管理人执业行为准则》

《公司债券受托管理人执行行为准则》第 21 条规定:“发行人不能偿还债务时,受托管理人应当督促发行人、增信机构和其他具有偿付义务的机构等落实相应的偿债措施,并可以接受全部或部分债券持有人的委托,以自己名义代表债券持有人提起民事诉讼、参与重组或者破产的法律程序。”

该条规定是中国证券业协会根据《公司债券发行与交易管理办法》起草,并经其常务理事会于 2015 年 6 月 5 日发布的,是对证监会管理办法的具体实施,因此从内容上看与前述《公司债券发行与交易管理办法》基本相同,对其内容不再赘述。

(3)法理分析

从以上两处规定中可以看出,在立法层面,虽然二者法律位阶较低,但我国在一定程度上已经承认了受托人管理制度。可发行人和受托管理人之间的法律关系在学术界却依旧存在争议。对二者关系的厘清有利于深入认识受托人管理制度的本质,更恰当地对受托人的身份进行定位,从而正确衡量债券持有人参与重整程序的利弊。目前,关于发行人与受托管理人之间的法律关系有三种理论影响较为广泛。

第一种学说为第三人利益合同说。该学说认为,发行人和受托管理人为债券受托管理协议的签订主体,债券持有人的利益为主要内容。在理论上如果将债券受托管理协议定性为第三人利益合同是可行的,因为第三人利益合同签订时不需第三人同意。

然而,笔者认为此学说在债券发行领域是不适用的:首先,债券发行是涉及公共利益的法律关系,其中债券投资者有权利对自己所购买债券的相关合同和事项详细知悉,包括受益内容。同时,发行人有详尽告知债券持有人相关信息的义务。其次,根据《公司债券发行与交易管理办法》第 48 条的规定:"发行人应当在债券募集说明书中约定,投资者认购或持有本期公司债券视作同意债券受托管理协议、债券持有人会议规则及债券募集说明书中其他有关发行人、债券持有人权利义务的相关约定。"也就是说,债券受托管理协议是需要投资者同意的,只不过这种同意是投资者购买债券时作出的。

综上,将受托管理协议理解为第三人利益合同存在一定程度上的不合理性。

第二种学说为信托合同说。我国《信托法》将信托定义为:"是指委托人基于对受托人的信任,将其财产权委托给受托人,由受托人按委托人的意愿以自己的名义,为受益人的利益或者特定目的,进行管理或者处分的行为。"

根据信托法的规定,发行人为债券持有人设立信托,应该将自己所有的财产权委托给受托管理人。但现实中的情况是,发行人的财产并未发生转移,受托管理人不可以自己的名义处分或管理发行人财产。所以,信托合同说也并不合理。

第三种学说为委托合同说。笔者认为,从《公司债券发行与交易管理办法》第 50 条和《公司债券受托管理人执业行为准则》第 21 条的"可以接受全部或部分债券持有人的委托"中可以看出,我国法律认可的学说为委托合同说。

受托管理协议应属于委托代理合同,债券持有人与受托管理人为委托代理关系。当在债券发行后,债券出现违约时进行债务重组时,主承销商在法理上是一个委托代理人的角色,其存在的理由是接受投资者委托保护债券持有人的合法权益。

2. 债券持有人自行参与

上述关于受托管理人的规定并未阻却债券持有人作为一般债权人自行参与到重整程序中。当出现受托管理人不积极接受债券持有人的委托、持有人会议未能达成决议、部分持有人希望自己参与重整程序等情形时,债券持有人依旧可以以自己的名义参与到重整。

在"11超日债"一案中,受托管理人为统一代表全体"11超日债"债券持有人参与超日太阳的重整程序,在召开的"11超日债"2014年第一次债券持有人会议中提出了议案,提请债券持有人会议授权受托管理人代表债券持有人参与超日太阳的破产法律程序。但因参加会议并表决的债券持有人所持债券面值未超过"11超日债"债券面值总额的50%,议案未能通过,受托管理人未能获得本次会议有效授权,进而无法统一代表全体"11超日债"债券持有人参与超日太阳的重整程序。

但为便利债券持有人参与超日太阳的重整程序,经与超日太阳破产管理人等相关方沟通,受托管理人表明将接受债券持有人单独授予的委托代理权,并提醒债券持有人除单独委托受托管理人参与超日太阳重整程序之外,还可以自己的名义独立参与重整程序。

以债券持有人自己的名义独立参与重整程序是债券持有人的另一种选择。虽然自行参与可以充分为自己的权益发声,防止自己的意见被受托管理人扭曲、忽视等情况出现,但是此时债券持有人的涉众性、变动性、不专业性等弊端便显现出来了。

另外,从保护整体的利益观之,由于债券持有人与发行人之间的法律关系较为复杂,除民事上的债权债务关系之外,一般认为,由于债券市场的高度公开性、市场性,该债权债务关系不仅需要民法、公司法的调整,更重要的是这种关系必须纳入证券法的规制范畴。因此,在许多债券法律较为完备的国家,通常都限制债券持有人在无充分理由的情况下提起诉讼的权利,以避免发行人与部分债券持有人陷入无尽的诉累中,有损于债券持有人的整体利益。

(三)债券持有人参与重整程序的意义

跳脱出具体的参与形式,债券持有人参与重整程序的意义不容小觑。

1. 对于债券持有人

首先,对于无担保债券持有人而言,如果能参与重整程序,就意味着在违约后的利益分配博弈中,持有人可在程序上占据主动地位。如果发行人本身缺乏可执行资产,申请重整就可以暂停担保权、解除保全措施以归集资产,形成较大的资产池。重组可综合运用展期、让利、置换、转股等综合措施。如有"外援",重组成功率则大增,如"二重债"中获得国机集团支持,承接所有公开发行债券,投资者损失将降得很低。

其次,不同期限和类型的债权在破产程序中实际受到保护的力度并非完全一致,这就需要债券持有人积极参与重整程序,及时掌握相关信息,维护个人权益。在破产加速债务到期,折现率固定的前提下,期限越长的债务损失越大。银行基于资金技术能力,获得发行人的信息能力更强,而且银行债务一般都设定了优质资产担保。加之社会影响的考量,需偿还的眼前债务会比一般债务获得更多"优待"。比如"11 超日债",超日总债务有 11.164 亿元,提出的重整方案是普通债权 20 万元以下全额偿付,超过部分偿付 20%;由于"11 超日债"受到担保人担保,所以在担保的 3064.82 万元内优先受偿,剩余 2.17 亿元普通债一般受偿,未覆盖的 8.69 亿元由担保方兜底,未覆盖部分占总债务 77.81%。在这样的情形下,债券持有人积极参与破产程序、争取合法权益,就显得更为必要。

2. 对于重整企业

重整制度的主要目的在于使濒临破产的企业获得重生的机会,但由于资产是固定的,担保债权人的债权实现与债务人渴望复兴的目标之间存在价值冲突,如何分配有限的资产,达到各方利益的平衡,将成为解决重整制度危机的关键所在。在重整的过程中,为了让担保债权人没有后顾之忧地支持债务人重整,同时也给潜在的投资人以信心,必须加强对债权人权益的保护,特别是对处于弱势的债券持有人权益的保护,以保证重整程序顺利平稳进行。

3. 对于债券市场

从总体上看,债券市场规模庞大,违约事件数量占比极小。但是从纵向时间上来看,2018 年债券违约数量上升较快,共有 139 起债券违约涉及 53 个发行人,其风险主要还是集中在民企,合计共有41家。此外,则是地方国企和央企,分别有5家和3家出现违约,而中外合资企业和公众企业相对最少,但也出现了2家。这也说明了,无论是民企、国企合资企业还是央企,在实践中都已经出现债券违约的情况。这无疑会对债券市场现有及潜在投资者的投资信心造成影响。而让债券持有人参与重整程序,通过合适的途径积极行使自己的权利,可以促进债券市场的规范化运行,增强债券市场的投资信心。

(四)当前的重整实践

经检索和梳理,在已知的6例银行间市场债券发行人重整案例(中国二重、二重重装、广西有色、大连机床、天威集团、东北特钢)中,主承销商均没有主动地提请持有人会议决议概括性授权自己代表持有人参与重整程序,也没有向持有人单独征集授权,持有人均为自行参与重整程序。

在已知的3例交易所市场债券发行人重整案例(超日太阳、柳州化工、富贵鸟)中,柳州化工情况不明,超日太阳和富贵鸟所涉债券的受托管理人则均积极提请持有人会议决议授权并单独征集持有人授权。其中,超日太阳持有人会议未能形成有效决议,受托管理人主要以接收单独授权的方式参与重整程序。富贵鸟则形成了有效的持有人会议决议授权受托管理人代表全体持有人参与重整程序,但同时又明确尊重持不同意见的持有人自行参与重整程序的权利。

(五)建议

总体而言,应鼓励债券持有人参与重整程序。债券持有人作为债权人具有人数多、金额分散、债权要素一致等特征,从债券持有人权益保护的角度出发,在参与重整程序的方式上,“聚沙成塔”比“化整为零”更为有利。然而,在此过程中要注重完善并平衡受托管理人制度与持有人自行参与制度。

1. 完善受托管理人制度——推动受托代理关系向信托关系的转变

在这一关系的转变中,美国《1939年信托契约法》具有可取之处。美国1929年经济危机之后,罗斯福欲通过信息披露机制增加金融市场的透明度,从而建立投资者对证券市场的信任。要求法律在债券市场领域内对受托管理人主动管理债券、基于公开市场信息积极保障投资者权利等方面规定更严格的义务。应运而生的《1939年信托契约法》第302条全面规定了受托管理人的资格、权利和义务,对于此前实践中出现的规则义务较低、受托人不积极履职等问题进行了全面矫正。至此,《1939年信托契约法》、司法判例以及普通法组成了基于信托规则的美国公司债券受托人法律制度 。

国外债券持有人与受托管理人之间的信托关系有其制度基础和法律环境,尽管国内虽暂不具备条件引入基于信托关系的受托管理制度,仍可以在债务重组中赋予主承销商或受托管理人以更多的权能,有序推动受托代理关系向信托关系的转变。实践中,主承销商和受托管理人在获取授权的过程中往往遭遇持有人会议无法形成概括授权决议或部分持有人不愿意授权等障碍,为解决此等障碍,可考虑在发行文件中对此类事项进行明确(认购债券本身视为同意该条款)。

然而,在增强受托管理人管理权的同时也必须对其行为进行适当的限制。受托管理人的行为既影响债券持有人的权益,也影响重整企业的利益。当全部或部分持有人意图委托管理人进行代理时,无正当理由受托管理人不得拒绝。

2. 完备自行参与制度——解决持有人涉众性、变动性、不专业性等问题

自行参与制度是体现债券持有人意志的最直接途径。虽然由主承销商或受托管理人概括性地代表全体债券持有人参与重整程序可以有效地提高债券持有人在重整程序中的话语权,有助于确保重整计划充分考虑债券持有人的利益。但是,主承销商以及受托管理人未必可以真正代表债券持有人的意志,另外,各债券持有人的意志相互也难免发生分歧。将债券持有人的参与权概括授权至受托管理人的“一揽子”做法不利于对每一个持有人个体利益的保障。因此,在兼顾授权效率的基础上应当充分尊重持有人的意思,坚持意思自治理念。允许持有人自行参与重整程序,但同时制度上依旧要直面自行参与制度存在的问题:

首先,涉众性。债券持有人具有涉众性容易导致难以妥善平衡债券持有人之间的利益冲突,不易达成一致意见。在重整程序中,效率应为第一性的价值,个人利益要让位于整体利益。在重整中重要事项表决可以采取特殊投票制,针对持有人参与重整的特殊需求,设计出一套更易形成决议的投票机制。另外,可以引入代表人制度,允许持有人另行制定代表人参与重整程序,减少实质参与人数,更易于达成决议。

其次,变动性。债券交易是时刻在进行的,债券持有人在交易不断进行的情况下具有变动性。重整程序对于持有人的利益有重要的影响,因此保障持有人

的及时参与很重要。通过交易新取得持有人身份的持有人的权益应当加强保护。对于企业的重整情况不仅要继续采用原有的公示手段,还要增强与新型社交媒体、互联网平台的合作,提高重整情况的公示力度,让每一个持有人都知晓并有机会加入。

最后,专业性。债券投资者大多不具备参与重整程序的专业性,难以妥善作出理性判断,可规范代理人制度,通过承认并规范债券持有人委托律师的行为使持有人的个体权益更好地得到保障。

总之,在债券违约频频发生的背景下,要重视债券持有人参与重整程序的路径问题,坚持以受托人管理制度、自行参与制度为主的多元化参与方式,并通过不断地完善与多种机制的良好衔接,更好地以保障债券持有人利益为基点进一步保障整个债券市场、实体经济的良好运行。

三、重整期间发行人(债务人)具体如何履行信息披露义务

(一)问题的提出

根据交易所及银行间交易商协会的相关规定,债券发行人有严格的信息披露义务,不仅需要定期披露其财务信息,还需要对可能影响其偿债能力的重大事项进行披露。发行人进入重整程序需要继续履行信息披露义务,但是对发行人进入重整程序后如何履行信息披露义务缺乏明确规定,实务中,进入重整程序发行人如何履行信息披露义务,通常在依据相关信息披露规定的同时,根据与交易商协会的沟通进行灵活处理,因此笔者们发现每一例涉及债券发行的重整个案中,重整期间的信息披露事项及信息披露义务人均存在一定的差异。

针对重整期间如何履行信息披露义务规定的缺失,在实务中存在的主要问题包括以下几点:

1. 信息披露义务主体

重整期间信息披露义务主体是发行人还是管理人没有明确规定,针对债务人自行管理和管理人管理两种不同模式下,具体由债务人还是管理人履行以及如何履行信息披露义务存在普遍的争议。从实务角度出发,相关规则应尽快予以明确。

2. 信息披露事项

相比企业正常生产运营期间，各方对重整期间公司的各项事务尤为关注。针对同一事项，在重整期间的披露引起的公众反响可能远大于企业正常生产运营期间引起的关注。从维持债券市场的稳定及实现发行人重生考虑，针对发行人重整期间需披露事项与正常生产运营期间需披露事项应当有所区别，适当减轻发行人重整期间信息披露义务，针对部分披露事项予以豁免，重整期间哪些事项需要履行披露义务以及披露时间节点，有待进一步明确。

3. 重整期间的补充信息披露义务

进入重整程序的发行人，通常都存在在进入重整程序之前未履行相关信息披露义务的情况。重整程序中，信息披露义务人是否仍需针对重整前发生的所有事项履行补充信息披露义务，还是需要根据该事项的影响效果是否持续确定是否补充进行信息披露？

（二）当前规则

证券交易市场、中国银行间债券市场均对发行人的信息披露义务及披露事项进行了相关规定，规定内容基本一致，以下就目前信息披露规则进行说明。

1.《公司债券发行与交易管理办法》的相关规定

第43条 公开发行公司债券的发行人应当按照规定及时披露债券募集说明书，并在债券存续期内披露中期报告和经具有从事证券服务业务资格的会计师事务所审计的年度报告。

非公开发行公司债券的发行人信息披露的时点、内容，应当按照募集说明书的约定履行，相关信息披露文件应当由受托管理人向中国证券业协会备案。

第45条 公开发行公司债券的发行人应当及时披露债券存续期内发生可能影响其偿债能力或债券价格的重大事项。重大事项包括：

（一）发行人经营方针、经营范围或生产经营外部条件等发生重大变化；

（二）债券信用评级发生变化；

（三）发行人主要资产被查封、扣押、冻结；

（四）发行人发生未能清偿到期债务的违约情况；

（五）发行人当年累计新增借款或对外提供担保超过上年末净资产的百分之

二十;

(六)发行人放弃债权或财产,超过上年末净资产的百分之十;

(七)发行人发生超过上年末净资产百分之十的重大损失;

(八)发行人作出减资、合并、分立、解散及申请破产的决定;

(九)发行人涉及重大诉讼、仲裁事项或受到重大行政处罚;

(十)保证人、担保物或者其他偿债保障措施发生重大变化;

(十一)发行人情况发生重大变化导致可能不符合公司债券上市条件;

(十二)发行人涉嫌犯罪被司法机关立案调查,发行人董事、监事、高级管理人员涉嫌犯罪被司法机关采取强制措施;

(十三)其他对投资者作出投资决策有重大影响的事项。

根据《公司债券发行与交易管理办法》可以发现:(1)发行人履行信息披露义务的期间为债券存续期间;(2)发行人履行信息披露义务的事项主要涉及财务信息和可能影响发行人偿债能力或债券价格的重大事项;(3)针对发行人重整期间信息披露义务人及信息披露事项,未进行具体规定。

2.《深圳证券交易所公司债券上市规则》的相关规定

3.1.10 信息披露义务人拟披露的信息存在不确定性、属于临时性商业秘密或者本所认可的其他情形的,及时披露可能会损害信息披露义务人利益或者误导投资者,且符合以下条件的,信息披露义务人可以向本所提出暂缓披露申请,说明暂缓披露的理由和期限:

(一)拟披露的信息未泄漏;

(二)有关内幕信息知情人已书面承诺保密;

(三)债券交易未发生异常。

经本所同意,信息披露义务人可以暂缓披露相关信息。暂缓披露的期限一般不超过两个月。暂缓披露申请未获本所同意、暂缓披露的原因已经消除或者暂缓披露的期限届满的,信息披露义务人应当及时披露。

3.1.11 信息披露义务人拟披露的信息属于国家机密、商业秘密或者本所认可的其他情况,按本规则披露或者履行相关义务可能导致其违反国家有关保密法律、行政法规规定或者损害信息披露义务人利益的,可以向本所申请豁免按本规则披露或者履行相关义务。

3.2.1 发行人应当披露的定期报告包括年度报告和中期报告。

3.3.2 债券存续期间,发生可能影响发行人偿债能力或者债券价格的重大事项,或者存在关于发行人及其债券的重大市场传闻,发行人应当按照相关法律、行政法规、部门规章、规范性文件、本规则和本所其他相关规定,及时向本所报告并按照规定的内容与格式披露临时报告,说明事件的起因、目前的状态和可能产生的后果。

前款所称重大事项包括但不限于:

(一)发行人经营方针、经营范围或者生产经营外部条件等发生重大变化;

(二)发行人主要资产被查封、扣押、冻结;

(三)发行人出售、转让主要资产或者发生重大资产重组;

(四)发行人放弃债权、财产或者其他导致发行人发生超过上年末净资产百分之十的重大损失;

(五)发行人当年累计新增借款或者对外提供担保超过上年末净资产的百分之二十;

(六)发行人发生未能清偿到期债务的违约情况;

(七)发行人涉及重大诉讼、仲裁事项,受到重大行政处罚、行政监管措施或者自律组织纪律处分;

(八)发行人减资、合并、分立、解散、申请破产或者依法进入破产程序;

(九)发行人或者其董事、监事、高级管理人员或者履行同等职责的人员涉嫌犯罪或者重大违法、失信行为,或者发行人董事、监事、高级管理人员或者履行同等职责的人员无法履行职责或者发生重大变动;

(十)发行人控股股东或者实际控制人涉嫌犯罪被立案调查或者发生变更;

(十一)发行人发生可能导致不符合债券上市条件的重大变化;

(十二)发行人主体或者债券信用评级发生变化;

(十三)保证人、担保物或者其他偿债保障措施发生重大变化;

(十四)其他对投资者作出投资决策有重大影响的事项;

(十五)法律、行政法规、部门规章、规范性文件规定或者中国证监会、本所要求的其他事项。

3.3.3 信息披露义务人披露重大事项后,已披露的重大事项出现可能对发行人偿债能力产生较大影响的进展或者变化的,应当及时披露进展或者变化情况、可能产生的影响。

根据以上深圳证券交易所,关于债券上市交易发行人的信息披露义务,基本与《公司债券发行与交易管理办法》一致,但也有重大的突破。主要包括以下几方面内容:

(1)在披露事项上,发行人的披露事项仍然主要包括两方面,财务信息和可能影响发行人偿债能力或债券价格的重大事项。

(2)在重大事项的界定上,增加了法律、行政法规和中国证监会、深圳证券交易所认定的其他事项。

(3)确定了信息披露义务人对重大事项后续进展的持续信息披露义务。

(4)相比《公司债券发行与交易管理办法》,最大的突破是增加了发行人信息披露义务的暂缓及豁免制度。在信息披露义务人拟披露的信息存在不确定性、属于临时性商业秘密或者深圳证券交易所认可的其他情形的,及时披露可能会损害信息披露义务人利益或者误导投资者,且拟披露的信息未泄露、有关内幕信息知情人已书面承诺保密,并且债券交易未发生异常的情况下,信息披露义务人可以申请暂缓披露;在拟披露的信息属于国家机密、商业秘密或者深圳证券交易所认可的其他情况,披露可能导致其违反国家有关保密法律、行政法规规定或者损害信息披露义务人利益的,可以向深圳证券交易所申请豁免披露义务。

(5)但是,《深圳证券交易所公司债券上市规则》仍然对重整期间信息披露义务人如何履行信息披露义务进行特殊规定,发行人如进入重整程序,仍需按照正常经营情况履行信息披露义务。

3.《上海证券交易所公司债券上市规则》的相关规定

3.1.7 拟披露的信息存在不确定性、属于临时性商业秘密或者具有本所认可的其他情形,及时披露可能会损害其利益或者误导投资者,且符合以下条件的,信息披露义务人可以向本所申请暂缓披露,说明暂缓披露的理由和期限:

(一)拟披露的信息未泄漏;

(二)有关内幕信息知情人已书面承诺保密;

(三)债券交易未发生异常波动。

本所同意的，信息披露义务人可以暂缓披露相关信息。暂缓披露的期限一般不超过2个月。

本所不同意暂缓披露申请、暂缓披露的原因已经消除或者暂缓披露的期限届满的，信息披露义务人应当及时披露。

3.1.8 信息披露义务人有充分理由认为披露有关信息内容会损害企业利益，且不公布也不会导致债券市场价格重大变动的，或者认为根据国家有关法律法规不得披露的事项，应当向本所报告，并陈述不宜披露的理由；经本所同意，可不予披露。

3.2.1 债券上市期间，发行人应当披露的定期报告包括年度报告、中期报告。

3.3.1 债券上市期间，发生可能影响发行人偿债能力或者债券价格的重大事项，或者存在关于发行人及其债券的重大市场传闻的，发行人应当按照相关法律、行政法规、部门规章、规范性文件、本规则及本所其他规定及时向本所提交并披露临时报告，说明事件的起因、目前的状态和可能产生的后果。

前款所称重大事项包括但不限于：

（一）发行人经营方针、经营范围或者生产经营外部条件等发生重大变化；

（二）发行人主要资产被查封、扣押、冻结；

（三）发行人出售、转让主要资产或发生重大资产重组；

（四）发行人放弃债权、财产或其他导致发行人发生超过上年末净资产10%的重大损失；

（五）发行人当年累计新增借款或者对外提供担保超过上年末净资产的20%；

（六）发行人发生未能清偿到期债务的违约情况；

（七）发行人涉及重大诉讼、仲裁事项，受到重大行政处罚、行政监管措施或自律组织纪律处分；

（八）发行人减资、合并、分立、解散、申请破产或依法进入破产程序；

（九）发行人或其董事、监事、高级管理人员涉嫌犯罪或重大违法失信、无法履行职责或者发生重大变动；

（十）发行人控股股东或者实际控制人涉嫌犯罪被立案调查或者发生变更；

（十一）发行人发生可能导致不符合债券上市条件的重大变化；

（十二）发行人主体或债券信用评级发生变化；

(十三)保证人、担保物或者其他偿债保障措施发生重大变化;

(十四)其他对投资者作出投资决策有重大影响的事项;

(十五)法律、行政法规、部门规章、规范性文件规定或中国证监会、本所要求的其他事项。

发行人应当及时披露重大事项的进展及其对发行人偿债能力可能产生的影响。发行人受到重大行政处罚、行政监管措施或纪律处分的,还应当及时披露相关违法违规行为的整改情况。

信息披露义务人有充分理由认为披露有关信息内容会损害企业利益,且不公布也不会导致债券市场价格重大变动的,或者认为根据国家有关法律法规不得披露的事项,应当向本所报告,并陈述不宜披露的理由;经本所同意,可不予披露。

上海证券交易所与深圳证券交易所,关于债券上市交易期间的信息披露规则基本一致,但是,就豁免信息披露义务人信息披露义务上,上海证券交易所进一步增加了自由裁量的范围且更加关注信息披露对企业利益的影响,“披露有关信息内容会损害企业利益,且不公布也不会导致债券市场价格重大变动的,或者认为根据国家有关法律法规不得披露的事项”时,信息披露义务人可以向上海证券交易所申请不予披露。

4.《银行间债券市场非金融企业债务融资工具信息披露规则》的相关规定

第8条 在债务融资工具存续期内,企业应按以下要求持续披露信息:

(一)每年4月30日以前,披露上一年度的年度报告和审计报告;

(二)每年8月31日以前,披露本年度上半年的资产负债表、利润表和现金流量表;

(三)每年4月30日和10月31日以前,披露本年度第一季度和第三季度的资产负债表、利润表和现金流量表。

第一季度信息披露时间不得早于上一年度信息披露时间,上述信息的披露时间应不晚于企业在证券交易所、指定媒体或其他场合公开披露的时间。

第9条 在债务融资工具存续期内,企业发生可能影响其偿债能力的重大事项时,应及时向市场披露。

前款所称重大事项包括但不限于：

（一）企业名称、经营方针和经营范围发生重大变化；

（二）企业生产经营的外部条件发生重大变化；

（三）企业涉及可能对其资产、负债、权益和经营成果产生重要影响的重大合同；

（四）企业发生可能影响其偿债能力的资产抵押、质押、出售、转让、划转或报废；

（五）企业发生未能清偿到期重大债务的违约情况；

（六）企业发生大额赔偿责任或因赔偿责任影响正常生产经营且难以消除的；

（七）企业发生超过净资产10%以上的重大亏损或重大损失；

（八）企业一次免除他人债务超过一定金额，可能影响其偿债能力的；

（九）企业三分之一以上董事、三分之二以上监事、董事长或者总经理发生变动；董事长或者总经理无法履行职责；

（十）企业做出减资、合并、分立、解散及申请破产的决定，或者依法进入破产程序、被责令关闭；

（十一）企业涉及需要说明的市场传闻；

（十二）企业涉及重大诉讼、仲裁事项；

（十三）企业涉嫌违法违规被有权机关调查，或者受到刑事处罚、重大行政处罚；企业董事、监事、高级管理人员涉嫌违法违纪被有权机关调查或者采取强制措施；

（十四）企业发生可能影响其偿债能力的资产被查封、扣押或冻结的情况；企业主要或者全部业务陷入停顿，可能影响其偿债能力的；

（十五）企业对外提供重大担保。

第10条 本规则第九条列举的重大事项是企业重大事项信息披露的最低要求，可能影响企业偿债能力的其他重大事项，企业及相关当事人均应依据本规则通过交易商协会认可的网站及时披露。

第13条 企业披露重大事项后，已披露的重大事项出现可能对企业偿债能力产生较大影响的进展或者变化的，应当在上述进展或者变化出现之日起两个工作日内披露进展或者变化情况、可能产生的影响。

相比两交所的信息披露规则,银行间债券市场的信息披露规则基本一致,但在具体的披露事项是否属于重大事项上,确认的标准略有调整,这主要基于公开市场有所不同,但对信息披露义务人在满足何种条件下可以暂缓履行披露义务或者不予履行披露义务未作明确规定。

综上,根据以上对主要债权信息披露规则的梳理,笔者发现:(1)相对《银行间债券市场非金融企业债务融资工具信息披露规则》,两交所的公司债券上市规则明确规定了一定条件下信息披露义务可以暂缓履行披露义务或者不予履行披露义务;(2)无论是两交所的公司债券上市规则还是《银行间债券市场非金融企业债务融资工具信息披露规则》均未对发行人进入重整程序情况下的信息披露主体作出明确规定(与之相比,两交易所股票上市规则则对上市公司进入重整程序时的信息披露主体作出了明确细致的规定,基本安排为管理人管理模式的由管理人负责信息披露,债务人自行管理模式的,由债务人负责信息披露);(3)《公司债券上市规则》《银行间债券市场非金融企业债务融资工具信息披露规则》均未对发行人重整期间信息披露义务人的信息披露义务作出特殊安排。

(三)当前的重整实践

1. 关于重整期间的信息披露主体

根据对上述债券在发行人重整期间信息披露情况进行梳理,笔者发现:

(1)债券在深交所上市交易的上海超日太阳能科技股份有限公司(以下简称上海超日),在重整期间生产经营等各项事务采取的是管理人管理模式——重整期间上海超日的各项事务由法院指定的管理人负责。在上海超日进入重整程序前,上海超日披露的各项公告的落款均为“上海超日太阳能科技股份有限公司董事会”;在上海超日进入重整程序后,上海超日披露的各项公告的落款均为“上海超日太阳能科技股份有限公司管理人”;法院裁定批准重整计划后,上海超日披露的各项公告的落款均为“上海超日太阳能科技股份有限公司管理人”。

(2)债券在上交所交易的柳州化工股份有限公司(以下简称柳州化工),在重整期间生产经营采取的是管理人管理模式。柳州化工于2018年1月31日被法院裁定受理重整。柳州化工以“柳州化工股份有限公司董事会”名义披露的最后一篇公告为《柳州化工股份有限公司关于法院裁定受理公司重整的公告》,披露时间为2018年2月2日。此后,柳州化工披露公告的落款均为“柳州化工股份有限公司管理人”。

(3)债券在上交所交易的富贵鸟股份有限公司(以下简称富贵鸟)为港股上市公司,根据目前对公开信息的查询结果,富贵鸟在进入重整程序前的信息披露公告落款为“富贵鸟股份有限公司”,富贵鸟进入重整程序后,尚未查询到其发布的与债券相关的信息公告。

经梳理,已知的6例银行间市场债券发行人重整案例(中国二重、二重重装、广西有色、大连机床、天威集团、东北特钢)在重整程序中均由债务人公司负责涉债券信息披露工作。在已知的3例交易所市场债券发行人重整案例中(超日太阳、柳州化工、富贵鸟)则出现两种不同的操作模式,超日太阳和富贵鸟由债务人公司负责涉债券信息披露,而柳州化工则由管理人负责。

(4)债券在银行间债券市场流转的重整发行人,根据重整期间财产和营业事务的管理模式不同,可以区别为管理人管理模式和债务人自行管理模式。中国第二重型机械集团公司(以下简称中国二重)、二重集团(德阳)重型装备股份有限公司(以下简称二重重装)、东北特殊钢集团有限公司(以下简称东特钢)、保定天威集团有限公司均采取的债务人自行管理模式;大连机床集团有限责任公司(以下简称大连机床)采取的管理人管理模式;广西有色金属集团有限公司(以下简称广西有色)重整期间财务和营业事务管理模式,目前通过公开信息暂时无法查询到。根据对上述发行人在重整期间披露信息进行梳理,无论是采取债务人自行管理模式还是管理人管理模式,重整期间,信息披露义务人仍然是发行人、未变更为管理人。

据此,根据对发行人在重整期间的信息披露主体进行梳理,笔者初步判断:(1)债券在交易所交易的发行人,在重整期间信息披露人根据重整期间管理模式不同存在区别,管理人管理模式下信息披露人为管理人、债务人自行管理模式下信息披露人为公司董事会,关于披露主体与交易所股票信息披露主体一致;(2)债券在银行间债券市场流通的发行人,在重整期间无论财务和营业事务是采取债务人自行管理模式还是管理人管理模式,重整期间的信息披露公告落款均为公司名义。

2. 关于重整期间的信息披露事项

(1)债券在深交所上市交易发行,重整期间的信息披露事项

根据披露事项是常规事项还是与重整相关事项,上海超日在重整期间发布的与债券相关的公告主要包括:

①常规事项公告:财务信息的相关公告、股东会相关公告、董事会相关公告、监事会相关公告、重大资产处置的相关公告、解除合同的相关公告;

②与重整相关事项的公告:遴选投资人的相关公告、重整进展及风险提示的相关公告、债权人会议及出资人组会议的相关公告、为恢复上市采取的措施及有关工作进展的相关公告、重大资产处置结果的公告、关于相关单位为债券提供担保的公告。

(2)债券在上交所上市交易发行,重整期间的信息披露事项

鉴于未在公开渠道查询到富贵鸟重整期间披露的相关信息,本部分主要对柳州化工在重整期间的信息披露情况进行梳理:

①常规事项公告:涉及诉讼事项的相关公告、财务信息的相关公告、关于公司债券恢复上市的相关公告、关于持有人会议的相关公告、关于债券本息兑付的相关公告、关于重大资产处置进展的公告;

②与重整相关事项的公告:重整受理及重整进展的相关公告、债权申报及债权人会议的相关公告、重整计划及出资人权益调整方案的主要内容的相关公告。

(3)债券在银行间债券市场交易发行,重整期间的信息披露事项

根据对债券在银行间债权市场交易发行,重整期间的信息披露事项进行梳理,发布的公告主要包括:

①常规事项公告:司法冻结解除公告、传闻澄清的相关公告、债券本息兑付情况的公告、持有人会议召开的相关公告;

②与重整相关事项的公告:重整进展情况的公告、关于债权人会议的相关公告、重整计划的相关公告、债权申报的相关公告。

(四)建议

1. 与股票信息披露规则一致化

虽然债券与股票属于不同的权利凭证,但交易市场基本一致,投资人群也基本一致。因此,针对股票及债券的信息披露规则,建议进行一致化处理,关于股

票的信息披露规则,同样适用于债券。

笔者认为,在信息披露方面债券和股票所需要考虑的问题差距不大,股票方面的现有规则可以为债券监管部门所借鉴。

2. 信息披露义务主体明确

在交易所上市交易债券的发行人,由于同时涉及股票上市交易信息披露,在重整期间信息披露主体,与涉及股票交易的信息披露人一致。财务和营业事务债务人自行管理模式下,信息披露义务人仍然为公司;财务和营业事务管理人管理模式下,信息披露义务变更为管理人。

在银行间债券市场交易债券的发行人,由于《银行间债券市场非金融企业债务融资工具信息披露规则》未对重整期间的信息披露规则进行特殊约定,关于重整期间的信息披露义务人,实践中由交易商协会协商确定,通常确定信息披露义务人仍为原公司。

建议根据重整期间发行人的财务和营运事务的不同管理模式,确定不同的信息披露义务人:

(1)债务人自行管理模式:在债务人自行管理模式下,公司财务和营运事务,仍然由发行人全权负责,管理人并未实际参与公司的运营管理。对重整期间发生的各种事项及财务信息,发行人仍主要是第一手信息接收主体,从信息披露的及时、准确及完整性考虑,发行人仍然应当是信息披露义务人。如由管理人来履行信息披露义务,则可能导致信息披露不及时等情况发生。

(2)管理人管理模式:在管理人管理模式下,管理人对公司的管理不再是形式管理,而是全面参与公司的营运事务,公司作出任何决策或者披露任何信息,都需要经管理人审批同意,发生的任何重大事项都需要第一时间上报管理人。此时,由于公司所有事务已经由管理人全面接管,如果再由发行人履行信息披露义务,不能够保证披露信息的准确性,由管理人履行信息披露义务更具备合理性。

总之,具体是由管理人还是发行人来履行信息披露义务,本质上是要从如何确保披露信息及时、准确及完整性进行综合考虑。

3. 信息披露事项的暂缓、豁免

交易所的债券上市规则,虽然并未对重整期间的信息披露事项进行特殊规定,但是均规定在一定情况下可以暂缓披露信息或者豁免披露义务。这主要针对相关信息如果披露会损害披露义务人利益、误导投资,并且不披露也不会导致债券市场价格发生重大变化。

《银行间债券市场非金融企业债务融资工具信息披露规则》中,并未对信息披露义务人暂缓披露信息或者豁免披露义务进行规定。因此,在重整期间,信息披露义务人仍然需要对所有事项进行披露。

主要有:(1)发行人进入重整程序本身已经对债券的价格产生重大影响,与发行人进入重整程序相比,其他事项对债券交易价格不会产生重大影响;(2)发行人的偿债能力已经出现问题,各方对发行人关注度较高,如仍然按照正常生产运营状态履行信息披露义务,将会进一步加剧发行人的营运困境,增加重生难度;(3)在根据重整计划对负债进行清偿前,发行人对债券持有人不能进行个别清偿,此时针对重整期间债券本息兑付情况及由于本息未兑付召开持有人会议是否具有必要性均值得讨论。

综上,针对发行人在重整期间的信息披露义务,笔者建议,完善暂缓与豁免披露义务的相关规定,明确在重整期间,针对某些事项,信息披露义务人暂缓履行信息披露义务——相关事项对重整影响尚不确定前暂缓披露,豁免的信息披露义务——如发行人不能按期兑付本息的相关公告。此外,还应进行兜底规定,即经交易商协会同意的其他可以暂缓披露事项或豁免的披露义务。

4.重整程序前未披露事项的补充披露

交易所及交易商协会均要求信息披露义务对未及时披露信息的行为进行更正。

在重整程序中,如果一味按照规则的要求对之前未披露的信息进行补充披露,可能会对整个重整程序带来消极影响。信息披露讲究及时、准确及完整性,如果补充披露,不再符合及时性要求。重整期间,任何信息的披露都会引起债权人的高度关注,同时也会对投资人的引入产生影响,因此,为了重整成功,重整期间各项信息披露需要保持审慎的态度,建议在重整程序中确定信息披露义务人是否需要补充进行信息披露时,需要考虑该信息是否在持续产生影响,如果不再产生影响且经交易所或交易商协会同意后,重整期间不需要再履行补充披露义务,可以在重整程序结束后再进行补充披露。

四、重整期间的债券交易安排

(一)问题的提出

基于市场经济的大背景,“交易自由”作为债券市场中各主体的一项基本权利,深深影响着制度设计以及各主体的行为。我国法律已经从义务本位转移为权利本位,刑法一法独大的历史已经被埋进故纸堆,如今民商法、经济法等强调自由平等的法律发展迅速。因此,交易自由作为一种基本权利,其影响各主体行为的能力便会愈加明显。虽然自由与限制、权利与义务是法学理论与法律实务中永远不能逃避的重要问题,但在证券交易关系背景下,无论在二级市场还是场外市场中,各主体可以自由进行证券交易、不可受到过度的限制这一理念似乎不存在过多的争论。当然,这完全是基于正常债券的理解。

《企业破产法》明确规定进入重整程序后,未到期的债权视为到期,附利息的债权停止计息。也就是说,即使重整主体发行的债券在重整受理日之前并未违约,其也会因重整这一法定原因而提前到期、停止计息。后续的清偿安排则取决于经债权人会议表决结果和人民法院裁定批准的重整计划,在方案出台之前该清偿安排会始终处于一种不确定的状态,这与正常债券相距甚远。

重整期间的债券可以归为“非正常债券”一类。所谓“非正常”意在强调其与正常债券的区别。笔者认为,该两类之间的核心区别为风险特征,而造成该区别的主要原因为特殊状态。在重整期间的特殊状态下,企业生产经营情况极为特殊:生产经营的土壤为资不抵债、经营失灵、效率低下等内部环境以及经济快速发展与转型、政策导向变化、文化更新、国际经济形势等倒逼企业转型重整的外部环境;生产经营的肥料包含两种元素:重整管理人的方向把控与重大事项决策以及企业一定程度的自主决定。“土壤”以及“肥料”的特殊性将导致特殊状态的必然形成。特殊状态的产生便会使风险特征发生重大变化。

然而,即使风险特征发生了重大变化,我国法律亦并未明确对重整期间的债券交易安排作出区别规定:作为调整该法律行为的基本法《企业破产法》以及《合同法》并不禁止债权人转让其对重整主体的债权,债权转让只需履行通知义务即对债务人发生效力。

债券是持有人对发行人的债权凭证,就债权转让的角度而言,其交易在重整期间不应该受到限制。虽然债权是一种相对权,仅具有相对效力,相对于所有权等绝对权的对世效力来讲有一定的特殊性。但是债权的转让不会实质影响债务人债务承担,对债务人的影响仅仅在于权利主体的变化,关于需要履行的义务内容等方面并未有明显的不同,基于保护债务人的目的考虑,《合同法》对债权转让作了一定限制,部分地区表现得更加明显:对于具有一定的"人身特性"等情况的债权,不允许债权人仅以通知的意思便实现转让目的,但笔者讨论的债券转让非此领域。从《合同法》的视角看,债券转让,包括重整期间的债券转让并未受到明确限制,但欺诈、重大误解等特殊情况下的债券转让虽可被归入可撤销甚至无效的合同,由于证券交易关系中理性人的假设并不在本文的讨论范围内。

作为有价证券,其交易行为还受到与证券相关的行政法规、自律规则等特别法的约束。但由于法律位阶过低,此类特殊规定是否属于有法律效力的规定以及效力的大小都需要作出进一步判断。在发行人重整这一特殊情形下,存量债券应当如何停、复牌、暂停上市、终止上市以及场内交易与场外交易的关系等问题尚不甚清晰,重整主体发行的债券在重整期间是否还应该被赋予流动性以及如何赋予流动性关系债券持有人的切身利益,值得探讨。以下笔者将简要介绍相关规则。

(二)当前相关规则

1. 交易所市场方面

(1)证券交易所的自主决定权

①我国《证券法》第60条规定:"公司债券上市交易后,公司有下列情形之一的,由证券交易所决定暂停其公司债券上市交易:……(四)未按照公司债券募集办法履行义务……"

②我国《公司法》第154条规定:"发行公司债券的申请经国务院授权的部门核准后,应当公告公司债券募集办法。公司债券募集办法中应当载明下列主要事项:……(五)还本付息的期限和方式……"

③《债券上市规则》(上交所)第5.6条规定:"发行人出现不能按时还本付息或者未能按约定履行加速清偿义务等情形,且未按规定披露相关信息的,本所可以对其债券进行停牌,待相关情形消除后予以复牌,本所另有规定的,从其规定。"

从《证券法》第60条和《公司法》第154条的规定来看：发行人进入重整程序，导致债券提前到期、停止计息等情形，属于未按照《公司法》第154条规定的公司募集办法中载明的还本付息的期限和方式的情况，根据上述规定，交易所有决定是否暂停债券上市交易的权利，但是具体暂停与否，需要考量什么其他因素并未有明确规定。

从《上海证券交易所公司债券上市规则》同样可以得出在发行人进入重整程序后，出现了不能按时还本付息的情形时，交易所有自主决定权决定是否对发起人的债券进行停牌。

(2)可否参照终止规定

①我国《证券法》第61条规定："……公司解散或者被宣告破产的，由证券交易所终止其公司债券上市交易。"

发行人进入重整程序，不属于解散或被宣告破产的情形，根据法律禁止类推的原则，依法不应适用本条款。但进入重整程序后发起人有重整失败被宣告破产的风险，此风险为不可忽视的重要因素。目前，法规未对重整情况下是否应该暂停或终止上市作出明确规定。但此条文立法原则中彰显的保护内容映射出一种可能性，即终止重整程序中公司债券上市交易的可能。笔者认为，参照适用终止的相关规定之可能性并不大，理由在于重整的特殊性质表明企业恢复正常还有一丝生机，如果直接终止与重整的制度背景难免不符。

②《债券上市规则》(上交所)第6.11条规定："发行人发生《证券法》及本所业务规则规定的终止上市情形的，本所可以终止其债券上市交易。"

2018年修订后的《债券上市规则》删除了原第6.11条关于债券终止上市的相关情形，而修改为主要依据《证券法》。

2. 银行间市场方面

《中国人民银行公告(2015)第9号——关于调整银行间债券市场债券交易流通有关管理政策的公告》第15条规定："发生以下情形的，债券交易流通终止：……(二)发行人依法解散、被责令关闭或者被宣布破产；(三)债券到期日前一个工作日……"

上述规定的基本内容是当债券出现不能按期还本付息或提前到期的情形时，债券应当停牌、暂停上市甚至终止上市。此规定似乎表明规则层面至少不愿赋予违约债券二级市场流动性。至于是否允许场外交易则语焉未详。

为何当企业出现重整时法律对于银行间的债券二级市场与场外交易的态度差别如此之大?主要原因在于主体的特性不同。尽管从银行的分类来看,银行包括政策性银行与商业性银行,但实际上各银行或多或少都承担着实施国家财政货币政策、保障国家金融安全的职责。当重整出现,终止债券交易会使银行间的风险转嫁得到遏制,控制风险的波及范围,降低整体金融风险。而场外交易是点对点的,其影响甚微,不会导致风险以及损失的过度传导,至少在立法者看来,还不需要对此行为进行完全禁止。

(三)当前的重整实践

根据有限的公开信息对样本案例中的债券交易情况进行梳理,基本情况如下:

1. 交易所市场

交易所市场涉及3个重整案例,分别为超日太阳、柳州化工及富贵鸟。三者所涉及债券在重整期间的交易状态有所不同。

(1)超日太阳所涉11超日债早在超日太阳进入重整前就因为超日太阳连续亏损而被终止上市;

(2)柳州化工所涉11柳化债在柳州化工进入重整程序前已经因柳州化工连续亏损而暂停上市,但在重整程序中因上一年度实现盈利而由管理人申请恢复上市;

(3)富贵鸟所涉14富贵鸟则在富贵鸟进入重整程序前因债券价格波动及兑付存在不确定性而被实施停牌,进入重整程序后则继续停牌。

2. 银行间市场

银行间市场涉及的6个重整案例分别为中国二重、二重重装、东北特钢、保定天威、广西有色以及大连机床。

(1)中国二重、二重重装所涉债券在发行人进入重整程序后先行停牌,后又复牌配合国机集团的债券收购操作;

(2)东北特钢、保定天威、广西有色以及大连机床所涉债券在其重整期间则未见到明确的停复牌或终止流通信息(其中,广西有色已被宣告破产,根据人民银行前述公告,属于应当终止流通的情形)。

(四)建议

同样是有价证券,重整主体所发行的股票在重整期间的停复牌规则相对较为明确,其基本模式是重整不必然导致暂停上市或终止上市,但会导致停牌和信息披露,在充分信息披露后给予一定"逃跑期",逃跑期后再次长期停牌至重整结束。

相比之下,债券方面的规则有待进一步完善和明确,在民法典编纂的大背景下,将法律分门别类,详细地制定法律规范是大势所趋。对于如此重要事项不能笼统地规定,而是要根据理论的发展和实践的经验予以补充和完善。

1. 到期债券(无论是自然到期还是提前到期)如果因重整或其他原因尚未完成兑付(处于逾期状态),是否还允许交易?笔者认为,首先,应以允许交易为原则,限制交易为例外。其次,不应将重整作为暂停、终止的法定事由,而应参照我国《证券法》第16条和第60条将其他具体事由作为触发暂停、终止制度的原因。比如,《证券法》第16条规定:"最近三年平均可分配利润足以支付公司债券一年的利息";第60条规定:"公司最近二年连续亏损"。

2. 即使不允许逾期债券在二级市场上继续流通交易,应明确监管部门是否认可场外私下进行的涉及债券的协议转让。并进一步明确如果监管部门不予认可,在发生场外交易的情况下,管理人如何认定债权人身份等问题。

五、重整计划应当如何设计债券类债务的清偿方案

(一)问题的提出

我国《企业破产法》根据债务人是否提供财产担保及债权产生原因,将债权分为有财产担保债权、职工债权、税收债权、社保债权及普通债权,在必要的时候,可以将普通债权进一步区分为小额普通债权、大额普通债权。《企业破产法》并未将债券作为一种特殊类型的债权进行单独规定,原则上仅能根据是否由发行人提供的抵质押物增信来分别按照有财产担保债权或普通债权处理。

在不考虑发行人是否提供财产担保的情况下,债券类债权从本质上是不同于一般普通债权的,债券具有高度流动性,并且往往债券背后都涉及众多的自然人投资者,如果对债券类债权不能够进行妥善处理,往往都会引起较大的市场波动及维稳风险。

据此,虽然《企业破产法》未对债券类债权进行特殊考虑,但是发行人的重整实践中已经出现了,在重整计划中将其作为单独一类债权安排特殊清偿方案(区

别于经营性债权及其他金融债权)的先例。虽然这种司法实践在个案层面已经得到债权人会议和地方司法机关的认可,但其是否具有普遍的适用性以及应当以何种表决机制与其衔接仍需要进一步研究。

(二)现有法律规定与法理分析

1. 现有法律规定

(1)关于债权分类与分组表决

我国《企业破产法》第82条规定:"下列各类债权的债权人参加讨论重整计划草案的债权人会议,依照下列债权分类,分组对重整计划草案进行表决:(一)对债务人的特定财产享有担保权的债权;(二)债务人所欠职工的工资和医疗、伤残补助、抚恤费用,所欠的应当划入职工个人账户的基本养老保险、基本医疗保险费用,以及法律、行政法规规定应当支付给职工的补偿金;(三)债务人所欠税款;(四)普通债权。人民法院在必要时可以决定在普通债权组中设小额债权组对重整计划草案进行表决。"

此规定被认为是《企业破产法》对债务类型的法定划分以及对分组表决的明确安排。重整程序中,通常将债权人分为有财产担保债权组、职工债权组、税款债权组、普通债权组对重整计划草案进行表决,在必要的时候,将普通债权组进一步区分为大额债权组和小额债权组对重整计划草案进行表决。

(2)关于"同债同权"

我国《企业破产法》第87条规定:"部分表决组未通过重整计划草案的,债务人或者管理人可以同未通过重整计划草案的表决组协商。该表决组可以在协商后再表决一次。双方协商的结果不得损害其他表决组的利益。未通过重整计划草案的表决组拒绝再次表决或者再次表决仍未通过重整计划草案,但重整计划草案符合下列条件的,债务人或者管理人可以申请人民法院批准重整计划草案:……(五)重整计划草案公平对待同一表决组的成员,并且所规定的债权清偿顺序不违反本法第一百一十三条的规定……人民法院经审查认为重整计划草案符合前款规定的,应当自收到申请之日起三十日内裁定批准,终止重整程序,并予以公告。"

此规定长期以来被认为是在重整程序中要求为同一表决组所涉债权采取同一种清偿方案(同债同权)的直接法律依据。但是如何界定"同债""同权",法律并没有明确的规定。

2. 法理分析

随着司法实践的不断丰富，尤其是在如经营性债权和债券类债权等特殊债权不断卷入重整案件并引起社会稳定、金融稳定问题的当下，司法机关和管理人开始反思上述规定的立法原意以及适用范围。

(1) 关于《企业破产法》第 87 条的适用范围

部分观点认为，《企业破产法》第 87 条仅是重整计划在两次表决不通过时人民法院强制批准的必要条件，而不是重整计划的必要条件，即如果债权人会议能够表决通过(不需要人民法院强制批准)，那么重整计划原则上就可以在能够形成有效多数的范围内打破"同债同权"原则。

但有反对声音提出，虽然第 87 条不直接适用于非强制批准重整计划的情形，但同债同权仍是《企业破产法》的基本原则(如第 1 条所规定的"公平清理债权债务"的立法目的)。根据《企业破产法》第 86 条规定，即使是债权人会议表决通过的重整计划，人民法院在裁定批准前仍然要进行实质性审查，只有"符合本法规定"的才可以裁定批准。即人民法院在审查重整计划时仍然需要实质判断其具体安排是否符合公平清理债权债务的基本原则。

(2) 关于可否突破《企业破产法》第 82 条设定的范围进行进一步分组

鉴于《企业破产法》第 82 条关于分组的规定非常明确，笔者认为，在《企业破产法》作出修改或出台相应的司法解释之前，分组表决仍应严格遵照第 82 条的规定进行。

(3) 关于何为"公平对待同一表决组的成员"

实践中的分歧在于对"公平对待"的不同理解。

事实上，《企业破产法》第 82 条的债权法定分类是非常粗线条的一种分类，其仅考虑了职工特殊性、国家债权特殊性、有无财产担保以及债权金额大小这四个因素。这种粗线条的法定分类之下，同一表决组之下的债权人并不真正相同，有时还会有极大的差异。

目前，比较显著的差异主要体现在普通债权组中的各个细分类别，如从债权性质细分为经营性债权和金融债权，以及在金融债权项下再进行进一步细分时的银行贷款(直接融资)和债券类债权(间接融资)。

对事实上存在巨大差异的债权人，仅仅因其属于同一法定分组就机械地安排完全一致的清偿方案,这种做法是否符合“公平对待”的立法本意?

部分观点认为,真正的“公平对待”不是“一刀切”,而是要合理地照顾到不同类型债权人之间的客观差异以及企业生存发展的需要,即使在同一法定分组项下也可以在“合理区分”及“表决通过”这两个前提下进行差异化安排。实践中,2015年的中国二重重整案已经成功实践以上思路,在普通债权组框架下之下进一步将普通债权划分为金融普通债权、经营性债权和关联方债权三类,并分别安排了与其性质和客观情况相适应的清偿方案。

(三)目前的重整实践

前述9个样本案例中,共有4个案例的重整计划已经人民法院裁定批准(其中有2个案例因发行人所涉债券在重整程序中被第三方代偿而不实际涉及重整计划对债券类债务的调整),其余5个的重整程序(或重整失败后的清算程序)尚未终结,重整计划亦尚未公开。有效样本为两个,分别为“超日太阳重整案”“东北特钢重整案”。

1.超日太阳重整案(2014年)

超日太阳重整计划所涉债券为在深交所上市的“11超日债”。

(1)重整计划关于“11超日债”的调整及清偿规定

超日太阳重整计划关于普通债权调整方案:“4.普通债权:根据偿债能力分析报告,超日太阳在破产清算状态下的普通债权受偿率约为3.95%。为最大限度提升债权人的受偿水平,根据超日太阳的实际情况,本重整计划大幅提高普通债权受偿率,具体调整方法如下:①每家普通债权人20万元以下部分(含20万元)的债权全额受偿。②普通债权超过20万元部分按照20%的比例受偿。”

超日太阳重整计划关于未申报债权的说明“未向管理人申报但受法律保护的债权,在本重整计划执行期间不得行使权利,在重整计划执行完毕后按照同类债权的受偿比例和受偿方式以相应提存分配额进行清偿”。

超日太阳重整计划关于“11超日债”清偿的特别说明:“1.11超日债作为有财产担保债权对于超日太阳提供的担保物评估价值3064.82万元优先受偿,每张11超日债债权金额本息合计约111.64元,可以优先受偿约3.06元,剩余约108.58元作为普通债权受偿。每名债权持有人在对担保物评估价值优先受偿后未获清偿转为普通债权的部分,20万元以下部分(含20万元)全额受偿,超过20

万元部分按照20%的比例受偿,具体受偿金额以实际计算为准。2.11超日债的清偿款由管理人根据有关规定和规则通过证券交易系统支付。未申报债权的债券持有人按照上述标准同时受偿。”

(2)关于“11超日债”的调整及清偿安排分析

在清偿方案层面,超日太阳重整计划坚持了司法实践中普遍认可的同债同权原则(除法定的职工、税收、担保、普通四类债务外,不再对债务作进一步细分,同一法定类别的债务按照同一清偿方案处理),作为担保债权的“11超日债”所享受的清偿安排与其他担保债权人一致,即就担保物评估值优先受偿。就担保财产不足以覆盖部分作为普通债权受偿,按照普通债权的调整及清偿方案获得受偿,并未对“11超日债”清偿方案进行特殊安排。鉴于超日太阳普通债权清偿率仅20%、远低于100%。如不考虑重整程序中出现的第三方天使担保人,仅从重整计划自身这一维度来看,超日太阳对“11超日债”这一清偿方案已经宣告重整实践在法律层面打破债券刚兑。

在清偿方式层面,虽然超日太阳的重整计划没有对“11超日债”清偿方案进行特殊安排,但是超日太阳重整计划仍在不为人注意的细微处打破了同债同权原则,体现了债券类债权具有一定特殊性。根据《企业破产法》的明确规定,未在重整程序中依法申报债权的债权人在重整计划执行期间不得行使权利,这是《企业破产法》对不及时行权的债券持有人的一种劣后安排。而超日太阳重整计划则特别规定未申报债权的债券持有人可通过深交所系统和已经申报债权的持有人“同时受偿”。根据实践经验推测,该特殊规定可能源于超日太阳管理人通过深交所系统清偿债券持有人的技术要求。

在表决方式层面,超日太阳重整比较重视债券持有人的话语权,也比较注意为债券持有人提供方便。一方面,虽然超日太阳重整案没有单独设立债券组对重整计划进行表决(与债券类债权本身没有特别的清偿方案相一致),但其特别规定,担保债权人在就担保物优先受偿范围内享有担保组表决权,在转普通债权范围内享有普通组表决权。这一规定使人数众多、总金额庞大的债券持有人无论在担保债权组还是普通债权组均获得举足轻重的话语权。以上这种表决权分配机制,并不是法定的,管理人和管辖法院往往可以根据重整成功的需要进行取舍。另一方面,超日太阳重整案专门为债券持有人开通了网络投票通道,这大大提高了债券持有人的参与度,11超日债持有人较高的投票比例印证了这种努力的成果。

2. 东北特钢重整案(2017年)

东北特钢重整计划所涉及的债券共10只,全部为银行间债券。

(1)重整计划关于债券类债权的相关规定

普通债权的清偿方案:

1. 每家债权人50万元以下部分(含本数)全额现金清偿普通债权(含经营类、债券类、金融类)

每家债权人50万元以下的部分(含本数)100%清偿,在重整计划执行期限内一次性现金清偿。

2. 经营类和债券类普通债权人每家超过50万元的部分给予清偿方式选择权

经营类普通债权人50万元以上部分债权金额共计2,319,757,621.83元,债券类普通债权人50万元以上部分债权金额共计7,677,400,968.51元。考虑到经营类普通债权和债券类普通债权的特殊性,两类债权人可以选择按照22.09%的清偿率一次性现金清偿,未获清偿的部分不再清偿;或者选择债转股,按照统一的比例转换为东北特钢的股权。如果有部分经营类和债券类普通债权人选择债转股,则原本为该部分债权人安排的偿债资金将按比例向所有转股债权人分配。

3. 金融类普通债权人每家超过50万元的部分实施债转股

金融类普通债权人每家超过50万元的部分实施债转股,按照统一的比例转换为东北特钢的股权。如果有部分经营类和债券类普通债权人选择债转股,安排给经营类和债券类普通债权人清偿的剩余资金将按比例向所有转股债权人分配,金融类普通债权人由此还可以分配到一定金额的现金。

4. 债转股比例的说明

因经营类和债券类债权人的选择结果待确定,故无法确定债转股的比例。假设全部经营类普通债权人和债券类普通债权人都选择按比例一次性现金清偿,即仅金融类普通债权人50万元以上的债权部分进行转股,则转股比例约为每5.6元债权转为东北特钢1元注册资本(为行文方便,下文简称"1股")。假设金额在1000万元以上的经营类普通债权人和全部债券类普通债权人选择了转股,则转股比例约为每7.12元债权转为1股。假设全部经营类普通债权人和全部债券类普通债权人都选择了转股,即享有转股选择权的债权人全部选择了转股,债转股的范围最大,则转股比例约为每7.26元债权转为1股。

分组表决的规定:

“分组表决”,即根据我国《企业破产法》第82条的规定,将债权人依据债权性质分为不同的表决组。其中,东北特钢的债权人共设四个表决组,即有财产担保债权组、职工债权组、税款债权组、普通债权组。大连特钢的债权人共设3个表决组,即有财产担保债权组、职工债权组和普通债权组。大连高合金的债权人共设两个表决组,即职工债权组和普通债权组。因重整计划涉及东北特钢的出资人权益调整事项,故设立出资人组对出资人权益调整方案进行表决,出资人组由东北特钢的全体股东组成。

(2)对东北特钢重整计划中债券相关规定的分析

在债权类别层面,相比超日太阳的重整计划,东北特钢关于债权类别区分具有一定突破。虽然在大的债权类别上,仍然为有财产担保债权、职工债权、税收债权、普通债权。但是考虑到普债债权的特殊性,进一步将普通债权区分为经营类普通债权、债券类普通债权及金融类普通债权,实现了个案中对债券类普通债权的特殊区分。

在清偿方案层面,东北特钢重整计划在一定程度上打破了“同债同权原则”,考虑到了债券类普通债权的特殊性。首先,债券类普通债权可以选择与金融类普通债权一样的债权调整及清偿方案;其次,考虑到债券类普通债权的特殊性,赋予了债券类普通债权的现金选择权,即债券类普通债权可以在债权转股和一定比例的现金清偿之间做出选择。

在表决方式层面,东北特钢重整计划虽然给予了债券类普通债权特殊清偿方案。但在对重整计划表决分组上,仍然是在现有的《企业破产法》规定下确定,东北特钢分有财产担保债权组、职工债权组、税款债权组及普通债权组对重整计划进行表决,并未将普通债权组划分为金融类普通债权组、债券类普通债权组来分别进行表决,债券持有人仍作为普通债权人参加普通组表决。

3. 关于其他未决案例

截至目前,涉及存量债券的未决重整案例包括天威集团、大连机床、广西有色(已转清算)、柳州化工以及富贵鸟。除广西有色因已转为破产清算而基本确定无法对债券类债权进行特殊安排外,其他4个未决案例在东北特钢案的影响下,均有对债券类债权做出特殊安排的可能性。

(四)建议

1. 明确差异化债权调整范围

从法理上分析,《企业破产法》给重整计划针对同一法定分组内的不同类型债权人安排不同的清偿方案留下了一定空间,这种空间可以使重整计划更具有合理性,从而有利于进一步提升重整成功率,实践方向是正确的,但这种空间亦有被滥用的风险。

为明确有关创新实践的合法性,并同时限制这一空间被滥用的风险,立法及司法层面可以考虑对差异化方案的适用范围以及法院审查标准和程序作出进一步的细化与明确。

(1)明确能够进行特殊调整的债权类别及需要具备的特征

实践中已经出现了对同一债权组中,金融普通债权、经营类普通债权、债券类普通债权,制定不同的调整及清偿方案。鉴于普通债权涉及债权类型多,针对不断出现的各种类型的普通债权,为了制定更加符合各类债权人利益的清偿方案,实践中必然将针对特殊类型普通债权制定不同调整及清偿方案的案例。

为了使重整计划中对各类债权的调整及清偿方案更加规范,避免实践中利用法律空白,对债权进行不合理的特殊处理。建议通过修改《企业破产法》或出台相关司法解释的形式,明确针对哪些特殊类型的债权可以制定不同的调整及清偿方案;另外确定针对未列举的债权,如果满足一定条件,如涉及的利益群体特殊、关系社会稳定性等,也可以制定不同的调整及清偿方案。

(2)对同一表决组中债权进行不同调整方案的法院权限

针对同一表决组的债权,制定不同的调整及清偿方案,是否需要法院批准或者法院备案。根据《企业破产法》的规定,重整计划草案需要先经债权人会议表决后,再提交法院裁定批准。

据此,根据《企业破产法》的规定,法院对重整计划的审核权是在裁定批准重整计划时行使的，但是为了避免经债权人会议表决通过的重整计划，由于针对同一表决组债权制定了不同的调整方案，而不被法院裁定批准；或者未经债权人会议表决通过的重整计划草案，由于针对同一表决组债权制定了不同的调整方案，而被法院拒绝裁定批准。建议管理人或债务人在制定重整计划草案时，如涉及对同一表决组债权制定不同清偿方案时，提前与法院进行沟通、衔接。

同时，鉴于对“同债同权”的理解在理论界和实务界均尚未达成一致认识。针对债权人会议表决未通过的重整计划草案，法院行使强制裁定批准权利的时候，需要确定如何判断重整计划是否“公平对待同一表决组债权”，提供相关审核标准，“公平”是否意味对该组所有债权的调整及清偿方案必须完全一致，还是可以针对该表决组债权的不同特征制定差异化调整及清偿方案；针对债权人会议表决通过的重整计划草案，法院如何审查该重整计划是否符合《企业破产法》的规定，建议进一步明确法院审核标准。

2. 完善债权分组表决规定

根据《企业破产法》的规定，依据债权分类，可以分有财产担保债权组、税款债权组、职工债权组、大额债权组、小额债权组对重整计划草案进行表决。在重整司法实务中，针对重整计划草案的债权人分组表决尚未有超出以上组别的情况。

《企业破产法》已经制定超过 10 个年头，最初的关于债权分组的表决，有必要根据重整实务进行完善。简单地分为有财产担保债权、税款债权、职工债权、大额债权、小额债权，已经不能涵盖所有特殊类型债权。债券类债权，对比金融债权、经营债权，具有显著特征，可以通过立法规定，人民法院在必要时可以决定在普通债权组中设立除了小额债权组以外的其他债权组对重整计划草案进行表决。

针对债券类债权，其究竟基于何种原因而需要被区别于银行贷款和经营性负债进行特殊安排，则是一个包含价值判断的课题，从打破刚兑到争取特殊方案安排的可能性，这本身就是一个全社会对债券类融资价值判断不断修正的过程。

随着债券市场的不断发展及目前经济下行大环境下重整企业的不断增加，涉及债券的重整企业越来越多。如何将重整程序与债券持有人的保护进行有效衔接，将是未来很长一段时间需要不断研究并完善相关规定的课题。在重整程序中为了实现债券持有人和发行人共赢，需要同时考虑债券持有人的特殊性及重整程序的特殊性,一方面,需要明确债券持有人如何在重整程序中行使相关权利及对其权利在重整程序中如何进行特殊安排;另一方面,对发行人涉及的信息披露义务在重整期间的履行进行明确,明确披露义务人,同时对在重整期间的披露事项进行特殊安排。

【破产并购新规】

欧盟破产程序规则(重订)[①]

龚新怡[*] 译

欧洲议会及欧盟理事会,根据《欧洲联盟运行条约》,特别是根据该条约第81条的相关规定,在欧盟委员会提案的基础之上,将立法草案送至各成员国议会后,听取了欧洲经济和社会委员会提出的意见,[②]遵照普通立法程序,[③]鉴于:

(1)2012年12月12日欧盟委员会正式通过了一份关于《欧盟理事会第1346/2000号关于破产程序的(欧共体)规则》[④]的施行报告。该报告总结,规则总体运行良好,但是为了加强对跨境破产程序的有效管理,个别条款尚待改进。鉴于规则已经过多次修正并将进一步得到修正,为了清晰起见,将采取重新修订的方式。

---

① 《欧盟破产程序规则(重订)》全称为《欧洲议会及欧盟理事会2015年5月20日第2015/848号关于破产程序的(欧盟)规则(重订)》[Regulation(EU) 2015/848 of the European Parliament and of the Council of 20 May 2015 on insolvency proceedings(recast)]。

* 荷兰莱顿大学法学院博士。

② OJ C 271,19.9.2013,p.55.

③ 2014年2月5日欧洲议会的意见(尚未刊登在《欧盟公报》上)以及欧盟理事会在2015年3月12日在一读时的意见(尚未刊登在《欧盟公报》上)。欧洲议会2015年5月20日的意见(尚未刊登在《欧盟公报》上)。

④ 欧盟理事会2000年5月29日第1346/2000号关于破产程序的(欧共体)规则(OJ L 160,30.6.2000,p.1)。

(2)欧盟以创建一个自由、安全、公正的区域为既定目标。

(3)内部市场的妥善运行要求跨境破产程序应当有效率和有效用地进行。为了达成该目标,而有必要通过本规则。同时,该目标也被涵盖在《欧洲联盟运行条约》第81条民事司法合作的范畴之内。

(4)企业的经营活动具有越来越多的跨境效应,因此日益受到欧盟法律的规制。这样的企业一旦破产也会影响到内部市场的妥善运行。如此一来,需要在欧盟层面上进行立法,对无偿债能力的债务人资产所采取的措施进行协调。

(5)为了内部市场的妥善运行,必须采取措施以避免激励当事人为获得更有利的法律地位而损害到全体债权人的整体利益,将资产或司法程序从某一成员国转移到另一成员国的行为(挑选法院)。

(6)本规则应当包括启动破产程序的管辖权条款以及从破产程序中直接衍生出并与之密切关联的诉讼程序条款。本规则应当也包括此类程序中的判决承认与执行的条款以及破产程序所适用的准据法条款。另外,本规则应当制定关于同一债务人或同一集团公司的若干成员的破产程序间的协调规定。

(7)破产、与无偿债能力的公司或其他法人相关的清算程序、司法安排、和解以及类似的程序和同这些程序相关的诉讼被排除在《欧洲议会以及欧盟理事会第1215/2012号(欧盟)规则》[①]的适用范围之外。那些程序应当被包含在本规则的适用范围之内。对本规则进行解释时,应当尽可能地避免这两部法律规范间的规制漏洞。然而,仅凭内国法上的某一程序未被列入本规则的附录A这一事实,并不意味着该程序应当纳入第1215/2012号(欧盟)规则的适用范围之内。

(8)为了实现对具有跨境效应的破产程序的效率和效力进行改善这一目标,将该领域关于管辖权、承认和准据法的条款制定为对成员国具有拘束力以及直接适用的欧盟措施是必要的和适当的。

(9)本规则应当适用于任何符合其所设条件的破产程序,而无论债务人是自然人还是法人,商人还是个人。那些破产程序被详尽无遗地列举在附录A之中。对于附录A中所包括的内国法程序,另一成员国的法院不得就这些程序是否符合本规则所设条件采取任何进一步的审查。内国法上的破产程序若未被列入附

---

① 欧洲议会以及欧盟理事会2012年12月12日第1215/2012号关于民商事诉讼管辖权及判决承认与执行的(欧盟)规则(OJ L 351,20.12.2012,p.1)。

录A之中,则不在本规则的适用范围之内。

(10)本规则的适用范围应当延伸至对经济上有望复苏但陷入困境的企业的拯救,并且给予企业家们再生的机会。特别应当涉及那些处于有破产可能性的债务人的重整程序,以及由债务人继续完全或部分掌控资产和事务的程序。也应当包括同消费者以及自由职业者相关的债务豁免或债务调整程序,如通过减少债务人应当支付的金额或者通过延长债务人的偿付周期。鉴于此类程序不必然要求任命一位破产从业人员,若此类程序在法院的控制和监督之下,亦应适用本规则。在这种情况下,"控制"应当包括法院仅因债权人或其他利益相关人上诉而进行干预的情形。

(11)对于由个别债权人提起的强制执行诉讼,若会对协商带来不利影响同时阻碍债务人业务重整的前景时,本规则也应当适用于对该强制执行诉讼准予暂时中止的程序。此类程序不应损害全体债权人的整体利益,并且当重整计划的方案无法达成合意时,此类程序应当先于适用本规则的其他程序进行。

(12)为了使债权人获悉破产程序以及申报债权,本规则适用于那些公开启动的破产程序,从而确保破产程序集体性的本质,并且给予债权人向启动破产程序的法院提出管辖权异议的机会。

(13)相应地,保密性的破产程序应当被排除在本规则的适用范围之外。此类破产程序在部分成员国发挥着重要的作用,然而其保密性的特质,使其他成员国的债权人或法院无从得知这样的破产程序已经被启动,从而令其效力在整个欧盟范围内难以获得承认。

(14)受本规则规制的集体破产程序应当包括占债务人所欠全部或者相当比例的未偿债务的全部债权人或者重要的部分债权人,但是那些未参与到破产程序中的债权人的债权亦不应受到影响。仅涉及债务人的金融债权人的破产程序也应当受本规则的规制。不包括债务人所有债权人的破产程序应当是以挽救债务人为目的之程序。明确以终止债务人经营活动或以清算债务人资产为目的之程序应当包括债务人的所有债权人。此外,某些涉及自然人的破产程序将一些具体的债权种类,如抚养费之债,排除在可以债务豁免的范围之外,而该排除并不意味着这样的破产程序不是集体性的。

(15)本规则也应当适用于那些根据某些成员国法律,可以在法院颁布命令确认程序非临时性继续进行之前,临时性或过渡性地启动和进行一段时间的程序。尽管被冠以“临时性”之名,这样的程序依然应当符合本规则的其他所有要求。

(16)本规则应当适用于基于同破产相关的法律而启动的破产程序。然而,基于普通公司法律而并非仅为破产而设置的法律所启动的程序不应被视为基于同破产相关的法律而启动的破产程序。同样地,以债务调整为目的之破产程序,不应当包括极低收入和极低资产价值的自然人债务被免除的程序,只要此类程序并未制定向债权人偿还的条款。

(17)本规则的适用范围应当涉及因债务人面临非财务性困难而启动的破产程序,只要那样的困难会对债务人现有或未来的到期债务的偿还能力构成实际且严重的威胁。为了说明债务人正面临非财务性困难,而该困难正对其长远的持续经营造成威胁,并且对其中期经营会带来资金流动性方面的风险,确定这样的威胁存在的相应时间范围可以延伸到几个月甚至更长的时间。比如,债务人失去一份对其至关重要的合同,就可以作为这样一个例子。

(18)本规则不应当妨碍欧洲联盟法院判例法就无偿债能力的公司进行国家援助的退还所作出的相关解释规定。

(19)受《关于保险企业、信用机构、投资公司及其他受欧洲议会及欧盟理事会第2001/24/EC号指令》[①]规制的相关公司、机构或企业,以及集体投资企业的破产程序应当被排除在本规则的适用范围之外,因为它们均受到特别规定的约束且内国监管机构对它们具有广泛的干预权。

(20)破产程序不必然涉及司法机构的干预。因此,本规则中对“法院”一词在某些条文中应当做广义的理解,包括经内国法授权启动破产程序的个人或组织。为了适用本规则,破产程序(包括法律规定的行为和程序)不应当仅仅遵循本规则的条文,同时也应当为破产程序启动地的成员国所正式承认并在该国具有合法效力。

(21)破产从业人员在本规则中被定义并被列入附录B中。未经司法机构任命的破产从业人员应当依据内国法被妥善监管并且被授予在破产程序中采取行动的职权。内国监管体系应当作出适当的安排来处理潜在的利益冲突问题。

---

① 欧洲议会和欧盟理事会2001年4月4日第2001/24/EC号关于信用机构重整和清算的指令(OJ L 125,5.5.2001,p.15)。

(22)本规则认识到实体法之间差别所大,而这一事实致使破产程序在欧盟范围内具有普遍性效力变得不切实际。在此背景下,毫无例外地适用程序启动国的法律往往会有诸多困难。例如,各成员国内国法就担保权益所作规定就大不相同。另外,在某些情况下,在破产程序中某些债权人所享有的优先权是截然不同的。在对本规则进行的下一轮审核过程中,需要对在欧盟层面上改善职工优先权问题采取进一步的措施。本规则应当从两个方面来考虑内国法的差异性问题:一方面,就特别重要的权利和法律关系,应当制定特别的适用法的规定(如物权和劳动合同);另一方面,仅涉及程序启动国资产的内国破产程序应当同具有普遍效力的主破产程序一起被允许启动。

(23)本规则所规定的主破产程序是指在债务人主要利益中心所在成员国启动的破产程序。那些程序具有普遍性的效力并且旨在涵盖债务人的全部资产。为了保护权利的多样性,本规则允许从属破产程序并行于主破产程序而被启动。从属破产程序可以在债务人拥有营业所的成员国被启动。从属破产程序的效力局限于在该成员国内的资产。从属破产程序同主破产程序的强制性协作规定符合欧盟团结一致的需求。

(24)若涉及法人或公司的主破产程序在一非注册地的成员国被启动,就可以在其注册地所在成员国启动从属破产程序,只要该债务人根据欧洲联盟法院判例法的规定在该成员国以人工和资产从事经济活动。

(25)本规则仅适用于主要利益中心在欧盟范围内的债务人的破产程序。

(26)本规则所制定的管辖权规定仅规制国际管辖权,这就意味着,这些规定是为成员国指定可启动破产程序的法院。成员国的域内属地管辖权应当由相关成员国的内国法所确立。

(27)在启动破产程序前,主管法院应当自行审查债务人的主要利益中心或债务人的营业所是否确实位于其管辖权范围之内。

(28)在决定债务人的主要利益中心是否能为第三人所确定时,应当特别考虑到债权人以及债务人从事经营活动的地点是否能为债权人所知悉。这便要求当主要利益中心转移时,债务人适时通知债权人其从事经营活动的新地点。例如,在商业通信中提请对地址变化的注意,或者通过其他适当方式将新地点公开。

(29)本规则应当包括若干保障措施以防止欺骗性或滥用挑选法院。

(30)相应地,注册地、主要营业地以及经常居住地是主要利益中心的假设应当被推翻,同时,成员国的有关法院应当仔细评估债务人的主要利益中心是否真正地位于该成员国。在债务人为公司的情况下,当公司的管理中心位于另一成员国而非其注册地,并且以第三人所知悉的方式,基于对所有相关因素进行全面评估来确立公司的实际管理和监管中心以及经营中心是否位于另一成员国。在债务人为并未从事独立经营或专业活动的个人的情况下,假设应当可以被推翻,如当债务人的主要资产位于债务人经常居住地的成员国之外,或者能够证明转移的主要原因是为了在新的司法管辖区之内申请破产程序,并且这样申请将实质性地损害那些在转移前同债务人存在关系的债权人的利益。

(31)同样基于防止欺骗性或滥用挑选法院之目的,若债务人为公司、法人或从事独立经营或专业活动的个人,在申请启动破产程序之前的3个月之内,将其注册地或主要营业地转移至另一成员国,或者若债务人为不从事独立经营或专业活动的个人,在申请启动破产程序之前的6个月之内,将其经常居住地转移至另一成员国,则主要利益中心在注册地、在个人的主要营业地或者在个人的经常居住地的假设不应适用。

(32)在所有案件中,当发生对法院管辖权产生怀疑的情形,法院应当要求债务人提交补充性的证据来支持其主张,并且在适用于破产程序的法律允许的情况下,给予债务人的债权人就管辖权问题陈述自己意见的机会。

(33)当受理启动破产程序请求的法院发现主要利益中心并不位于其管辖区域范围之内,则该法院不应启动主破产程序。

(34)另外,债务人的任何债权人对启动破产程序的决定应当拥有有效的救济措施。对启动破产程序的决定提出异议而产生的任何后果应当受内国法规制。

(35)在破产程序已经被启动的成员国领土范围内的法院对直接自破产程序衍生而来的并且同破产程序密切相关的诉讼也应当具有管辖权。这样的诉讼应当包括对在其他成员国对被告提起的撤销权之诉以及在破产程序过程中产生的债务之诉,如破产程序费用的预先支付。相反地,对在破产程序启动之前,对由债务人订立的合同所提起的债务履行之诉不是直接自破产程序衍生而来。当这样的诉讼程序同其他普通民商事诉讼相关联时,如果破产从业人员认为在被告居住地法院提起诉讼更有效率,则其应当能够在该法院提起诉讼。例如,这有可能是破产从业人员希望将基于破产法的董事责任之诉同基于公司法或普通侵权法的董事责任之诉相结合的情形。

(36)具有启动主破产程序管辖权的法院在申请启动程序时,应当能够颁布临时保护措施令。在破产程序开始之前和开始之后的保全措施对确保破产程序的效力均具有重要意义。一方面,对主破产程序有管辖权的法院应当能够对在其他成员国领土内的资产颁布临时保护措施令;另一方面,在主程序启动之前被临时任命的破产从业人员应当能够在债务人营业所所在成员国申请为那些成员国内国法所允许的保全措施。

(37)在主破产程序启动之前,在债务人营业所所在成员国启动破产程序的请求权应当仅限于由当地债权人和公共部门行使,或者根据债务人的主要利益中心所在成员国内国法,在主破产程序无法被启动的情况下方能行使。如此限定的理由是在主破产程序被启动前,对属地破产程序案件的申请应当限于有绝对必要的情形。

(38)在主破产程序启动后,本规则并不限制在债务人有营业所的成员国启动破产程序的权利。主破产程序的破产从业人员或者其他依据该成员国内国法被授权的人员可以请求启动从属破产程序。

(39)本规则应当为确定债务人资产所在地提供规定,这些规定在决定资产是属于主或从属破产程序,或者涉及第三人的物权时适用。特别是,本规则应当规定欧盟专利、共同体的商标或者其他相似权利具有统一的效力,例如共同体植物多样性权利或者共同体外观设计,应当仅被包括在主破产程序中。

(40)除了保护当地利益之外,从属破产程序还可以实现不同目的。可能有些案件中,债务人破产资产过于复杂而无法作为一个整体管理,或者相关法律体系的差异过大会给程序启动国内国法的效力延伸至资产所在的其他成员国带来困难。基于那样的理由,主破产程序的破产从业人员可以出于有效管理破产财产的要求而申请启动从属破产程序。

(41)从属破产程序也可能阻碍对破产财产的有效管理。因此,本规则明确确立两种情形,当法院受理启动从属破产程序的申请时,应当基于主破产程序的破产从业人员之请求,延期或拒绝启动这样的程序。

(42)本规则赋予主破产程序的破产从业人员向当地债权人作出承诺的可能性,承诺他们将获得如同从属破产程序被启动一般的待遇。该承诺必须符合本规则所规定的若干条件,尤其是必须经当地债权人以特定多数决通过。当承诺被作出时,已经受理启动从属破产程序申请的法院如果认为承诺可以充分保护当地债权人的整体利益,则应当能够拒绝该申请。在评估那些利益时,法院应当考虑到该承诺已经获当地债权人以特定多数决通过这一事实。

(43)出于向当地债权人作出承诺的目的,应将位于债务人营业所所在成员国的资产和权利纳入破产财产的一项子目录,并且在分配资产或者资产变现的收益时,主破产程序的破产从业人员应当尊重债权人如同从属破产程序会在该成员国被启动时一样的优先权。

(44)内国法应当适当地被适用于承诺的批准。特别是当根据内国法,通过重整计划的投票规则要求必须对债权人的债权进行事先确认,那么在就承诺进行投票时,那些债权应当被视作已经获得了确认。① 若依据内国法,通过重整计划有不同的程序,则成员国应当指定与此相关的具体程序。

(45)当暂时中止个别强制执行程序已在主破产程序中获得允许,为了确保在主破产程序中该中止的效力,本规则应当为法院暂时中止启动从属破产程序提供可能。若法院认为适当的措施已经到位而足以确保当地债权人的整体利益,则法院应当能够准予暂时中止。在这样的情况下,所有可能会受重整计划协商结果影响的债权人应当被告知协商程序并且应被允许参与协商。

(46)为了确保对当地利益的有效保护,主破产程序的破产从业人员不得任意事先变现或转移营业所所在成员国的资产,特别是为了规避因从属破产程序的启动而有效实现这些利益的可能性。

(47)本规则不应阻止已经启动从属破产程序的成员国法院制裁债权人的董事违反其职责的行为,只要该法院依据其内国法具有裁判此类纠纷的管辖权。

(48)如果所有平行程序中的相关人员能够进行适当的合作,那么主破产程序和从属破产程序就能够共同致力于债务人的破产财产的有效管理或者全部资

---

① 此处参考了欧盟规则相关条文的德文版与法文版。——译者注

DE:Insbesondere sollten Forderungen der Gläubiger für die Zwecke der Abstimmung über die Zusicherung als festgestellt gelten wenn die Abstimmungsregeln für die Annahme eines Sanierungs plans nach nationalem Recht die vorherige Feststellung dieser Forderungen vorschreiben.

FR:En particulier,lorsque,en vertu du droit national,les règles de vote applicables à l' adoption d' un plan de restructuration exigent l' approbation préalable des créances des créanciers,celles-ci devraient être réputées approuvées aux fins du vote sur l' engagement.

产的有效变现。适当的合作意味着各个相关的破产从业人员和法院紧密地合作,尤其是通过充分的信息交流。为了确保主破产程序的主导地位,在主破产程序中的破产从业人员应当被赋予对未决的并行从属破产程序进行干预的若干可能性。特别是,破产从业人员应当能够提出重整计划或和解或申请从属破产程序资产变现的中止。在合作过程中,破产从业人员和法院应当参考跨境破产案件合作的最佳范例,它们被规定在由欧盟和活跃于破产法领域的国际组织所通过的交流与合作的原则和指引中,特别是由联合国国际贸易法委员会(贸易法委员会)所筹备的相关指引。

(49)出于合作的需要,破产从业人员和法院应当能够为了促进在不同成员国涉及同一债务人或同一集团公司成员间的破产程序的跨境合作而缔结合同和协议,而这样做必须同每一个相关程序所适用的规定相符合。这样的合同和协议可能在形式上有所不同,可以是书面或口头的形式;在范围上也有所不同,可以是一般的也可以是具体的,并且可以由不同的当事人所缔结。简易的一般合同会强调当事人之间紧密合作的必要性,而不会涉及具体的问题;具体的合同更为细节化,会创建一个原则框架以规制多个破产程序并且若内国法要求,须经相关法院批准。它们体现的是当事人采取或避免采取某些措施或行为的合意。

(50)类似地,不同成员国的法院可以通过协调破产从业人员的任命来合作。在那样的情况下,它们可以为同一债务人或同一集团公司的不同成员任命同一名破产从业人员,只要这与各个程序所适用的规定相符,特别是同破产从业人员的从业资格和从业许可的要求相符。

(51)本规则应当确保对集团公司的各不同集团成员的相关破产程序进行有效管理。

(52)当同一集团的若干成员的破产程序被启动,这些程序中的相关人员应当进行适当的合作。各个相关的破产从业人员和法院应当基于犹如涉及同一债务人的主从破产程序中的相同义务进行相互合作和交流。破产从业人员之间的合作不应同各个破产程序中债权人的利益相抵触,并且这样的合作应以寻找集团间的协同增效的解决方案为目标。

(53)制定集团公司破产程序的规定不应局限于由某一个法院在单个司法辖区之内就属于同一集团的若干成员启动破产程序的可能性,若该法院认为这些集团成员的主要利益中心位于同一成员国内。在这样的情况下,法院应当也能够在所有的相关破产程序中,适当地任命同一名破产从业人员,只要这样做与可适用的规定不相违背。

(54)为了进一步改善集团公司成员的破产程序间的协作,并且允许集团公司进行协作化的重整,本规则应当就集团公司成员的破产程序的协作作出程序性的规定。这样的协作应当力求确保协作的效率,同时尊重各集团成员的独立的法人格。

(55)在与集团公司的成员相关的破产程序中被任命的破产从业人员应当能够申请启动集团协作程序。然而,破产所适用的法律也可能会要求破产从业人员在进行此申请前,应当取得必要的授权。申请应当明确协作的基本要素,特别是协作计划的概要、被任命为协调人的人选建议以及预计协作费用的概要。

(56)为了确保集团协作程序的自愿性质,相关破产从业人员应当能够在确定的时间范围之内就加入该程序提出异议。为了允许相关破产从业人员能够根据已知情况决定是否参与集团协作程序,他们应当在早期阶段就被告知协作的基本要素。然而,任何破产从业人员即使一开始对加入集团协作程序提出过异议,后来也应当能够申请参加。在这样的情况下,协调人应当对是否受理申请作出决定。所有的破产从业人员,包括提出申请的破产从业人员,应当被告知协调人的决定并且应当具有向启动集团协作程序的法院提出反对该决定的机会。

(57)集团协作程序应当始终致力于促进集团成员间破产程序的有效管理,并且取得对债权人的普遍性积极影响。因此,本规则应当确保受理集团协作程序申请的法院在启动集团协作程序之前,对那些标准进行评估。

(58)集团协作程序的优势不应为程序费用所累。因此,必须确保协作的费用以及各集团成员的费用分摊的份额是充分的、符合比例的且是合理的,同时是依据集团协作程序启动成员国的内国法所决定的。相关破产从业人员应当拥有从程序早期阶段控制那些费用的可能性。有些内国法规定,破产从业人员若想从程序早期阶段控制费用,须经法院或债权人委员会的批准。

(59)若协调人认为,为了完成其任务,其实际费用同最初估计的费用相比需要显著增加,在任何情况下,费用每超出预计费用的10%,协调人就应经启动集团协作程序的法院批准方能超出相关费用。在作出决定之前,启动集团协作程序的法院应当给予参与的破产从业人员机会就协调人申请的恰当性向其陈述意见。

(60)对于未参与集团协作程序的集团公司成员,本规则应当也提供其他的机制来促成集团的协调性重整。在集团公司某一集团成员的破产程序中被任命的破产从业人员应当有资格申请集团公司其他并未参与集团协作程序的成员的破产程序中同资产变现相关的措施的中止。只有当重整计划已向相关集团的集团成员递交,同时,计划是对所申请中止的程序中的债权人有利的,并且为了确保计划能够被适当地实施,中止是必需的,则这样的中止方得以申请。

(61)本规则不应阻止成员国确立内国法上的规定,来补充本规则所制定的有关于集团公司的集团成员破产的合作、交流以及协作方面的规定,只要那些内国法上的规定的适用范围仅限于该成员国的管辖区域之内并且那些规定的适用并不会损害本规则所定规范的效率。

(62)在本规则所制定的集团公司的成员破产的框架下的合作、交流和协作的规范应当仅适用于同一集团公司的不同成员间在一个以上的成员国启动的相关破产程序。

(63)任何在欧盟境内有经常居住地、住所或者注册地的债权人应当有权在欧盟境内每一个同债务人资产相关的待决破产程序中申报债权。这对税务机关以及社会保险机构同样适用。本规则不应阻止破产从业人员代表某些债权人团体申报债权,例如,有些内国法就雇员作出了如此规定。然而,为了确保平等地对待债权人,对收益的分配应当进行协调。每一个债权人应当能够保有其从破产程序中所获得的资产,但只有当其他债权人基于同样资格获得了相同比例的债权后,该债权人才有资格参与其他程序就全部资产所进行的分配。

(64)在欧盟境内有经常居住地、住所或者注册地的债权人必须被告知同其债务人资产相关的破产程序的启动。为了确保将信息迅速地传达给债权人,《欧洲议会及欧盟理事会第1393/2007号(欧共体)规则》[①]不应适用于本规则所指的通知债权人的义务。使用以欧盟所有机构官方语言制定的标准表格应当便于债权人在其他成员国启动的程序中申报债权。未完整填报标准表格的后果应由内国法决定。

(65)本规则应当规定在本规则范围之内对破产程序的启动、运行以及终止

① 欧洲议会及欧盟理事会2007年11月13日第1393/2007号关于向成员国送达民商事司法和非司法文件(送达文件)的(欧共体)规则,并废除欧盟理事会第1348/2000号(欧共体)规则(OJ L 324,10.12.2007,p.79)。

相关的判决的立即承认,以及与这样的破产程序直接相关的判决的立即承认。因此,自动承认应当意味着由启动破产程序的成员国的法律赋予该破产程序的效力延伸至全部其他成员国。对由成员国法院所作出判决的承认应当基于互信原则。为此,不承认的根据应当被缩减至最低的必要限度。这也是当两个成员国均主张拥有主破产程序的管辖权时,解决一切争议的基础。首个作出启动破产程序法院的决定应当在其他成员国被承认,其他成员国无权对该法院的决定进行审查。

(66)本规则应当在其适用范围之内规定统一的冲突法规范,以取代相关适用范围内的内国法上的国际私法规范。除非另有规定,启动破产程序的成员国的法律应当适用破产诉讼地法。这一冲突法规范应当对主破产程序和当地程序均有效力。破产诉讼地法决定破产程序的一切效力,无论是程序的还是实体的,无论是对于人还是法律关系。破产程序启动、运行以及终止的所有条件均受其支配调整。

(67)对破产程序的自动承认通常适用程序启动国的法律,可能会干扰到在其他成员国进行交易时所遵循的规范。为了保护在非破产程序启动成员国进行交易的合法预期以及确定性,应当对一般性规范制定若干例外条款。

(68)由于物权对于授信有着特别的重要性,因此与物权相关的规范不同于破产程序启动国的规范是尤其必要的。物权的基础、效力以及权利范围通常应当由物之所在地法决定,而并不受破产程序启动的影响。因此,物权所有权人应当能够得以继续主张其对担保物分隔的权利或就担保物获得个别清偿的权利。当物之所在地法规制的物权资产位于一成员国境内,而主破产程序在另一成员国境内进行,若债务人在该物权所在成员国有营业所,主破产程序的破产从业人员应当能在该司法管辖区内申请启动从属破产程序。若从属破产程序未被启动,任何出售物权资产的盈余应当交给主破产程序的破产从业人员。

(69)本规则制定了若干供法院中止启动破产程序或者中止强制执行程序的条款。任何这样的中止不应当影响债权人或第三人的物权。

(70)若抵销权之诉未被程序启动国法律所允许,然而适用于无偿债能力的债务人的法律允许这一诉求,则债权人仍然应当有资格行使抵销权。这样一来,在抵销权之诉发生的场合,抵销权可以基于债权人得以依据的法律条款而获得某种保障功能。

(71)对于支付系统和金融市场有加以特别保护的需要。例如,在这样的系统中,存在平仓协议和净额结算协议,以及受《欧洲议会和欧盟理事会第98/26/EC号指令》[①]所特别规制的证券销售和担保的那类交易。对于那类交易,唯一适用的法律应当是适用于相关系统和市场的法律。该法律旨在防止支付结算交易的措施以及支付和抵销系统或者受成员国管制的金融市场不因某经营方的破产而受到改变。第98/26/EC号指令包含了应当优先于本规则的一般规定而适用的特别条款。

(72)为了保护雇员和就业,破产程序对雇佣关系的延续或终止以及对与此类雇佣关系相关的所有当事人权利和义务的效力,根据一般的冲突法规范,应当由相关雇佣合同所适用的法律来决定。而且,当雇佣合同的终止须经法院或行政机关批准时,债务人营业所所在成员国应当对准予这样的批准拥有管辖权,即使并没有破产程序在该成员国被启动。任何同破产法律相关的其他问题,如雇员债权是否受到优先保护而这样优先权的地位,应当由(主或从属)破产程序启动国的成员国法律来决定,除非根据本规则已经给出承诺而避免启动从属破产程序的情形。

(73)破产程序对于任何关于债务人破产财产的部分资产或职权的待决诉讼或待决仲裁程序的效力应当适用待决诉讼所在成员国法律或仲裁地所在成员国的法律。然而,本规定不应影响内国法上就仲裁裁决的承认和执行所作之规定。

(74)考虑到某些成员国法院系统的具体程序规定,本规则的某些规定应当具有灵活性。相应地,可供参考的是,本规则中由某个成员国的某个司法机构发出通知,应当包括当某成员国的程序规定作如此要求时,由该司法机构颁布命令来指导该通知被发出的情形。

(75)出于经营的考虑,启动破产程序的主要内容经未作出该决定的法院所在成员国的破产从业人员的申请,应当公开。如果在相关成员国有营业所,则这样的公开是强制性的。然而,无论在哪一种情况下,公开都不应成为承认外国破产程序的一个先决条件。

(76)为了完善向相关债权人和法院提供信息以及避免启动平行破产程序的

① 欧洲议会和欧盟理事会1998年5月19日第98/26/EC号支付结算终结与证券结算系统指令(OJ L 166,11.6.1998,p.45)。

条款,成员国应当被要求在向公众开放的电子登记平台上,公布同跨境破产案件相关的信息。为了便于在其他成员国居住的债权人或位于其他成员国的法院获取信息,本规则应当规定这样的破产登记应当通过欧洲电子司法门户网站而相互连接。成员国得自由地在若干个破产登记平台公布相关信息并且应当能够同每个成员国一个以上的破产登记平台相互连接。

(77)本规则应当决定将公布在破产登记上的最低限度的信息量。成员国不应被免除提供额外信息的可能性。当债务人为自然人时,若债务人正从事独立经营或专业活动,则破产登记仅须标明一个登记号。该登记号,如果有,应当是公布在债务人独立经营或专业活动的商业登记上的专用注册号。

(78)破产程序某些方面的信息对于债权人而言是至关重要的,如申报债权或提出异议的时间限制。然而,本规则不得允许成员国逐案计算那些时限。成员国履行其义务的方式应当是通过添加超链接到欧洲电子司法门户网站,从而提供计算那些时限标准的明确信息。

(79)为了给予未从事独立经营或专业活动的个人的相关信息以充分的保护,成员国应当要求获取那样的信息必须提供额外的辅助性搜索标准,如债务人的个人身份证号、地址、出生日期或主管法院的所在区域,或者要求获取信息必须通过向主管机构申请或经核实确认具有合法利益的存在。

(80)成员国不得将未从事独立经营或专业活动的个人纳入在其破产登记信息中。在这样的情况下,成员国应当确保相关信息是通过个别通知的方式送达债权人的,且未收到信息的债权人的债权不受破产程序的影响。

(81)一些当事人可能没有意识到破产程序已经被启动而善意地作出同该新情况相抵触的行为。当事人因为没有意识到外国程序已经被启动,向债务人而非外国破产从业人员为一定支付时,为了保护这样的当事人,应制定相应条款规定这样的支付具有债务免除的效力。

(82)为了确保本规则在统一条件下实施,实施权应被授予欧盟委员会。这些权力应当根据《欧洲议会和欧盟理事会第182/2011号(欧盟)规则》①来行使。

(83)本规则尊重基本权利并且遵循为《欧洲联盟基本权利宪章》所承认的原

① 欧洲议会和欧盟理事会2011年2月16日第182/2011号关于制定欧盟委员会行使被授予的实施权和成员国控制机制的规定和一般原则的(欧盟)规则(OJ L 55,28.2.2011,p.13)。

则。特别是,本规则致力于促进第8条、第17条和第47条,分别关于个人数据保护,财产权和有效救济及公正审判的权利。

(84)《欧洲议会和欧盟理事会第95/46/EC号指令》[①]以及《欧洲议会和欧盟理事会第45/2001号规则》[②]适用于本规则框架范围内的个人数据处理事宜。

(85)本规则不影响《欧盟理事会第1182/71号(欧洲经济共同体,欧洲原子能共同体)规则》之规定。[③]

(86)因为本规则的目标无法由成员国自身充分达成,而是应当通过创设对跨境破产程序进行适当管理的法律框架,在联盟层面更好地加以实现。联盟可以根据《欧洲联盟条约》第5条所规定的辅助性原则采取措施。根据同一条款所规定的比例原则,本规则不得为达成那一目标而逾越必要的范围。

(87)根据《欧洲联盟条约》以及《欧洲联盟运作条约》附录第21号议定书第3条和第4a(1)条就英国和爱尔兰在自由、安全以及司法领域的地位所作之规定,英国和爱尔兰已经告知其参与对本规则的通过和适用的意愿。

(88)根据《欧洲联盟条约》以及《欧洲联盟运作条约》附录第22号议定书第1条和第2条就丹麦地位所作之规定,丹麦并不参与通过本规则并且不受其约束或对其进行适用。

(89)经过与欧洲数据保护监督委员会商议,并由其于2013年3月27日出具意见,[④]通过本规则。

第一章 总 则

第1条 范围

1. 本规则应当适用于基于同破产相关的法律并且出于拯救、调整债务,重整或清算之目的公开的集体程序,包括临时性的程序:

---

① 欧洲议会和欧盟理事会1995年10月24日第95/46/EC号关于涉及个人数据处理的个人保护以及此类数据自由流动的指令(OJ L 281,23.11.1995,p.31)。

② 欧洲议会和欧盟理事会2000年12月18日第45/2001号关于欧共体的组织和机构处理个人数据以及此类数据自由流动的(欧共体)规则(OJ L 8,12.1.2001,p.1)。

③ 欧盟理事会1971年6月3日第1182/71号(欧洲经济共同体,欧洲原子能共同体)确定适用于期限、日期和时间限制的规定的规则(OJ L 124,8.6.1971,p.1)。

④ OJ C 358,7.12.2013,p.15.

(a)一个债务人全部或部分资产受到剥离并且任命了一名破产从业人员;

(b)债务人的资产和事务受到法院的控制或监督;或者

(c)为了让债务人和其债权人之间进行协商,得因法院批准或因法定而使得个人强制执行程序暂时中止,只要被准予中止的程序为了保护全体债权人而采取了适当的措施,并且当未达成合意时,该被准予中止的程序已先于第(a)项或第(b)项所指程序之一发生。

本款所指程序可以在有可能破产的情况下被启动,其目的是避免债务人的破产或债务人经营活动的停止。

本款所指程序被列在附录A中。

2.本规则不应适用于第1款所指程序中涉及:

(a)保险企业;

(b)信用机构;

(c)投资公司和其他受欧洲议会及欧盟理事会2001/24/EC号指令规制的相关公司、机构和企业;或

(d)集体投资企业。

第2条　定义

为了实施本规则:

(1)"集体程序"是指包括全部或相当比例的债务人之债权人的程序,只要在后一种情况下,程序不会影响到未参与的债权人之债权;

(2)"集体投资企业"是指规定于欧洲议会和欧盟理事会第2009/65/EC号指令①中对可转让证券集体投资的企业(undertaking for collective investment in transferable securities,UCITS)以及规定于欧洲议会和欧盟理事会第2011/61/EU号指令②中的替代投资基金(alternative investment funds,AIFs);

(3)"拥有控制权的债务人"是指针对某债务人所启动的破产程序并不必然涉及破产从业人员的任命或将管理债务人资产的权利和义务向破产从业人员的

---

① 欧洲议会和欧盟理事会2009年7月13日第2009/65/EC号关于对可转让证券集体投资的企业(UCITS)相关的法律、法规和行政规定的指令(OJ L 302,17.11.2009,p.32)。

② 欧洲议会和欧盟理事会2011年6月8日第2011/61/EU号关于替代投资基金管理人以及修改第2003/41/EC号、第2009/65/EC号指令、第1060/2009号(欧共体)及第1095/2010号(欧盟)规则的指令(OJ L 174,1.7.2011,p.1)。

完全转移,因此债务人依然对其资产或事务拥有全部或至少部分的控制;

(4)“破产程序”是指被列入附录 A 的程序;

(5)“破产从业人员”是指包括在临时性的基础之上,任何具有以下职能的个人或机构:

(i)核实和确认在破产程序中所申报的债权;

(ii)代表债权人的集体利益;

(iii)全部或部分地管理从债务人处剥离的资产;

(iv)清算第(iii)项所指的资产;或者

(v)对债务人事务的管理进行监督。

本款第一分段所指的个人或机构被列入附录 B 中;

(6)“法院”是指:

(i)在第 1 条第 1 款第(b)项和第(c)项、第 4 条第 2 款、第 5 条和第 6 条、第 21 条第 3 款、第 24 条第 2 款第(j)项、第 36 条和第 39 条,以及第 61 条至第 77 条中,成员国的司法机构;

(ii)在其余全部条款中,得以确认启动破产程序或在这样的程序中作出决定的司法机构或其他任何经成员国授权启动破产程序的主管机构;

(7)“启动破产程序的判决”包括:

(i)任何启动破产程序的法院决定或确认启动这样的程序的法院决定;和

(ii)任命破产从业人员的法院决定;

(8)“启动程序的时间”是指启动破产程序的判决生效的时间,而不论该判决终局与否;

(9)“资产所在地之成员国”是指在下列情况下:

(i)公司记名股票,非第(ii)项所涉资产,在发行股票的公司注册地所在成员国内;

(ii)金融工具,通过或代表中介所保管的注册或账户上的登记而被证明对该金融工具的所有权(“记账式证券”),在载有登记信息的注册或账户保管所在地的成员国;

(iii)现金在某信用机构账户内被保管,在该机构国际银行账户号码所指明之成员国,或现金在某信用机构账户内被保管,而该信用机构并没有国际银行账户号码,则在持有该账户的信用机构的管理中心所在成员国,或者账户由支行、

办事处或其他营业所保管的情况下,在支行、办事处或其他营业所所在之成员国;

(iv)财产和权利,所有权或经公共登记的非第(i)项所指的所有权,在该登记机构所在之成员国;

(v)欧洲专利,在授予该欧洲专利的成员国;

(vi)版权及其相关权利,在该权利所有人的经常居住地或注册地的成员国境内;

(vii)动产,非第(i)项至第(iv)项所指,在该动产所在成员国境内;

(viii)对第三人的索赔,而与第(iii)项所指的资产并不相关,在根据第3条第1款被要求接受索赔的第三人的主要利益中心所在成员国;

(10)“营业所”是指任何债务人通过人工和资产从事或在申请启动主破产程序的3个月之前已经从事的非临时性经济活动的地点;

(11)“当地债权人”是指债权人的债权源于营业所的运行或同营业所的运行相关联,而该营业所所在成员国并非在债务人主要利益中心所在成员国;

(12)“外国债权人”是指经常居住地、住所或注册地在程序启动国之外的其他成员国的债权人,包括成员国的税务机关及社会保障部门;

(13)“集团公司”是指一个母公司及其全部附属企业;

(14)“母公司”是指直接或间接控制一个或多个附属企业的公司。根据欧洲议会和欧盟理事会第2013/34/EU号指令①来编制合并财务报表的公司应被视为母公司。

第3条 国际管辖权

1. 债务人主要利益中心所在地的成员国法院应具有启动破产程序(“主破产程序”)的管辖权。主要利益中心应当是债务人定期地进行经营管理并为第三人所知悉的地方。

当债务人为公司或法人时,若无相反证据,注册地应被推定为其主要利益中心所在地。只有当注册地未在申请启动破产程序前的3个月之内被转移至其他成员国,该推定才得以适用。

① 欧洲议会和欧盟理事会2013年6月26日第2013/34/EU号关于年度财务报表、合并财务报表及某些企业类型的相关报告,修改欧洲议会及欧盟理事会第2006/43/EC号指令以及废除欧盟议会第78/660/EEC号和第83/349/EEC号指令的指令(OJ L 182,29.6.2013,p.19)。

当债务人为从事独立经营或专业活动的个人时,若无相反证据,其主要利益中心所在地应当被推定为个人主要营业地。只有当个人主要营业地未在申请启动破产程序前的 3 个月之内被转移至其他成员国,该推定才得以适用。

当债务人为任何其他个人时,若无相反证据,其主要利益中心所在地应当被推定为个人经常居住地。只有当个人经常居住地未在申请启动破产程序前的 6 个月之内被转移至其他成员国,该推定才得以适用。

2. 当债务人的主要利益中心位于一成员国领域内,另一成员国的法院只有当债务人在该成员国领域内拥有营业所时,才能对债务人享有启动破产程序的管辖权。该破产程序的效力应当局限在债务人位于该成员国领域内的资产范围之内。

3. 当破产程序已根据第 1 款之规定被启动,任何根据第 2 款而随后启动的破产程序应为从属破产程序。

4. 第 2 款所指的属地破产程序仅得在第 1 款所规定的主破产程序之前被启动,若

(a)因债务人主要利益中心所在地的成员国内国法所设定之条件,破产程序无法根据第 1 款而被启动;或

(b)属地破产程序的启动由下列人员提出申请:

(i)债权源于营业所的运行或同营业所的运行相关联的债权人,且该营业所位于属地破产程序被申请启动的成员国境内;或

(ii)根据营业所所在地的成员国法律,有权申请启动破产程序的公共部门。

当主破产程序被启动时,属地破产程序应当变成从属破产程序。

第 4 条　对管辖权的审查

1. 受理启动破产程序申请的法院应当自行审查是否自己根据第 3 条拥有管辖权。启动破产程序的判决应当明确法院管辖权的依据,并且须特别指明其管辖权依据是根据第 3 条第 1 款或第 2 款。

2. 尽管有第 1 款的规定,根据内国法,破产程序也可以在没有法院决定的情况下被启动,成员国可以授权在该程序中被任命的破产从业人员就成员国依据第 3 条是否对待启动的破产程序具有管辖权进行审查。在这样的情况下,破产从业人员应当在启动程序的决定中明确管辖权的依据,并且须特别指明其管辖权是根据第 3 条第 1 款或第 2 款。

第5条　对启动主破产程序决定的司法审查

1. 债务人或任何债权人可以国际管辖权为由向作出启动主破产程序决定之法院提出异议。

2. 对启动主破产程序的决定之异议亦可由第1款所规定之外的当事人提起,或亦可根据内国法的规定,以基于缺乏国际管辖权之外的理由提起。

第6条　对从破产程序中直接衍生而出并与之密切关联的诉讼程序的管辖权

1. 根据第3条启动破产程序的成员国法院对从破产程序中直接衍生而出并与之密切关联的诉讼程序,例如撤销权之诉,应当具有管辖权。

2. 当第1款所指的诉讼与针对同一被告的民商事诉讼相关联时,破产从业人员可以将两项诉讼向被告住所地所在成员国法院一并提起,或当诉讼涉及数名被告时,向任一被告住所地所在成员国法院一并提起,只要那些法院根据第1215/2012号(欧盟)规则具有管辖权。本款前述规定适用于拥有控制权的债务人,只要内国法允许拥有控制权的债务人代表破产财产提起诉讼。

3. 就第2款而言,那些诉讼被认为相互关联是由于那些诉讼密切相关,为了防范个别程序造成相互矛盾的判决的风险,而将它们一并审理和裁决为宜。

第7条　可适用的法律

1. 除非本规则另有规定,适用于破产程序及其效力的法律应为破产程序被启动所在成员国的法律("程序启动国")。

2. 程序启动国的法律应当决定这些程序启动、运行及终止的条件。特别是,它应当决定下列事项:

(a)破产程序可以针对何种债务人提起;①

(b)哪些资产属于破产财产的一部分以及在破产程序启动后,那些由债务人获得或转移给债务人的资产的处理方式;

(c)债务人及破产从业人员各自的职权;

(d)抵销权得行使之条件;

(e)当债务人为现有合同一方当事人时,破产程序对该合同的效力;

(f)除了待决诉讼,破产程序对由个别债权人提起的程序的效力;

---

① 此处翻译系参照德文版以及法文版条文。——译者注

DE:bei welcher Art von Schuldnern ein Insolvenzverfahren zulässig ist.

FR:les débiteurs susceptibles de faire l' objet d' une procedure d' insolvabilité du fait de leur qualité.

(g)哪些债权能对债务人破产财产提出申报以及在破产程序启动后,所产生的债权的处理方式;

(h)关于债权的申报、核实以及确认的规定;

(i)关于资产变现所得收益的分配、债权清偿顺序以及在破产程序启动后,凭借物权或通过行使抵销权而已经获得部分清偿的债权人的权利;

(j)破产程序终止的条件和效力,特别是通过和解终止的情形;

(k)破产程序终止后的债权人权利;

(l)破产程序所产生的费用和开支由何人承担;

(m)损害债权人整体利益的法律行为的无效、可撤销或无执行效力的相关规定。

第8条　第三人物权

1. 破产程序的启动并不应影响债权人或第三人就有形资产或无形资产、动产或不动产所享有的物权,包括在特定资产和时常发生变动的整体不确定资产上所设定的权利,只要该资产属于债务人,且当破产程序启动时,该资产位于另一成员国境内。

2. 本条第1款所涉及的权利尤指:

(a)处分或让他人处分资产以及从该资产收益或收入中获得清偿的权利,特别是通过留置或抵押的情况下;

(b)债权受偿的专属权利,特别是债权被留置担保或被抵押担保的情况下;

(c)当任何人以权利人所不期望的方式占有或使用资产时,要求返还资产或恢复原状的权利;

(d)对资产进行有利使用的物权。

3. 若权利经公共登记部门登记且可以对抗第三人,同时基于该权利可以获得本条第1款所指的物权,则该权利应当被视作物权。

4. 本条第1款不应排除根据第7条第2款第(m)项对无效、可撤销或无执行效力的法律行为的诉讼。

第9条　抵销

1. 破产程序的启动不应影响债权人要求就其债权与债务人所拥有债权相互抵销之权利,只要这样的抵销为适用于无偿债能力的债务人的债权的法律所允许。

2. 本条第1款不应排除根据第7条第2款第(m)项对无效、可撤销或无执行效力的法律行为的诉讼。

第10条　所有权保留

1. 当破产程序启动时,若资产位于非程序启动国的成员国境内,则针对资产购买方所启动的破产程序不应影响卖方基于所有权保留而拥有的权利。

2. 在资产交付后,针对资产出售方所启动的破产程序不应构成买卖撤销或终止的理由,并且当破产程序启动时,若已出售资产位于非程序启动国的成员国境内,则不应妨碍买方取得所有权。

3. 本条第1款和第2款不应排除根据第7条第2款第(m)项对无效、可撤销或无执行效力的法律行为的诉讼。

第11条　与不动产相关的合同

1. 破产程序对获得或使用不动产的合同之效力应仅受不动产所在地的成员国法律的规制。

2. 启动主破产程序的法院应对批准本条所涉及的合同的终止或修改具有管辖权,若:

(a)适用于那些合同的成员国法律要求该合同只能经启动破产程序的法院批准方可终止或修改;且

(b)在该成员国,破产程序未被启动。

第12条　支付系统和金融市场

1. 在不违背第8条规定的情况下,破产程序对支付或结算系统或金融市场的当事人的权利和义务的效力应仅受该系统或市场所适用的成员国法律的规制。

2. 本条第1款不应排除根据相关支付系统或金融市场所适用法律,为取消支付或交易而采取的无效、可撤销或无执行效力的诉讼。

第13条　雇佣合同

1. 破产程序对雇佣合同及雇佣关系的效力应仅受雇佣合同所适用的成员国法律的规制。

2. 可以启动从属破产程序的成员国法院应保有批准本条所指合同的终止和修改的管辖权,即使破产程序并未在该成员国被启动。

本款第一分段对于根据内国法而有权批准本条所指合同的终止和修改的有

关部门应当也同样适用。

第 14 条　对须经登记的权利的效力

破产程序对债务人的不动产、船舶或航空器等须经公共登记的权利的效力应由该登记机构所在地的成员国法律确定。

第 15 条　具有统一效力的欧洲专利和共同体商标

为了实施本规则,具有统一效力的欧洲专利、共同体商标或其他由欧盟法律所创设的类似权利仅得被包括在第 3 条第 1 款所指之程序中。

第 16 条　损害行为

当从损害全部债权人的行为中获益的人能够提供如下证明时,第 7 条第 2 款第(m)项不适用:

(a)该行为系根据成员国法律而非程序启动国法律;且

(b)在相关情况下,该成员国法律不允许对该行为提起任何形式的异议。

第 17 条　保护第三方购买人

当债务人就下列财产实施转让行为,且该转让行为于破产程序启动后完成:

(a)不动产;

(b)须经公共登记的船舶或航空器;或

(c)根据法律规定须在登记机关经登记方存在的证券;

该行为的有效性应由不动产所在地或登记机构所在地的成员国法律所确定。

第 18 条　破产程序对未决诉讼或仲裁程序的效力

讼或未决仲裁程序的效力应仅适用未决诉讼所在成员国或仲裁庭所在成员国之法律。

第二章　对破产程序的承认

第 19 条　原则

1. 依据第 3 条而拥有管辖权的成员国法院作出的任何启动破产程序之判决应当自该判决在程序启动国生效之时就为其他所有成员国所承认。

本款第一分段的规定应当也适用于因债务人的能力,破产程序无法针对该债务人在其他成员国被提起的情形。

2. 对根据第3条第1款所启动程序的承认不应妨碍其他成员国的法院依据第3条第2款启动程序。后者应为第三章所指的从属破产程序。

第20条　承认的效力

1. 根据第3条第1款所启动破产程序的判决,无须任何进一步的手续,即在任何其他成员国产生同其在程序启动国法律规定下一样的效力,除非本规则另有规定并且在该成员国没有依据第3条第2款而启动的程序。

2. 根据第3条第2款所启动程序的效力不应在其他成员国被提出异议。任何对债权人权利的限制,特别是中止或债务豁免,只有在得到该债权人的同意时,才会对位于另一成员国境内的相应资产产生效力。

第21条　破产从业人员的职权

1. 依据第3条第1款享有管辖权的法院所任命的破产从业人员可以在其他成员国行使根据程序启动国的法律而赋予其的全部职权,只要在该成员国没有其他的破产程序被启动并且也没有为了申请启动破产程序而采取相对立的保全措施。特别是,破产从业人员可以根据第8条和第10条的规定有权将债务人位于成员国境内的资产进行转移。

2. 依据第3条第2款享有管辖权的法院所任命的破产从业人员可以在破产程序启动后,在其他任何成员国通过法院或庭外程序对从程序启动国境内转移至其他成员国境内的动产提出主张。破产从业人员也可以为了债权人的利益而提起任何撤销之诉。

3. 破产从业人员在行使其职权时,应当遵循其欲提起诉讼所在成员国的法律,特别是与资产变现相关的程序。那些职权不得包括强制措施,除非系该成员国法院所指令,或系规制法律程序或争议的相关权利的要求。

第22条　对破产从业人员任命的证明

破产从业人员的任命应通过经认证的原始任命决定的副本或通过享有管辖权的法院出具的任何其他证书来证明。

该证明可能会被要求翻译成破产从业人员欲提起诉讼所在成员国的官方语言或官方语言之一。不得再有其他立法或其他类似手续的要求。

第23条　返还和分配

1. 在依据第3条第1款而启动程序后,通过任何方式,特别是通过强制执行,从位于另一成员国的债务人拥有的资产上所获取全部或部分的清偿的债权人应当根据第 8 条和第 10 条将其所得返还给破产从业人员。

2. 为了确保债权人获得平等对待,在破产程序进行过程中,已就其债权获得部分清偿分配的债权人只有当同样清偿顺序或同样种类的债权人在其他程序中也获得了同等的分配时,方可在其他程序中参与分配。

第 24 条　破产登记的建立

1. 成员国应当在其境内建立并维护一个或若干个登记平台以公布有关破产程序的信息(“破产登记”)。该信息应在程序启动后尽快公布。

2. 本条第 1 款所指信息应根据第 27 条所列条件被公之于众,并且应当包含以下(“强制性公开信息”):

(a)启动破产程序的日期;

(b)启动破产程序的法院以及如果有案件号,亦必须公开;

(c)启动附录 A 所列破产程序的类型,以及在适当的情况下,根据内国法启动的任何此类程序的子类型;

(d)启动破产程序的管辖权是依据第 3 条第 1 款、第 3 条第 2 款或第 3 条第 4 款;

(e)若债务人为公司或法人,则须公开债务人的名称、注册号、注册地,或者若实际通信地址与注册地地址不一致的,则还须提供通信地址;

(f)若债务人为个人,无论其是否从事独立经营或专业活动,都须提供债务人的姓名、注册号(如有)、通信地址,如果该地址须保密,须提供债务人的出生地和出生日期;

(g)若在破产程序中任命了破产从业人员,则须提供破产从业人员的姓名、通信地址或电子邮箱;

(h)申报债权有时间限制的,则须提供有关时间限制的相关信息,或计算该时限的依据标准;

(i)若有终止主破产程序的日期,则须提供;

(j)当根据第 5 条而对启动破产程序的决定提起异议之诉时,须提供受理案件的法院以及若适用的话,提起该异议的时间限制,或计算该时限的依据标准;

3. 本条第 2 款不应排除成员国在其内国破产登记中纳入相关文件或附加信息,如同破产相关的董事资格的取消。

4. 成员国不应被要求将本条第 1 款所规定的与不从事独立经营或专业活动

的个人相关的信息纳入破产登记中来,或被要求通过那些破产登记的互联系统将这样的信息公之于众,只要已知外国债权人已根据第54条被告知本条第2款第(j)项下的相关信息。

当成员国有利用本款第一分段的规定之可能时,若外国债权人未收到本款第一分段所涉及相关信息的通知,则破产程序不应影响该债权人的债权申报。

5. 根据本规则在登记平台公开的信息,除了内国法以及第55条第6款所作出的规定之外,不应产生任何其他法律效力。

第25条　破产登记的互联

1. 欧盟委员会应当通过实施法案为破产登记的互联建立一个分散式的系统。该系统应当由破产登记和欧洲电子司法门户网站所构成,而后者将成为该系统中的公共电子信息访问枢纽。为了确保强制性公开信息的公开以及成员国选择通过欧洲电子司法门户网站而将纳入在其破产登记中其他文件或信息的公开,系统应提供欧盟机构的所有官方语言版本的搜索服务。

2. 通过实施法案,根据第87条所规定的程序,欧盟委员会应当于2019年6月26日之前,采取以下措施:

(a)基于已建立的破产登记的互联系统的接口技术指标,为通过电子方式进行交流和交换信息的方法确定技术指标;

(b)为破产登记的互联系统内的交流和信息发布制定确保最低限度的信息技术安全标准的技术措施;

(c)根据第24条所规定的信息,为由欧洲电子司法门户网站提供的搜索服务设定最低标准;

(d)根据第24条所规定的信息,为该搜索的结果显示设定最低标准;

(e)制定由互联系统提供的服务的可用性的方式和技术条件;以及

(f)制作一份词汇表,对列入附录A中的内国破产程序作出基本解释。

第26条　建立破产登记互联的费用

1. 破产登记互联系统的建立、维护以及未来发展应受欧盟的总预算资助。

2. 建立内国破产登记系统和为了使其同欧洲电子司法门户网站相互协同运作而对内国破产登记系统进行调整所产生的费用,以及管理、运行和维护那些登记系统的费用,应由各成员国自行承担。然而,这并不妨碍根据欧盟财政计划申请补助以资助此类行动的可能性。

第 27 条　通过互联系统获取信息的条件

1. 成员国应当确保第 24 条第 2 款第(a)至(j)项的强制性公开信息得通过破产登记互联系统免费获取。

2. 本规则不应阻碍成员国对通过破产登记互联系统而获取的第 24 条第 3 款所指的文件或附加信息收取合理的费用。

3. 若强制性公开信息涉及不从事独立经营或专业活动的个人,以及涉及虽然从事独立经营或专业活动,但破产程序同该经营或活动无关的个人,则对此类信息的获取,在第 25 条第 2 款第(c)项所规定的最低标准之外,成员国可以对相关债务人制定补充性搜索标准。

4. 成员国可以规定若欲获取本条第 3 款所涉及之信息,则须向主管机构提出申请。成员国可以规定只有当获取信息具有现实存在的合理利益被核实时,方可获取该信息。申请人应当能够通过欧洲电子司法门户网站以电子化的标准格式递交信息申请。若要求申请须有合理利益时,申请人应被允许递交相关文件的电子副本来为其申请提供依据。

主管机构应在 3 个工作日内向申请人作出答复。申请人为其申请提供依据的,其所递交之相关证明文件不得被要求提供翻译件,或承担任何因主管机构对此类文件进行翻译所产生的费用。

第 28 条　在其他成员国公开

1. 破产从业人员或拥有控制权的债务人得请求将启动破产程序判决的通知以及若适用的话,将任命破产从业人员的决定在任何债务人拥有营业所的所在成员国,根据该成员国的公开程序被公开。这样的公开,若适用的话,须明确所任命的破产从业人员并且须明确所适用的管辖权规定是根据第 3 条第 1 款或是第 2 款。

2. 破产从业人员或拥有控制权的债务人得请求本条第 1 款所指信息在破产从业人员或拥有控制权的债务人认为有必要的任何其他成员国被公开,公开须遵循该成员国的公开程序。

第 29 条　在其他成员国的公共登记机构的登记

1. 若根据债务人营业所所在成员国法律的要求并且该营业所经该成员国公共登记机构登记或根据债务人的不动产所在成员国法律要求须将第 28 条所指启动破产程序的信息在土地登记机构、公司登记机构或其他公共登记机构进行登记,破产从业人员或拥有控制权的债务人应采取一切必要的措施来确保该登记。

2.破产从业人员或拥有控制权的债务人得请求在其他任何成员国内进行此类登记,只要登记机构所在成员国的法律允许这样的登记。

第30条 费用

第28条和第29条所规定的公开和登记的费用应被视为破产程序所产生的费用和开支。

第31条 对债务人履行义务

1.若当事人在一成员国境内已经为系属于另一成员国破产程序的债务人之利益而履行了义务,而该义务原本应当为破产从业人员之利益而履行,若履行义务的当事人并不知晓破产程序的启动,则其义务应当被视为已经履行完毕。

2.当履行这样的义务是在根据第28条规定的公开生效之前,若无相反证明,则履行义务的当事人应被推定为并不知晓破产程序的启动。当履行义务在公开生效之后,若无相反证明,则履行义务当事人应被推定为已知晓破产程序的启动。

第32条 对其他判决的承认与执行

1.决定启动破产程序的法院所作出的同破产程序启动相关的判决应根据第19条得到承认,同样地,同破产程序的进行和终止相关的判决以及由该法院批准的和解判决,也应无须任何进一步手续而得到承认。这样的判决应当依据第1215/2012号(欧盟)规则的第39~44条以及第47~57条被执行。

本款第一分段应当也适用于直接从破产程序衍生出的判决以及同破产程序密切相关的判决,即使这些判决系由其他法院作出。

本款第一分段应当也适用于在申请破产程序启动之后或与之相关的申请之后而采取的与保全措施相关的判决。

2.对于非本条第1款所指的判决的承认与执行应受第1215/2012号(欧盟)规则所规制,只要在该规则适用的情况下。

第33条 公共政策

任何成员国得拒绝承认在其他成员国启动的破产程序或拒绝执行同该程序相关的判决,只要该承认或执行所产生的效力会明显地违背该国的公共政策,特别是明显地违背其根本性的原则或个人的宪法权利和自由。

第三章 从属破产程序

第 34 条 启动程序

当主破产程序已经由某一成员国法院启动并且在另一成员国被承认,依据第 3 条第 2 款而享有管辖权的其他成员国的法院可以根据本章所规定之条款启动从属破产程序。当主破产程序认定债务人破产,则债务人破产这一事实不得在可能启动从属破产程序的成员国被重新审查。从属破产程序的效力应局限于已被启动破产程序的债务人的资产所在地的成员国境内。

第 35 条 适用的法律

除本规则另有规定,适用于从属破产程序的法律应当为从属破产程序启动地所在成员国之法律。

第 36 条 为避免从属程序而作出承诺的权利

1. 为了避免启动从属破产程序,主破产程序的破产从业人员可以就有可能启动从属破产程序的成员国的境内资产作出一个单方面的承诺("承诺"),当分配那些资产或那些资产变现后的收益时,为了使债权人能够获得如同从属破产程序被启动时一般的待遇,将遵循该成员国内国法关于分配和优先权的规定。承诺应当明确其所依据的事实假设,特别是关于位于相关成员国的资产价值以及可用于资产变现的途径。

2. 根据本条而作出承诺时,适用于本条第 1 款所指分配资产变现收益、适用于债权人清偿顺序以及适用于与本条第 1 款所指资产相关的债权人权利的法律应为可能启动从属破产程序的成员国法律。确定本条第 1 款所指资产的相关时间点应为承诺作出之时。

3. 承诺应以可能启动从属破产程序的成员国的官方语言或官方语言之一作出,或者若该成员国有若干官方语言,以可能启动从属破产程序所在地的官方语言或官方语言之一作出。

4. 承诺应以书面形式作出。与分配的形式和批准要求相关之事宜应当依据启动主破产程序的成员国的要求而为之。

5. 承诺应当得到已知的当地债权人的批准。根据可能启动从属破产程序的成员国法律关于特定多数决和表决的规定适用于重整计划的通过,也适用于对承诺的批准。若内国法允许,则债权人应当能够通过远程通信的方式来参与表决。破产从业人员应当就承诺的内容、承诺的批准规则和程序以及对承诺的批准或驳回告知已知的当地债权人。

6. 根据本条而作出和被批准的承诺应对破产财产具有拘束力。若从属破产程序系根据第37条和第38条被启动,则主破产程序的破产从业人员应将其在作出承诺后从该成员国转移出的资产或已经被变现的资产的收益转移给从属破产程序的破产从业人员。

7. 若破产从业人员已经作出承诺,其应当在分配本条第1款所指资产和收益之前告知当地债权人其分配计划。若该信息与承诺的条款或与可适用的法律不符,任何当地债权人可以对这样的分配向启动主破产程序的成员国法院提出异议,以按照承诺的条款或可适用的法律来获得分配。在这样的情况下,在法院对异议作出判决之前,不应进行任何分配。

8. 当地债权人可以根据启动主破产程序成员国之法律向启动主破产程序的成员国法院提出申请,要求主破产程序的破产从业人员采取适当的必要措施以确保遵守承诺条款。

9. 当地债权人也可以向可能启动从属破产程序的成员国法院提出申请,要求法院采取临时性或保护性的措施以确保破产从业人员遵守承诺条款。

10. 因破产从业人员不遵守本条所规定之义务和要求,而对当地债权人造成的任何损失,破产从业人员应当承担责任。

11. 就本条而言,若经内国法规定,可能启动从属破产程序的成员国的有关政府部门根据欧洲议会和欧盟理事会第2008/94/EC号指令①而有义务保障因雇佣合同或雇佣关系合同而产生的对未清偿的雇员债权的支付,则其应当被视为当地债权人。

第37条　申请启动从属破产程序的权利

1. 启动从属破产程序可以由下列人员提出申请:

(a)主破产程序的破产从业人员;

(b)根据启动从属破产程序所在地的成员国法律,有权启动破产程序的其他

---

① 欧洲议会和欧盟委员会2008年10月22日第2008/94/EC号关于雇主破产时的雇员保护的指令(OJ L 283,28.10.2008,p.36)。

人或机构。

2. 当承诺根据第36条而产生拘束力时,启动从属破产程序的申请应当在收到批准承诺通知的30日之内提出。

第38条　启动从属破产程序的决定

1. 受理启动从属破产程序申请的法院应立即通知主破产程序中的破产从业人员或有控制权的债务人并且给予其就该申请陈述意见的机会。

2. 当主破产程序的破产从业人员已根据第36条作出承诺,本条第1款所指法院若认定该承诺充分地保护了当地债权人的整体利益,则法院基于破产从业人员的申请,不应启动从属破产程序。

3. 当个别强制执行程序因债务人与其债权人需进行协商而被准予暂时中止,法院基于破产从业人员或有控制权的债务人的申请,在保护当地债权人利益的适当措施已经到位的情况下,可以暂时中止启动从属破产程序不超过3个月。

本条第1款所指法院为保护当地债权人的利益可以下令采取保护措施,要求破产从业人员或有控制权的债务人不得将位于营业所所在成员国境内的任何资产进行转移或处分,除非转移和处分是在正常经营过程中而为之。法院在暂时中止期间,为保护当地债权人的利益也可以下令采取其他措施,除非这与内国法的民事程序规定不相符。

对启动从属破产程序的中止应由法院自行解除或在中止期间,本款第一分段所指的协商达成合意时,经任一债权人的申请后,由法院解除。

若继续中止会对债权人的权利造成损害,特别是当协商已经破裂或明显无法达成合意,或破产从业人员或有控制权的债务人已经违反不得处分或转移位于营业所所在成员国境内的任何资产的禁止性规定,则可以由法院自行解除中止或经任一债权人的申请,由法院解除中止。

4. 经主破产程序的破产从业人员申请,本条第1款所指的法院可以启动不同于原先所申请之程序类型,而启动附录A中所列出的破产程序中的其他程序类型,只要根据内国法,启动该类型程序的条件已经具备并且该类型程序对于当地债权人的利益以及协调主破产程序和从属破产程序而言都是最为适宜的。第34条第2句应当适用于本款规定。

第39条　对于启动从属破产程序决定的司法审查

主破产程序中的破产从业人员可以法院未遵循第38条所规定之条件和要

求为由,向已经启动从属破产程序的成员国法院就其启动从属破产程序的决定提出异议。

第40条 费用和开支的提前支付

当提出申请启动从属破产程序所在地的成员国法律要求债务人的资产应足以支付全部或部分程序费用和开支,而法院收到启动程序的申请时,它可以要求申请人提前支付费用或提供相应担保。

第41条 破产从业人员间的合作与交流

1. 涉及同一债务人的主破产程序的破产从业人员和从属破产程序的破产从业人员应当相互合作,只要这样的合作与适用于各自程序的规定不相抵触。这样的合作可以采取任何形式,包括缔结合同或协议。

2. 在实施本条第1款所规定的合作时,破产从业人员应:

(a)尽快相互交流任何可能与另一程序相关的信息,特别是关于债权申报和核实的一切进展以及以拯救或重整债务人或终止程序为目标的所有措施,只要为保护机密信息已作出了适当安排;

(b)探究重整债务人的可能性,并且当这样的可能性存在时,对这一重整计划的完善和实施进行协调;

(c)对债务人的资产变现和使用以及对其事务的管理;从属破产程序的破产从业人员应当给予主破产程序的破产从业人员优先递交关于变现或使用从属破产程序资产方案的机会。

3. 本条第1款和第2款应当准用于与同一债务人相关且同时启动的情况下的主破产程序或从属破产程序或任何属地破产程序中债务人对其资产保留控制权的情形。

第42条 法院间的合作与交流

1. 为了促进与同一债务人相关的主破产程序、属地破产程序以及从属破产程序间的协作,受理启动破产程序申请的法院,或已经启动此类程序的法院应当与任何受理启动破产程序申请的法院或已经启动此类程序的法院合作,只要这样的合作与各程序所适用的规定不相违背。为此,法院在适当的情况下可以任命一名独立的个人或机构,遵照法院的指示而作为,只要这与适用于他们的规定不相违背。

2. 根据本条第1款的规定进行合作时,法院或任何根据本条第1款而被任命的代表法院的个人或机构可以直接地相互交流或直接地向彼此了解信息或寻求帮助,只要这样的交流尊重了程序当事人的程序性权利以及信息的保密性。

3. 本条第1款所指的合作可以通过法院认为适当的任何方式进行。尤其可以包括:

(a)对于任命破产从业人员的协调;

(b)通过法院认为适当的任何方式交流信息;

(c)对债务人资产和事务的管理和监督的协调;

(d)对庭审的协调;

(e)在有需要的情况下,对批准协议的协调。

第43条　破产从业人员和法院间的合作与交流

1. 为了促进与同一债务人相关的主破产程序、属地破产程序以及从属破产程序间的协作:

(a)主破产程序的破产从业人员应与任何受理启动破产程序申请的法院或已经启动此类程序的法院进行合作与交流;

(b)属地破产程序或从属破产程序的破产从业人员应与受理启动主破产程序申请的法院或已经启动此类程序的法院进行合作与交流;

(c)属地破产程序或从属破产程序的破产从业人员应与其他受理启动属地破产程序或从属破产程序申请的法院或已经启动此类程序的法院进行合作与交流;

只要这样的合作与交流与适用于各程序的规定不相违背且不涉及任何利益冲突。

2. 本条第1款所指合作可以通过任何适当的方式进行,如第42条第3款所作出的那些规定。

第44条　合作与交流的费用

第42条与第43条所规定的要求不应导致法院间因合作与交流而相互收取费用。

第45条　债权人权利的行使

1. 任何债权人可以在主破产程序或在任何从属破产程序中申报债权。

2. 主破产程序和任何从属破产程序的破产从业人员应将在其被任命程序中已申报的债权向其他程序申报,只要这么做能够使其被任命程序中的债权人利益得到满足,并且根据所适用的法律的规定受到债权人反对或撤销债权申报权利的制约。

3. 主破产程序或从属破产程序的破产从业人员应有权与债权人一样同等地参与其他程序,特别是以参与债权人会议的方式。

第46条　资产变现程序的中止

1. 启动从属破产程序的法院在收到主破产程序的破产从业人员的申请时,应中止全部或部分资产的变现。在这样的情况下,法院可以要求主破产程序的破产从业人员采取任何适当的措施以确保从属破产程序的债权人利益以及各类别的债权人利益。只有破产从业人员所作出的此类申请会明显对主破产程序的债权人不利时,该申请才可以被驳回。对资产变现程序的中止最长不可超过3个月。也可按照相同的时限被续展或延长。

2. 本条第1款所指的法院在下列情况下,应终止对资产变现程序的中止措施:

(a)基于主破产程序的破产从业人员的申请;

(b)若该中止措施不再合理,特别是,对主破产程序或从属破产程序的债权人利益而言不再有利,则应债权人的申请或从属破产程序的破产从业人员的申请,由法院依职权为之。

第47条　破产从业人员提出重整计划的职权

1. 已经启动从属破产程序所在成员国的法律允许破产程序不通过破产清算,而通过重整计划、和解或类似的措施被终止的话,主破产程序的破产从业人员应有权根据该成员国的程序提出此类措施的建议。

2. 任何在从属破产程序中,因根据本条第1款所建议的措施而导致的对债权人权利的限制,如对债务清偿或豁免的中止措施,若未经全部利益相关债权人的同意,则对未被包括在该程序中的债务人资产不产生效力。

第48条　终结破产程序的效力

1. 在不影响第49条规定的情况下,破产程序的终结不应妨碍关于同一债务人的当时已启动的其他破产程序的继续进行。

2. 若在法人或公司注册地所在成员国,法人或公司进入相关的破产程序将意味着法人或公司的解散,则只有当关于同一债务人的其他破产程序均被终结时,或者经相关程序的破产从业人员的同意时,该法人或公司才得解散。

第 49 条　从属破产程序中的剩余资产

如果在从属破产程序中对资产进行清算后,足以清偿该程序中的全部债权,则在该程序中被任命的破产从业人员应立即将剩余的资产转移给主破产程序的破产从业人员。

第 50 条　后启动的主破产程序

当第 3 条第 1 款所指的程序于第 3 条第 2 款所指的程序在另一成员国启动后方被启动,第 41 条、第 45 条、第 46 条以及第 49 条应适用于那些先启动的程序,只要那些程序的进度允许的话。

第 51 条　从属破产程序的转换

1. 应主破产程序的破产从业人员之申请,已启动从属破产程序的成员国法院可以下令将从属破产程序转换成另一种附录 A 所列之破产程序的类型,只要根据内国法启动此类程序的条件已被满足并且此类程序对于当地债权人的利益以及主破产程序和从属破产程序间的协调性而言都是最为适宜的。

2. 当考虑本条第 1 款所指的申请时,法院可以从参与了这两个程序的破产从业人员处寻求信息。

第 52 条　保全措施

根据第 3 条第 1 款而享有管辖权的成员国法院可以根据该成员国法律,在申请启动破产程序与启动破产程序的判决作出的时间范围之内,任命临时管理人以确保对债务人资产的保护,该临时管理人应有权申请采取任何措施以保障和保护属于债务人的任何位于其他成员国的资产。

第四章　关于通知债权人以及债权申报的条款

第 53 条　申报债权的权利

任何外国债权人可以通过任何被程序启动国所接受的通信方式在破产程序中申报债权。由律师或其他从事法律业务的人代理的,其代理行为不应局限于仅以申报债权为目的。

第 54 条　通知债权人的义务

1. 破产程序一经成员国启动,享有该管辖权的成员国法院或由该法院任命的破产从业人员应立即通知已知的外国债权人。

2. 本条第1款所指信息,若以个别通知的形式提供,则应当特别包括时限、与该时限相关的滞纳金的规定、被授权受理债权申报的机构或部门以及任何其他所规定的措施。这样的通知亦应说明优先债权人或担保债权人是否也需要申报其债权。通知应包括第55条所规定的申报债权标准表格的副本或者何处可获得该表格的相关信息。

3. 本条第1款和第2款所指信息应当通过根据第88条所制定的标准通知表格来提供。表格应当公布在欧洲电子司法门户网站上并且应当以“破产程序通知”为标题并被翻译成欧盟机构的所有官方语言。通知应以程序启动国的官方语言送达,或者若该成员国有若干官方语言的,以破产程序启动地的官方语言或官方语言之一送达,或根据第55条第5款的规定,为成员国所明示接受的其他语言送达,若该语言能被推定为更便于外国债权人理解。

4. 在与不从事经营活动或专业活动相关的个人破产程序中,若不要求债权人为了将其债权纳入该程序的清偿范围而申报债权,则使用本条所指的标准表格不是强制性的。

第55条　申报债权的程序

1. 任何外国债权人可以使用根据第88条而制定的标准债权表格来申报债权。该表格应当以“申报债权”为标题并被翻译成欧盟机构的所有官方语言。

2. 本条第1款所指标准债权表格应当包括以下信息:

(a)姓名,邮寄地址,若有电子邮箱则须提供电子邮箱地址,若有个人身份证则须提供个人身份证号,以及本条第1款所指外国债权人的银行信息;

(b)债权金额,明确本金并且若适用的话,也明确利息,还有若产生债权的日期和债权的到期日不同的话,两者的具体日期;[①]

(c)若利息被申报,则须提供利率、该利率系法定或约定、索赔利息的期限以及利息的资本化金额;

(d)若申报在程序启动前,因主张债权而引起的费用,该费用的金额及明细;

---

① 此处翻译系参照德文版以及法文版条文。——译者注

DE: b) Forderungsbetrag unter Angabe der Hauptforderung und gegebenenfalls der Zinsen sowie Entstehungszeitpunkt der Forderung und—sofern davon abweichend—Fälligkeitsdatum.

FR: b) le montant de la créance, en spécifiant le montant en principal et, le cas échéant, les intérêts, ainsi que la date la quelle celle-ci est née et la date à laquelle elle est devenue exigible, s' il s' agit d' une date différente.

(e)债权的性质;

(f)是否优先债权人资格得到申报以及该申报的基础;

(g)是否担保债权或所有权保留已在所申报的债权中被主张,若已主张,则担保权益所涉及的资产,担保权被授予的日期以及担保权登记地和登记号;以及

(h)是否抵销权已被申报,若已申报,则破产程序启动之日的双方债权金额,产生日期以及抵销后所需金额。①

标准债权表格应附有任何辅助性文件的副本。

3. 标准债权表格应标明本条第2款第(a)项所指关于债权人的银行信息以及个人身份证号的条款是非强制性的。

4. 当债权人以本条第1款所指的标准表格之外的其他方式申报债权时,该申报应包含本条第2款所涉及的信息。

5. 债权可以欧盟机构的任一官方语言进行申报。法院、破产从业人员或有控制权的债务人可以要求债权人提供程序启动国的官方语言译本,或若该成员国有若干官方语言,则使用启动破产程序所在地的官方语言或官方语言之一,或使用为成员国所明示接受的其他语言。每个成员国应表明其是否接受欧盟机构有别于本国的其他官方语言来作为债权申报的官方语言。

6. 债权应在程序启动国之法律所规定的期限内被申报。在债权人为外国债权人的情况下,该期限应从程序启动国的破产登记中公布启动该破产程序的信息后开始计算,不得少于30日。若成员国援引第24条第4款的规定,则该期限应从债权人根据第54条被通知之后开始计算,不得少于30日。

7. 当法院、破产从业人员或有控制权的债务人对根据本条而申报的债权产生疑问时,应给予债权人提供补充性证据以证明其债权存在及债权金额的机会。

---

① 此处翻译系参照德文版以及法文版条文。——译者注

DE:den geforderten Saldo nach Aufrechnung.

FR:le montant réclamé,après déduction de la compensation.

第五章　集团公司成员的破产程序

第1部分　合作与交流

第56条　破产从业人员间的合作与交流

1. 当破产程序与两个或多个集团公司的成员相关时,在集团公司一个成员的破产程序中被任命的破产从业人员应与在同一集团任何其他成员的破产程序中被任命的破产从业人员合作,只要这样的合作可以适当地促进那些程序的有效管理,与适用于那些程序的规定不相违背并且不涉及任何的利益冲突。合作可以采取任何形式,包括缔结合同或协议。

2. 在实施本条第1款所规定的合作时,破产从业人员应:

(a)尽可能快地相互交流任何可能与其他程序相关的信息,但必须采取适当的措施来保护机密信息;

(b)考虑是否存在对于进入破产程序的集团成员的事务的监督和管理进行协调的可能性,并且若有可能的话,对其管理和监督进行协调;

(c)考虑是否存在对于进入破产程序的集团成员进行重整的可能性,并且若有可能的话,对协作型重整计划的建议和协商进行协调。

就第(b)项和第(c)项而言,本条第1款所指的全部或部分破产从业人员可以同意给予众破产程序中的一名被任命的破产从业人员以额外的职权,只要这样的合意是被适用于各个程序的规定所允许的。他们也可以就某些任务在彼此之间的分配达成合意,只要这样的任务分配被适用于各个程序的规定所允许。

第57条　法院间的合作与交流

1. 若破产程序与两个或两个以上集团公司的成员相关,启动这些程序的法院应与受理启动申请或已启动同一集团公司的其他成员破产程序的其他法院合作,只要这样的合作可以适当地促进那些程序的有效管理,并且与适用于那些程序的规定不相违背以及不涉及任何的利益冲突。为此,法院在适当的情况下,可以任命一个独立的个人或机构根据其指示而为一定的行为,只要这与适用于他们的规定不相违背。

2. 在实施本条第1款所规定的合作时,法院或任何根据本条第1款的规定而任命的代表法院而为一定行为的个人或机构,可以相互直接交流,或者直接向彼此了解信息或寻求帮助,只要这样的交流尊重程序当事人的程序性权利及信息的机密性。

3. 本条第1款所指合作可以通过法院认为适当的任何方式进行。尤其可以包括:

(a)对破产从业人员的任命进行协调;

(b)以法院认为适当的任何方式进行信息交流;

(c)对集团成员的资产和事务的管理和监督进行协调;

(d)对庭审进行协调;

(e)如有必要,对协议的批准进行协调。

第58条　破产从业人员和法院间的合作与交流

在与集团公司某一成员相关的破产程序中被任命的破产从业人员:

(a)应与受理启动申请或已启动同一集团公司的其他成员破产程序的其他法院合作;并且

(b)可以向相关法院就集团另一成员的程序了解情况或为任命其的程序寻求帮助;

只要这样的合作和交流可以适当地促进那些程序的有效管理,不涉及任何的利益冲突并且与适用于那些程序的规定不相违背。

第59条　在与集团公司成员相关的程序中合作与交流的费用

根据第56~60条所规定的因破产从业人员或法院合作与交流而产生的费用应被视为在各自程序中所产生的费用和开支。

第60条　集团公司成员的程序中破产从业人员的职权

1. 在与集团公司某一成员相关的破产程序中被任命的破产从业人员可以采取以下措施,以适当程度地促进程序的有效管理:

(a)在与同一集团的其他成员相关的程序被启动时,参与庭审;

(b)申请关于同一集团的其他成员的被启动的程序中与资产变现相关的任何措施的中止,只要:

(i)与破产程序已经被启动的全部或部分集团成员相关的重整计划已经根据第56条第2款(c)项被提出并且呈现出合理的成功可能性;

(ii)为了确保重整计划的妥善实施,这样的中止是必要的;

(iii)重整计划会对申请中止的程序中的债权人有利;并且

(iv)无论是本条第1款所指的破产从业人员被任命的破产程序或是被申请中止的破产程序均无须根据本章第2部分的规定进行协调;

(c)根据第61条申请启动集团协作程序。

2. 只要满足本条第1款(b)项所规定之条件,启动本条第1款(b)项所指程序的法院应全部或部分地中止与程序中资产变现相关的任何措施。

在作出中止命令之前,法院应听取被申请中止的程序中被任命的破产从业人员的意见。这样的中止可以为任意长度但不得超过3个月,只要法院认为适当且与适用于该程序的规定相符。

作出中止令的法院可以要求本条第1款所指的破产从业人员采取任何内国法上的适当措施来保障程序中债权人的利益。

若法院认为适当且与适用于这些程序的规定相符,则法院可以延长中止的期限,只要该延长仍能与本条第1款第(b)(ii)~(iv)项相符并且总的延长期限(初始期限与任何延长期限总共)不超过6个月。

第2部分 协作

第1分部 程序

第61条 启动集团协作程序的申请

1. 集团协作程序可以向任何对某一集团成员的破产程序享有管辖权的法院申请,由与集团成员相关的破产程序中被任命的一名破产从业人员提起。

2. 本条第1款所指的申请应根据适用于任命破产从业人员的破产程序的法律所规定的条件而提出。

3. 本条第1款所指申请应附有:

(a)关于集团协调人("协调人")的人选的提名建议,根据第71条其有资格被提名的具体介绍,其资质的具体介绍以及其愿意担任协调人的书面同意书;

(b)所建议的集团协作计划的纲要,以及特别是符合第63条第1款所规定条件的原因;

(c)被任命为集团成员的破产从业人员名单,以及相应地参与集团成员破产程序的法院及主管部门;

(d)对所建议的集团协作计划的费用预算纲要以及由每个集团成员所需承担费用的分摊份额的预算。

第62条 优先规则

在不妨碍第66条规定的情况下,当启动集团协作程序的申请向不同成员国提出时,除了首先受理申请的法院之外,其他任何法院为支持该法院均应拒绝行使其管辖权。

第63条 受理法院的通知

1. 受理启动集团协作程序申请的法院应尽快地将启动集团协作程序的申请及所建议的协调人通知给根据第61条第3款被任命为集团成员的破产从业人员们,若法院认定:

(a)启动这样的程序可以适当地促进与不同集团成员相关的破产程序的有效管理;

(b)任何预期会参与集团成员破产程序的债权人不会因为该成员加入这样的程序中而蒙受经济上的不利益;并且

(c)所推荐的协调人符合第71条所规定之要求。

2. 本条第1款所指的通知应当将第61条第3款第(a)~(d)项所涉及内容罗列出来。

3. 本条第1款所指通知应以挂号信的方式送达并通过确认回执证明送达。

4. 受理法院应给予相关破产从业人员参与庭审的机会。

第64条 破产从业人员的异议

1. 任何一名由集团成员所任命的破产从业人员可以对下列事项提出异议:

(a)其被任命的破产程序对集团协作程序的加入;或

(b)被推荐为协调人的人选。

2. 根据本条第1款所指的异议应由本条第1款所指的破产从业人员在收到申请启动协作程序的通知的30日内向第63条所指法院提起。

异议可以通过根据第88条所制定的标准表格的方式被提起。

3. 在决定参与或不参与本条第1款第(a)项所规定的协作程序之前,破产从业人员应获得任命其之程序启动国法律所要求的任何相关批准。

第65条 对加入集团协调程序提出异议的后果

1. 当破产从业人员对任命其之破产程序加入集团协作程序提出异议,则那些程序不会被纳入集团协作程序中。

2. 第68条所指的法院职权或协调人从那些破产程序中所获得的职权不应对该成员产生任何效力,并且不会对该成员产生任何费用。

第66条 集团协作程序的法院选择

1. 当获得集团成员破产程序任命的破产从业人员至少2/3的同意,认为另一成员国法院是启动集团协作程序最为合适的法院,则该法院应享有专属管辖权。

2. 法院选择应通过共同协议以书面或以书面证明的方式作出。它可以在直到集团协作程序根据第68条启动时作出。

3. 任何非根据本条第1款受理申请的法院应当为支持该法院而拒绝行使其管辖权。

4. 启动集团协作程序的申请应当根据第61条向所同意的法院递交。

第67条 对所推荐的协调人提出异议的后果

若法院已经收到由某一成员任命的破产从业人员对所推荐的协调人之人选的异议且该破产从业人员未对该成员加入集团协作程序提出异议,则法院可以不任命该人选并且请提出异议的破产从业人员根据第61条第3款提交一份新的申请。

第68条 启动集团协作程序的决定

1. 当第64条第2款所规定的期间已经届满,若法院认为已经符合第63条第1款所规定之条件,则可以启动集团协作程序。在这样的情况下,法院应:

(a)任命一名协调人;

(b)决定协作的概要;以及

(c)决定费用预算和集团成员的分摊份额预算。

2. 启动集团协作程序的决定的通知应送至参与的破产从业人员和协调人。

第69条 破产从业人员随后的选择加入

1. 任何破产从业人员,可以根据其内国法,在法院根据第68条作出决定后,在下列情况下,依然可以申请将其所被任命的破产程序加入集团协作程序中:

(a)曾经对该成员的破产程序加入集团协调程序提出过异议;

(b)某集团成员的破产程序系在法院启动集团协作程序之后被启动。

2. 在不妨碍本条第4款规定的情况下,协调人在与相关破产从业人员进行

协商后,当符合下列规定时,可以同意该申请:

(a)考虑到提出申请时,就集团协作程序所到达的阶段而言,协调人认为申请符合第 63 条第 1 款第(a)项和第(b)项所规定的条件;或

(b)经所有相关的破产从业人员依据各自内国法所规定的条件同意。

3. 协调人应将其根据本条第 2 款所作出的决定及其所依据的理由通知法院和参与的破产从业人员。

4. 任何参与的破产从业人员或任何提出加入集团协作程序申请而被驳回的破产从业人员可以根据集团协作程序启动国法律规定的程序对本条第 2 款所涉及的决定提出异议。

第 70 条　推荐以及集团协作计划

1. 当破产程序进行时,破产从业人员应考虑协调人的推荐人选以及第 72 条第 1 款所规定的集团协作计划的内容。

2. 破产从业人员不应被强制性地要求全部或部分地服从协调人的建议或集团协作计划。

若其不服从协调人的推荐人选或集团协作计划,应给出拒绝的理由,并根据其内国法向相关个人或机构报告,同时向协调人报告。

第 2 分部　总　　则

第 71 条　协调人

1. 协调人应当为根据成员国内国法有资格从事破产从业人员工作的人。

2. 协调人不应被任命为任何集团成员的破产从业人员之一,也不应与集团成员及其债权人以及被任何集团成员所任命的破产从业人员之间有任何利益冲突。

第 72 条　协调人的任务和权利

1. 协调人应当:

(a)确认和概括出破产程序协作运行的建议;

(b)提出集团协作计划,确认、描述和推荐一系列能够综合解决集团成员破产程序问题的适当措施。特别是,该计划可以包括如下建议:

(i)为了重建集团或集团部分的经济表现和财务稳定性而采取的措施;

(ii)集团内部交易和撤销权之诉所引起的集团内部争端的解决;

(iii)破产集团成员的破产从业人员之间的协议。

2. 协调人也可以：

(a)参与庭审并且参与同任何集团成员相关的破产程序，特别是通过参与债权人会议的方式；

(b)对两个或两个以上集团成员的破产从业人员之间的任何纠纷进行调解；

(c)对集团协作计划向根据其内国法须由其作出报告的相关个人或机构进行陈述和解释；

(d)向任何集团成员的破产从业人员了解信息，只要该信息会对或可能会对确认和概括出破产程序协作的策略和措施有用；并且

(e)对任何集团成员的破产程序申请不超过6个月的中止，只要这样的中止对确保计划的顺利实施而言是必要的并且会对被申请中止的破产程序中的债权人有利；或者申请撤销任何现有的中止。这样的申请应向启动被申请中止的破产程序的法院提出。

3. 本条第1款第(b)项所指的计划不应包括任何合并程序或合并破产财产的建议。

4. 本条所规定的协调人的任务和权利不应及于任何不参与集团协作程序的集团成员。

5. 协调人应当公正而审慎地履行其职责。

6. 若协调人认为完成其任务，其实际费用同根据第61条第3款第(d)项规定所估计的费用相比需要显著增加，并且在任何情况下，费用每超出预计费用的10%，协调人就应：

(a)及时通知参与的破产从业人员；并且

(b)寻求启动集团协作程序的法院的事先批准。

第73条 语言

1. 协调人同参与的集团成员的破产从业人员间的交流应以相互同意的语言进行，或当没有形成这样的合意时，以欧盟机构的官方语言或任一官方语言以及启动相关集团成员破产程序的法院的官方语言或任一官方语言进行交流。

2. 协调人与法院进行交流时，应以该法院所使用的官方语言进行交流。

第74条　破产从业人员与协调人之间的合作

1. 被集团成员所任命的破产从业人员与协调人应相互合作,只要这样的合作与适用于各个程序的规定不相违背。

2. 特别是,破产从业人员应当向协调人传达与履行协调人任务相关的一切信息。

第75条　对协调人任命的解除

法院应依职权或基于参与的集团成员的破产从业人员的申请,解除对协调人的任命,只要:

(a)协调人的行为损害了参与集团协作程序的集团成员的债权人;或

(b)协调人没有遵守本章所规定的协调人之义务。

第76条　有控制权的债务人

本章中适用于破产从业人员的条款应当在适当的情况下,也适用于有控制权的债务人。

第77条　费用和分配

1. 协调人的酬劳应与其所完成的任务相当、成比例并且能够反映出合理费用。

2. 当协调人完成其任务时,协调人应制作有关费用以及各个成员应承担费用的份额的最终声明,并且将该声明提交给各个参与的破产从业人员以及启动集团协作程序的法院。

3. 破产从业人员在收到本条第2款所指的声明后的30日之内未提出异议的,应视为对费用及由各个成员承担费用的份额达成合意。该声明应递交给启动集团协作程序的法院进行确认。

4. 在有异议的情况下,启动集团协作程序的法院应当依协调人或任何参与的破产从业人员的申请,根据本条第1款所规定的标准,来决定费用和应由各个成员承担的份额,同时考虑第68条第1款以及在适用的情况下,根据第72条第6款,所规定的预算费用。

5. 任何参与的破产从业人员可以根据集团协作程序启动国法律所规定的程序对本条第4款所指的决定提出异议。

第六章 数据保护

第78条 数据保护

1. 实施第95/46/EC号指令的内国法规定应适用于根据本规则而在成员国施行的个人数据处理,只要与第95/46/EC号指令所涉及的数据处理运行无关。

2. 第45/2001号(欧共体)规则应适用于根据本规则规定而由欧盟委员会施行的个人数据处理。

第79条 有关内国破产登记中的个人数据处理的成员国责任

1. 每个成员国应当将根据第95/46/EC号第2条第(d)项的规定行使管理者职能的自然人的姓名或法人、有关部门、中介或由内国法任命的机构之名称,为了将其在欧洲电子司法门户网站上公开,而告知欧盟委员会。

2. 成员国应当确保根据第24条所规定的内国破产登记中的个人数据安全的技术措施已经被实施。

3. 成员国应当根据第95/46/EC号第2条第(d)项的规定,即确保遵循数据质量原则,特别是确保在内国破产登记中所存储数据的准确性和更新,对由内国法任命的管理者的核实负责。

4. 成员国应当根据第95/46/EC号指令对内国数据库中的数据收集和存储以及使这些数据可以通过欧洲电子司法门户网站的互联登记而被获取的决定负责。

5. 由于部分信息应当被提供给数据当事人以使他们行使其权利,特别是清除信息的权利,成员国应当告知数据当事人为存储在破产登记中的个人数据所设定的访问期间。

第80条 与个人数据处理相关的欧盟委员会的责任

1. 欧盟委员会应依据其由本条所规定的责任而承担根据第45/2001号(欧共体)规则第2条第(d)项所规定的责任。

2. 欧盟委员会应制定必要的政策以及采取必要的技术手段以在管理者的职能范围内履行其职责。

3. 欧盟委员会应当施行必要的技术措施以确保个人数据在传输中的安全性,特别是向欧洲电子司法门户网站输入或输出的数据的保密性和完整性。

4. 欧盟委员会的义务不应影响成员国及其管理内国数据库互联的内容和运作的机构的职责。

第 81 条 信息义务

在不妨碍根据第 45/2001 号(欧共体)规则的第 11 条和第 12 条将信息提供给数据当事人的情况下,欧盟委员会应当以在欧洲电子司法门户网站公告的形式,告知数据当事人其在数据处理中的作用以及那些数据被处理的目的。

第 82 条 个人数据的存储

关于互联的内国数据库中的信息,任何与数据当事人相关的个人信息不应被存储在欧洲电子司法门户网站上。一切类似数据应当被存储在由成员国或其他机构所运行的内国数据库中。

第 83 条 通过欧洲电子司法门户网站获取个人数据

根据第 24 条规定而被存储在内国破产登记中的个人数据,只要依据内国法可以被获取,就应当可以通过欧洲电子司法门户网站获取。

第七章 过渡及最终条款

第 84 条 适用时间

1. 本规则的条款仅应适用于 2017 年 6 月 26 日之后启动的破产程序。债务人在该日期之前实施的行为应当继续由实施该行为之时适用的法律所规制。

2. 尽管有本规则第 91 条的规定,第 1346/2000 号(共同体)规则应继续适用于本规则所适用范围之内的并且于 2017 年 6 月 26 日之前被启动的破产程序。

第 85 条 与公约的关系

1. 本规则在其所涉及内容方面,在成员国之间的关系上,取代成员国间双边或多边协议或公约所规定的内容,特别是:

(a)比利时和法国关于司法管辖权和司法判决、仲裁裁决和公证文书的公约,1899 年 7 月 8 日于巴黎签署;

(b)比利时与奥地利关于破产、清算、协议、和解和暂停支付的公约(附 1973 年增补议定书),1969 年 7 月 16 日于布鲁塞尔签署;

(c)比利时与荷兰关于属地管辖权、破产和司法判决、仲裁裁决和公证文书的效力和执行的公约,1925 年 3 月 28 日于布鲁塞尔签署;

(d)德国和奥地利关于破产、清算、协议和和解的条约,1979年5月25日于维也纳签署;

(e)法国和奥地利关于破产的司法管辖权、破产判决的承认和执行的公约,1979年2月27日于维也纳签署;

(f)法国与意大利关于民商事判决的执行的公约,1930年6月3日于罗马签署;

(g)意大利与奥地利关于破产、清算、协议和和解的公约,1977年7月12日于罗马签署;

(h)荷兰王国于德意志联邦共和国关于相互承认和执行民商事判决及其他可执行文件的公约,1962年8月30日于海牙签署;

(i)英国与比利时王国关于相互执行民商事判决的公约(附议定书),1934年5月2日于布鲁塞尔签署;

(j)丹麦、芬兰、挪威、瑞典与冰岛关于破产的公约,1933年11月7日于哥本哈根签署;

(k)关于破产的某些国际方面的欧洲公约,1990年6月5日于伊斯坦布尔签署;

(l)南斯拉夫联邦人民共和国与希腊王国关于相互承认和执行司法判决的公约,1959年6月18日于雅典签署;

(m)南斯拉夫联邦人民共和国与奥地利共和国关于相互承认和执行商事仲裁裁决和仲裁调解的协议,1960年3月18日于贝尔格莱德签署;

(n)南斯拉夫联邦人民共和国与意大利共和国关于民事与行政的司法合作的公约,1960年12月3日于罗马签署;

(o)南斯拉夫社会主义联邦共和国与比利时王国关于民商事司法合作的协议,1971年9月24日于贝尔格莱德签署;

(p)南斯拉夫与法国政府关于承认和执行民商事判决的公约,1971年5月18日于巴黎签署;

(q)捷克斯洛伐克社会主义共和国与希腊共和国关于民事与刑事法律协助的协议,1980年10月22日于雅典签署,仍然在捷克共和国与希腊间现行有效;

(r)捷克斯洛伐克社会主义共和国与塞浦路斯共和国关于民事与刑事法律协助的协议,1982年4月23日于尼科西亚签署,仍然在捷克共和国与塞浦路斯

间现行有效;

(s)捷克斯洛伐克社会主义共和国政府与法兰西共和国政府关于法律协助和承认与执行民事、家事以及商事判决的条约,1984 年 5 月 10 日于巴黎签署,依然在捷克共和国与法国现行有效;

(t)捷克斯洛伐克社会主义共和国与意大利共和国关于民商事法律协助的条约,1985 年 12 月 6 日于布拉格签署,依然在捷克共和国与意大利间现行有效;

(u)拉脱维亚共和国、爱沙尼亚共和国以及立陶宛共和国关于法律协助和法律关系的协议,1992 年 11 月 11 日于塔林签署;

(v)爱沙尼亚与波兰关于提供法律协助以及民事、劳动和刑事法律关系的协议,1998 年 11 月 27 日于塔林签署;

(w)立陶宛共和国与波兰共和国关于法律协助和民事、劳动、刑事法律关系的协议,1993 年 1 月 26 日于华沙签署;

(x)罗马尼亚社会主义共和国与希腊共和国关于民事和刑事法律协助的公约及其议定书,1972 年 10 月 19 日于布加勒斯特签署;

(y)罗马尼亚社会主义共和国与法兰西共和国关于民商事法律协助的公约,1974 年 11 月 5 日于巴黎签署;

(z)保加利亚人民共和国与希腊共和国关于民事和刑事法律协助的协议,1976 年 4 月 10 日于雅典签署;

(aa)保加利亚人民共和国与塞浦路斯共和国关于民事和刑事法律协助的协议,1983 年 4 月 29 日于尼科西亚签署;

(ab)保加利亚人民共和国政府与法兰西共和国政府关于相互提供民事法律协助的协议,1989 年 1 月 18 日于索非亚签署;

(ac)罗马尼亚与捷克共和国关于民事司法协助的条约,1994 年 7 月 11 日于布加勒斯特签署;

(ad)罗马尼亚与波兰共和国关于民事案件法律协助与法律关系的条约,1999 年 5 月 15 日于布加勒斯特签署;

2. 本条第 1 款所指协议或公约应对第 1346/2000 号(共同体)规则生效前启动的程序继续有效。

3. 本规则不应适用于:

(a)在任何成员国,若本规则与在第 1346/2000 号(共同体)规则生效前,成

员国与一个或多个第三国所缔结的协议或公约中所规定的同破产相关的义务存在不可调和的冲突时;

(b)在大不列颠及北爱尔兰联合王国,若本规则与在第1346/2000号(共同体)规则生效时与英联邦缔结的任何同个人破产和公司清算相关的安排所规定的义务存在不可调和的冲突时。

第86条 关于内国和欧盟破产法的信息

1. 成员国应在由欧盟理事会第2001/470/EC号决定①所创建的欧洲民商事司法协助中心的框架内,并且以将信息为公众所知悉为目标,对内国立法和与破产相关的程序,特别是对第7条第2款所列举的相关之事项,作出简短介绍。

2. 成员国应对本条第1款所指信息进行定期更新。

3. 欧盟委员会应向公众提供与本规则相关的信息。

第87条 登记互联的创立

欧盟委员会应通过实施法案来创立第25条所指的破产登记的互联。那些实施法案应根据第89条第3款所指的审查程序被通过。

第88条 标准表格的制定与之后的修改

欧盟委员会应通过实施法案来制定,并且在必要的情况下,修改第27条第4款、第54条、第55条和第64条第2款所指的表格。那些实施法案应根据第89条第2款所指的咨询程序被通过。

第89条 欧盟委员会程序

1. 欧盟委员会应由一个委员会协助。该委员会应当是第182/2011号(欧盟)规则所指的委员会。

2. 当本款被援用时,第182/2011号(欧盟)规则第4条应当适用。

3. 当本款被援用时,第182/2011号(欧盟)规则第5条应当适用。

第90条 审查条款

1. 不迟于2027年6月27日,并且之后的每5年,欧盟委员会应向欧洲议会、欧盟理事会和欧洲经济和社会委员会提交适用本规则的报告。若必要,该报告应附有修改本规则的建议。

---

① 欧盟理事会2001年5月28日第2001/470/EC号关于建立欧洲民商事司法协助中心的决定(OJ L 174,27.6.2001,p.25)。

2. 不迟于2022年6月27日,欧盟委员会应向欧洲议会、欧盟委员会和欧洲经济和社会委员会提交关于集团协作程序适用的报告。若必要,该报告应附有修改本规则的建议。

3. 不迟于2016年1月1日,欧盟委员会应向欧洲议会、欧盟委员会和欧洲经济和社会委员会提交关于董事责任和董事资格取消的跨境问题的研究报告。

4. 不迟于2020年6月27日,欧盟委员会应向欧洲议会、欧盟委员会和欧洲经济和社会委员会提交关于滥用挑选法院的问题的研究报告。

第91条　废止

第1346/2000号(欧共体)规则被废止。对被废止规则的援用应当被解释为对本规则的援用并且应当参照本规则附录D所提供的对照表。

第92条　生效

本规则应当在其被公布在《欧洲联盟官方公报》上后的第20日起生效。

除了下列情况,本规则应自2017年6月26日起施行:

(a)第86条,应自2016年6月26日起施行;

(b)第24条第1款,应自2018年6月26日起施行;并且

(c)第25条,应自2019年6月26日施行。

本规则的全部内容应具有拘束力,且根据欧盟条约的规定应直接适用于成员国。

2015年5月20日,于斯特拉斯堡通过。

代表欧洲议会

代表欧盟委员会

主席

主席

M. SCHULZ

Z. KALNIŅA-LUKAŠEVICA

《进一步鼓励企业重整的法律》框架下的新破产重整法[①]

[德]沃克尔·罗曼[*] 著 赵天书[**] 译

《进一步鼓励企业重整的法律》(ESUG,以下简称《鼓励重整法》)于2011年12月13日公布,2012年3月1日起生效。该法在德国的重整法及破产法方面进行了重大的变更。随着新规范的施行,重整不再局限于理论,而是被真正地付诸实践。这部法律对债务人甚至债权人都影响甚巨。该法架设了沟通公司法与破产法重整法的桥梁,但在融入现行法制方面却不尽如人意。

一、出台背景

恐惧从来都是刻薄的谏言者。德国的自由经济法较之英国处于劣势的地位,对这种劣势的担忧困扰着德国的立法者。在2008年,他们担心境外公司形式——主要

---

① 原文发表于德国《新法学家周刊》(NJW)2012年版,第645页。

* 沃克尔·罗曼(Volker Römermann),德国破产法、商法、公司法以及劳动法方面的专业律师,Römermann律师股份公司的董事、Hanselmann & Römermann破产管理人合伙的执行合伙人以及洪堡大学(Humboldt-Universität zu Berlin)的讲师。

** 中国政法大学博士后,德国汉堡大学法学博士。

是私人有限公司(Ltd.)——的过度输入,到了2011年又开始担心有破产危险的企业的外流。个人债务人为了找到有利于剩余债务免除的国家或地区而向阿尔萨斯(Elsass)或者英格兰进行破产迁徙,①企业债务人随后也发现了那里的法律优势,并对这些优势加以利用。它们或是改变主要利益中心(COMI)、②或是建立与重要因素的直接关联以进入协议安排(Scheme of Arrangement)程序。③

破产法所暴露出来的问题,让德国立法者认识到了当今破产法的不足之处。于是,重整、破产方案、企业自行管理等制度被立法者纷纷置于1999年1月1日生效的破产规范之中。但新规范体系的实践价值却微乎其微,仅有一些由专家顾问陪同制定的程序有较强的实践性。法律的缺陷与德国破产文化的问题以及破产管理人结构的顽疾纠结在一起,交织成一张致密的蛛网,使落入其中的企业深陷其中而无法自拔。时至今日,成功的重整成为罕见的幸运事件。当然,此处所指的重整是"真正的重整",不包括"转让性重整",④因为"转让性重整"不过是企业资产的买卖与重要剩余资产的分割。

德国破产法必须改变这种现状。通过英德破产法的比较,笔者发现,英国的债务人与债权人在破产管理人的选择上有较为明显的影响力,⑤当事人之间的协议更容易被同意,协议的范围也更大。债转股在英国乃至美国都是耳熟能详的词汇,虽然德国理论上也可以实施债转股,但这一制度在实践中没有太大意义。在法国,为了保障债务人的重整可以平稳进行,债务人也被提供了临时性的保护以防止债权人的介入,这一制度也很有裨益。⑥ 最后,破产法应该能够激励债务人及时进行破产申请。申请得越早,留存的财产就越多,客户关系与供销关系就越不会遭到无法挽回的破坏,供应商也就更愿意与债务人同舟共济,如此一来企业就有了更好的重整前景。如果对导致普遍性破产延误的原因加以探究,就会发现企业管理层对完全失去控制力的恐惧往往是罪魁祸首。立法者试图通过增

---

① 参见Hergenröder,DZWIR2009,309。

② 参见Andres/Grund,NZI 2007,137。

③ 参见Paulus,ZIP2011,1077。

④ 所谓转让性重整是指将企业或企业的一个独立部分转让给新的权利人,转让企业所得价款将作为变价金被用来在企业前一所有者的债权人之间进行分配。——译者注

⑤ 参见Schillig,in:Kindler/Nachmann,Hdb. InsolvenzR in Europa,Losebl.,1. Erg.-Lfg.(2010),Länderbericht England und Wales。

⑥ 参见Bauerreis,in:Kindler/Nachmann(o. Fußn. 4),Länderbericht Frankreich。

加其他破产参与人的影响力对抗企业的管理者,最终不仅是债权人,就连债务人都得到了更强的话语权。

二、破产法院

2013年1月1日生效的《法院组织法》以及《司法人员法》这两个修正案可能会让持客观立场的读者感到愤怒。修正案中针对法官与司法人员的表述基本相同:“在破产案件中,法官应具备在破产法、商法和公司法领域内可以被证实的知识以及在劳动法、社保法、税法和会计领域内涉及破产程序的部分的基本知识。如果法官不具备这些领域的知识,那么只有当这些知识的即刻获得是可被预期的,破产法院的任务才能交给该法官承担。”

《法院组织法》以及《司法人员法》这两个修正案以一种描述情形的方式进行规定,法官和司法人员应该具备足以胜任的业务能力,或者在不具备足以胜任的业务能力时,具有为破产程序在将来一段时间研究材料的意愿(所谓的“边做边学”)。这种立法模式可以作为今后的法律规范的模板么(如“劳动法院的法官应该具备劳动法上的知识,或者应努力学会这些知识”)?联邦参议院一度试图反对这个修正案,其法律与财政委员会曾建议向仲裁委员上诉。[①] 客观地说,这个使破产法律界的新人得以进入破产审判大门的规定所引起的恐慌远不及另一事实:在立法者看来,这种做法居然有显而易见的必要性。[②] 相关的法官事实上并没有联邦参议院之前所设想的加大对进修的关注,而真正关注进修机会的其实是联邦州的财政官员。联邦参议院并未提及这一可能的论据。

三、破产申请

(一)新的要求与刑事责任的扩张

破产申请在《德国破产法》第13条、第15a条中被称作“破产程序的启动申请”。如果是债务人提交的申请,那么申请后应附上债权人及其债权的目录。小

---

① BR-Dr 679/ 1/11 vom 14.11.2011.

② Zuleger,NZI2011,137.

企业的破产申请“应”制作进一步的说明,大企业的破产申请则“必须”制作进一步的说明。与债权人委员会联系在一起时,这种区分才有意义。破产申请在内容要求上的提升明显源于实践的需要。遗憾的是,立法者仍然未能实现一般性的形式强制。从起初的“双行诗”似的破产申请中,破产法院无法推断出破产的类型、规模以及程序的意义。业务人员或(临时)破产管理人的任命因而变成了一种博彩。我们必须首先厘清管理人与程序是否“契合”,尤其是在难以适当变更管理人的情形下。法律的严厉还给企业负责人带来了刑法上的风险。《德国破产法》第15a条第4款不仅在未提交或未及时提交破产申请的情形下引入刑事责任,“未正确提交申请”同样会触及刑事责任。① 即使在这一条款生效(2008年11月1日)的3年后也不是每个人都意识到了这一点,而即便意识到了这一点,也不是每个人都认为遵守该条款是必要的。② 尽管法院和公诉人曾一度忽视该条款的适用,但是这一风险却始终存在,并且随着《鼓励重整法》的生效,这种风险的法律后果变得更为严苛。

(二)因破产延迟而支付的预付款

如果财产不足以承担程序的费用,那么破产申请也会被驳回。但如果预付了足够的金额,那么申请将不能被驳回。这种规定在过去并不能激励债权人为集体的利益自己垫付费用。③ 根据《德国破产法》第26条第4款规定,企业负责人应基于自己的责任承担破产程序的预付款。“任何违反破产法或公司法规定,违反义务并有过错的未提交启动破产程序申请的义务人都有义务支付预付款。如果关于当事人是否违反义务并有过错存有争议,那么应由该当事人承担举证义务。临时管理人以及任何拥有针对债务人已经确立的财产上的请求权的债权人都可以请求预付款的支付。”

立法者制定这一规范旨在发挥两方面的作用:一方面,有利于防止破产延迟;另一方面,有利于为破产程序的启动筹集资金。

然而,这一崇高的目标在实践中是否能够实现却令人怀疑。私法(《德国有限责任公司法》第64条)甚至是刑法上的威胁(《德国破产法》第15a条第4款)

① Römermann,ZInsO2010,353.

② Weyand,ZInsO2010,359.

③ Karsten Schmidt,NJW2011,1255.

至今并未发挥出有效的威慑力。隐含的程序费用进一步威胁也并未实质性地提升法律的预防效能。事实上,只有当相关企业负责人承认这一债务并且毫不迟延地进行给付时,这种立即获取资金的方法才能得以实现,而在大量的案件中这不过是徒劳的幻想罢了。即使在已经启动的破产程序中,企业管理人也往往能够针对《德国有限责任公司法》第64条上的请求权进行抗辩。这一条款主要是在启动程序中适用的,在这一程序中业务人员或临时管理人收集信息与材料并以此主张请求权。企业负责人出于对坦白债务可能带来的《德国有限责任公司法》第6条第2款第3项规定的刑法后果的恐惧,常常拒绝承认债务。结果在破产启动程序中,当破产程序取决于预付款的支付而且临时破产管理人就这一事项已被破产法院授权时,临时破产管理人往往必须起诉企业负责人。再考虑到人们对启动程序的持续期间的预期,相关规范并未提供一种有诱惑力的选择。①

(三)临时破产管理人的薪酬

破产程序如未被启动,破产法院则应依据《德国破产法》第26a条向债务人裁定临时破产管理人的薪酬以及需补偿的垫付费用。对薪酬的确定进行规范是符合长期以来实践的迫切需要的。联邦最高法院②在最近的判决中申明临时管理人可以在民事法院类推适用《德国民法典》第1835条、第1836条、第1915条、第1987条以及第2221条向债务人提起诉讼以主张其请求权,这一判决与相关文献③以及一些初审法院④的观点多有冲突。

为什么应向债务人确定破产管理人的薪酬?因为实践中往往应由债务人承担费用。但在实践中还存在其他情形。例如,税务机关依据征税单提出破产申请,而此后征税单作废,结果破产申请被撤回。就这一案例而言,申请人负有实体法上承担程序费用的义务。然而,法院必须依据新的规定面向债务人确定应承担的费用,而债务人则只能在承担费用后向税务机关主张补偿请求权。在这种情形中,新的规定似乎是没有意义的。

---

① 参见 Karsten Schmidt, NJW2011, 1258。

② BGH, NJW-RR2010, 560. = NJW 2010, 1882.

③ Uhlenbruck, NZI2010, 161.

④ AG Göttingen, NZI2010, 652; AG Düsseldorf, ZInsO2010, 1807.

四、在债权人委员会方面的明显加强

债权人委员会在德国破产法中早已有之，法律规定了“简单的”债权人委员会，此外在实践中还有“临时的”债权人委员会，以及尽管争议很大但一般也被承认并被偶尔运用的“提前的临时”债权人委员会。[①]《鼓励重整法》为在破产启动程序中召集临时的债权人委员会提供了法律的基础，并极大强化了它的作用。但是新法也带来了一些体系上的混乱，[②]一些新的规范不是附加在规定债权人委员会的法条中(《德国破产法》第 67 条以下)，而是附加在规定保障措施的法条中(《德国破产法》第 21 条以下)。原本“必须”设立债权人委员会的情形，被规定为“应当设立”或“可以设立”，甚至“禁止设立”。

(一) 可以设立、应当设立和必须设立

如果案件符合《德国破产法》第 22a 条所援引的《德国商法典》第 267 条第 1 款第 1 ~ 3 项规定的要件，临时债权人委员会的设立就具有强制性：资产总规模至少达到 484 万欧元，盈利至少达到 968 万欧元，年均雇员数目至少达到 50 人。如果在上一个[③]营业年度企业达到了上述指标中的两项，便足以引起相应的法律后果。《鼓励重整法》的政府草案原本为该条拟定了较低的数值，针对该草案提出的异议[④]提高了这些数值并获得最终通过。因为在 2010 年只有 11.4% 的破产企业拥有超过 11 名的雇员，[⑤]所以强制设立债权人委员会的规定只在较少的程序中被适用。不过即使在法律并未规定必须设置临时债权人委员会的情形下，临时债权人委员会也常常被设立，所以当有人作为临时债权人委员会的成员被提名并且提名后附加了被提名人的同意声明时，法院“应该”依据《德国破产法》第 22 条第 2 款按照债务人、临时破产管理人或者某一债权人的申请设立临时债

① Befürwortend die h. M., etwa LG Duisburg, NZI2004, 95; AG Köln, NZI2000, 443; Delhaes, in: Nerlich/Römermann, InsO, Losebl., 21. Erg.-Lfg. (2011), § 67 Rdnr. 4; a. A.; Uhlenbruck, in: Uhlenbruck, InsO, 10. Aufl. (2010), § 67 Rdnr. 5.

② Steinwachs, ZInsO2011, 410.

③ Krit. Frind, ZInsO2011, 375.

④ 例如，Frind, ZinsO 2011, 376。

⑤ Begr. RegE zum ESUG, BT-Dr 17/5712, S. 24.

权人委员会。即便法律并没有强制性或“应当”设立的规定,在不具备《德国破产法》第21条第1款第1项a所规定的特别职责的情况下,[1]破产法院也完全可以参照该条设立临时债权人委员会。

尤其是在债务人申请破产的情形下,操纵破产的企图[2]可能被付诸实施,而在债权人申请破产的情形下,这种危险也可能存在。破产申请人一方面要求设立债权人委员会,另一方面也提名适合的带有倾向性的人员担任委员,他们的动机明显不是为了获得那些更具有象征意义的薪酬。如此一来,利益相关的参与人就为操纵破产打好了基础。鉴于启动程序中的紧急状态,法院基本没有可能就被推荐的或其他适格的人选进行深入调查,最终委员会可能就涉及破产的整个事实状况做出带有倾向性的决定。

这种进退两难的局面在新的规定(《德国破产法》第22a条第4款)生效后有所缓和。根据这一条款,债务人或临时管理人必须按照法院的要求提名临时债权人委员会的委员。可以预计,无论具体程序如何,通常被代表的债权人,如大的信贷机构、财政局或保险公司以及工会(作为雇员代表),都会向法院提名联系人,这些联系人都有权参与债权人委员会的设立,甚至自身就作为委员会成员获得薪酬。[3] 雇员的代表也应依据《德国破产法》第67条第2款加入债权人委员会而不是作为小额债权的破产债权人发挥作用。由于法院按照自己的裁量决定债权人委员会的成员,因此,理论上法院可以全盘否定向它提交的提名建议,这在抽象上确保了委员会成员的无偏向性。[4] 在实践中,这种全盘否定是几乎不可能的,因为法院在提名建议之外难以获得足够的合适委员会成员人选。

(二)禁止设立

如果债务人企业已经停业,那么依据《德国破产法》第22a条第3款规定,临时债权人委员会的设立就是被禁止的。在这种情形中,考虑到预期的破产财产,临时债权人委员会的设立以及因设立而产生的程序延迟会给破产人的财产情况雪上加霜。停业的企业不再需要一个委员会,稀少的剩余财产使委员会的设立

---

① Obermüller, ZinsO2011, 1813.
② 参见 Hölzle, NZI 2011, 126。
③ Obermüller, ZinsO2011, 1811.
④ Obermüller, ZinsO2011, 1812.

不符合比例原则，更何况委员会成员的薪酬与赔偿保险都会减损预期的破产财产。真正有争议的是法院对设立债权人委员会的放弃问题。不能低估破产法院采取这一行为的可能性，因为设立临时债权人委员会通常会导致程序的延迟。[①]相关文献对新规定批评的一部分原因就在于，法院在设立债权人委员会时很大程度上可以“随意”为之，不设立委员会的理由总会存在。[②] 另一部分原因[③]在于，规定“抽象”的延迟的可能性是不可取的，因为这种可能性太不确定，法院应将之具体化。那么在程序延迟的理由中只要简单提及企业运营所要消耗的原材料就足够“具体”了么？总而言之，法院不应随意放弃设立债权人委员会，除非预见将要发生的延迟是一种特别的、超出“正常状态”的延迟，并且该延迟会导致不同寻常的财产减损。任何其他的解释都将使禁止设立委员会的情形变为一般情形，并破坏《鼓励重整法》在更多地设立临时债权人委员会上的诉求。

（三）委员会成员的薪酬

临时债权人委员会成员应履行《德国破产法》第 56 条第 2 款以及第 270 条所规定任务，并按照《破产法薪酬法规》第 17 条第 2 款一次性取得 300 欧元的薪酬。临时债权人委员会成员需要履行的任务包括破产管理人的选任以及决定是否实行企业自行管理（Eigenverwaltung），这也是破产程序的“决定性问题”[④]和重大转折点。这些薪酬与程序预计的持续时间和责任风险[⑤]不成比例的原因在于不存在仅仅作为债权人委员会的成员而不享有其他当事人利益的人。

五、破产管理人的选任

《鼓励重整法》对破产管理人的选任作了很多新规定，根本上改变了现行的法律制度（如果可以将其称为法律制度的话）。这些规定有的针对担任管理人的个人，有的针对选任的方式。在经济意义非常重要的程序中，依据新的规定债权

---

① Frind, ZinsO2011, 757.

② Zuleger, NZI2011, 137.

③ Obermüller, ZInsO2011, 1810.

④ Ernst Jaegers von 1939.

⑤ 参见 OLG Celle, NZI2010, 609。

人将会掌握主动权。在其他程序中,仍然需要依靠司法实践来解决诸多个别问题,[1]弥补由联邦宪法法院[2]以及无意作出决策的立法者所遗留的漏洞。

(一)"无可怀疑的"的推荐与"无害的"牵涉性

立法者就担任破产管理人的个人作了新规定,其目的在于使债务人摆脱对可能具有敌对意图的强制执行人的畏惧,从而不必担心强制执行人违背其意愿强迫其接受财产的处分。相应地,排除破产管理人任职资格条件之一的"不适合",也在新法中被界定为"无害"。根据新的《德国破产法》第56条第1款规定,破产管理人职位必要的独立性"不会因担任者由债务人或债权人推荐而丧失,也不会因债务人在破产申请前以一般的形式就破产程序的进程以及结果向该担任者进行咨询而被削弱"。就以往的司法实践而言,在债务人或债权人提交破产申请时已经推荐一人作为管理人的情形下,法院的做法有三种:第一种,如无特殊情况则选任此人为管理人;第二种,不会选任此人;第三种,根据具体情形决定是否选任此人。将来债务人或债权人的推荐不会再成为候选人被法院排除的理由。被推荐的人不会自动成为被选任的管理人,法官也不能再以该人因被推荐故而可疑为由拒绝选任该人作为管理人。除了破产法在具体的例外情形中不再要求法院给出选任理由外,法院也不必再表明拒绝的动机。所以,新《德国破产法》第56条第1款虽然存在,却无法被司法化。

根据《德国破产法》第56条第1款第2项规定,破产申请前进行的预先咨询也不再是无法担任管理人的理由。不过,该条款有很多令人莫名其妙之处。一方面,某人可能在申请破产之前"以一般的形式"向债务人提出建议,这种考虑是远离实践的。濒临破产的当事人怎么可能不想获得针对具体情形的建议而对"一般性"的破产法方面的建议感兴趣呢？另一方面,根据《联邦律师法》第45条规定,一名律师如果在一个案件中已经承担了律师职务外的某一职能,那么该律师不得在同一个案件中再担任律师职务。[3] 于是一个冲突问题产生了,即《德国破产法》第56条第1款是只适用于排斥一般职业法的破产程序的特别规定吗?

---

① Neubert, ZInsO2010, 73.

② BVerfG, NJW 2004, 2725. = NZI 2004, 574, Römermann, ZInsO 2004, 937; BVerfG, NZI2006, 453, Römermann, ZIP2006, 1332.

③ Römermann/Prass, ZinsO2011, 1576.

或者《联邦律师法》第 45 条是只适用于会被委任为破产管理人的律师的特别规定吗？如果应该贯彻职业法（这一观点有更为充分的论据支持），那么新的规定就被架空了，这将影响到绝大多数的破产管理人。

（二）债权人的参与

法律委员会为《德国破产法》新添加的第 56a 条规定了债权人对管理人选任的参与。在迄今为止的实践中，法院有时会在个案中赋予债权人发表意见的机会，而这种机会之前并未被特别规定在法律之中。这种所谓的“代特莫尔德模式”已经逐渐为大家所熟悉。① 《鼓励重整法》生效后，依据《德国破产法》第 56a 条规定，在选任管理人之前，债权人委员会应被给予“向管理人提出要求、就被委任人发表意见的机会”，只要这些做法不会明显导致债务人财产状况变坏。如果按照程序的类型，破产管理人及时采取措施是必要的，那么在程序发生延迟时债务人的财产状况很可能会变差。法院在选择管理人时，应根据《德国破产法》第 56a 条第 2 款以临时债权人委员会决定的对候选者的要求为基准。

按照《德国破产法》第 56a 条第 2 款规定，如果候选人并不适合担任这一职务，那么法院应不予采纳临时债权人委员会关于此人担任管理人的意见。这一条款将赋予债权人一种不受限制的选任管理人的权力。因为“不适合”的候选人是那些明显不具有相对于债务人的必要独立性的人，然而候选人对其他参与人的忠诚甚至依附关系却只在例外的情形中才能被法院知晓。被推荐的候选人是否属于相关法院的预选名单是没有法律意义的。② 依据《德国破产法》第 56a 条第 1 款规定，不是法官而是债权人决定了管理人选择的标准。如此一来，在具有重要经济意义的程序中，法院（依据《联邦宪法法院法》的规定③）所拟定的预选名单就完全丧失了价值。

破产管理人士普遍认为，在管理人明确地就将来的法律环境作出提示时，具有局部影响力的债权人很可能采取“善意”的行动，如对撤销引起的债权的承认。一些派代表出席债权人委员会的占主导地位的债权人可能会公正地评判法律争议。而在其他情形中，管理人将会受到持续审查，即审查其是否按照职务要求行

① Busch, DZWiR 2004, 353.

② Obermüller, ZinsO2011, 1812.

③ BVerfG, NJW 2004, 2725 = NZI 2004, 574.

事,还是其只会考虑自己的机会前景。从任何破产案件中都可以得出这样的结论,通常被代表的债权人,也就是那些大的金融机构、财政部门、工会以及保险公司,都会明确或默认地达成默契,"一致"地推荐某人为管理人。

六、在"企业拯救机制"下的自行管理制度

(一)自行管理制度价值的提高

自1999年《德国破产法》规定了自行管理制度以来,这一制度在实践中仅扮演着次要的角色,数量较少,①通常具有特别公众意义的破产自行管理的适用情形往往以精通破产法律师的全面大量准备工作为前提。其中的若干人还被吸收进企业的新管理层。所以仅仅为公司找到管理者是不足够的,自行管理程序应由高水平的管理者引导。此外法律还规定了监管人(Sachwalter),在一定情形下,监管人代替破产管理人(Verwalter)以明显较少的费用承担监督职能。热衷于担任监管人职务的各地方的管理人往往是有限的,并且在破产启动的审查程序中,对适用自行管理制度是否合适的审查也总是得出存疑的结果。然而,不能忽视的是,任用企业管理方面的专业人士以及维护与交易伙伴之间的信赖关系对企业的继续运营是非常有益的。因此,在具体情形中需要考察企业与交易伙伴之间是否仍存在信赖,或者这种信赖关系因为约定的多次违背而被瓦解。此外,仍需审查企业的破产是否可被归咎于某一管理人员或其他反常的情况,如日本科技产品的销售通道就因福岛县的灾难而遭受重挫。当然,在一些案件中,也存在企业在陷入破产危机前已经更换了管理层而当前的管理人员并无污点的情形。

(二)债务人的申请

自行管理始终以债务人的申请为前提。按照当前的立法模式,可能存在破产法院虽然驳回自行管理申请但是启动了常规破产程序并委任破产管理人的情形。这种风险可能会导致债务人不愿尝试自行管理。为了避免这种问题的产生,《德国破产法》第270条第3款规定,法院在受理以威胁性的支付不能为理由

---

① Jaffé, ZHR 2011, 38.

的破产申请时，如果债务人附带申请了自行管理，法院应将自己的意见告知债务人，并赋予债务人在法院裁定启动破产程序之前撤回破产申请的机会。因为《德国破产法》第15a条已经规定了法人提交破产申请的义务，所以上述情形主要发生在自然人以及从事自由职业的企业身上。①

如果债务人提交的自行管理申请明显并不是毫无希望的，那么依据《德国破产法》第270a条第1款规定，在这种情形下法院不应强制下达禁止债务人处分或保留同意权的命令。企业的管理层也因此不会立刻失去对企业的控制。其目的在于保证企业的交易伙伴能够对企业管理人制定的重整计划以及企业的重整能力留有充分的信心，否则在实践中就会完全无法实现企业的自行管理。

（三）债权人的参与

立法者通过《鼓励重整法》明显改善了企业尝试自行管理的愿景。根据《德国破产法》第270条第2款第2项规定，企业自行管理除了债务人申请外，仅以一项内容为前提，即没有迹象表明自行管理会给债权人造成损害。如果设立了临时债权人委员会，而临时债权人委员会又一致决定支持自行管理的申请，那么依据《德国破产法》第270条第3款规定，自行管理应被视为不会对债权人造成损害。并且法院在就自行管理的申请作出裁定之前也应给予临时债权人委员会发表意见的机会，只要自行管理不会明显导致债务财产状况的恶化。

如果自行管理的申请被法院驳回，那么法院应根据《德国破产法》第270条第4款出具书面的驳回理由。根据《德国破产法》第27条第2款第5项规定，驳回理由应包含在启动破产程序的裁定书中。如果自行管理的申请因为缺乏债权人的支持而失败，那么此后债权人仍然可以决定支持自行管理程序，而破产法院则可以依据《德国破产法》第271条决定启动这一程序。

（四）企业拯救程序

当企业以威胁性的不能支付或资不抵债为由申请破产时，如果重整并非明显无法实现，那么破产法院应按照《德国破产法》第270b条第1款确定提交破产方案的期间。这一期间最多可以是3个月。债务人应依据《德国破产法》第270b

① Begr. RegE zum ESUG, BT-Dr 17/5712, S. 40.

条第1款的规定,“在申请中附上一位有参与破产案件经验的税务顾问、审计师、律师或其他具有相应资格的人开具的证明,该证明应能提供证据说明虽然存在威胁性支付不能或资不抵债的情况,但尚不存在支付不能,并且重整不是明显无法实现的”。因为该证明需要提供证据,所以在实践中这种证明应包含针对企业实际状况以及重整前景的高质量的评估鉴定。又因为证明需要提交到法院并且破产法院以及其他破产程序的参与人都会以该证明为参考标准来采取措施或者作出决定,所以提交证明的人势必应对所有破产程序的参与人就所提供的证明承担全面责任。长期以来德国联邦法院认为,即便是不涉及委托关系的人也应被纳入这种责任的保护范围,这并不取决于具体情形中顾问或评估人的意愿。①

设定破产方案提交期限的同时,法院还要选任一名临时监管人,该监管人与证明文件的出具人不能为同一人。只有在债务人建议的候选人明显不适合承担这一职务时(如不具备必要的独立性),法院才能依据《德国破产法》第270b条第2款拒绝选任该人。法院可以根据《德国破产法》第21条采取临时性措施,按照债务人的申请禁止或暂时停止针对债务人的强制执行。在“拯救程序”进行期间,是否采取临时性措施通常取决于债务人的交易伙伴是否相信重整能够成功。因为在此期间法院不会选任临时破产管理人,所以立法者将这一问题交由“占据临时破产管理人法律地位”的债务人解决。② 基于债务人的申请,法院根据《德国破产法》第270b条第3款并参照《德国破产法》第55条第2款允许债务人创设优先受偿的债务。由此,处分权集于债务人一身,临时监管人仅起到监督作用。这一规定导致在“弱”临时管理人和“强”临时管理人③之外又产生了一种“强”债务人。

(五)无影响力的公司机关

如果债务人是企业法人或者无法律人格的合伙或公司,那么依据《德国破产法》第276a条规定,监事会、股东大会或相应的机关对债务人企业的运营无影响

---

① BGH, NJW 1965, 1956; NJW 1977, 2074; NJW 1995, 52; Borgmann/Jungk/Grams, Anwaltshaftung, 4. Aufl. (2005), Rdnr. VI 8 – 21.

② BT-Dr 17/7511, S. 50.

③ 弱管理人为不具有一般处分权和企业管理权而仅具有同意权的临时破产管理人,强管理人为具有一般处分权和企业管理权的临时破产管理人。——译者注

力。企业管理层的解聘以及新管理者的委任仅在监管人同意后生效。这种机关权力的剥夺是为了保障企业重整不受干扰。[①] 另外,有批评者认为,这种强制性的法律规定会导致一些股东不愿支持提早进行破产申请。[②]

七、破 产 方 案

(一)债转股

破产法在债转股的公开性上进行了补充。如果人们愿意相信立法决策层[③]公布的内容,那么笔者们在这里讨论的就是最重要的重整制度;但也有人认为新的规定会导致在重整案件中企业无法获得具有紧迫必要性的新资本。[④] 甚至还有学者站在法律未来演变发展的立场上提出了尖锐的批评:债转股的规定与委任破产管理人的规定共同发挥作用成为在重整案件中攻破债权人平等堡垒的"特洛伊木马",因为主要债权人通过收购其他债权并委任"合适"的破产管理人可以大范围地将债务人的企业财产据为己有。[⑤]

在债转股的交换中,按照破产方案债权人不必(全额)支付价款而获得债务人企业的股份。这看上去是合理的,并且在全部参与人同意的情况下按照当今的法律规定也是毫无阻碍的。[⑥]《德国破产法》第 225a 条第 3 款规定了债转股,破产方案可以将债权人的债权转化为债务人企业的股权或成员权。破产方案还可以规定降低或提高资本、实物入股、优惠认股权的排除或者对脱离公司的股东的补偿。法律通过这些具体的列举涵盖了债转股的重要组成部分:这些组成部分包括"资本的切割",也就是注册资本的降低,以及为了使新股份得以产生而实施的资本的提高,保证新股东与旧股东之间的经济关系而排除旧股东的优惠认购权,最后还包括补偿脱离公司或股份缩减的股东的规定。

依据《德国破产法》第 225a 条第 3 款规定,破产方案可以涉及公司法允许的

---

① Hölzle, NZI2011, 131.

② Hofmann, NZI 2010, 804.

③ Leutheusser-Schnarrenberger im Beitrag „Berlin will Zerschlagung von Krisenbanken erlauben", FAZ vom 26. 2. 2010; Jens M. Schmidt, GWR 2010, 568; Zuleger, NZI 2011, 137.

④ Lüer, zit. nach Backhaus, NZG2011, 420.

⑤ Wallner/Gerster/Weiß, ZinsO2011, 20.

⑥ Ausführlich Himmelsbach/Achsnick, NZI2006, 561.

任何条款,尤其是延续一个已经解散的公司或者转让股份或成员权。当然,这些举措并不会违背相关债权人的意志,尤其当债权人会因为某项条款丧失债权,而旧股东也不能无故阻碍债权股的方案时。企业旧股东按照《德国破产法》第 222 条第 1 款第 4 项组成一个债权人组,在这一框架下旧债权人依据《德国破产法》第 238a 条第 1 款仅按每人在注册资本或债务人财产中占有的份额享有投票权。投票权的限制、特别或多数表决权都被排除。新的《德国破产法》第 245 条第 3 款规定了一项针对旧股东的特别的妨碍禁止。因破产方案而变差的法律地位并不能用如果不执行重整计划就会失败而当事人的股份也会完全丧失价值这一理由加以辩护。[①] 但是一直以来存在一个根本上的问题:债权的引入是一种实物入股。采取实物入股的人必须按照确定的票面价值投资企业。根据《德国公司法》第 9 条第 1 款及第 4 款规定,入股人应对其充作投资的实物具有充足的价值承担根本责任。但是面对一个破产企业,谁可以肯定地说引入的债权到底应算作多少票面价值呢?在实践中进行债转股时,因相应的保留条件而无法得出确定结果的价值评估偶尔也会被采用。《政府草案》也认为在将来的立法中这种做法是可行的。[②] 完整的评估是无法实现的,所以新的《德国破产法》第 254 条第 4 款规定,“如果债权人的债权被转换为债务人企业的股份或成员权,那么债务人不能依据法院开具的证明以破产方案过高评估了债权价值为由向债权人提起诉讼”。

这意味着,实物入股的价值事实上是否达到票面价值并不重要,债权人或股东的责任也因此被排除了。这种弹性规定的优点显而易见,如果破产方案以必要的多数票获得通过,那么任何旧债权都可以获得一个新的股份。一个债权可能以债权人之前的同等价值的给付为基础,是否如此取决于债权的产生原因。无论如何,基于行使形成权的自由,债权的价额都是不重要的。新规定的另一个优点在于计划的安全性与法律的保障性。[③]

也不能忽视在股份的募集与提高上有限责任公司和股份公司存在明显不同的紧迫感。如果因为后来投入企业的“客观上”失去价值的债权,以资本削减为零的方式实现债转股,那么就会出现在经济上丧失注册资本的公司。新的交易

---

① Hölzle,NZI 2011,128.

② Begr. RegE zum ESUG,BT-Dr 17/5712,S. 36.

③ Braun/Heinrich,NZI2011,509.

对象可能会依据名义上的注册资本判断公司的经济潜力，一些交易对象[①]会怀疑对新债权人的保护是否充足。但立法者已经预估到这一问题并也希望如此。就这样，立法者沿着长久以来某些人[②]要求放弃任何（确定的）最低资本的路线以英国模式为蓝本进一步向前迈进。如果《公司法现代化以及防止滥用公司法的法案》为1欧元注册资本开启了进入资本公司的大门，[③]那么《鼓励重整法》就引入了一种虚拟的、第三人无法辨认的注册资本。

为了使债转股不被其他参与人尤其是交易伙伴破坏，《德国破产法》第225a条第4款规定，有债务人参加的合同无权撤销或终止为实施债转股而采取的措施。因此，在实践中所谓的"控制权变更条款"（Change of Control Clause）是无效的。

（二）破产法上的"救济排除"（Freigabeverfahren）与"掠夺性的参与人"

破产方案的形成部分[④]随着法院的裁定发生法律效力而生效。一旦有人针对这一裁定依据《德国破产法》第253条的新规定提起立即异议，那么这种异议就可能导致程序被大幅延迟因而妨碍破产方案的实施。这在股份公司法中属于法律被滥用的情形。某些"掠夺性的股东"竭力利用这种妨碍程序进行的机制，以达到向相关企业进行勒索的目的。近年来，立法者一直致力于防范这种破坏性的行为，不过收效甚微。因为掠夺者已经改变策略，他们不再索要金钱而是强调为了维护正义而进行交易。仅仅是要求补偿他们所支付的（往往数额惊人的）律师费就构成了调解的部分内容。为了应对这种形势，股份公司法应选择限制相关当事人的异议权作为突破口。

《鼓励重整法》继承了股份公司法上的"救济排除制度"（《德国股份公司法》第246a条）将其精神植入破产方案程序之中。根据《德国破产法》第253条第4款规定，如果法院依据自由心证认为异议程序给破产方案的实施造成的迟延对异议提出人的不利益是压倒性的，那么破产方案的立即生效就具有优先性，州法

① 例如Hölzle，NZI 2011，129。

② 参见Hirte，ZInsO 2008，146；ders.，ZInsO 2008，934。

③ 参见Römermann，NJW 2010，906。

④ 根据《德国破产法》第220条和第221条规定，破产方案分为陈述部分和形成部分，陈述部分应列出破产程序启动后已采取或应采取的措施，形成部分应确定参与人被破产方案改变的法律地位。——译者注

院应按照破产管理人的申请毫不迟延地驳回异议,除非异议的提出是基于严重的违法情节。如果法院驳回了异议,那么异议提出人因破产方案的实施遭受的损失将从破产财产中获得赔偿。

八、小　结

如果破产法的制度设计更加开阔,那么重整的机会也会得到相应的提高。债务人与债权人获得了新的调控程序的机会(如果往消极方向转化就是操纵程序的机会)。他们的法律顾问必须全面把握这些机会以规避风险。从制度设计上讲,债权人获得了很好的咨询条件。他们在法院登记时,法院向他们提名合适的咨询人以及适合成立债权人委员会的成员。在合同的形成上法律也进行了调整,如在破产程序中"控制权变更条款"无效。

第一阶段的破产法改革已经实行了,第二阶段的改革自2012年起已经进入到了《报告草案》的阶段。这一草案主要致力于消费者破产、剩余债务免除以及授权合同的破产安全性等方面的改革。第三阶段也是最后一阶段的改革将是对规制垄断组织康采恩破产的法律改革。

图书在版编目(CIP)数据

破产与并购. 第1辑 / 李曙光, 郑志斌主编. -- 北京 : 法律出版社,2020
ISBN 978-7-5197-3860-0

Ⅰ. ①破… Ⅱ. ①李… ②郑… Ⅲ. ①破产法-中国-文集②企业合并-企业法-中国-文集 Ⅳ. ①D922.291.924-53

中国版本图书馆CIP数据核字(2019)第203541号

破产与并购(第1辑)
POCHAN YU BINGGOU(DI-1 JI)

李曙光 郑志斌 主编

策划编辑 沈小英
责任编辑 刘晓萌
装帧设计 李 瞻

出版 法律出版社
总发行 中国法律图书有限公司
经销 新华书店
印刷 固安华明印业有限公司
责任校对 李景美
责任印制 吕亚莉

编辑统筹 法治与经济出版分社
开本 710毫米×1000毫米 1/16
印张 26.25
字数 460千
版本 2020年1月第1版
印次 2020年1月第1次印刷

法律出版社/北京市丰台区莲花池西里7号(100073)
网址/www.lawpress.com.cn
投稿邮箱/info@lawpress.com.cn
举报维权邮箱/jbwq@lawpress.com.cn
销售热线/400-660-8393
咨询电话/010-63939796

中国法律图书有限公司/北京市丰台区莲花池西里7号(100073)
全国各地中法图分、子公司销售电话:
统一销售客服/400-660-8393/6393
第一法律书店/010-83938432/8433 西安分公司/029-85330678 重庆分公司/023-67453036
上海分公司/021-62071639/1636 深圳分公司/0755-83072995

书号:ISBN 978-7-5197-3860-0
定价:128.00元